Tiny
Python Projects
21개의 작고 재미난 파이썬 프로젝트

TINY PYTHON PROJECTS

Original English language edition published by Manning Publications.
Copyright ⓒ 2020 by Manning Publications.
Korean edition copyright ⓒ 2021 by J-Pub Co., Ltd. All rights reserved.

이 책의 한국어판 저작권은 에이전시 원을 통해 저작권자와의 독점 계약으로 제이펍 출판사에 있습니다.
신저작권법에 의해 한국 내에서 보호를 받는 저작물이므로 무단전재와 무단복제를 금합니다.

21개의 작고 재미난 **파이썬 프로젝트**

1쇄 발행 2021년 8월 11일

지은이 켄 유엔스-클락
옮긴이 김완섭
펴낸이 장성두
펴낸곳 주식회사 제이펍

출판신고 2009년 11월 10일 제406-2009-000087호
주소 경기도 파주시 회동길 159 3층 3-B호 / **전화** 070-8201-9010 / **팩스** 02-6280-0405
홈페이지 www.jpub.kr / **원고투고** submit@jpub.kr / **독자문의** help@jpub.kr / **교재문의** textbook@jpub.kr

편집팀 김정준, 이민숙, 최병찬, 이주원 / **소통·기획팀** 송찬수, 강민철 / **회계팀** 민지환, 김유미, 김수연
진행 이주원 / **교정·교열** 김경희 / **내지디자인 및 편집** 성은경
용지 신승지류유통 / **인쇄** 해외정판사 / **제본** 보경문화사

ISBN 979-11-91600-34-6(93000)
값 30,000원

제이펍은 독자 여러분의 책에 관한 아이디어와 원고 투고를 기다리고 있습니다. 책으로 펴내고자 하는 아이디어나
원고가 있으신 분께서는 책에 대한 간단한 개요와 차례, 구성과 저(역)자 약력 등을 메일로 보내 주세요.
(보내실 곳: submit@jpub.kr)

Tiny
Python Projects

21개의 작고 재미난 파이썬 프로젝트

켄 유엔스-클락 지음 김완섭 옮김

Jpub
제이펍

차례

CHAPTER 1 파이썬 프로그램 작성 및 테스트 방법 1

CHAPTER 11 맥주병 노래: 함수 작성 및 테스트 211

CHAPTER 12 협박 편지: 텍스트를 무작위로 대문자화하기 231

옮긴이 머리말

이 책은 다른 책들과 달리 명령줄 프로그램을 사용해서 다양한 파이썬의 기능을 설명하고 있다. 각 장마다 문제 형식으로 구성돼 있어서, 스스로 문제를 풀 수 있도록 유도하고 있다. 설명만 잘 따라간다면 혼자서도 문제를 해결할 수 있을 것이다. 책을 읽지만 말고 꼭 주어진 문제를 스스로 해결해 보자. 실력이 느는 것은 물론이요, 주어진 테스트를 통과pass했을 때 느끼는 성취감은 황홀할 정도다(정말 오랜만에 느껴보는 성취감이었다).

또한, 이 책에서 다루는 대부분의 코드가 100줄 이하로, 프로그램을 함축적으로 작성하는 방법을 배울 수 있다. 개인적으로는 정말 다양한 방법으로 프로그램을 작성할 수 있으며, 이렇게까지 코드 양을 줄일 수 있다는 사실에 새삼 파이썬이란 언어가 대단하다고 느낀 시간이었다.

전업 번역가가 아닌 이상, 항상 퇴근 후에 번역 작업을 하게 된다. 이 책의 번역을 시작할 때쯤 이제껏 경험하지 못한 프로젝트를 만나서 매일같이 야근하고 주말까지 일해야 하는 상황이었다. 싱가포르까지 와서 이렇게까지 야근을 하게 될 줄이야. 물론 그 프로젝트도 이미 끝났고, 지금은 다시 조금 여유로운 생활이 가능해졌다. 시간이 모든 것을 해결해 준다더니, 정말 시간이 흐르니 끝날 것 같지 않던 프로젝트가 끝이 났다. 이런 악조건에서 나온 책이 이번 책이고, 고생해서 나온 책이니만큼 나름 뿌듯하기도 하다. 예상한 것보다 시간이 오래 걸려서 제이펍 식구들에게 죄송한 것도 사실이다.

아마 이 책이 세상에 나올 때는 새로운 직장에서 새로운 업무에 도전하고 있을 듯하다. 너무 많이 이직해서 사실 이직한다고 말하는 것이 이제 부끄럽기도 하다. 블로그(https://itbk100.tistory.com/)에서 이직에 관한 내용이나 싱가포르 직장 생활에 대해 공유하고 있으니 책을 읽다가 심심하면 방문해서 댓글이라도 남겨주길 바란다.

옮긴이 **김완섭**

시작하며

왜 파이썬인가?

파이썬은 아주 훌륭한 범용 프로그래밍 언어다. 비밀 메시지를 친구에게 보내는 프로그램이나 체스 게임을 만들 수도 있다. 복잡한 과학용 데이터를 처리하기 위한 파이썬 모듈이나 머신러닝machine learning용 알고리즘, 그리고 바로 공개할 수 있는 그래픽을 제공한다. 또한, 파이썬이 배우기 쉬운 언어라는 이유로 많은 대학의 전산학 프로그래밍 입문 강의로 C나 자바 대신에 파이썬을 선택하고 있다. 즉, 전산학의 기본 지식과 고급 개념을 배우는 데 파이썬이 사용되는 것이다. 정규 표현식이나 고차 함수 개념도 이 책을 통해 접하게 될 텐데, 여러분의 학습 의욕을 북돋우리라 믿는다.

이 책을 쓴 이유

최근 수년간 프로그래밍 언어를 가르칠 많은 기회가 있었고, 이는 필자에게 큰 보람을 주었다. 이 책의 학습 방법은 교실에서 직접 가르치면서 얻은 경험을 통해 나온 것이다. 제대로 된 사양서나 테스트가 하나의 프로그램을 작은 단위의 문제로 나눌 수 있다는 것을 배웠고, 이렇게 나누어진 문제들을 해결하면서 전체 프로그램을 만들 수 있다는 것을 경험했다.

새로운 언어를 배우기 시작할 때 가장 큰 장애물은 언어의 작은 개념들이 실제 유용한 사례와 연결되지 않는다는 것이다. 대부분의 프로그래밍 언어 학습서는 'Hello, World!'를 출력하는 것부터 시작한다(물론, 이 책도 예외는 아니다). 이 작업은 매우 쉽다. 하지만 그 후부터는 (인수를 받거나 뭔가 유용한 처리를 하는) 하나의 완성된 프로그램을 작성하고자 고군분투해야 한다. 이 책에서는 (뭔가 유용한 처리를 하는) 아주 많은 프로그램 예제를 소개할 것이다. 이 예제들을 확장해서 자신만의 프로그램을 작성할 수 있기를 바란다.

무엇보다 중요한 건, 여러분이 직접 연습해야 한다는 것이다. 오래된 유머 중에 이런 말이 있다. "카네기 홀[1]로 가려고 하는데 어떤 길로 가야 하나요?", "연습, 연습, 그리고 또 연습하면 됩니다(Practice, practice, practice)." 이 책에서 소개하는 실습들은 아주 짧아서 몇 시간 또는 하루 안에 끝낼 수 있는 것들이다. 책 전체적으로는 필자가 대학 강의에서 한 학기 동안 진행하는 내용보다 많은 양으로, 책을 다 끝내려면 몇 달이 걸릴 수도 있다. 하지만 결국에는 문제 하나하나를 고민해서 해결할 수 있을 것이고, 나중에는 이미 해결한 문제를 좀 더 고급 기술을 사용해 다르게 해결하거나 더 빠르게 만들 수 있으리라 믿는다.

1 　**옮긴이** 카네기 홀은 미국 뉴욕에 있는 유명한 공연장이다. 이곳에서 연주한다는 것 자체가 화제가 될 정도의 장소다.

감사의 글

이 책은 필자의 첫 번째 책으로, 책을 만드는 데 도움을 준 사람들을 기억해 내는 것 자체가 흥미로운 시간이었다. 이 책은 매닝Manning 출판사의 기획 편집자인 마이크Mike Stephens의 전화로부터 시작됐다. 마이크는 재미있는 게임과 퍼즐을 통해 제대로 된 소프트웨어 만드는 법을 책으로 내자는 흥미로운 아이디어를 제안했다. 그리고서 발행인인 마르잔Marjan Bace과 통화했고, 테스트 주도 개발 방식을 사용해 독자가 적극적으로 프로그램 작성에 참여하도록 하자는 아이디어를 더했다.

나의 첫 담당 편집자였던 수잔나Susanna Kline는 책의 초반부를 다듬어서 독자가 읽고 싶어 하는 책이 되도록 도움을 주었다. 두 번째 담당 편집자였던 엘리샤Elesha Hyde는 수개월 간의 집필과 편집, 검수에 이르는 과정을 참을성 있고 사려 깊게 이끌어주었다. 그리고 모든 코드와 문장을 검수해서 실수가 없는지 확인해 준 기술 편집자 스콧Scott Chaussee과 엘AI, Scherer, 매다이스Mathijs Affourtit에게 감사한다. 매닝 출판사의 MEAP 팀과 특히 PDF 생성 방법과 AsciiDoc 사용법을 알려준 메흐메드Mehmed Pasic에게 고마움을 전하고 싶다. 프로젝트 편집자인 디어드레Deirdre Hiam와 교열 담당자 앤디Andy Carroll, 교정 담당자 케이티Katie Tennant, 검수 편집자 알렉산다르Aleksandar Dragosavljević도 빼놓을 수 없다. 이 외에도 프리뷰에 참여해 준 독자들과 기술적 조언을 해준 아만다Amanda Debler, 코너Conor Redmond, 드류Drew Leon, 호아킨Joaquin Beltran, 조제José Apablaza, 킴벌리Kimberly Winston-Jackson, 마치에이Maciej Jurkowski, 마피나Mafinar Khan, 마누엘Manuel Ricardo Gonzalez Cova, 마르셀Marcel van den Brink, 마르친Marcin Sęk, 매다이스Mathijs Affourtit, 폴Paul Hendrik, 섀인Shayn Cornwell, 빅터Víctor M. Pérez에게 감사한다.

무엇보다 파이썬이라는 오프소스 소프트웨어를 만들어준 수많은 분들에게 고마움을 전한다. 파이썬 언어와 모듈, 문서를 만들고 업데이트하고 있는 분들과, 인터넷상에 올라온 수많은 질문에 답변을 달아주고 있는 코더들에게도 고마움을 전하고 싶다.

물론 가족의 사랑과 지지가 없었다면 이 모든 것은 불가능했을 것이다. 27년간 사랑과 인내로 나와 함께해 준 아내 로리_{Lori Kindler}에게 감사한다. 또한, 도전과 기쁨을 함께하고 있는 세 아이에게도 공을 돌리고 싶다. 전혀 관심 없는 주제에 늘 관심을 보이는 척해야 했고 책을 쓰는 내내 그런 인내심을 보여주었다.

이 책의 대상 독자

이 책을 다 읽고 나서(이 책에 있는 프로그램을 모두 작성하는 것 포함) 여러분이 광신자가 되길 바란다. 제대로 문서화되고 테스트된, 그리고 재사용 가능한 프로그램을 만들어내는 일에 열광하는 광신자 말이다.

내가 생각하는 이상적인 독자는 지금까지 프로그래밍을 배우려고 노력해 왔지만 그 수준을 한 단계 끌어올리는 방법을 모르는 사람이다. 여러분은 이미 파이썬이나 다른 비슷한 언어(자바나 자바스크립트 또는 펄Perl)를 공부했을 수도 있고, 하스켈Haskell이나 스킴Scheme 같은 전혀 다른 언어를 배웠기에 어떻게 파이썬으로 전향할 수 있는지 고민 중일 수도 있다. 또는 파이썬을 이미 어느 정도 사용해 온 독자로 제대로 된 방향으로 이끌어줄 새로운 도전 과제를 찾고 있을 수도 있다.

이 책은 잘 구조화되고 문서화돼 있으며 테스트할 수 있는 코드를 파이썬으로 작성하는 방법을 알려준다. **테스트 주도 개발**test-driven development처럼 실무에서 사용되고 있는 기술도 소개한다. 그리고 문서를 읽는 방법과 파이썬 개선 제안서Python Enhancement Proposal, PEP 참고 방법 등을 소개하며, 다른 파이썬 개발자도 쉽게 이해할 수 있는 코드 작성법에 대해서도 알려준다.

이 책은 프로그래밍 경험이 전혀 없는 초보자에겐 어려울 수도 있다. 파이썬 언어에 대한 사전지식은 필요 없지만, 다른 언어를 접해 본 경험이 있는 독자를 대상으로 하기 때문이다. 프로그래밍 경험이 전혀 없다면 먼저 변수나 반복, 함수 등에 대한 개념을 잡은 후에 이 책을 시작할 것을 권한다.

이 책의 구성

이 책은 각 장이 유기적으로 연결돼 있어서 이전 장을 진행한 후에 다음 장을 진행할 수 있다. 따라서 처음부터 차례로 이 책을 읽어나갈 것을 권한다.

- 모든 프로그램은 명령줄command-line 인수를 사용하므로 argparse를 사용한 인수 전달 방법을 먼저 다룬다. 모든 프로그램은 테스트를 함께 진행해야 하므로 pytest 설치와 사용법에 대해서도 배운다. 이렇게 도입부와 1장을 통해 준비 운동을 마치게 된다.

- 2장~4장에서는 문자열이나 리스트, 딕셔너리 등의 파이썬 기본 데이터 구조를 배운다.

- 5장과 6장은 파일 입력 및 출력 방법과 파일이 표준 입력(STDIN), 표준 출력(STDOUT)과 어떤 관련이 있는지 소개한다.

- 7장과 8장에서는 아이디어를 결합해서 좀 더 복잡한 프로그램을 작성해 본다.

- 9장과 10장에서는 random 모듈을 소개하고 랜덤 이벤트를 어떻게 제어하고 테스트하는지 알아본다.

- 11장~13장에서는 코드를 함수로 세분화하는 방법을 배우고 함수용 테스트 코드 작성법에 대해 다룬다.

- 14장~18장에서는 고차 함수나 텍스트의 패턴을 찾을 때 사용하는 정규 표현식 등 심도 있는 주제를 다룬다.

- 19장~22장에서는 앞에서 배운 모든 기술과 지식, 테스트 기법을 사용해서 '진짜' 프로그램을 작성해 본다.

코드에 대해

이 책의 모든 프로그램과 테스트용 코드는 깃허브[*https://github.com/kyclark/tiny_python_projects* (단축 URL *https://bit.ly/21TinyPython*)]에서 다운로드할 수 있다. 운영체제에 따른 차이는 페이지 하단의 옮긴이 주석을 적절히 참고하기 바란다. 주석만 보고도 책의 내용을 따라가는 데 문제는 없겠지만, 윈도우상에서 리눅스를 실행하는 몇 가지 방법이 있다. 윈도우가 제공하는 WSLWindows Subsystem for Linux을 사용하거나, git을 설치하면 따라오는 git bash 등을 사용하는 것이다. 또는 Repl.it 등의 온라인 코드 편집기를 사용하는 방법도 있다.

소프트웨어 및 하드웨어 요구 사양

모든 프로그램은 파이썬 3.9에서 테스트했다(3.6에서도 문제없으리라 생각한다). 테스트용 pytest 모듈 등 많은 추가 모듈이 요구된다. pip를 사용해서 추가 모듈을 설치하는 방법을 소개한다.

그 밖의 온라인 정보

많은 프로그래밍 강좌가 놓치고 있는 것 중 하나가 구체적인 데모를 보여주지 않는다는 것이다. 아무것도 없는 상태에서 무언가 작동하는 것을 만들어내는 과정을 보여주지 않는다. 내가 교실에서 가르칠 때는 많은 시간을 할애해서 프로그램 작성을 시작하는 방법과 기능 추가 및 테스트하는 과정을 보여준다. 마찬가지로, 이 책의 각 장의 내용도 녹화해서 유튜브에서 공유하고 있다.

https://www.youtube.com/user/kyclark

각 장마다 동영상이 존재하고, 각 동영상은 주어진 문제와 이를 해결하는 데 필요한 언어의 기능을 소개하며 해결 방법을 논의한다.

표지에 대하여

이 책의 앞표지 그림은 〈Femme Turc allant par les rues〉라는 제목의 그림으로, '길을 가로질러 가고 있는 터키 여성Turkish woman going through the streets'이라는 의미다. 이 그림은 1788년 프랑스에서 출간된 《Costumes de Différents Pays》라는 화집에서 가져온 것으로, 자크 그라세 드 생소뵈르Jacques Grasset de Saint-Sauveur(1757-1810)가 여러 나라의 드레스 의상을 손으로 정교하게 그리고 채색했다. 드 생소뵈르의 작품들은 불과 200년 전만 해도 세계 각 도시와 지역의 문화가 얼마나 다양했는지를 생생하게 보여준다. 지리적으로 떨어져 있으면서, 다른 언어와 방언을 사용했다. 도시의 거리이든 시골이든, 옷차림만으로도 사는 곳이나 직업, 직위 등을 알 수 있었다.

그때 이후로 옷 입는 방식이 달라졌으며 그토록 풍부했던 지역별 다양성을 더는 찾아볼 수 없다. 이제는 옷차림만으로는 도시나 마을, 국가를 구별하기 힘들며, 심지어는 대륙별 차이도 찾아볼 수 없다. 아마도 문화적 다양성을 각 개인의 다채로운 생활 방식과 맞바꾼 것일지도 모른다. 그리고 이 새로운 방식은 빠르게 변하고 있는 기술에 의존하고 있다.

비슷비슷한 책들이 가득한 요즘, 매닝Manning 출판사는 두 세기 전 여러 지역의 다채로운 생활상을 보여주는 그라세 드 생소뵈르의 그림 중 하나를 표지에 실어 IT 업계의 독창성과 진취성을 기리고자 한다..

시작하기 : 소개 및 프로그램 설치 안내

이 책은 명령줄에서 파이썬 프로그램 실행 방법을 알려준다. 명령줄을 사용해 본 적이 없다고 걱정할 필요는 없다. 파이참PyCharm(그림 I.1 참고)을 사용하거나 마이크로소프트의 비주얼 스튜디오 코드Visual Studio Code 등을 사용해서도 쉽게 프로그램을 실행할 수 있다. 프로그래밍이 처음이거나 파이썬이 처음인 사람을 위해 가능한 한 자세히 설명하겠지만, 변수나 함수가 무엇인지 모른다면 우선 다른 책을 읽어보길 권한다.

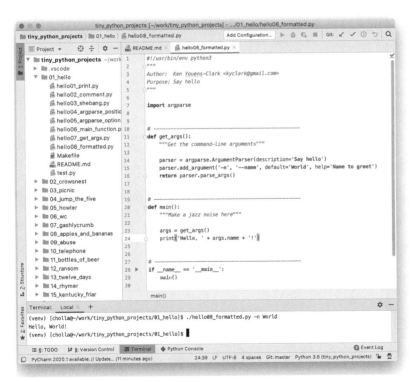

그림 I.1 1장에 있는 hello.py 프로그램을 파이참에서 작성 및 실행하고 있다.

이 장에서 다루는 내용은 다음과 같다.

- 명령줄에서 프로그래밍하는 법을 배워야 하는 이유
- 코드를 작성하기 위한 툴과 환경
- 테스트가 필요한 이유와 테스트 코드 작성법

명령줄 프로그램 작성

명령줄 프로그램을 작성해야 하는 이유 중 첫 번째는 불필요한 요소를 제거하고 프로그램의 가장 핵심이 되는 부분만 남아 있기 때문이다. 이 책에서는 수많은 소프트웨어가 요구되는 조작 가능한 3D 게임을 다루지 않는다. 아주 기본적인 입력이 요구되며, 출력도 텍스트만 있는 프로그램을 만들 것이다. 파이썬 언어의 핵심과 테스트용 코드 작성법 및 테스트 방법을 집중해서 배울 것이다.

명령줄 프로그램을 다루는 또 다른 이유는 (파이썬만 설치돼 있다면) 어떤 컴퓨터에서든 실행되는 파이썬 프로그램을 작성하기 위해서다. 필자는 맥북을 사용해서 이 책을 집필하고 있지만, 예제 프로그램들은 필자가 일할 때 쓰는 리눅스는 물론, 친구 집에 있는 윈도우 컴퓨터에서도 실행된다. 동일한 버전의 파이썬만 설치돼 있다면 어떤 컴퓨터에서든 실행할 수 있는 것이다. 멋지지 않은가?

명령줄 프로그래밍 방법을 가르치려고 하는 가장 큰 이유는 테스트 코드 작성법을 소개하고 그것이 제대로 실행되는지 보여주기 위해서다. 필자가 예제 프로그램에서 작은 실수를 한다고 목숨 걸고 항의할 독자는 없겠지만, 모든 코드가 완벽하도록 최선을 다했다.

프로그램을 테스트한다는 것은 무슨 의미일까? 예를 들어, 프로그램이 주어진 두 개의 숫자를 더해야 하는 경우, 수많은 숫자 조합을 넣어서 실행해 보고 옳은 답이 나오는지 확인해야 한다. 또는 숫자와 단어를 입력하면('3' 더하기 '목마'처럼) 계산하는 것이 아니라 숫자를 두 개 입력해야 한다고 경고해야 한다. 테스트는 코드에 대한 자신감을 줄 뿐만 아니라 프로그래밍을 더 깊이 있게 이해할 수 있게 해준다.

이 책에 있는 예제들은 여러분의 흥미를 유발할 만큼 재미있고 쉽다. 그리고 실생활에서 접할 수 있는 문제들을 해결할 수 있는 정도의 중요한 내용을 포함하고 있다. 거의 모든 예제가 직접 값을 입력하게 하거나 파일을 통해 입력하게 하며, 화면에 텍스트를 출력하거나 새 파일을 출력하도록 구성돼 있다. 프로그램을 작성하면서 이런 입출력 방법에 대해서도 배우게 될 것이다.

각 장에서는 여러분이 작성할 프로그램에 관해 설명하고, 프로그램이 제대로 동작하는지 확인할 수 있는 테스트 코드를 제공한다. 그런 다음, 해결책을 제시하고 프로그램이 어떻게 동작하는지를 설명할 것이다. 예제가 복잡해질수록 여러분이 직접 테스트 코드를 작성하도록 유도해서 코드를 검증할 수 있게 한다.

이 책을 마칠 때쯤이면 여러분은 다음과 같은 것들을 할 수 있을 것이다.

- 명령줄에서 파이썬 프로그램 작성하고 실행하기
- 프로그램에서 인수 사용하기
- 프로그램 및 함수용 테스트 코드 작성 및 실행하기
- 문자열, 리스트, 딕셔너리 같은 파이썬 데이터 구조 사용하기
- 파일을 읽고 쓸 수 있는 프로그램 만들기
- 정규 표현식을 사용해서 텍스트에서 패턴 찾기
- 무작위성을 사용 및 제어해서 프로그램이 예상치 못한 방향으로 실행되게 하기

"코드는 퍼즐입니다. 다른 게임들과 마찬가지로 하나의 게임입니다."

– 앨런 튜링Alan Turing

앨런은 2차 세계대전 때 독일군이 사용한 암호를 해독한 사람으로 유명하다. 그는 연합군이 암호를 해독하도록 도와줌으로써 전쟁을 단축시켰으며, 수많은 생명을 구했다. 그의 일화를 다룬 영화 〈이미테이션 게임The Imitation game〉에서는 앨런이 신문에 퍼즐을 게재해서 어려운 암호를 풀 수 있는 사람을 구하는 내용이 나온다.

우리는 크리스마스 캐롤에 가사를 넣거나 새로운 음을 추가하는 프로그램이나 틱택토Tic-Tac-Toe[2] 같은 게임 프로그램을 만들 수 있으며, 이를 통해 많은 것을 배울 수 있다. 이 책에서 다루는 프로그램에는 암호 기법을 다루는 것도 포함된다. 예를 들어 4장에서는 모든 숫자를 텍스트의 일부로 암호화하는 프로그램을 작성해 보고, 18장에서는 어떤 단어의 글자가 나타내는 숫자적 특성을 추출해서 합산하고 이를 통해 특정 단어에 대한 암호를 만들어본다. 이린 프로그램들이 여러분의 흥미와 의욕을 불러일으키리라 믿는다.

---

2   **옮긴이** 빙고와 비슷한 게임으로, 숫자 대신 도형을 사용한다.

각 예제에서 배우게 되는 프로그래밍 기술은 파이썬에만 국한된 것은 아니다. 대부분의 언어가 변수나 반복, 함수, 문자열, 리스트, 딕셔너리 등을 제공하며, 테스트나 인수 전달 기법을 제공한다. 파이썬으로 코드를 작성할 수 있게 되면, 다른 언어로 동일한 프로그램을 작성해 보고 비교해 볼 것을 권한다. 다른 언어에서는 어떤 부분이 효율적이고 또는 어떤 부분이 힘든지 이해할 수 있을 것이다. 또한, 다른 언어에서 작성한 프로그램이 명령줄을 지원한다면 테스트용 프로그램을 작성해 보는 것도 좋다.

테스트 주도 개발

테스트 주도 개발test-driven development은 2002년 켄트 백Kent Beck이 그의 책에서 소개한 것으로, 안정된 프로그램을 작성하기 위한 기법이다. 기본적인 개념은 프로그램 코드를 작성하기 전에 테스트 코드를 먼저 작성하는 것이다. 테스트 코드에서는 프로그램이 '제대로' 동작한다는 사실을 보여주는 것이 목적이다. 처음에는 프로그램이 테스트에 실패한다는 것을 증명하기 위해 테스트 코드를 작성하고, 다음에는 이를 바탕으로 프로그램을 작성해서 테스트를 모두 통과하는 것을 확인한다. 중요한 건, 테스트 코드를 실행할 때는 개별적으로 실행하는 것이 아니라 모든 테스트를 동시에 진행하는 것이다. 예를 들어, 새로운 기능이 추가되면 그 기능만 테스트하는 것이 아니라 전체를 테스트해서 모든 기능이 정해진 사양대로 동작하는지를 확인하는 것이다.

이 책에서 소개하는 모든 프로그램은 테스트 코드도 함께 제공된다. 그리고 이 테스트 코드를 보면 여러분이 작성할 프로그램이 어떻게 해야 테스트를 통과할 수 있는지 알려줄 것이다. 모든 실습의 첫 번째 테스트는 있어야 할 프로그램이 존재하는지 확인하는 것이다. 두 번째 테스트는 프로그램이 도움말을 제공하는지 확인한다. 그리고서 다양한 입력과 옵션을 사용해서 프로그램이 실행되는지 확인한다.

이 책은 250개의 테스트를 제공하므로(그리고 아직 어떤 프로그램도 작성하지 않았으므로), 여러분은 많은 테스트 실패를 경험하게 될 것이다. 하지만 걱정할 필요는 없다! 실패는 좋은 것이기 때문이다. 테스트 코드를 주의 깊게 읽고서 어떤 부분에서 실패했는지를 알아내는 방법을 습득할 수 있다. 잘못된 부분을 알았다면 프로그램을 수정한 후 테스트를 다시 실행하면 된다. 테스트에 실패할 수도 있고, 다시 앞의 과정을 반복해야 할 수도 있다. 이런 식으로 모든 테스트가 통과할 때까지 반복하는 것이다.

주어진 문제를 필자가 제공한 방법으로 동일하게 풀어도 상관없다. 가장 중요한 건, 모든 테스트를 통과하는 방법을 찾아내는 것이다.

코딩 환경 설정

이 책에 소개된 프로그램을 작성하려면 파이썬 3.6 이상이 필요하다(이미 여러분의 컴퓨터에 설치돼 있을 확률이 높다). 또한, python3 명령을 명령줄에서 실행하기 위한 툴도 필요하다. 윈도우 PC라면 **WSL**Windows Subsystem for Linux을 추천한다. 맥이라면 기본 터미널Terminal 앱이면 충분하다. 이 외에도 **VS Code**(그림 I.2)나 파이참PyCharm처럼 기본으로 명령줄 환경이 탑재돼 있는 것도 좋다.

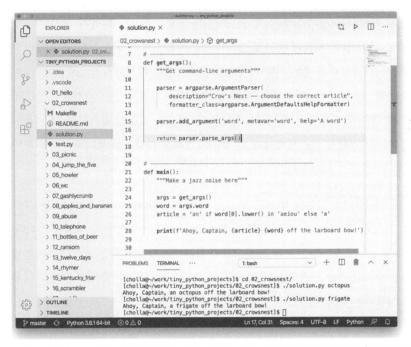

그림 I.2 **VS Code** 같은 IDE(프로그래밍 작성 도구)는 텍스트 편집기와 명령줄 화면(오른쪽 아래 창)을 함께 제공하며, 이 외에도 프로그래밍에 도움이 되는 다양한 도구를 제공한다.

이 책은 파이썬 3.9에서 작성하고 테스트했지만, 3.6 이상이라면 문제없이 실행된다. 참고로, 파이썬 2는 2019년에 지원이 종료됐다. 자신의 PC에 어떤 버전의 파이썬이 있는지 확인하고 싶다면, 터미널 창(또는 명령 프롬프트 창)을 열어서 python3 --version을 입력하면 된다.[3] 'Command "python3" not found' 같은 메시지가 뜬다면 파이썬을 설치해야 한다. 최신 버전의 파이썬은 다음 사이트에서 다운로드할 수 있다.

https://www.python.org/downloads/

파이썬을 설치할 수 없는 환경에 있다면 Repl.it 웹사이트(*http://repl.it*)를 사용해서 이 책에 있는 모든 코드를 실행할 수 있다.

코드 예제

이 책에서는 코드 및 명령을 모두 Source Code Pro 서체로 표기했다. 텍스트가 $로 시작한다면 명령줄에 입력해야 함을 의미한다. 예를 들어, 파일의 내용을 화면에 출력하는 cat('concatenate'의 약어)이라는 프로그램이 있다. 다음은 inputs 디렉터리에 있는 spiders.txt 파일의 내용을 화면에 표시하는 예다.

```
$ cat inputs/spiders.txt
Don't worry, spiders,
I keep house
casually.
```

이 명령을 실행하고 싶다면 앞에 있는 $는 제외하고 나머지 부분만 복사해서 붙여넣어야 한다. 그렇지 않으면 '$: command not found'라는 오류 메시지가 표시된다.

파이썬은 IDLE이란 매우 훌륭한 도구를 제공한다. 이것은 파이썬과 직접적으로 상호작용할 수 있게 도와주는 도구로, 터미널(또는 명령 프롬프트, 이후 터미널만 표기)에서 idle3이라고 입력하면 실행된다. 명령을 실행하면 그림 I.3과 같이 >>>가 표시된 새로운 창이 뜬다.

---

3   **옮긴이** 윈도우 10의 경우는 python3 대신 python이라는 명령이 설정돼 있을 수도 있다. python --version을 실행해 보자. python 명령으로 실행이 된다면 이후 예제 코드에서도 python3 대신 python을 입력해야 한다.

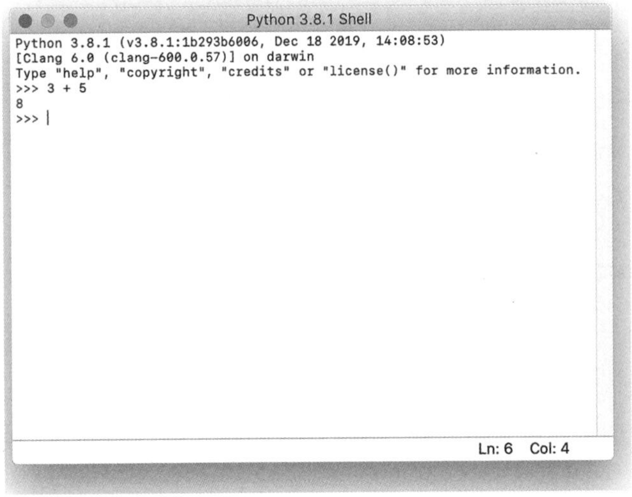

```
Python 3.8.1 Shell
Python 3.8.1 (v3.8.1:1b293b6006, Dec 18 2019, 14:08:53)
[Clang 6.0 (clang-600.0.57)] on darwin
Type "help", "copyright", "credits" or "license()" for more information.
>>> 3 + 5
8
>>> |
                                                              Ln: 6   Col: 4
```

그림 I.3 **IDLE 애플리케이션을 통해 파이썬과 직접적으로 상호작용할 수 있다. 여기에 입력하는 각 명령은 엔터 키를 누르는 시점에 실행돼서 그 결과가 화면에 표시된다.**

여기에 파이썬 프로그램을 입력하면 바로 해석돼서 그 결과가 화면에 표시된다. 예를 들어, 3 + 5라고 입력하고 엔터 키를 누르면 8이라고 표시된다.

```
>>> 3 + 5
8
```

이런 방식을 **REPL**Read-Evaluate-Print-Loop(읽고, 해석하고, 출력하고, 반복한다)이라고 한다. 개인적으로는 페블pebble(조약돌)과 발음이 비슷해서 '레플'이라고 읽는다. 비슷한 도구가 바로 명령줄에 입력해서 사용하는 python3다(그림 I.4 참고).

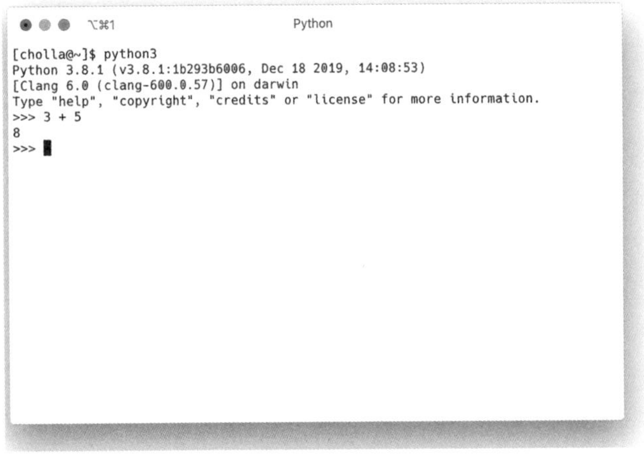

```
                        ⌥⌘1                 Python
[cholla@~]$ python3
Python 3.8.1 (v3.8.1:1b293b6006, Dec 18 2019, 14:08:53)
[Clang 6.0 (clang-600.0.57)] on darwin
Type "help", "copyright", "credits" or "license" for more information.
>>> 3 + 5
8
>>> ■
```

그림 I.4 **터미널에서 python3라고 입력하면 레플과 유사한 방식을 사용할 수 있다.**

또 다른 레플 방식으로 아이파이썬IPython이라는 것이 있다. IDLE이나 python3보다 기능이 강화된 프로그램으로, 그림 I.5가 아이파이썬을 실행한 화면이다. 주피터 노트북Jupyter Notebooks도 추천하는데, 실행한 코드를 노트북이라는 파일로 저장할 수 있으며 다른 사람과 쉽게 코드를 공유할 수 있기 때문이다.

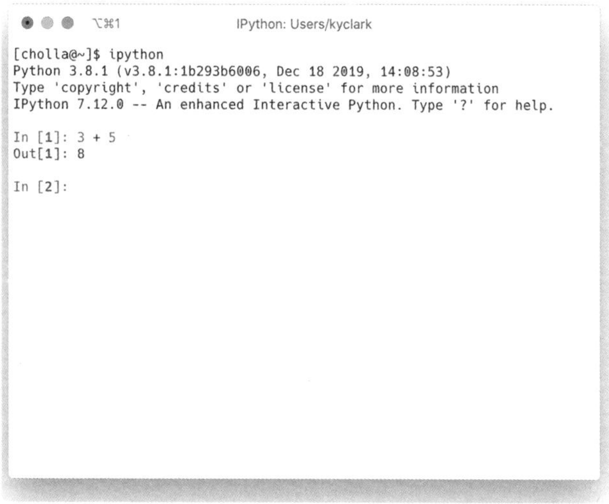

```
[cholla@~]$ ipython
Python 3.8.1 (v3.8.1:1b293b6006, Dec 18 2019, 14:08:53)
Type 'copyright', 'credits' or 'license' for more information
IPython 7.12.0 -- An enhanced Interactive Python. Type '?' for help.

In [1]: 3 + 5
Out[1]: 8

In [2]:
```

그림 I.5 **또 다른 종류의 레플 방식인 아이파이썬. 생각한 것을 바로 파이썬 코드로 확인할 수 있다.**

어떤 레플 방식을 사용하든지 x = 10과 같은 파이썬 코드를 입력한 후 엔터 키를 누르면 변수 x에 값 10을 대입할 수 있다.

```
>>>  x = 10
```

명령줄에서 코드를 복사해서 사용할 때는 $와 마찬가지로 >>>도 복사해서는 안 된다. 다음과 같이 파이썬이 오류 메시지를 표시한다.

```
>>> >>> x = 10
  File "<stdin>", line 1
    >>> x = 10
    ^
SyntaxError: invalid syntax
```

아이파이썬은 %paste 모드라는 놀라운 기능을 제공한다. 코드 붙이기를 할 때 앞에 있는 >>>를 자동으로 제거해 준다.

```
In [1]: >>> x = 10

In [2]: x
Out[2]: 10
```

어떤 방식을 사용하든지 이 책에 있는 모든 코드는 직접 입력해 보길 바란다. 이를 통해 기억 근육을 단련할 수 있을 뿐만 아니라 언어가 가진 문법을 이해할 수 있게 되기 때문이다.

예제 코드 다운로드

모든 테스트 코드와 프로그램 코드는 *https://github.com/kyclark/tiny_python_projects* (단축 URL *https://bit.ly/21TinyPython*)에서 받을 수 있다. Git이라는 프로그램을 사용해서 여러분의 PC에 코드를 모두 다운로드할 수 있다(Git이 설치돼 있지 않으면 설치가 필요하다). 다음 명령을 사용해서 코드를 다운로드해 보자.[4]

```
$ git clone https://github.com/kyclark/tiny_python_projects
```

이제 tiny_python_projects라는 새로운 폴더가 컴퓨터에 만들어졌을 것이다.

본인만의 리포지터리repositoy를 만들면 나중에 코드 수정 내용을 확인할 수 있을 뿐만 아니라 자신이 만든 코드를 다른 사람과 공유할 수도 있다. 다른 사람의 코드를 자신의 리포지터리로 가져와서 자신의 것으로 만드는 것을 포크fork라고 한다. 클론clone과 달리 포크는 원 리포지터리와 연결성이 없어서 완전히 자신의 코드가 된다. Repl.it을 사용해서 코드를 작성할 생각이라면, 필자의 리포지터리를 복사해서 자신의 계정으로 포크하는 것이 좋다. 포크한 리포지터리를 Repl.it에서 설정하면, 바로 포크해 온 코드를 작성 및 수정할 수 있다.[5]

포크 과정은 다음과 같다.

1 GitHub.com에서 계정 생성하기

2 *https://github.com/kyclark/tiny_python_projects*(단축 URL *https://bit.ly/21TinyPython*)에 접속하기

---

4 (옮긴이) 단순히 사이트를 방문해서 다운로드해도 괜찮다.

5 (옮긴이) 위에서 사용한 clone은 코드를 복사해 오지만 아직 원래 리포지터리와 연결된 상태다. 반면 fork는 코드를 복사해 온 후 여러분의 계정에 종속된 리포지터리가 되는 것으로, 수정이나 변경이 자유롭다는 이점이 있다.

3 Fork 버튼을 클릭(그림 I.6 참고)해서 리포지터리를 자신의 계정으로 복사하기

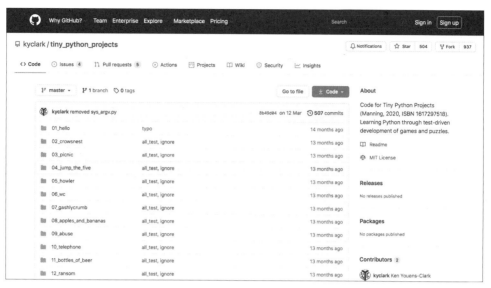

그림 I.6 깃허브 리포지터리의 Fork 버튼을 클릭하면 코드를 자신의 계정으로 복사할 수 있다.

이 과정을 마치면 필자의 코드가 모두 여러분의 리포지터리에 저장된다. 이후 Git 명령을 사용해서 PC로 다운로드하면 된다. 아래의 주소에서 'YOUR_GITHUB_ID' 부분을 여러분의 깃허브 ID로 변경하는 것을 잊지 말자.

```
$ git clone https://github.com/YOUR_GITHUB_ID/tiny_python_projects
```

PC에 코드를 다운로드한 이후에 필자가 원 코드를 변경하는 경우가 있을 수도 있다. 이런 변경된 사항을 업데이트받고 싶다면 Git의 'upstream'으로 필자의 리포지터리를 설정하면 된다. upstream을 설정하려면 리포지터리를 PC에 다운로드한 후 tiny_python_projects 디렉터리로 이동한다.

```
$ cd tiny_python_projects
```

그리고 다음 명령을 실행하면 된다.

```
$ git remote add upstream https://github.com/kyclark/tiny_python_projects.git
```

upstream이 필자의 리포지터리로 연결된 상태다. 이제 upstream에 변경된 내용을 본인의 리포지터리에 반영하려면 다음 명령을 실행하면 된다.

```
$ git pull upstream master
```

모듈 설치

몇 가지 추가 모듈(프로그램)이 필요할 수 있다. 다음과 같이 pip를 사용하면 추가 모듈을 쉽게 설치할 수 있다.

```
$ python3 -m pip install black flake8 ipython mypy pylint pytest yapf
```

리포지터리의 requirements.txt 파일에 필요한 모듈을 작성해 두었다. 이 파일을 이용해서 모든 모듈을 한 번에 설치할 수도 있다.[6]

```
$ python3 -m pip install -r requirements.txt
```

Repl.it을 사용해서 실습하고 있다면, 위 명령을 실행해서 필요한 모듈을 설치해야 한다(Repl.it에는 많은 모듈이 포함돼 있지 않기 때문이다).

코드 서식

대부분의 IDE나 텍스트 편집기에는 코드 서식code format을 맞춰주는 기능이 있어서 코드를 읽기 쉬운 형태로 만들어준다. 그뿐 아니라 파이썬 커뮤니티에서는 만든 표준 서식이 있어서 이것을 따르면 다른 프로그래머가 여러분이 작성한 프로그램을 쉽게 이해할 수 있다. 이 서식은 PEP 8Python Enhanced Proposal(*https://www.python.org/dev/peps/pep-0008/*)에 기술돼 있으며, 대부분의 편집기는 자동으로 이 서식을 사용한다. 예를 들어, Repl.it에는 자동 서식(그림 I.7 참고) 버튼이 있으며, 비주얼 스튜디오 코드에는 문서 서식Format Document이라는 기능이, 그리고 파이참에는 재배열 코드Reformat Code 기능이 있다.

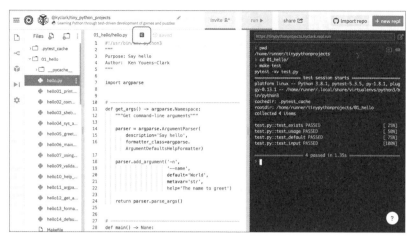

그림 I.7 Repl.it은 자동 서식 버튼이 있어서 커뮤니티가 제공하는 표준 서식으로 코드를 맞출 수 있다. Repl.it에는 명령줄 화면도 함께 제공하므로 프로그램을 테스트 및 실행할 수 있다.

이 책에서는 명령줄 도구에서 사용할 수 있는 YAPF_{Yet Another Python Formatter}(*https://github.com/google/yapf*)를 사용해서 모든 파이썬 코드의 서식을 지정했다. 참고로, Black이라는 서식 도구도 유명하다(*https://github.com/psf/black*). 무엇을 쓰든 상관없지만 습관적으로 사용하기를 권한다. 예를 들어, YAPF를 사용해서 hello.py 프로그램(1장에서 사용하는 코드)에 서식을 적용하려면 다음과 같이 명령줄에 입력하면 된다(-i 옵션은 현재 파일의 서식을 변경해서 덮어쓰기 한다는 의미다).

```
$ yapf -i hello.py
```

코드 린터

코드 린터_{code linter}는 코드상의 문제를 찾아주는 도구로, 예를 들면 선언은 됐지만 사용되고 있지 않은 변수 등을 찾아준다. 개인적으로 좋아하는 린터는 파이린트_{Pylint}(*http://www.pylint.org/*)와 플레이크8_{Flake8}(*https://flake8.pycqa.org/*)이다. 둘 다 파이썬 표준 해석기가 찾지 못하는 오류를 찾아서 알려준다.

마지막 장에서는 마이파이_{Mypy}(*http://mypy-lang.org/*)의 타입 힌트_{type hints}를 사용해서 코드에서의 문제(숫자를 사용해야 하는 곳에 텍스트를 사용한다는 등)를 어떻게 찾아내는지 소개할 것이다.

새 프로그램 작성 방법

(필요한 코드가 어느 정도 미리 작성돼 있는) 기본 틀을 사용하면 코드를 더 쉽게 작성할 수 있다. 이 책에서도 new.py라는 기본 코드를 제공하고 있으며, 이 코드에는 모든 예제에서 사용되는 공통적인 기본 코드가 포함돼 있다. 이 기본 틀은 리포지터리의 bin 디렉터리에 포함돼 있으며, 현재 리포지터리의 루트 디렉터리에 있다면 다음과 같이 실행할 수 있다.

```
$ bin/new.py
usage: new.py [-h] [-s] [-n NAME] [-e EMAIL] [-p PURPOSE] [-f] program
new.py: error: the following arguments are required: program
```

위와 같이 작성할 program 이름을 묻는다. 참고로, 각 장의 프로그램은 test.py라는 프로그램과 동일한 디렉터리에 있어야 한다.

예를 들어, 2장의 코드(crowsnest.py)는 다음과 같이 디렉터리명과 함께 지정해서 작성할 수 있다.

```
$ bin/new.py 02_crowsnest/crowsnest.py
Done, see new script "02_crowsnest/crowsnest.py."
```

생성된 파일을 열어보면 이미 꽤 많은 양의 코드가 작성돼 있는 것을 볼 수 있다(각 장에서 자세히 설명한다). 지금은 다음과 같이 crowsnest.py를 실행할 수 있다는 사실만 알아두면 된다.

```
$ 02_crowsnest/crowsnest.py
usage: crowsnest.py [-h] [-a str] [-i int] [-f FILE] [-o] str
crowsnest.py: error: the following arguments are required: str
```

실행하면 오류가 표시되는데, 나중에 테스트를 통과하기 위해 어떻게 코드를 수정해야 하는지 배워보겠다.

new.py를 실행하는 다른 방법은 template.py를 template 디렉터리에서 복사해서 프로그램을 작성할 폴더에 붙여넣은 후 원하는 이름으로 변경하면 된다. 예를 들면, crowsnest.py라는 프로그램을 다음과 같이 작성할 수 있다.[7]

```
$ cp template/template.py 02_crowsnest/crowsnest.py
```

반드시 new.py나 template.py를 사용해서 프로그램을 작성할 필요는 없다. 기본 프로그램은 여러분의 편의를 위한 것으로, 아무것도 없는 상태에서 직접 작성해 보는 것도 좋다.

주피터 노트북을 사용하지 않는 이유

많은 사람들이 주피터 노트북Jupyter Notebooks을 즐겨 사용한다. 파이썬 코드와 텍스트, 이미지 등을 하나의 문서로 통합할 수 있고 이 문서를 다른 사람이 프로그램처럼 실행할 수 있다. 개인적으로도 주피터의 직관적인 데이터 확인 기능을 좋아하지만, 다음과 같은 이유로 학습에는 적합하지 않다고 본다.

- 하나의 주피터 노트북은 JSONJavaScript Object Notation으로 저장된다. 라인 기반의 텍스트로 저장되는 것이 아니라서 서로 다른 코드를 비교하기가 힘들다.

- 코드와 텍스트, 이미지를 서로 다른 셀을 사용해서 같이 표현할 수 있다. 하지만 이 셀들이 순서 없이 실행될 수 있어서 프로그램 로직을 이해하는 데 어려움이 있다. 이 책에서 작성하는 프로그램은 항상 위에서부터 아래로 순차적으로 실행된다(그렇게 하는 편이 이해하기가 쉽기 때문이다).

- 주피터 노트북에서는 프로그램을 실행할 때 다른 값을 대입할 수 없다. 즉, 하나의 입력 파일로 테스트를 하다가 다른 파일로 변경하려면 프로그램 자체를 바꿔야 한다. 이 책에서는 파일을 하나의 **인수**argument로 프로그램에 전달하는 방법을 배우며, 이렇게 하면 **코드**code를 바꾸지 않고 값을 바꿀 수 있다.

- 주피터 노트북에서는 자동으로 테스트용 코드를 실행하기가 어렵다. 이 책에서는 pytest라는 모듈을 사용해서 다양한 값을 적용해 가며 반복적으로 테스트를 진행한다. 이를 통해 프로그램이 제대로 작성됐는지 확인할 수 있다.

이 책이 다루는 범위

이 책의 목적은 파이썬 언어가 제공하는 기본 기능들이 얼마나 유용한지 소개하는 것이다. 실습을 통해 문자열이나 리스트, 딕셔너리, 파일 등을 배울 수 있으며, 여러 장에 걸쳐 정규 표현식을 소개한다. 모든 실습(마지막 실습만 제외)에서 다양한 종류의 인수를 받아서 검증하고 실행하는 방법을 배운다.

일반적으로 저자들은 특정 주제에 편중해서 책을 쓰기 마련이며, 필자도 다르지 않다. 이 책에서 다루는 주제들은 필자가 20년간 일해 오면서 경험한 것을 바탕으로 하고 있다. 예를 들어, 수많은 엑셀 스프레드시트에 있는 지저분한 데이터를 XML로 변환하기 위해 예상보다 많은 시간을 소비했던 적이 있다. 이처럼 필자의 직장 생활 대부분은 텍스트 파일을 효율적으로 변환하는 작업이었으며, 웹 개발을 할 때도 텍스트 파일을 어떻게 인코딩해서 웹 브라우저에 전달하느냐가 문제였다. 이런 이유에서 이 책의 실습들도 텍스트와 파일 처리를 많이 다루고 있으며, 이를 통해 여러분은 입력값을 어떻게 결괏값으로 변환하는지 생각해 보는 계기가 될 것이다. 또한, 모든 실습을 마친 후에는 어떤 언어에서든 통용되는 기본적인 개념을 익히게 돼서 훨씬 능숙한 프로그래머가 돼 있으리라 믿는다.

객체지향 프로그래밍을 다루지 않는 이유

이 책에서는 객체지향을 다루지 않는다는 사실을 곧 눈치챌 것이다. 객체지향 프로그래밍 Object-Oriented Programming, OOP이 무엇인지 모른다면 이 내용을 굳이 읽지 않아도 된다.

OOP는 이 책의 범위를 넘어서는 고급 주제라고 생각한다. 작은 함수와 테스트용 코드에 집중하면 더 간결한 프로그램을 작성할 수 있다는 것이 나의 지론이다. 왜냐하면 함수를 짧게 작성하고, 값을 명확하게 인수로 받아 사용하게 하면 테스트가 쉬워진다. 결과적으로는 프로그램이 어떠한 상황에 있든(예측한 상황이든 그렇지 않든) 어떻게 동작할지를 완벽하게 이해할 수 있게 된다.

파이썬은 언어 자체가 본질적으로 객체지향적이다. 문자열부터 리스트, 딕셔너리까지 거의 모든 것이 객체이며, 이 객체를 사용한 많은 실습을 하게 될 것이다. 하지만 이 책에서 제시하는 문제를 해결하기 위해 객체 자체를 만드는 것은 그다지 도움이 되지 않는다. 사실, 나 자신도 객체지향 코드를 오랫동안 사용해 왔지만, 최근 몇 년 동안은 사용하고 있지 않다. 개인적으로 함수형 프로그래밍의 세계에서 영감을 얻는 편이며, 여러분도 함수를 조합해서 어떤 것이든 만들 수 있다는 사실을 배우게 될 것이다.

OOP를 좋아하진 않지만, 여러분은 배워보기를 권한다. 프로그래밍 세계에서는 그동안 여러 번의 패러다임 변화가 있었다. 순차형에서 객제지향형으로 변했으며, 지금은 함수형이 유행하고 있다. 시중에는 일반적인 OOP 개념의 책부터 객체 프로그래밍을 위한 책까지 수많은 책이 나와 있다. 흥미로우며 깊이 있는 주제이니 관심을 갖고 공부해 볼 것을 추천한다. 그리고 이 책의 예제들을 객체지향으로 작성해 보고 이 책의 코드와 비교해 보는 것도 도움이 될 것이다.

용어에 대해

프로그래밍 책을 보다 보면 'foobar'라는 단어를 예제에서 자주 접하게 될 것이다. 단어 자체에 뜻은 없지만, 아마 군대 용어인 'FUBAR~Fouled Up Beyond All Recognition~'(도저히 알아볼 수 없을 정도로 엉망인)에서 온 것이라 추정된다. 예제에서 foobar가 나온다면 단지 의미를 부여하기 싫어서라고 생각하면 된다. 아이템 목록을 만든다면 첫 번째 아이템은 보통 'foo'이고 두 번째는 'bar'를 사용할 것이다. 그다음은 많이들 사용하는 'baz'나 'quux'다. 왜냐하면 아무런 의미가 없기 때문이다. 따라서 foobar가 무엇인지 심각하게 생각할 필요는 없다. 단지 뭔가 중요한 것을 두기 위한 그릇이라고 보면 된다.

프로그래머들은 오류를 **버그**~bug~라고 부르는 경향이 있다. 컴퓨터 트랜지스터~transistor~가 발명되기 전에 등장한 단어로, 초기 컴퓨터가 진공관을 사용하던 때로 추측된다. 진공관에서 발생한 열은 실제로 나방 같은 벌레들을 불러 모았으며, 이는 컴퓨터 회로를 망가트리곤 했다. 그래서 당시 컴퓨터를 관리하던 운영자들은 벌레를 찾아서 제거하곤 했는데, 여기서 버그와 디버그~debug~(벌레를 제거하다)가 유래한 것으로 생각된다.

베타리더 후기

심주현(삼성전자 무선사업부)

테스트 코드부터 시작해서 필요한 함수들을 하나씩 만들면서 프로젝트를 완성해 나가는 과정이 흥미로웠습니다. 그리고 코드상에도 상세한 설명이 있어 이해하는 데 도움이 많이 되었습니다. 특히 정규 표현식과 argparse에 대해 확실히 이해할 수 있어 좋았습니다. 책의 구성과 내용도 알차 초/중급 개발자들에게 도움이 많이 될 것으로 보입니다.

이요셉(지나가던 IT인)

각 장마다 새로운 프로젝트가 제시되고, 독자가 문제를 해결할 수 있도록 코드를 직접 작성해 보는 방식입니다. 2장부터 모든 페이지가 pytest 기반의 테스트 주도 개발(TDD)로 전개되는 점이 놀라웠고, 중반부가 넘어가면 테스트 케이스도 직접 독자가 작성해서 실행하도록 안내합니다. 덕분에 pytest 기반의 테스트 주도 개발을 제대로 체험해 볼 수 있었던 점이 좋았습니다. 내용 구성도 너무 좋고 이 책을 통해 모르는 내용을 꽤 알게 되었지만, 일부 내용이 맥/리눅스 위주여서 역주를 많이 참고해야 한다는 점은 조금 아쉬웠습니다.

차정윤(삼성전자)

이제 막 파이썬 언어에 익숙해지는 과정에 계신 분들께 다음 이정표를 제시해 줄 수 있는 디딤돌 같은 책이라고 생각합니다. 책의 맨 처음 장부터 메인 코드와 테스트 코드를 함께 작성해서 넣는 프랙티스를 제시함으로써 테스트 주도 개발 방법론을 자연스럽게 몸에 익힐 수 있는 기회를 제공합니다. 독자분들도 이 책이 전달하고자 하는 인사이트를 통해 문제 해결 방법론을 잘 익히셨으면 합니다.

하헌진(Artificial Spirit)

파이썬으로 코딩을 시작한 지 이제 3년이 다 되어갑니다. 첫 1년간은 테스트 주도 개발(TDD) 이라는 이름을 많이 들어보긴 했지만 정작 관심을 갖지는 않았습니다. 2년차 때는 테스트 코드의 필요성을 스스로 느끼게 됩니다. 간단하게 코드를 만들어 좀 더 편리하고 빠른 환경을 조성합니다. 그러다 점점 '더 편한 툴이 없을까?' 하고 생각하게 됩니다. 이 책은 제가 겪은 3년의 묵은 체증을 단숨에 해결해 줍니다. 특히 19~22장에는 정말 알차고 귀중하며 여러 번 다시 보고 싶은 좋은 내용이 많았습니다.

 허민(한국외국어대학교)

명령줄 형식으로 개발하기에 맥, 리눅스 OS 기반 프로그래밍에 특히 도움이 되며, GUI 없이 핵심 개발에 집중할 수 있다는 점이 특징입니다. 특히, 명령줄 패턴과 TDD 개발 덕분에 핵심 로직에 집중할 수 있는 구성이 인상적이었습니다. 아울러 리스트 내포, lambda, 정규 표현식 등 문자열 컨트롤 스킬 향상에 큰 도움이 되었고, 기능 하나하나를 자세하게 설명하고 있어 이해하기 좋았습니다. 난이도 또한 전반적으로 그리 높지 않아 부담감이 적었고, 코드 양이 짧아 파이썬 입문자에게 적합한 도서라는 생각을 했습니다. 입출력 다이어그램이나 입체적인 주석이 이해에 많은 도움을 줄 수 있을 것 같습니다.

홍성민(GS)

기본적인 파이썬 문법이나 표현에 관련된 책을 보고 난 뒤 다음 단계로 읽기에 좋은 책입니다. 간단한 유틸리티 프로그램을 만들 때 명령줄(커맨드라인) 방식을 많이 쓰게 되는데, 그와 관련된 다양한 예제와 도전 과제들이 있어서 초보자들이 명령줄 기반 개발을 익히기에 좋은 교재가 될 것 같습니다. 번역도 전반적으로 잘 되어 있습니다. 다만, 예제들이 문자열 처리와 일부 자료 구조로 반복돼서 뒤로 갈수록 조금 지루해질 수도 있겠다는 생각이 듭니다.

제이펍은 책에 대한 애정과 기술에 대한 열정이 뜨거운 베타리더의 도움으로
출간되는 모든 IT 전문서에 사전 검증을 시행하고 있습니다.

파이썬 프로그램 작성 및 테스트 방법

실제 실습에 들어가기 전에, 문서화 및 제대로 테스트된 프로그램을 어떻게 작성하는지 살펴보자. 구체적으로 다음 내용을 학습한다.

- 'Hello, World!'라고 말하는 파이썬 프로그램 작성하기

- argparse를 사용해서 명령줄 인수 처리하기

- Pytest를 사용해서 테스트 코드 실행하기

- $PATH에 대해 배우기

- YAPF 및 블랙Black 도구를 사용해 코드에 서식 적용하기

- 플레이크8Flake8이나 파이린트Pylint를 사용해서 코드에서의 문제점 찾기

- new.py 프로그램을 사용해서 새 프로그램 작성하기

1.1 첫 파이썬 프로그램 작성하기

어떤 프로그래밍 언어든 언제나 시작은 'Hello, World!'라고 화면에 표시하는 것이 일반적이다. 우리도 여기서부터 시작하겠다. 그리고 이 프로그램을 발전시켜서 이름을 입력값으로 받아서 인사하는 프로그램을 만들어보고, 테스트를 통해 만든 프로그램이 제대로 실행되는지 확인해 보자.

01_hello 디렉터리에는 여러 버전의 hello 프로그램이 있으며, 테스트를 위한 test.py 프로그램도 있다. 이 폴더에 hello.py라는 텍스트 파일을 만드는 것부터 시작하겠다. 비주얼 스튜디오 코드VS code나 파이참PyCharm을 사용하고 있다면, File파일 ➡ Open Folder폴더 열기 메뉴에서 01_hello 디렉터리를 연다. 다음은 File파일 ➡ New새 파일 메뉴를 사용해서 해당 디렉터리에 새로운 파일을 hello.py라는 이름으로 생성한다. 반드시 01_hello 디렉터리에 새 파일을 생성해야 test.py 프로그램이 해당 파일을 찾을 수 있다(즉, 새로운 생성한 프로그램이 test.py와 동일한 폴더에 있어야 한다).

새 파일을 만들었으면, 다음 코드를 파일에 추가한다.

```python
print('Hello, World!')
```

이제 이 프로그램을 실행해 보자. 비주얼 스튜디오 코드나 파이참의 터미널 창을 열어서 hello.py가 있는 디렉터리로 이동한다. 다음은 python3 hello.py라는 명령을 터미널에 입력하면 프로그램이 실행된다. 이 명령은 파이썬 버전 3을 사용해서 hello.py라는 프로그램을 실행하라는 의미다.[1]

```
$ python3 hello.py
Hello, World!
```

그림 1.1은 Repl.it에서 실행한 모습이다.

1 　[옮긴이] 윈도우의 경우 python3가 아니라 python이 설정돼 있는 경우가 있다. python hello.py라고 입력해서 실행해 보자. 실행이 된다면 이후 예제의 코드도 동일하게 python 명령을 사용하자. python3는 PC에 파이썬 버전 2가 설치돼 있는 경우 구분을 위해 사용된다. 하지만 파이썬 버전 2가 설치돼 있지 않다면 python 명령을 버전 3용으로 사용하게 된다.

그림 1.1 **Repl.it을 사용해서 첫 파이썬 프로그램을 작성 및 실행하고 있다.**

여러분의 첫 파이썬 프로그램이 성공적으로 실행됐다. 축하한다!

1.2 주석 처리

파이썬에서는 # 뒤의 모든 문자 텍스트는 실행 시에 무시된다. 코드에 주석을 달거나 일시적으로 코드를 실행 대상에서 제외하고 싶을 때 유용하다. 또한, 프로그램을 문서화하고자 할 때도 주석을 사용할 수 있다. 예를 들면, 다음과 같이 주석에 코드의 목적이나 코드 작성자 또는 이메일 주소 등을 남기는 것이다.

```
# 목적: 인사하기
print('Hello, World!')
```

이 프로그램을 다시 실행해 보면 이전과 동일한 결과를 볼 수 있다. # 뒤의 '목적'이 적혀 있는 줄이 무시되기 때문이다. 한 가지 주의할 점은 # 앞(#의 왼쪽)에 있는 텍스트는 실행된다는 것이다. 따라서 코드 바로 옆에 주석을 남기고 싶다면 코드 줄의 끝에 추가하면 된다.

1.3 프로그램 테스트하기

여러분에게 가장 먼저 알려주고 싶은 것은 프로그램을 테스트하는 방법이다. 01_hello 디렉터리에 테스트를 위한 프로그램인 test.py가 있다. 이것을 사용해서 hello.py를 테스트해 보자.

여기서는 pytest를 사용해서 테스트를 진행할 것이다. 이 프로그램은 테스트용 모든 명령을 자동으로 실행해 주며, 몇 개의 테스트를 진행해서 몇 개가 성공했는지를 알려준다. -v 옵션을 사용하면 상세한 테스트 결과를 보여준다. 처음 몇 줄은 테스트 결과이며, 이후 줄들은 테스트 실패 시의 상세 내용을 보여준다.

"pytest: command not found"(한글 버전에서는 "'pytest'은(는) 내부 또는 외부 명령, 실행할 수 있는 프로그램, 또는 배치 파일이 아닙니다.")라는 메시지가 뜨면 앞 장에서 설명한 '모듈 설치'를 참고하여 pytest를 설치하자.[2]

설치 후에도 실행이 안 된다면 **Path**를 설정해야 한다. **Path**가 설정돼 있지 않으면 설치 시에 다음과 같은 메시지가 뜬다.

```
Requirement already satisfied: pyparsing>=2.0.2 in c:\users\inhac\appdata\local\packages\pythonso
ftwarefoundation.python.3.8_qbz5n2kfra8p0\localcache\local-packages\python38\site-packages (from
packaging->pytest) (2.4.7)
Requirement already satisfied: six in c:\users\inhac\appdata\local\packages\pythonsoftwarefoundat
ion.python.3.8_qbz5n2kfra8p0\localcache\local-packages\python38\site-packages (from packaging->py
test) (1.15.0)
Installing collected packages: pytest
  WARNING: The scripts py.test.exe and pytest.exe are installed in 'C:\Users\inhac\AppData\Local\
Packages\PythonSoftwareFoundation.Python.3.8_qbz5n2kfra8p0\LocalCache\local-packages\Python38\Scr
ipts' which is not on PATH.
  Consider adding this directory to PATH or, if you prefer to suppress this warning, use --no-war
n-script-location.
Successfully installed pytest-6.1.2
```

위의 그림처럼 경로를 선택해서 복사해 두자. 이후에 환경 변수에 추가해야 한다. 다음은 윈도우 검색창에서 '환경 변수'라고 검색해서 '시스템 환경 변수 편집' 화면을 연다.

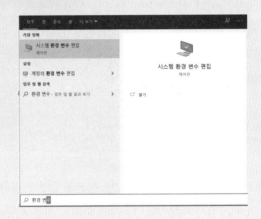

그리고 아래의 '환경 변수' 버튼을 클릭하자.

---

2 옮긴이 설치 후에도 실행이 되지 않을 경우에는 참고 내용 다음의 글상자를 살펴보자.

시스템 변수에서 'Path'를 선택한 후 '편집'
버튼을 눌러 Path 변수를 변경한다.

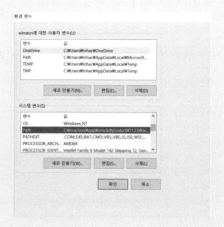

'새로 만들기'를 클릭하면 가장 마지막 줄에 커
서가 활성화된다. 그러면 앞에서 복사해 둔 경
로를 붙여넣는다.

입력했으면 계속 '확인'을 눌러준다.

마지막으로, 사용하고 있는 편집기나 터미널을 닫은 후 다시 실행해서 연다.

두 번째 테스트 항목은 python hello.py를 실행해서 'Hello, World!'라고 출력하는지 확인한다.
한 글자라도 틀리거나 빠지면(쉼표가 빠지더라도) 테스트에 실패하니 주의하자.

```
$ pytest -v test.py
============================= test session starts ==============================
...
collected 5 items

test.py::test_exists PASSED                                             [ 20%]
test.py::test_runnable PASSED                                           [ 40%]
test.py::test_executable FAILED                                         [ 60%]
test.py::test_usage FAILED                                              [ 80%]
test.py::test_input FAILED                                              [100%]

================================= FAILURES =====================================
```

첫 번째 테스트에서는 항상 파일이 존재하는지 확인한다.
여기서는 hello.py라는 파일이 있는지 확인한다.

세 번째 테스트 항목은 프로그램이 '실행 가능'한지를 확인한다.
이 테스트 결과는 실패(FAILED)이니, 성공할 수 있도록 뒤에서 수정하겠다.

네 번째 테스트 항목에서는 도움말이 있는지 확인하지만 없기 때문에 실패한다.
'도움말'을 추가해서 프로그램 사용법을 표시하도록 프로그램을 수정해야 한다.

마지막 테스트에서는 이름을 인수로 받아서
인사를 하는지 확인한다. 프로그램에 인수를
받는 기능이 없으므로 추가한다.[3]

프로그램을 논리적으로 구성할 수 있게 테스트도 프로그램의 흐름을 따라 순차적으로 작성했다. 따라서 앞의 테스트가 실패하는 경우 뒤의 테스트를 굳이 실행하지 않아도 된다. 테스트를 실행할 때 항상 -x 옵션을 사용할 것을 권하는데, 이 옵션을 사용하면 테스트가 실패한 시점에 바로 중단한다. -v 옵션도 함께 사용하면 실패 이유를 확인할 수 있다. 이 두 옵션을 합쳐서 -xv 또는 -vx처럼 사용할 수 있다. 다음과 같이 실행해 보자.

```
$ pytest -xv test.py
============================= test session starts ==============================
...
collected 5 items
test.py::test_exists PASSED                                             [ 20%]
test.py::test_runnable PASSED                                           [ 40%]
test.py::test_executable FAILED                                         [ 60%]

================================= FAILURES =====================================
_____ test_executable _____

    def test_executable():
        """Says 'Hello, World!' by default"""
```

여기서 테스트가 실패하기 때문에
뒤의 테스트는 실행되지 않는다.

---

3 **[옮긴이]** 저자가 제공하는 예제 파일은 맥(리눅스)을 기준으로 작성한 것이다. 윈도우 사용자는 다음과 같이 수정해야 한다.

```
prg = 'hello.py'  # ./ 제거
out = getoutput(f'python {prg}')       # python3가 실행되지 않으면 python 사용
```

```
            out = getoutput(prg)
>           assert out.strip() == 'Hello, World!'
E           assert "'.'은(는) 내부 또...n배치 파일이 아닙니다." == 'Hello, World!'
E             - Hello, World!
E             + '.'은(는) 내부 또는 외부 명령, 실행할 수 있는 프로그램, 또는
E             + 배치 파일이 아닙니다.

test.py:30: AssertionError
=========================== 1 failed, 2 passed in 0.93s ===========================
```

이 줄의 '>' 표시는 오류 위치를 알려준다.

'-'는 실제 출력 결과를 알려준다.

'+'는 'Hello, World!'가 표시돼야 테스트에 성공한다는 것을 의미한다.[4]

'E'는 오류(Error)를 의미한다. AssertionError는 test.py라는 테스트용 프로그램이 ./hello.py라는 코드를 실행해서 'Hello, World!'라고 출력하는지 확인한다.

그러면 이 오류를 어떻게 해결해야 할지 생각해 보자.

1.4 #!(셔뱅) 추가하기

지금까지 배운 것 중 하나는 파이썬 코드가 순수한 텍스트로만 구성돼 있다는 것이다. 그리고 이 코드는 python(또는 python3)이라는 명령을 통해 실행할 수 있다. 루비Ruby나 펄Perl과 같은 방식으로 텍스트 파일로 구성된 코드를 실행한다. 따라서 텍스트 파일 내에 특별한 주석을 추가해서 어떤 언어로 실행할지를 지정해 주는 것이 일반적이다.

이 주석은 #!으로 시작하며 '셔뱅shebang'이라고 불린다(개인적으로는 #이 '셔' 발음이고 !가 '뱅'이라는 발음이라고 생각한다). 다른 주석과 마찬가지로 파이썬도 이 셔뱅 줄을 무시하지만, OSoperating system(맥이나 윈도우)는 해당 파일을 어떤 언어로 처리할지를 정하기 위해 이 줄을 사용한다.

우리가 추가해야 할 셔뱅은 다음과 같다.

```
#!/usr/bin/env python3
```

env라는 명령을 실행하면 여러분 PC의 환경environment을 보여준다. 필자의 PC에서 env를 실행하면 USER=kyclark이나 HOME=/Users/kyclark 같은 항목이 표시된다(맥의 경우 env, 윈도우의 경우 set을 실행하면 된다.) 그리고 이 항목들의 값은 $USER와 $HOME을 입력하면 확인할 수 있다.[5]

---

4 **옮긴이** +와 -는 실행 환경에 따라 그 의미가 반대가 될 때도 있다.

5 **옮긴이** 윈도우에서는 다음과 같이 실행하면 된다.

```
echo %USERNAME%
echo %HOMEPATH%
```

```
$ echo $USER
kyclark
$ echo $HOME
/Users/kyclark
```

env를 실행하면 로그인 Id와 home 디렉터리를 확인할 수 있을 것이다(각자의 PC마다 표시되는
값이 다르다). 값은 다르지만 개념은 동일하다. env 명령은 특정 프로그램을 찾아서 실행할 때
사용된다. 즉, env python3라고 입력하면 python3를 찾아서 실행하는 것이다.[6]

```
$ env python3
Python 3.8.1 (v3.8.1:1b293b6006, Dec 18 2019, 14:08:53)
[Clang 6.0 (clang-600.0.57)] on darwin
Type "help", "copyright", "credits" or "license" for more information.
>>>
```

env라는 명령이 python3라는 값을 환경 변수에서 찾는 것이다. 파이썬이 설치돼 있지 않거
나 중복돼서 설치된 경우에는 env가 찾을 수 없다. 중복 설치된 경우에는 which라는 명령을
사용해서 어떤 python3가 실행되고 있는지 확인할 수 있다.[7]

```
$ which python3
/Library/Frameworks/Python.framework/Versions/3.8/bin/python
```

이 명령을 Repl.it에서 실행하면 python3가 다른 곳에 위치하고 있음을 알 수 있다. 실행해서
자신의 PC 어디에 파이썬이 있는지 찾아보자.

```
$ which python3
/Library/Frameworks/Python.framework/Versions/3.8/bin/python
```

$USER가 다른 값을 갖고 있듯이 python3도 여러분의 PC와 필자의 PC에서 위치가 다를 것이
다. env 명령이 python3를 찾을 수 있다면 프로그램이 실행된다. 앞에서 보았듯이, python3
라고 입력하면 레플REPL이 열릴 것이다.

---

6   [옮긴이] 윈도우의 경우 파이썬이 설치돼 있고 $PATH에 등록돼 있다면, 단순히 python(또는 python3)이라고 실행하
    면 된다.

7   [옮긴이] 윈도우에서는 where를 사용하면 된다.

```
C:\where python
```

python3의 경로를 다음과 같이 셔뱅 줄에 추가한다고 하자. 다른 PC에서는 python3가 다른 경로에 설치돼서 실행되지 않을 수도 있다.

```
#!/Library/Frameworks/Python.framework/Versions/3.8/bin/python3
```

위 셔뱅 줄은 아마 여러분의 PC에서는 실행되지 않을 것이다. 이런 이유로 env라는 명령을 사용해서 PC마다 다른 경로에 있을 수 있는 python3를 찾는 것이다.

이제 여러분의 프로그램은 다음과 같이 구성돼야 한다.

```
#!/usr/bin/env python3 ◀──   셔뱅 줄이 OS에게 /usr/bin/env를 사용해서 python3를
                            찾아서 코드 해석기로 사용하라고 알려준다.
# Purpose: Say hello ◀────  프로그램의 목적을 명시하는 주석이다.
print('Hello, World!') ◀──  텍스트를 화면에 표시하라는 파이썬 코드다.
```

1.5 실행 가능한 프로그램 만들기

프로그램을 실행하기 위해선 python3(환경에 따라서는 python)라는 명령을 입력해야 했다. 하지만 셔뱅을 추가했으므로 이제 명령 없이 프로그램을 바로 실행할 수 있으며 OS가 자동으로 python3를 사용해야 하는 시점임을 인지하게 된다. 이것은 프로그램 폴더를 다른 프로그램이 있는 폴더로 복사할 수 있으며, 해당 프로그램을 컴퓨터의 어떤 경로에서든 실행할 수 있음을 의미한다.

켜기

끄기

이를 위해선 chmod_{change mode} 명령[8]을 사용해서 프로그램을 '실행 가능'하게 만들어야 한다. 프로그램을 '켠다'고 생각하면 된다. 예를 들어, hello.py를 실행 가능한 프로그램으로 만들려

8　**옮긴이** 윈도우는 chmod 명령을 지원하지 않는다. 대신 명령 프롬프트에서 다음 명령을 실행하면 '실행 가능'한 프로그램을 만들어준다. 먼저, 프로그램이 있는 최상위 디렉터리(옮긴이의 경우 C:\code)로 이동한 후 명령을 실행하자. 혹 실행이 안 된다면 파이썬이 연결 프로그램으로 지정되지 않아서다. 아무 .py 파일을 오른쪽 클릭한 후 '연결 프로그램'을 선택한다. 프로그램 리스트가 뜨면 'Python'을 선택해주면 된다.

　　C:\code\icacls * /reset /t /c /q

이제 준비가 됐다. 프로그램이 있는 폴더로 이동한 후 다음과 같이 입력하면 실행된다.

　　C:\code\01_hello\hello.py

윈도우에서는 ./를 사용할 필요가 없다.

면 다음과 같이 하면 된다.

```
$ chmod +x hello.py ◀─────  +x가 파일에 '실행 가능'이라는 속성을 부여한다.
```

이제 다음과 같이 프로그램을 실행할 수 있다.

```
$ ./hello.py ◀─────  ./는 현재 디렉터리를 의미한다.
Hello, World!        현재 위치가 프로그램이 있는 디렉터리와 같다면 지정해 주어야 한다.
```

1.6 $PATH 이해하기

셔뱅을 설정해서 실행 가능한 프로그램을 만들어주는 큰 이유는 파이썬 프로그램을 다른 명령이나 프로그램처럼 쉽게 설치하기 위해서다. 앞에서 which(윈도우에서는 where) 명령을 사용해서 python3의 위치를 찾았었다.

```
$ which python3
/home/runner/.local/share/virtualenvs/python3/bin/python3
```

python3라는 환경 변수를 어떻게 찾아서 그 값을 표시하는 걸까? 윈도우나 맥OS, 리눅스는 모두 $PATH 변수를 관리하고 있다. 이것은 OS가 특정 프로그램을 찾기 위해 사용하는 디렉터리들의 집합이다. 예를 들어, 필자가 Repl.it 인스턴스에 사용하고 있는 $PATH는 다음과 같다.

```
> echo $PATH
/home/runner/.local/share/virtualenvs/python3/bin:/usr/local/bin:\
/usr/local/sbin:/usr/local/bin:/usr/sbin:/usr/bin:/sbin:/bin
```

이 디렉터리들은 콜론(:)으로 연결되며, 첫 번째 경로가 python3가 위치해 있는 곳이다. 긴 문자열이라서 중간에 \를 넣어서 읽기 쉽게 했다. hello.py를 $PATH에서 지정하고 있는 경로 중한 곳으로 옮기면, 어떤 경로에 위치해 있든 해당 프로그램을 실행할 수 있게 된다. 즉, ./를 붙이거나 hello.py가 있는 디렉터리로 이동하지 않아도 실행할 수 있는 것이다.

$PATH는 여러분이 집 열쇠를 잃어버렸을 때 어디를 먼저 찾아야 하는지 알려주는 것과 같다. 먼저, 주방으로 가서 왼쪽 위 수납장을 열어보고 없으면 차례로 모든 수납장을 열어볼 것이다.

그래도 못 찾으면 이제는 식기류가 들어 있는 서랍들을 하나씩 열어보고 다음은 화장실로 가서 화장실 서랍을 찾는다. 하지만 이런 순서로 찾는 사람은 거의 없을 것이다. 대부분은 열쇠를 두는 곳이 있어서 그곳을 먼저 찾는다. 예를 들면, 문 옆에 열쇠를 걸어두는 곳이나 자주입던 재킷의 주머니 또는 지갑이나 가방을 찾거나 소파 밑을 볼 것이다.

$PATH 변수는 컴퓨터가 실행 가능한 프로그램을 어디에서 찾아야 하는지 알려주는 방법이다. 이 방법이 없다면 OS는 모든 디렉터리를 검색해야 하며 수십 분이나 심지어 수 시간이 걸릴 수도 있다. 컴퓨터에게 찾아야 할 곳의 위치와 순서를 $PATH를 통해 알려줌으로써 이런 수고를 더는 것이다.

대부분의 프로그램은 /usr/local/bin에 설치된다(윈도우는 C:\Program Files). 자연스럽게 cp 명령을 사용해서 프로그램을 해당 위치로 옮기려고 생각할 수도 있지만, Repl.it을 사용하는 경우 권한이 없어서 복사가 불가능할 수도 있다.

```
> cp 01_hello/hello.py /usr/local/bin
cp: cannot create regular file '/usr/local/bin/hello.py': Permission denied
```

하지만 PC에서는 가능하다.

```
$ cp hello.py /usr/local/bin/
```

그리고 PC가 프로그램을 제대로 찾는지 확인할 수도 있다.

```
$ which hello.py
/usr/local/bin/hello.py
```

이제 hello.py를 PC의 어느 위치에서든 실행할 수 있다.[9]

```
$ hello.py
Hello, World!
```

9　옮긴이　윈도우의 경우 C:\Program files가 $PATH에 등록돼 있지 않으므로 복사한다고 해도 실행되지 않는다. 참고로, 윈도우에서는 copy 명령을 사용해서 복사할 수 있고, where로 프로그램을 찾을 수 있다.

1.6.1 $PATH 변경하기

$PATH 디렉터리에 프로그램을 설치할 수 없는 경우가 있다(Repl.it이 그렇다). 이를 해결하려면 $PATH에 여러분이 작성한 프로그램이 있는 곳의 경로를 추가하면 된다. 예를 들어, 필자는 home 디렉터리 아래에 bin 디렉터리를 만든다.

대부분의 컴퓨터에서 ~/bin은 'home 디렉터리 안의 bin 디렉터리'를 의미한다. 다른 표현 방식으로 $HOME/bin이라고도 하는데, $HOME이 home 디렉터리의 이름이다. 다음은 Repl.it PC에 이 디렉터리를 만들고 프로그램을 그곳에 복사하는 방법을 보여준다. 그리고 bin 디렉터리를 $PATH에 추가하고 있다.[10]

```
$ mkdir ~/bin ◄──────── mkdir(make directory) 명령을
                        사용해서 ~/bin을 생성한다.      cp 명령을 사용해서 01_hello/hello.py
$ cp 01_hello/hello.py ~/bin ◄───────────────────  프로그램을 ~/bin 디렉터리에 복사한다.
$ PATH=~/bin:$PATH ◄──────  ~/bin 디렉터리를 $PATH의 첫 경로로 추가한다.
$ which hello.py ◄────────
/home/runner/bin/hello.py      which 명령을 사용해서 hello.py 프로그램의 위치를
                               찾는다. 위 과정을 잘 마쳤다면 OS가 $PATH에 설정된
                               디렉터리들 중에서 프로그램을 찾아낸다.
```

이제 해당 프로그램을 어느 디렉터리에서든 실행할 수 있다.

```
$ pwd
/home/runner/tinypythonprojects
```

현재 디렉터리를 보여준다.[11] 여기서 다음과 같이 프로그램 파일명을 입력해도 실행된다.

```
$ hello.py
Hello, World!
```

---

10 **옮긴이** 윈도우에서 $PATH를 설정하려면 다음과 같이 하면 된다.
   윈도우는 임의의 디렉터리를 만들어서 추가하면 된다. 아래 예에서는 C:\Test라는 폴더를 만들고 거기에 프로그램을 복사한다. 마지막으로, 해당 폴더를 $PATH에 추가한다.

```
C:\md test
C:\copy C:\code\01_hello\hello.py C:\test
C:\set PATH=%PATH%;C:\test
C:\where hello.py
```

11 **옮긴이** 윈도우에서 cd를 입력하면 현재 디렉터리를 보여준다.

```
C:\cd
```

셔뱅 및 실행 가능 파일을 설정하는 것이 번거로울 수도 있지만, 한번 작업해 두면 매우 편리하다. 파이썬 프로그램을 자신의 PC나 다른 사람의 PC에 설치할 수 있고 다른 프로그램처럼 손쉽게 실행할 수 있다.

1.7 프로그램 인수 및 도움말 추가하기

이 책에서는 프로그램의 입력과 출력을 보여주기 위해 입출력 다이어그램을 사용하고 있다. 그림 1.2는 hello.py 프로그램의 입출력을 보여주는 것으로, 입력은 없고 출력은 항상 'Hello, World!'임을 나타낸다.

입력   **출력**

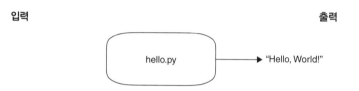

그림 1.2 **hello.py를 입출력 다이어그램으로 표현하고 있다. 입력은 없고 출력은 항상 같다.**

이 프로그램은 항상 'Hello, World!'를 출력하기 때문에 그다지 재미있지는 않다. 어떤 대상(예를 들면, 온 우주)을 향해 'Hello'라고 인사할 수 있다면 좀 더 재미있을 것이다. 다음과 같이 코드를 변경하면 된다.

```
print('Hello, Universe!')
```

하지만 이 방식으로는 대상이 바뀔 때마다 코드를 변경해야 한다. 프로그램 자체를 변경하지 않고 프로그램의 처리 방식을 다양화할 수 있다면 어떨까? 프로그램에서 변경하고자 하는 부분을 찾아서(예에서는 인사하고자 하는 대상) 해당 값을 **인수**argument로 전달하면 된다. 예를 들면, 다음과 같다.

```
$ ./hello.py Terra
Hello, Terra!
```

이 프로그램을 사용하는 사람은 인사 대상을 인수로 전달할 수 있다는 사실을 어떻게 알 수 있을까? 우리는 프로그램에 도움말 기능을 추가해서 이런 정보를 사용자에게 알려줘야 한다. 대부분의 명령줄 프로그램은 -h나 --help라는 인수를 입력하면 도움말을 표시한다. 우리도 다음과 같은 도움말을 표시하면 좋을 것이다.

```
$ ./hello.py -h
usage: hello.py [-h] name

Say hello

positional arguments:
  name          Name to greet ◄──── name을 위치 인수(positional argument)라고 한다.

optional arguments:
  -h, --help  show this help message and exit
```

이를 위해선 argparse 모듈을 사용하면 된다. 모듈이란 프로그램에 추가할 수 있는 파일 형태의 코드 집합이라고 보면 된다. 자신이 만든 코드를 다른 사람과 공유할 때도 모듈로 만들면 된다. 파이썬에는 수천 개의 모듈이 존재하며 이것이 파이썬의 매력이기도 하다.

argparse 모듈은 프로그램에 인수를 전달_{parse}하는 기능을 한다. 이 모듈을 사용하는 방법은 다음과 같다. 단, 단순히 코드를 복사하여 붙이지 말고 직접 입력해 볼 것을 권한다.

```
                          셔뱅은 이 코드를 실행할 때 어떤 프로그램을
                          사용할지 OS에게 알려준다.
#!/usr/bin/env python3 ◄──┘
# Purpose: Say hello ◄──── 프로그램의 용도를 문서화하는 주석이다.

import argparse ◄──── argparse 모듈을 임포트해야 한다.           이 파서(parser)가 모든 인수를
                                                            인지한다. description에 있는
                                                            내용이 도움말로 표시된다.
parser = argparse.ArgumentParser(description='Say hello') ◄──┘
parser.add_argument('name', help='Name to greet') ◄──┐
args = parser.parse_args() ◄──                        인사 대상이 될 사람의 이름을 인수로
print('Hello, ' + args.name + '!')                    전달한다고 파서에게 알려준다.

args.name 값을 사용해서        인수를 프로그램에게 전달하라고
인사 메시지를 출력한다.         파서에게 지시한다.
```

그림 1.3은 이 프로그램의 입출력 다이어그램을 보여준다.

이 프로그램을 인수 없이 실행하면 오류와 usage 문이 표시된다(usage가 첫 출력인 것에 주목하자).

```
                   인수 없이 프로그램을 실행하지만 프로그램이      원하는 인수가 전달되지 않아서 프로그램이
                   name이라는 단일 인수를 원하고 있다.         중단되고 usage 메시지가 출력된다. 이 메시지는
$ ./hello.py ◄──┘                                        어떻게 프로그램을 사용하면 되는지 알려준다.
usage: hello.py [-h] name ◄──┘
hello.py: error: the following arguments are required: name
오류 메시지가 name이라는 인수가
전달되지 않았다는 것을 알려준다.
```

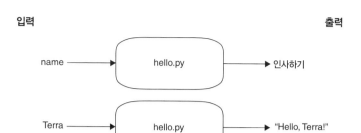

그림 1.3 **프로그램이 하나의 인수를 받아서 다양한 출력값을 표시하는 것을 보여준다.**

프로그램이 name이라는 인수를 받도록 변경했으므로 인수가 없으면 실행이 중단된다. 그러면 이름을 설정해서 프로그램이 인사하도록 해보자.

```
$ ./hello.py Universe
Hello, Universe!
```

-h와 --help 인수를 사용해서 프로그램을 실행해 보자. 도움말이 표시되는 것을 확인할 수 있을 것이다. 프로그램이 잘 실행되고 있으며, 사용자를 위한 훌륭한 정보도 제공하고 있다. argparse를 사용해서 몇 줄의 코드를 추가하는 것만으로 프로그램이 크게 개선됐다.

1.8 옵션 인수 만들기

이전처럼 인수 없이 프로그램을 실행하고 싶다고 하자. 인수가 없는 경우에는 'Hello, World!'라고 출력하는 것이다. 인수명을 --name으로 변경하면 인수를 선택적으로 사용하게 만들 수 있다.

```
#!/usr/bin/env python3
# Purpose: Say hello

import argparse

parser = argparse.ArgumentParser(description='Say hello')
parser.add_argument('-n', '--name', metavar='name',
                    default='World', help='Name to greet')
args = parser.parse_args()
print('Hello, ' + args.name + '!')
```

이전 프로그램과의 차이는 -n과 --name을 각각 축약형(short)과 일반형(long) 인수명으로 추가한 것이다. 또한, 기본값(인수를 지정하지 않은 경우 사용할 값)을 명시했으며 metavar에 인수로 사용할 변수를 표시하고 있다.

이제 이전처럼 인수 없이 실행할 수 있다.

```
$ ./hello.py
Hello, World!
```

또는 --name 인수를 사용할 수도 있다.

```
$ ./hello.py --name Terra
Hello, Terra!
```

변경된 도움말도 확인해 보자.

```
$ ./hello.py -h
usage: hello.py [-h] [-n NAME]

Say hello

optional arguments:
  -h, --help             show this help message and exit
  -n name, --name name Name to greet ◀
```

이 인수는 옵션 인수로, 더 이상 위치 인수가 아니다. 인수를 제공할 때는 축약형과 일반형 명칭을 함께 제공하는 것이 일반적이다. 축약형을 제공하므로 사용자가 쉽게 입력할 수 있도록 하는 것이다. metavar 값은 여기에 표시돼서 어떻게 사용해야 하는지 안내한다.

그림 1.4는 이 프로그램의 입출력 다이어그램을 보여준다.

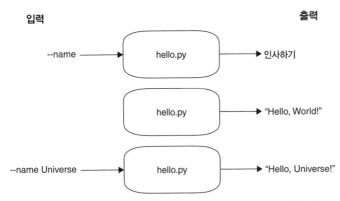

그림 1.4 name 인수가 이제는 선택형이다. 프로그램은 이름이 주어진 경우 그 이름에 인사하고, 그렇지 않은 경우에는 기본값을 사용해서 인사한다.

프로그램이 이전보다 많이 개선됐다. 인수를 지정하지 않은 경우 기본값을 사용해서 인사하고, 지정하면 특정 대상에게 인사를 한다. 대시(-)로 시작하는 것은 **옵션**option 인수로, 지정하지 않아도 동작하며 기본값을 갖는다. 반면 대시가 없는 것은 **위치**positional 인수로, 지정이 필수이며 기본값을 갖지 않는다는 사실을 기억하자.

표 1.1 **명령줄 인수의 두 종류**

종류	예	필수	기본값
위치	name	O	×
옵션	-n(축약형) --name(일반형)	×	O

1.9 테스트 프로그램 실행하기

테스트 프로그램을 다시 실행해서 앞에서 실패했던 테스트가 성공하는지 확인해 보자.

```
$ pytest -xv test.py
============================= test session starts ==============================
...
collected 5 items

test.py::test_exists PASSED                                              [ 20%]
test.py::test_runnable PASSED                                           [ 40%]
test.py::test_executable PASSED                                         [ 60%]
test.py::test_usage PASSED                                              [ 80%]
test.py::test_input PASSED                                              [100%]


============================== 5 passed in 0.38s ===============================
```

모든 테스트에 성공하는 것을 볼 수 있다. 개인적으로는 필자가 작성한 프로그램이 모든 테스트를 통과할 때 희열을 느낀다(필자가 테스트 프로그램을 작성한 장본인일 때도 그렇다). 앞에서는 usage와 input 테스트에 실패했었다. argparse 코드를 추가하고 나선 이 문제들이 해결됐고, 프로그램 사용법에 관한 도움말도 추가할 수 있었다.

1.10 main() 함수 추가하기

프로그램이 잘 실행되긴 하지만 아직 기대에 부합하는 수준은 아니다. 예를 들어, 컴퓨터 프로그램(파이썬뿐만 아니라)에서는 main()이라는 위치에서 처리를 시작하는 것이 일반적이다. 대부분의 파이썬 프로그램도 main()이라는 함수를 정의하며, 이 함수를 호출하는 코드를 마지막에 추가한다. 예를 들면, 다음과 같다.

```
#!/usr/bin/env python3
# Purpose: Say hello

import argparse                    def 함수를 정의하며, 여기서는 main()이라는
                                   이름의 함수를 정의하고 있다. 빈 괄호는
def main():  ◄                     인수를 받지 않는 함수임을 의미한다.
    parser = argparse.ArgumentParser(description='Say hello')
    parser.add_argument('-n', '--name', metavar='name',
                        default='World', help='Name to greet')
    args = parser.parse_args()
    print('Hello, ' + args.name + '!')

if __name__ == '__main__':  ◄
  ► main()                         모든 프로그램과 모듈은 __name__이라는 변수를 통해
                                   접근할 수 있는 이름을 갖고 있다. 프로그램이 실행될 때
    조건이 일치(true)하면            __name__이 '__main__'이라는 값으로 설정된다.
    main() 함수를 호출한다.¹²
```

프로그램이 길어지면 추가로 함수를 작성할 필요가 생긴다. 이 책에서는 쉬운 이해를 위해 항상 main() 함수를 만들어서 추가 함수를 실행한다(파이썬 개발자들은 이처럼 모든 함수를 main()에 두지는 않는다). 즉, 프로그램의 주요 부분을 항상 main() 함수 안에 작성하는 것이다.

1.11 get_args() 함수 추가

개인적인 취향이지만, argparse 관련 모든 코드를 별도로 분리해서 get_args()라는 곳에 두는 것을 좋아한다. 인수를 받고 검증하는 것은 하나의 처리라는 것이 나의 지론이므로 함께 두는 것이다. 프로그램에 따라서는 이 함수가 매우 길어지는 경우도 있어서 분리해 두는 편이 좋다.

get_args()는 항상 첫 번째 함수로 작성하는데, 코드를 해석할 때 바로 확인할 수 있기 때문이다. main()은 보통 그다음에 둔다. 물론, 프로그램을 어떤 순서로 작성하느냐는 전적으로 여러분에게 달렸으니, 원하는 대로 작성해도 문제없다.

필자가 원하는 방식으로 작성한 프로그램은 다음과 같다.

```
#!/usr/bin/env python3
# Purpose: Say hello

import argparse
```

---

12   자세한 내용은 파이썬 공식 문서를 참고하자. *https://docs.python.org/3/library/__main__.html*

```
def get_args():  ◄──── get_args() 함수는 인수 전용 함수다.
                       argparse 관련 코드는 모두 여기에 둔다.
    parser = argparse.ArgumentParser(description='Say hello')
    parser.add_argument('-n', '--name', metavar='name',
                        default='World', help='Name to greet')
    return parser.parse_args()  ◄──── 인수 전달 결과를 main() 함수에
                                      반환하기 위해 return을 호출한다.

def main():  ◄──── main() 함수가 훨씬 짧아졌다.
    args = get_args()  ◄──── get_args() 함수를 호출해서 인수를 받는다.
    print('Hello, ' + args.name + '!')   인수에 문제가 있거나 --help를 지정했다면
                                         argparse에서 중단되기 때문에 프로그램이 여
                                         기까지 진행되지 못한다. 프로그램이 정상적으
if __name__ == '__main__':               로 실행되려면 입력값에 문제가 없어야 한다.
    main()
```

프로그램의 내용은 바뀐 것이 없다. 단지 비슷한 처리를 하는 코드를 그룹으로 묶어서 재정렬
했을 뿐이다. 즉, argparse 관련 코드는 get_args() 함수 내에 두고 나머지는 main() 함수
에서 처리하도록 재배치한 것이다. 이제 프로그램이 제대로 동작하는지 테스트를 실행해서 확
인해 보자.

1.11.1 스타일 및 오류 확인

프로그램이 잘 실행되는 것을 확인했다. 이제 플레이크8이나 파이린트 등
의 툴을 사용해서 프로그램에 문제가 없는지 확인해 보자. 이런 도구를 **린터**
linter라고 하며, 프로그램에 개선할 부분이 없는지 알려주는 역할을 한다. 아
직 설치하지 않았다면 pip를 사용해서 설치하자.

```
$ pip install flake8 pylint
```

플레이크8 프로그램은 각 함수 사이를 두 줄을 띄우고 정의(def)하도록 권한다.

```
$ flake8 hello.py
hello.py:6:1: E302 expected 2 blank lines, found 1
hello.py:12:1: E302 expected 2 blank lines, found 1
hello.py:16:1: E305 expected 2 blank lines after class or function definition, found 1
```

파이린트는 함수에 문서 정보가 없다고 알려준다.

```
$ pylint hello.py
************* Module hello
hello.py:1:0: C0114: Missing module docstring (missing-module-docstring)
```

```
hello.py:6:0: C0116: Missing function or method docstring (missing-function-docstring)
hello.py:12:0: C0116: Missing function or method docstring (missing-function-docstring)


----------------------------------------------------------------
Your code has been rated at 7.00/10 (previous run: -10.00/10, +17.00)
```

문서 정보_{docstring}는 함수의 def 문 바로 다음에 오며, 함수를 위한 설명을 몇 줄로 작성하는 것이 일반적이다. 개발자들은 파이썬의 큰따옴표(또는 작은따옴표) 3개를 사용해서 여러 줄의 문자열을 주석으로 표현한다. 다음이 문서 정보를 추가한 예다. 나는 YAPF라는 도구를 사용해서 프로그램의 외형이나 공백을 다듬었다(물론 블랙_{Black}이나 다른 선호하는 도구가 있다면 사용해도 좋다).

```
#!/usr/bin/env python3
"""
Author: Ken Youens-Clark <kyclark@gmail.com>
Purpose: Say hello
"""

import argparse


# ------------------------------------------------
def get_args():
    """Get the command-line arguments"""

    parser = argparse.ArgumentParser(description='Say hello')
    parser.add_argument('-n', '--name', default='World', help='Name to greet')
    return parser.parse_args()


# ------------------------------------------------
def main():
    """Make a jazz noise here"""

    args = get_args()
    print('Hello, ' + args.name + '!')


# ------------------------------------------------
if __name__ == '__main__':
    main()
```

따옴표 3개로 감싸서 전체 프로그램에 대한 문서 정보를 여러 줄에 걸쳐 작성하고 있다. 함수의 대략적인 목적을 문서화하기 위해 셔뱅문 바로 다음에 긴 문서 정보를 작성하는 것이 일반적이다. 개인적으로는 이메일 주소나 본인 이름, 프로그램 용도 등을 기입하는 것을 좋아한다. 이렇게 해두면 누가 작성했는지, 문제가 있으면 어떻게 연락해야 하는지를 알 수 있고, 프로그램 용도도 이해할 수 있다.

이런 식의 주석으로 된 수평선은 함수가 어디 있는지 쉽게 알려준다. 개인적인 취향이므로 싫어한다면 생략해도 좋다.

get_args()의 문서 정보다. 한 줄 주석에도 따옴표 3개를 사용하는 것을 선호한다. 문서 정보가 쉽게 눈에 들어오기 때문이다.

main() 함수는 단순히 프로그램이 시작되는 지점으로, 문서 정보에 기입할 내용이 마땅히 없다. 개인적으로는 'Make a jazz noise (재즈 잡음을 만들다)'라고 작성하는 것이 재미있어서 항상 그렇게 하고 있다. 물론 여러분이 원하는 아무 문장이나 작성해도 상관없다.

YAPF나 블랙_{Black} 사용법을 배우기 위해서 -h나 --help를 사용해서 명령줄에서 실행해 보자. 비주얼 스튜디오 코드나 파이참 같은 IDE를 선호하거나 Repl.it을 사용한다면 코드를 다듬어주는 기능이 이미 갖춰져 있으니 사용해 보자.

1.12 hello.py 테스트

프로그램의 외형을 다듬었다. 이 변경 후에도 프로그램이 제대로 실행될지가 의문이다. 다시 테스트를 실행해 보자. 이 책에서는 이런 과정을 수백 번이고 반복하게 된다. 조금이나마 도움이 되고자 간단한 도구를 제공하고 있다. 모든 예제 코드 디렉터리에는 Makefile이라는 파일이 있으며, 파일 내용은 다음과 같다.

```
$ cat Makefile
.PHONY: test

test:
    pytest -xv test.py
```

make라는 프로그램이 설치돼 있다면 01_hello 디렉터리로 가서 make test라고 입력하면 된다. 그러면 make 프로그램이 현재 디렉터리에서 Makefile을 찾아서 'test'라는 항목을 찾는다. test에는 pytest -xv test.py라는 명령이 있으므로 이를 실행한다.[13]

```
$ make test
pytest -xv test.py

============================ test session starts ============================
...
collected 5 items

test.py::test_exists PASSED                                          [ 20%]
test.py::test_runnable PASSED                                        [ 40%]
test.py::test_executable PASSED                                      [ 60%]
test.py::test_usage PASSED                                           [ 80%]
test.py::test_input PASSED                                           [100%]

============================= 5 passed in 0.75s =============================
```

make가 설치돼 있지 않다면 설치해서 실행해 보자. Makefile을 사용해서 복잡한 명령들을 어떻게 쉽게 실행할 수 있는지 배울 수 있을 것이다. 설치를 원하지 않거나 사용하기 싫다면 단순히 pytest -xv test.py라고 실행하면 된다.

---

13 **옮긴이** 안타깝게도 윈도우에서는 사용할 수 없는 기능이다. 하지만 Cygwin 등 윈도우에서 유닉스 환경을 제공하는 도구를 사용하면 가능하긴 하다.

중요한 것은 프로그램이 예상한 대로 실행된다는 사실을 테스트 코드를 통해 확인할 수 있었다는 점이다. 프로그램을 작성하다 보면 다른 방식으로 작성하고 싶을 때가 있을 것이다. 테스트는 프로그램을 재작성할 수 있는 자유를 주며(리팩토링refactoring이라고 한다), 재작성한 코드가 변함없이 제대로 실행된다는 사실을 확인시켜 준다.

1.13 new.py를 사용해 새로운 프로그램 시작하기

argparse 모듈은 내장 모듈로 파이썬과 함께 설치된다. 인수를 전달하고 검증하는 시간을 줄여주기 때문에 폭넓게 사용되는 모듈이다. 이 책에 나오는 모든 프로그램은 argparse를 사용하고 있으며, 문자를 숫자로 변환하거나 파일을 열고 검증하는 방법 등을 배우게 된다. 필자가 작성한 new.py라는 프로그램은 인수를 다양하게 처리하는 코드를 포함하고 있어서 argparse를 사용하는 파이썬 프로그램을 작성할 때 도움이 될 것이다.

new.py 프로그램을 깃허브의 bin 디렉터리에 두었으니, 새로운 프로그램을 작성할 때 이를 사용하자. 예를 들면, hello.py의 새 버전을 new.py를 사용해서 만들 수 있다. 자신의 리포지터리에서 루트 디렉터리로 가서 다음과 같이 실행해 보자.[14]

```
$ bin/new.py 01_hello/hello.py
"01_hello/hello.py" exists. Overwrite? [yN] n
Will not overwrite. Bye!
```

new.py 프로그램은 기존 파일을 덮어쓰기 할지 물어본다. 기존 파일로 유지하려면 n을 입력하면 되니 파일이 지워질까 걱정하지 않아도 된다. 이번에는 다른 파일명을 사용해서 프로그램을 작성해 보자.

```
$ bin/new.py 01_hello/hello2.py
Done, see new script "01_hello/hello2.py."
```

---

14 **옮긴이** 윈도우에서는 /가 아닌 \를 사용해야 한다.

```
C:\code>bin\new.py 01_hello\hello.py
```

생성한 파일을 실행해 보자.[15]

```
$ 01_hello/hello2.py
usage: hello2.py [-h] [-a str] [-i int] [-f FILE] [-o] str
hello2.py: error: the following arguments are required: str
```

새롭게 작성된 프로그램의 안을 보자.

```
#!/usr/bin/env python3  ◄─── python3 프로그램을 찾기 위해 셔뱅 줄을 추가한다.
"""  ◄─── 전체 프로그램을 위한 문서 정보다.
Author : Anonymous <Anonymous@localhost>
Date    : 2020-12-30
Purpose: Rock the Casbah
"""

import argparse  ◄─── 프로그램에 필요한 다양한 모듈을 불러온다.


# --------------------------------------------------
def get_args():  ◄─── get_args() 함수는 인수를 전달하고 검증하는 기능을 한다.
    """Get command-line arguments"""

    parser = argparse.ArgumentParser(
        description='Rock the Casbah',
        formatter_class=argparse.ArgumentDefaultsHelpFormatter)
                                        위치 인수를 정의한다(첫 번째 hello.py 버전
                                        에서 사용했던 name 인수가 그 예다).
    parser.add_argument('positional',  ◄─┘
                        metavar='str',
                        help='A positional argument')

    parser.add_argument('-a',  ◄─┐  옵션 인수를 정의한다(--name을 사용
                        '--arg',  │  하도록 버전을 프로그램을 수정했었다).
                        help='A named string argument',
                        metavar='str',
                        type=str,
                        default='')

    parser.add_argument('-i',  ◄─── 정숫값을 사용해야 하는 옵션 인수를 정의한다.
                        '--int',
                        help='A named integer argument',
                        metavar='int',
                        type=int,
```

---

15 **옮긴이** 실행 가능한 파일을 설정하지 않았다면, 프로그램을 실행할 때 python 또는 python3를 입력해야 한다.

```
$ python 01_hello/hello2.py
```

```
                        default=0)

    parser.add_argument('-f',  ◄────  파일을 사용해야 하는 옵션 인수를 정의한다.
                        '--file',
                        help='A readable file',
                        metavar='FILE',
                        type=argparse.FileType('rt'),
                        default=None)

    parser.add_argument('-o',  ◄────  플래그 옵션을 정의한다(있으면 옵션을 켠 상태이고
                        '--on',         없으면 끈 상태. 뒤에서 자세히 다룬다).
                        help='A boolean flag',
                        action='store_true')

    return parser.parse_args()  ◄──┐ 인수를 main()에 전달한다. --int 값이 숫자가 아닌 문자로 되어 있거나
                                    하는 문제가 발생하면 argparse가 오류 메시지와 도움말을 표시한다.

# --------------------------------------------------
def main():  ◄────  프로그램의 시작 지점인 main() 함수를 정의한다.
    """Make a jazz noise here"""
                              main() 함수가 가장 먼저 하는 것은
    args = get_args()  ◄────  get_args()를 호출해서 인수를 받는 것이다.
    str_arg = args.arg  ◄──┐ 각 인숫값은 인수의 일반형 이름을 사용해서 확인할 수 있다. 축약형과
    int_arg = args.int       일반형을 모두 사용할 필요는 없지만, 둘 다 제공하는 것이 일반적이다.
    file_arg = args.file
    flag_arg = args.on
    pos_arg = args.positional

    print(f'str_arg = "{str_arg}"')
    print(f'int_arg = "{int_arg}"')
    print('file_arg = "{}"'.format(file_arg.name if file_arg else ''))
    print(f'flag_arg = "{flag_arg}"')
    print(f'positional = "{pos_arg}"')


# --------------------------------------------------
if __name__ == '__main__':  ◄────  프로그램이 실행될 때는 __name__ 값이 문자열 '__main__'과 같다.
    main()  ◄────  조건이 True이면 main() 함수를 호출한다.
```

이 프로그램은 다음과 같은 인수를 허용한다.

- str 형의 단일 위치 인수. **위치**란, 인수가 특정 이름을 사용하지 않고 상대적인 위치(순서)로 지정된다는 의미다.

- -h나 --help가 argparse를 사용할 때 도움말을 표시한다.

- -a 또는 --arg라고 하는 문자열 인수

- -i 또는 --int라는 정수형 인수

- -f 또는 --file이라는 파일 인수
- -o 또는 --on이라는 불형_{Boolean}(켜기/끄기) 인수

new.py가 다음과 같은 작업을 여러분을 위해 해주고 있음을 알 수 있다.

- hello2.py라는 새로운 파이썬 프로그램을 작성했다.
- 미리 준비된 템플릿을 사용해서 문서 정보부터 main() 함수(프로그램 시작 지점), get_args()(인수 전달) 함수까지 갖춰진 완벽한 프로그램을 생성했다. 또한, main() 함수 내의 프로그램 실행을 위한 코드도 작성해 주었다.
- 실행 가능한 프로그램을 만들었다. ./hello2.py로 실행된다.[16]

결과적으로는 바로 실행할 수 있고 실행 방법이 문서화된 프로그램이 만들어진 것이다. new.py를 사용해 프로그램을 생성한 후에는 편집기나 IDE를 통해 파일을 열어서 인수 이름이나 타입을 필요에 따라 변경하면 된다. 예를 들어, 2장에서는 위치 인수만 남기고 모두 지워도 된다. 그리고 이 위치 인수의 이름을 'positional'에서 'word'라고 변경하면 된다(인수가 단어를 사용하기 때문에 word라는 이름을 사용한다).

.new.py라는 파일(앞에 마침표가 있음을 유의하자)을 홈 디렉터리에 만들어서 new.py가 사용하는 'name'과 'email' 값을 변경할 수 있다. 다음은 필자가 만든 .new.py 파일이다.

```
$ cat ~/.new.py
name=Ken Youens-Clark
email=kyclark@gmail.com
```

1.14 new.py 대신 template.py 사용하기

new.py 사용이 싫다면, template 디렉터리에 template.py라는 파일을 복사해서 사용하면 된다. 예를 들어, 2장에서는 02_crowsnest/crowsnest.py라는 프로그램을 만들어야 한다.

리포지터리의 루트 경로에서 다음과 같이 new.py를 실행하거나,

```
$ bin/new.py 02_crowsnest/crowsnest.py
```

---

16 옮긴이 윈도우 사용자의 경우는 hello2.py라고 실행하면 된다.

cp_{copy} 명령을 사용해서 템플릿 파일을 복사해 만들 수도 있다.[17]

```
$ cp template/template.py 02_crowsnest/crowsnest.py
```

중요한 건, 프로그램을 만들 때 처음부터 전부 작성할 필요가 없다는 점이다. 어느 정도 완성돼 있으면서 실행되는 프로그램을 수정하는 것이 훨씬 쉽다.

 new.py를 ∼/bin 디렉터리에 복사할 수도 있다. 그러면 어느 디렉터리에서든 쉽게 새 프로그램을 작성할 수 있다.

부록을 잊지 말고 읽어보자. argparse의 다양한 예가 수록돼 있다. 연습을 위해 이 예제들을 복사해서 사용해 보는 것도 좋다.

정리

- 파이썬 프로그램은 파일 안에 텍스트로 존재한다. python3(또는 python) 명령을 사용해서 이 프로그램 파일을 실행할 수 있다.
- 실행 가능한 프로그램으로 만들어서 $PATH 폴더에 프로그램을 복사해 두면, 다른 일반 프로그램처럼 파이썬 프로그램을 어디서든 실행할 수 있다. python3를 찾을 수 있게 셔뱅에 env를 설정하자.
- argparse 모듈은 모든 인수와 관련 정보를 프로그램에 전달한다. 타입(형)이나 인수의 개수를 검증할 수 있다. 인수의 종류에는 '위치', '옵션', '플래그'가 있으며 도움말은 자동으로 생성된다.
- 각 예제마다 pytest라는 프로그램을 사용해서 test.py 테스트 프로그램을 실행한다. make test는 pytest -xv test.py를 쉽게 실행하도록 도와준다. pytest 명령을 직접 실행해도 된다.
- 모든 것이 제대로 실행되는지 확인하기 위해 테스트 코드를 자주 실행해 보는 것이 좋다.

17　옮긴이 윈도우에서는 다음처럼 하면 된다.

```
C:\code>copy template\template.py 02_crowsnest\crowsnest.py
```

- YAPF나 블랙_{Black} 같은 도구를 사용해서 코드의 외형을 다듬을 수 있다. 이는 파이썬 커뮤니티가 요구하는 코드 작성 표준을 따르도록 도와주며, 읽고 디버깅하기 쉬운 코드로 만들어준다.

- 파이린트나 플레이크8은 프로그램적인 문제나 스타일적인 문제를 수정하는 데 도움을 준다.

- new.py를 사용하면, argparse를 요구하는 새로운 파이썬 프로그램을 쉽게 생성할 수 있다.

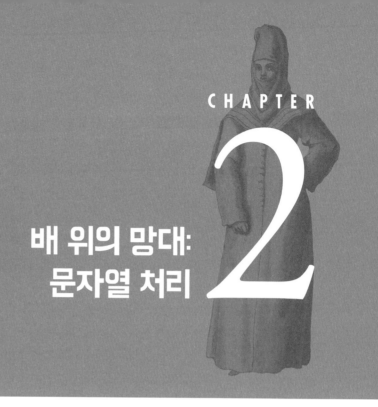

배 위의 망대: 문자열 처리

"항해 중지! 덩치만 크고 서투른 친구야. 너는 저 통 위에서 감시를 해야 해. 내 말이 무슨 말인지 알겠어? 나팔모양 입을 가진 우둔한 친구 너 말이야."

여러분에게 배 위의 망대(돛 위에 설치된 작은 통)에서 주변을 감시하는 임무가 주어졌다. 망대에서 신기하거나 위험한 것이 나타나면 알려주는 것이 임무다. 예를 들면, 해적선이나 피해야 할 빙산 등이 있는지 확인하는 것이다. 외뿔고래narwhal가 나타나면 "어이 선장! 왼쪽 뱃머리에 외뿔고래가 출현했어요!Ahoy, Captain, a narwhal off the larboard bow!"라고 하거나, 문어를 발견하면 "어이 선장! 문어가 왼쪽 뱃머리에 있어요!Ahoy, Captain, an octopus off the larboard bow!"라고 외쳐야 한다(이 실습에서는 모든 것이 왼쪽 뱃머리에 있다고 가정한다).

이 장부터는 여러분이 직접 작성해야 할 코딩 문제를 제시한다. 문제를 풀기 위한 힌트와 작성한 프로그램이 제대로 실행되는지 확인할 테스트 코드를 제공할 것이다. 이를 위해선 깃Git 리포지터리가 PC에 저장돼 있어야 하고(이 책의 앞부분에서 설치 방법을 안내하고 있다), 각 장의 디렉터리로 가서 실습용 코드를 작성해야 한다. 예를 들어, 이 장의 프로그램은 (테스트 프로그램이 존재하는) 02_crowsnest 디렉터리에서 작성해야 한다.

이 장에서 다루는 내용은 다음과 같다.

- 위치 인수를 사용하는 프로그램을 만들고 도움말 정보 작성하기
- 입력값에 따라 새로운 문자열을 출력하는 프로그램 만들기
- 테스트 실행하기

작성해야 할 프로그램의 이름은 crowsnest.py이며, 하나의 위치 인수를 받아서 다음과 같은 메시지를 출력한다. 단, 인수가 자음이나 모음이냐에 따라 인수 앞에 'an'이나 'a'를 붙여야 한다. 예를 들어, 인수가 'narwhal'이라면 자음이므로 'a'를 붙여야 한다.

```
$ ./crowsnest.py narwhal
Ahoy, Captain, a narwhal off the larboard bow!
```

인수가 'octopus'라면,

```
$ ./crowsnest.py octopus
Ahoy, Captain, an octopus off the larboard bow!
```

즉, 입력값을 명령줄에서 받아서 'a'를 붙일지 'an'을 붙일지 정하는 프로그램을 작성해야 한다. 또한, 이 두 값을 'Ahoy' 문장에 추가한 문자열을 출력해야 한다.

2.1 시작하기

아마 이미 프로그램을 작성할 준비가 돼 있는 독자들도 있을 것이다. 서두르지 말자. 아직 어떻게 테스트 코드를 사용해야 하는지와 어떻게 프로그래밍을 시작해야 할지 설명하지 않았다.

2.1.1 테스트 프로그램 사용법

"가장 훌륭한 스승은 실패다."

– 요다_{Yoda}

코드 리포지터리에 테스트 프로그램이 이미 존재한다. 이 프로그램을 참고하면 어떻게 프로그램을 작성해야 할지 감이 올 것이다. 첫 줄을 작성하기 전에 먼저 테스트 프로그램을 실행해서 어떻게 테스트에 실패하는지 확인해 보자.

```
$ cd 02_crowsnest
$ make test
```

make test 대신에 pytest -xv test.py라고 실행해도 된다. 다음은 테스트 결과 중 일부다.

```
$ pytest -xv test.py
============================ test session starts ============================
...
collected 6 items

test.py::test_exists FAILED                                          [ 16%]
```

테스트에 실패한다. 이 테스트 항목 외에도 다른 항목들이 있지만 pytest의 -x 옵션을 사용했기 때문에 여기서 멈춘다.

테스트 결과를 보면 많은 메시지들이 crowsnest.py 파일이 없다는 사실을 알려주고 있다. 테스트 결과를 해석하는 것도 능력이지만, 약간의 연습이 필요하다(지금부터 좌절하지 않아도 된다). 필자 PC의 터미널(맥의 iTerm)에서는 pytest의 결과 중 중요한 내용은 색깔과 굵은 글씨를 사용해서 표기된다. 개인적으로는 굵고 빨간색으로 표시된 메시지를 먼저 확인하는데, PC나 터미널 설정에 따라 다른 색이나 글자체로 표기될 수도 있다.

그러면 결과를 살펴보자. 처음에는 많은 메시지에 기겁할 수도 있지만, 곧 익숙해져서 메시지를 읽고 오류를 찾아낼 수 있을 것이다.

```
================================= FAILURES =================================
    def test_exists():
        """exists"""

>       assert os.path.isfile(prg)
E       AssertionError: assert False
E        +  where False = <function isfile at 0x000002ABBC5608B0>('./crowsnest.py')
```

test.py에 있는 실제 코드로, test_exists()라는 하나의 함수다. 줄 머리에 나오는 '>'는 오류가 시작되는 지점을 가리킨다. 여기서는 crowsnest.py라는 파일이 존재하는지 확인하고 있다. 파일을 만들지 않았다면 이 테스트가 실패한다.

줄 머리에 있는 'E'는 'Error'를 의미한다. 메시지가 매우 어렵게 보이지만, 결국 말하고자 하는 바는 ./crowsnest.py 파일이 존재하지 않는다는 것이다.

```
E        +      where <function isfile at 0x000002ABBC5608B0> = <module 'ntpath'
from 'c:\\users\\inhac\\appdata\\local\\programs\\python\\python38\\lib\\ntpath.
    py'>.isfile
E        +      where <module 'ntpath' from
'c:\\users\\inhac\\appdata\\local\\programs\\python\\python38\\lib\\ntpath.py'>
    = os.path

test.py:22: AssertionError
=========================== short test summary info ===========================
FAILED test.py::test_exists - AssertionError: assert False
!!!!!!!!!!!!!!!!!!!!!!!!!!! stopping after 1 failures !!!!!!!!!!!!!!!!!!!!!!!!!!!
============================== 1 failed in 0.49s ==============================
```

하나의 테스트에 실패한 뒤에는 다른 테스트를 진행하지 않는다고 경고하고 있다.
-x 옵션을 사용해서 테스트가 처음 실패하는 시점에 중지하라고 지시했기 때문이다.

이 책의 모든 테스트는 가장 먼저 프로그램 파일이 존재하는지를 확인한다. 그러면 프로그램
파일을 만들어보자.

2.1.2 new.py를 사용해서 프로그램 만들기

첫 번째 테스트를 통과하기 위해서는 crowsnest.py라는 파일을 test.py가 있는 디렉터리(02_
crowsnest) 안에 만들어야 한다. 빈 파일을 만드는 것도 좋지만, new.py 프로그램을 사용해서
기본적인 코드(이후 장에서도 사용될)가 추가된 상태로 파일을 만들자.

리포지토리의 루트 디렉터리에서 다음과 같이 입력하면 새로운 crowsnest.py가 생성된다.

```
$ bin/new.py 02_crowsnest/crowsnest.py[1]
Done, see new script "02_crowsnest/crowsnest.py."
```

new.py를 사용하기 싫다면 template/template.py를 복사해서 사용해도 좋다.[2]

---

1   **옮긴이** 윈도우에서는 다음과 같이 /를 ₩(또는 \)로 변경해서 실행하자. 이후의 코드도 마찬가지다.

    `C:\code>bin\new.py 02_crowsnest\crowsnest.py`

    저자의 경우 C:\code가 리포지토리의 루트 디렉터리로 설정돼 있다. 즉, C:\code 아래에 모든 예제 코드가 저장돼
    있다.

2   **옮긴이** 윈도우에서는 cp 대신 copy 명령을 사용한다.

    `C:\code>copy template\template.py 02_crowsnest\crowsnest.py`

```
$ cp template/template.py 02_crowsnest/crowsnest.py
```

명령줄 인수를 받아서 실행되는 프로그램이 만들어졌다. crowsnest.py를 인수 없이 실행하면 다음과 같이 프로그램 사용법이 간략하게 표시된다('usage'가 첫 번째 단어라는 것에 주목하자).[3]

```
$ ./crowsnest.py
usage: crowsnest.py [-h] [-a str] [-i int] [-f FILE] [-o] str
crowsnest.py: error: the following arguments are required: str
```

./crowsnest.py --help라고 실행하면 좀 더 긴 도움말이 표시된다.

 현재 표시되는 usage의 도움말은 new.py가 설정한 기본 인수에 대한 안내로, 이 장의 예제에서 사용해야 하는 것과는 다르다. 따라서 이 장의 프로그램에 맞게 수정할 필요가 있다.

2.1.3 코딩하고 테스트하기, 그리고 반복하기

여러분은 방금 프로그램을 만들었다. 이제 첫 번째 테스트를 통과할 수 있다. 이후로도 아주 짧은 단위의 코드(한두 줄 내외)를 작성해서 테스트하는 과정을 반복하게 된다. 이를 통해 작성한 코드가 제대로 동작하는지를 확인할 수 있다.

그러면 테스트를 다시 실행해 보자.

```
$ make test
pytest -xv test.py
============================ test session starts ============================
...
collected 6 items

test.py::test_exists PASSED                                          [ 16%]
test.py::test_usage PASSED                                           [ 33%]
test.py::test_consonant FAILED                                       [ 50%]
```

파일이 존재하므로 이 테스트는 통과한다.

test_consonant() 테스트가 실패하지만 괜찮다. 아직 실제 프로그램을 작성하기도 전이고, 이를 통해 적어도 어디서부터 시작해야 할지 알 수 있게 됐다.

-h와 --help를 사용하면 프로그램이 도움말을 표시하므로 통과한다. 여기서는 도움말이 정확한지는 확인하지 않고 도움말 인수를 지정하면 표시되는지만 확인하고 있다.

---

3   윈도우에서는 ./를 지정하지 않아도 된다. 02_crowsnest 디렉터리로 이동한 후 다음과 같이 실행한다.

```
C:\code\02_crowsnest>crowsnest.py
```

또는

```
C:\code\02_crowsnest>python crowsnest.py
```

이처럼 new.py를 사용해서 작성한 프로그램은 다음 두 개의 테스트를 기본으로 통과한다.

1 프로그램이 존재하는가? 존재한다. 방금 만들었다.

2 도움말 옵션을 지정하면 도움말을 표시하는가? 표시한다. 아무런 인수 없이 --help 옵션만 지정하면 앞서 본 것처럼 도움말이 표시된다.

이제 인수를 받아서 실행되는 프로그램이 만들어졌다(아직 원하는 인수를 설정하진 않았다). 다음은 'narwhal'이나 'octopus' 값을 받아서 표시하도록 프로그램을 수정해야 한다. 이를 위해 명령줄 인수를 사용할 것이다.

2.1.4 인수 정의하기

그림 2.1은 프로그램의 입력(인수)과 출력을 보여준다. 이 책에서는 이런 형태의 다이어그램을 사용해서 코드와 데이터가 어떤 식으로 연계되는지 설명한다. crowsnest.py 프로그램은 입력값으로 하나의 단어word를 받는다. 출력값은 이 입력값과 관사(a 또는 an)를 결합해서 만들어진 문장이다.

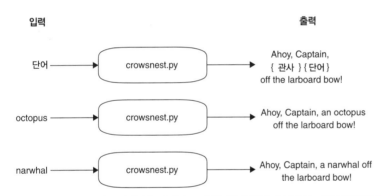

그림 2.1 **이 프로그램의 입력값은 단어이고, 출력값은 입력값과 관사를 더한 것이다(여기에 기본 단어들을 추가해서 문장을 만든다).**

crowsnest.py 프로그램을 수정해서 인수를 받도록 만들자. 수정해야 할 부분은 get_args() 함수로, argparse 모듈을 사용해서 명령줄 인수를 전달하는 함수다. 프로그램에서 요구되는 인수는 한 개의 위치 인수다. 위치 인수가 무엇인지 아직 모르겠다면 부록의 A.4.1절을 읽어 보자.

new.py에 의해 만들어진 get_args() 함수는 첫 번째 인수명으로 positional을 지정하고 있다. 위치 인수는 대시(-)로 시작하는 명칭(예: -a)을 갖지 않으며 위치(인수 지정 순서)에 의해

결정된다는 사실을 기억하자. 첫 번째 위치 인수(word)만 제외하고 다른 인수는 삭제해도 좋다. 다음과 같이 도움말을 표시할 때까지 get_args()를 수정해 보자.[4]

```
$ ./crowsnest.py
usage: crowsnest.py [-h] word
crowsnest.py: error: the following arguments are required: word
```

같은 방식으로, -h나 --help 옵션을 지정하면 다음과 같이 긴 도움말을 표시하도록 수정해 보자.

```
$ ./crowsnest.py -h
usage: crowsnest.py [-h] word
Crow's Nest -- choose the correct article

positional arguments:          단어(word) 인수를 하나 설정해야 한다.
  word        A word ◀         위치 인수인 것에 주목하자.

                                        -h와 --help는 argparse에 의해 자동으로 만들어진
optional arguments:                     다. 이 두 개의 옵션은 인수로 사용할 수 없다. 프로그
  -h, --help  show this help message and exit ◀   램용 문서화 정보를 만들기 위해 사용되는 것이다.
```

도움말이 제대로 출력되기 전까지는 다음 코드를 진행하지 말 것을 권한다.

프로그램이 제대로 된 도움말을 표시한다면, 다음은 word 인수를 받아서 출력하도록 main() 함수 내부를 수정하자.

```
def main():
    args = get_args()
    word = args.word
    print(word)
```

다음과 같이 실행해서 입력받은 단어를 출력하는지 확인하자.

```
$ ./crowsnest.py narwhal
narwhal
```

---

4 옮긴이 추천하고 싶지는 않으나, 혹시 고민해도 답을 모르겠다면 각 장의 디렉터리에 있는 solution.py를 보면 완성된 프로그램을 확인할 수 있다. 막힐 때는 이 파일을 보고 진행해 보자.

이제 다시 테스트를 실행해 보자. 여전히 두 개의 테스트만 성공하고 세 번째에서 실패하는 것을 볼 수 있다. 테스트 결과를 읽어보자.

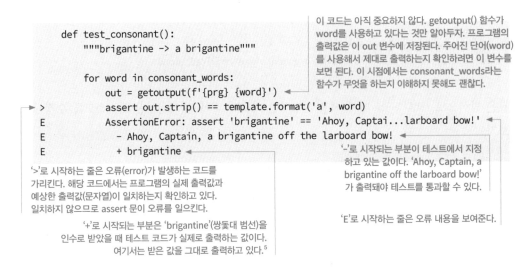

이 코드는 아직 중요하지 않다. getoutput() 함수가 word를 사용하고 있다는 것만 알아두자. 프로그램의 출력값은 이 out 변수에 저장된다. 주어진 단어(word)를 사용해서 제대로 출력하는지 확인하려면 이 변수를 보면 된다. 이 시점에서는 consonant_words라는 함수가 무엇을 하는지 이해하지 못해도 괜찮다.

'>'로 시작하는 줄은 오류(error)가 발생하는 코드를 가리킨다. 해당 코드에서는 프로그램의 실제 출력값과 예상한 출력값(문자열)이 일치하는지 확인하고 있다. 일치하지 않으므로 assert 문이 오류를 일으킨다.

'+'로 시작되는 부분은 'brigantine'(쌍돛대 범선)을 인수로 받았을 때 테스트 코드가 실제로 출력하는 값이다. 여기서는 받은 값을 그대로 출력하고 있다.[5]

'-'로 시작되는 부분이 테스트에서 지정하고 있는 값이다. 'Ahoy, Captain, a brigantine off the larboard bow!' 가 출력돼야 테스트를 통과할 수 있다.

'E'로 시작하는 줄은 오류 내용을 보여준다.

테스트를 통과하려면 word 인숫값을 받아서 'Ahoy~' 문장에 대입해야 한다. 어떻게 하면 좋을까?

2.1.5 문자열 연결하기

여러 문자열을 하나의 문자열로 만드는 것을 문자열 **연결하기**concatenating 또는 **결합하기**joining라고 한다. 문자열 연결의 예를 보여주기 위해 파이썬 해석기에 코드를 바로 입력해 보겠다. 여러분도 직접 입력해 보길 바란다. 권장사항이 아니라 필수사항이다. 다음에 나오는 코드를 직접 전부 입력하자.

터미널을 열어서 python3 또는 ipython이라고 입력하면 레플이 실행된다. 레플REPL은 읽기-평가하기-출력하기-반복하기Read-Evaluate-Print-Loop라는 뜻이다. 파이썬이 입력한 각 줄의 코드를 읽고, 평가하고, 반복을 통해 각 입력 줄의 결과를 출력하기 때문이다.

```
$ python3
Python 3.8.1 (v3.8.1:1b293b6006, Dec 18 2019, 14:08:53)
[Clang 6.0 (clang-600.0.57)] on darwin
Type "help", "copyright", "credits" or "license" for more information.
>>>
```

---

5 [옮긴이] 환경에 따라서는 +, -가 반대로 나오는 경우도 있다.

'>>>'는 코드를 입력할 수 있는 프롬프트prompt다. >>> 부분은 입력하는 것이 아니니 주의하자. 레플을 빠져나가려면 quit()를 입력하거나 Ctrl+D(컨트롤 키와 D 키를 동시에 입력)를 누르면 된다.

 파이썬 IDLE(Integrated Development and Learning Environment)이나, IPython, 주피터 노트북 (Jupyter Notebooks) 같이 코드를 바로 입력할 수 있는 프로그램을 사용해도 좋다. 단, 이 책에서는 python3 레플을 계속 사용한다.

word 변수에 'narwhal'을 입력하는 것부터 시작해 보자. 레플에서 word = 'narwhal'이라고 입력하고 엔터 키를 누르자.

```
>>> word = 'narwhal'
```

= 앞뒤로는 원하는 만큼 공백을 두면 된다(공백이 없어도 된다). 하지만 가독성이나 기존 규칙을 고려하면(파이린트나 플레이크8 등의 코드 오류를 찾는 툴도 고려한다면), 앞뒤로 한 칸의 공백을 두는 것이 좋다.

이제 word라고 입력하고 엔터 키를 누르면 파이썬이 현재 word에 들어 있는 값을 표시한다.

```
>>> word
'narwhal'
```

werd라고 입력하고 엔터 키를 눌러보자.

```
>>> werd
Traceback (most recent call last):
  File "<stdin>", line 1, in <module>
NameError: name 'werd' is not defined
```

 werd에 어떤 값도 설정한 적이 없기 때문에 werd라는 변수는 아직 존재하지 않는다. 정의되지 않은 변수를 사용하려고 하면 예외exception 오류가 발생해서 프로그램이 멈춘다. 파이썬은 werd에 값을 설정할 때에 werd라는 변수를 만들어준다(별도로 변수를 정의하지 않아도 된다).

word에 있는 값을 다른 두 문자열 사이에 넣어줘야 한다. 이때 사용되는 것은 + 연산자로, 문자열을 연결해 주는 역할을 한다.

```
>>> 'Ahoy, Captain, a ' + word + ' off the larboard bow!'
'Ahoy, Captain, a narwhal off the larboard bow!'
```

이제 문자열 연결하는 방법을 알았다. 다시 여러분이 작성한 프로그램으로 돌아가서 print()
가 word 대신에 전체 문장을 출력하도록 수정해 보자. 제대로 수정했다면 다음과 같이 네 번
째 테스트를 통과할 수 있을 것이다.

```
test.py::test_exists PASSED                                      [ 16%]
test.py::test_usage PASSED                                       [ 33%]
test.py::test_consonant PASSED                                   [ 50%]
test.py::test_consonant_upper PASSED                             [ 66%]
test.py::test_vowel FAILED                                       [ 83%]
```

이제 다시 새로운 오류가 발생한다. 다음과 같은 메시지를 볼 수 있을 것이다.

```
E            - Ahoy, Captain, a aviso off the larboard bow!
E            + Ahoy, Captain, an aviso off the larboard bow!
E            ?               +
```

word 앞에 관사 'a'를 고정값으로 설정했기 때문이다. 'a'를 쓸지 'an'을 쓸지를 word의 첫 글자
에 따라 선택해서 사용해야 한다. 어떻게 해야 할까?

2.1.6 변수 타입

진행하기 전에 잠시 뒤로 돌아가서 word 변수가 **문자열**string이라는 것에 대해 다시 생각해 보
고 넘어가자. 파이썬의 모든 변수는 **타입**type을 가지며 이 타입에 따라 저장할 수 있는 값의 형
태가 달라진다. word에 따옴표('narwhal'처럼)를 사용해서 값을 저장했으므로 word는 **문자열**
타입이 된다. 파이썬에서는 문자열을 str이라는 클래스를 사용해서 표현한다. 참고로, **클래스**
class란 코드와 함수의 집합을 의미한다.

type() 함수를 사용하면 파이썬이 인식하고 있는 타입을 확인할 수 있다.

```
>>> type(word)
<class 'str'>
```

어떤 값이든 작은따옴표(' ')나 큰따옴표(" ")로 감싸면 str로 해석한다.

```
>>> type("submarine")
<class 'str'>
```

 경고 따옴표를 깜박 잊고 사용하지 않으면 변수나 함수명으로 인식한다. 그리고 해당 명칭의 변수나 함수
가 존재하지 않으면 다음과 같은 예외 오류를 표시한다.

```
>>> word = narwhal
Traceback (most recent call last):
  File "<stdin>", line 1, in <module>
NameError: name 'narwhal' is not defined
```

예외 오류는 나쁜 것으로, 코드를 작성할 때도 이런 오류가 발생하지 않도록 작성하거나 적절
하게 처리할 수 있도록 작성하는 것이 좋다.

2.1.7 문자열의 일부만 가져오기

다시 원래 문제로 돌아가자. word의 첫 글자가 모음이냐 자음이냐에 따라 'a' 또는 'an'을 word
앞에 두어야 한다.

파이썬에서는 대괄호([])와 **첨자**index를 사용해서 문자열의 개별 글자를 가져올 수 있다. 첨자
는 각 요소의 앞에서부터의 위치를 숫자로 나타낸 것으로, 0부터 시작한다는 것에 유의해야
한다.

```
>>> word = 'narwhal'
>>> word[0]
'n'
```

문자열값에 바로 첨자를 사용할 수도 있다.

```
>>> 'narwhal'[0]
'n'
```

첨자가 0부터 시작하므로 마지막 첨자는 **문자열 길이보다 1이 적다**(이
것 때문에 가끔 혼란스러울 때가 있다). 'narwhal'의 길이(글자 수)는 7이므
로 마지막 글자는 첨자가 6인 지점에 위치한다.

```
>>> word[6]
'l'
```

뒤에서부터 첨자를 세고 싶다면 마이너스값을 사용하면 된다. 예를 들어, 마지막 첨자는 -1이다.

```
>>> word[-1]
'l'
```

범위를 지정해서 글자를 가져오고 싶다면 **슬라이스 표기법**slice notation을 사용하면 된다. [시작값:종룻값] 형식으로 지정하며 시작값 및 종룻값은 모두 선택형이다(즉, 지정하지 않아도 된다). 시작값의 기본값은 0이며, 종룻값은 해당 값보다 1 작은 위치까지다(종룻값이 3이면, 첨자는 2까지).

```
>>> word[:3]
'nar'
```

종룻값의 기본값은 문자열의 마지막 위치다.

```
>>> word[3:]
'whal'
```

다음 장에서는 슬라이스 리스트slice list를 배우게 될 텐데 동일한 구문을 사용한다. 문자열 자체가 글자들의 목록(리스트)이므로 같은 구문을 사용한다고 해도 이상하지 않다.

2.1.8 레플에서 도움말 찾기

str 클래스는 문자열을 처리할 수 있는 수많은 함수를 제공한다. 하지만 어떤 함수들이 포함돼 있는지 어떻게 알 수 있을까? 프로그래밍의 대부분은 적절하게 질문하는 법과 답을 어디서 찾아야 하는지 알아내는 과정이다. 아마 가장 많이 듣는 소리 중 하나가 "좋은 매뉴얼을 읽어라."일 것이다. 파이썬 커뮤니티도 수많은 문서를 제공하고 있으며(*https://docs.python.org/3/*), 특정 함수를 사용하는 방법을 다시 기억해 내거나 함수 사용법을 새롭게 익혀야 할 때 이 문서들을 참고하게 될 것이다. 문자열 클래스와 관련된 문서는 *https://docs.python.org/ko/3/library/string.html*에서 확인할 수 있다.

개인적으로는 레플이 제공하는 문서를 바로 확인하는 것을 좋아한다. str 클래스의 경우에는 다음과 같이 입력하면 확인할 수 있다.

```
>>> help(str)
```

help의 내용은 키보드의 위, 아래 화살표 키로 이동해 가며 읽을 수 있다. 다음 페이지로 넘어가려면 스페이스바나 F 키(또는 Ctrl+F)를 누르면 된다. 이전 페이지로 이동하려면 B 키(또는 Ctrl+B)를 누르면 된다. /를 입력하고 원하는 글자를 입력하면 도움말에서 해당 단어를 검색할 수 있다. 검색한 후에 N('next'를 의미)을 누르면 해당 단어가 있는 다음 문장을 표시한다. 도움말을 벗어나려면 Q('quit'를 의미)를 누르면 된다.

2.1.9 문자열 메서드

word가 문자열(str)인 것을 알았으니 word라는 변수에 대해 매우 유용한 메서드를 적용할 수 있다(메서드method는 word 같은 변수에 포함된 함수를 가리킨다).

예를 들어, 외뿔고래를 잡았다는 것을 강조하기 위해 대문자를 사용할 수 있다. 도움말help을 이용해서 검색해 보면, str.upper()라는 함수가 있다는 사실을 알아낼 수 있다. 이 함수의 **호출** 및 **실행 방법**은 다음과 같다.

```
>>> word.upper()
'NARWHAL'
```

중괄호 ()를 사용하지 않으면 함수 자체에 대한 정보가 표시된다.

```
>>> word.upper
<built-in method upper of str object at 0x10559e500>
```

실은 (중괄호를 사용하지 않는) 이 방식은 나중에 map()이나 filter() 같은 함수를 사용할 때 유용하게 쓰인다. 여기서는 변수 word에 str.upper() 함수를 실행하는 것이 목적이므로 중괄호를 사용한다. 이 함수를 사용하면 word에 있는 값을 대문자로 표시하지만, word의 값 자체가 대문자로 바뀌는 것이 아니니 유의하자.

```
>>> word
'narwhal'
```

'upper' 외에 str.isupper()라는 함수도 있다. 명칭을 보면 알겠지만, 이 함수는 True/False 타입의 값을 반환한다. 직접 실행해 보자.

```
>>> word.isupper()
False
```

메서드를 연결해서 사용할 수도 있다.

```
>>> word.upper().isupper()
True
```

word를 대문자로 변환했으니 word.isupper()는 True를 반환한다.

str 클래스가 문자열 길이 정보를 반환하는 메서드를 제공하지 않는 것은 의문이다. 길이를 확인하려면 len()('length'를 줄인 명칭이다)이라는 별도의 함수를 사용해야 한다.

```
>>> len('narwhal')
7
>>> len(word)
7
```

지금까지 설명한 코드를 직접 입력해 봤는가? 꼭 입력해 볼 것을 권한다. str의 도움말을 사용해서 다른 메서드를 하나 골라 직접 실행해 보자.

2.1.10 문자열 비교

word[0]을 사용해서 word의 첫 글자를 확인할 수 있게 됐다. 이 첫 글자를 변수 char에 대입해 보자.

```
>>> word = 'octopus'
>>> char = word[0]
>>> char
'o'
```

type()을 사용해서 char 변수를 보면 str임을 알 수 있다. 한 글자라도 파이썬에서는 문자열로 처리된다.

```
>>> type(char)
<class 'str'>
```

이제 char가 자음인지 모음인지를 알아내야 한다. 'a', 'e', 'i', 'o', 'u'는 모음이고 나머지는 자음이라고 하자. 문자열을 비교할 때는 ==를 사용하면 된다.

```
>>> char == 'a'
False
>>> char == 'o'
True
```

 값을 변수에 대입할 때는 word='narwhal'처럼 항상 부등호를 한 개만 사용하는 것에 주의하자. 반면 부등호 두 개는(내 머릿속에서는 항상 이퀄-이퀄이라고 읽는다) word == 'narwhal'처럼 두 값을 비교할 때 사용한다. 그림 2.2의 첫 번째 그림은 문statement으로 word의 값을 변경하며, 두 번째 그림은 표현식expression으로 True 또는 False를 반환한다(그림 2.2 참고).

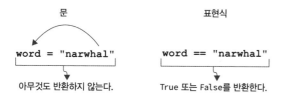

그림 2.2 **표현식은 값을 반환하지만, 문은 그렇지 않다.**

char를 모든 모음과 비교해야 하므로 and나 or을 사용해서 여러 글자를 한 번에 비교할 수 있다. 결과는 기본적인 and/or 연산 규칙을 따른다.

```
>>> char == 'a' or char == 'e' or char == 'i' or char == 'o' or char == 'u'
True
```

word가 'Octopus'나 'OCTOPUS'라면 어떻게 될까?

```
>>> word = 'OCTOPUS'
>>> char = word[0]
>>> char == 'a' or char == 'e' or char == 'i' or char == 'o' or char == 'u'
False
```

대소문자를 별도로 확인하기 위해 10개를 비교해야 할까? word[0]을 소문자로 변환하면 어떨까? word[0]이 str이라는 사실을 잊지 말자. 즉, 여러 개의 str 메서드를 연결해서 사용할 수 있다.

```
>>> word = 'OCTOPUS'
>>> char = word[0].lower()
>>> char == 'a' or char == 'e' or char == 'i' or char == 'o' or char == 'u'
True
```

char가 모음인지 확인하는 가장 간단한 방법은 파이썬의 x in y 구문을 사용하는 것이다. 값 x가 y라는 집합collection에 포함되는지는 알려주는 구문이다. 예를 들어, 'a'라는 글자가 'aeiou'라는 문자열에 포함되는지 확인하려면 다음과 같이 하면 된다.

```
>>> 'a' in 'aeiou'
True
```

'b'는 포함되지 않으므로 False를 반환한다.

```
>>> 'b' in 'aeiou'
False
```

이 방식을 사용해서 소문자로 변환된 word의 첫 글자('o')가 모음인지 확인해 보자.

```
>>> word = 'OCTOPUS'
>>> word[0].lower() in 'aeiou'
True
```

2.1.11 조건 분기

첫 글자가 모음이라고 확인됐다면 관사를 골라야 한다. 여기서는 간단한 규칙을 사용한다. 단어가 모음으로 시작하면 'an'을, 아니면 'a'를 사용하는 것이다. 이 규칙에서는 'h'처럼 첫 글자가 묵음인 경우는 고려하지 않는다. 예를 들면 'an honor'가 아니라 'a honor'라고 한다. 그리고 모음이 자음처럼 소리 나는 경우도 고려하지 않는다. 'union'의 'u'가 'y'로 발음되는 경우다.

article관사이라는 새 변수를 만들어서 빈 문자열을 설정한다. 그리고 어떤 관사를 넣을지 결정하기 위해 if/else 문을 사용할 것이다.

```
article = ''  ◄———  article에 빈 문자열을 설정한다.
if word[0].lower() in 'aeiou':  ◄———  소문자로 변환한 첫 글자가 모음인지 확인한다.
    article = 'an'  ◄———  첫 글자가 모음이면 'an'을 관사(article)로 설정한다.
else:
    article = 'a'  ◄———  첫 글자가 모음이 아니면 'a'를 설정한다.
```

if **표현식**expression(표현식은 값을 반환하고 문은 반환하지 않는다는 것을 기억하자)을 더 짧게 작성하는 방법도 있다. if 표현식을 반대 방향으로 작성하는 것이다. 즉, 먼저 if의 판정 결과가 True인 경우에 사용할 값을 두고 다음으로 조건식을 둔다. 마지막으로, 판정 결과가 False인 경우에 사용할 값을 둔다(그림 2.3).

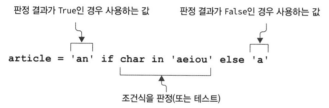

그림 2.3 if 표현식에서 판정 결과가 True인 경우 첫 번째 값을 반환하고, 그렇지 않으면 두 번째 값을 반환한다.

이 방법이 첫 번째 방법보다 더 안전하기도 한다. 왜냐하면 if 표현식이 else를 필요로 하지만 가끔 잊어버리고 else를 지정하지 않는 경우가 있기 때문이다. 이 방법에서는 if와 else를 모두 지정해야 하므로 잊을 일이 없다.

```
>>> char = 'o'
>>> article = 'an' if char in 'aeiou' else 'a'
```

article이 제대로 설정됐는지 확인해 보자.

```
>>> article
'an'
```

2.1.12 문자열 형식

이제 article관사과 word단어라는 두 개의 변수가 준비됐다. 이 변수들을 사용해서 'Ahoy!'어이!
문장을 만들어야 한다. 앞에서 + 기호를 사용해서 문자열을 연결할 수 있다는 것을 배웠다.
이 외에도 str.format()을 사용하는 방법이 있다. {}가 있는 부분을 앞에서부터 차례로 지정
한 문자열로 대체하는 방식이다(그림 2.4).

```
'Ahoy, Captain, {} {} off the larboard bow!'.format(article, word)
```

그림 2.4 변수에 저장된 값을 활용해서 문자열을 구성하기 위해 str.format() 메서드가 사용되고 있다.

다음과 같이 실행해 보자.

```
>>> 'Ahoy, Captain, {} {} off the larboard bow!'.format(article, word)
'Ahoy, Captain, an octopus off the larboard bow!'
```

또 다른 방법으로 'f 문자열f-string'이라는 특수한 방법을 사용해서도 문자열을 연결할 수 있다.
{} 안에 변수를 바로 넣는 방식이다. 어떤 방식을 따르든 본인의 자유이지만 개인적으로 f 문
자열 방식을 선호한다(어느 변수가 어느 괄호에 해당하는지 생각하지 않아도 되기 때문이다).

```
>>> f'Ahoy, Captain, {article} {word} off the larboard bow!'
'Ahoy, Captain, an octopus off the larboard bow!'
```

 프로그래밍 언어에 따라서는 변수 이름과 어떤 타입의 데이터
를 저장할지를 미리 선언해야 한다. 변수가 숫자 타입으로 선언
됐다면 다른 타입(문자열 등)의 값을 저장할 수 없다. 이처럼 변
수의 타입(형)이 절대 바뀌지 않는 것을 정적 타입static type이라
고 한다.

파이썬은 동적 타입dynamic type의 언어로, 변수를 미리 선언하지
않아도 되고 어떤 타입의 값을 저장하는지 지정하지 않아도 된
다. 값과 타입을 언제든지 자유롭게 바꿀 수 있는 것이다. 하지
만 동적 타입에도 장단점이 있다. 햄릿이 말했듯이 "좋고 나쁜
것은 생각하기 나름이다".

2.1.13 코드 작성하기

프로그램을 작성할 때 필요한 몇 가지 힌트를 주겠다.

- new.py를 사용해서 초기 프로그램 파일을 생성한다. get_args() 함수를 수정해서 word라는 하나의 위치 변수를 정의한다.

- 첨자를 사용해서(예: word[0]) 주어진 단어의 첫 번째 글자를 가져온다.

- str.lower()나 str.upper()를 사용해서 대문자 또는 소문자로 변환한 후 자음 및 모음을 확인한다(필요하다면 두 가지를 모두 사용해서 대소문자를 확인할 수도 있다).

- 모음 수(5개)가 자음보다 적으므로 모음인지 확인하는 것이 더 쉽다.

- x in y 구문을 사용해서 x 요소가 y 컬렉션(리스트)에 존재하는지 확인할 수 있다.

- str.format()이나 f 문자열을 사용해서 주어진 단어에 맞는 관사를 문장에 삽입한다.

- 코드 작성을 완료했으면 make test(또는 pytest -xv test.py)를 실행해서 프로그램이 모든 테스트를 통과하는지 확인하자.

이제 모든 준비가 끝났다. 코드를 작성할 시간이다. 다음 페이지에 있는 답을 확인하기 전에 직접 코드를 작성해 보자.

2.2 예시 답안

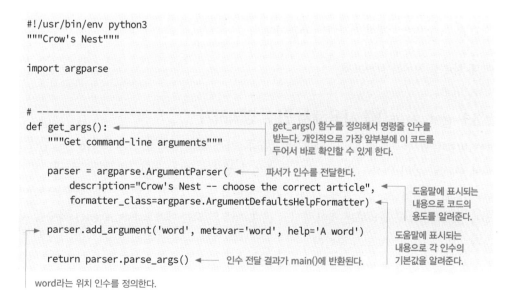

```python
#!/usr/bin/env python3
"""Crow's Nest"""

import argparse


# --------------------------------------------------
def get_args():
    """Get command-line arguments"""

    parser = argparse.ArgumentParser(
        description="Crow's Nest -- choose the correct article",
        formatter_class=argparse.ArgumentDefaultsHelpFormatter)

    parser.add_argument('word', metavar='word', help='A word')

    return parser.parse_args()
```

get_args() 함수를 정의해서 명령줄 인수를 받는다. 개인적으로 가장 앞부분에 이 코드를 두어서 바로 확인할 수 있게 한다.

파서가 인수를 전달한다.

도움말에 표시되는 내용으로 코드의 용도를 알려준다.

도움말에 표시되는 내용으로 각 인수의 기본값을 알려준다.

word라는 위치 인수를 정의한다.

인수 전달 결과가 main()에 반환된다.

```
# --------------------------------------------------
def main():  ◄────  프로그램의 시작 부분인 main() 함수를 정의한다.
    """Make a jazz noise here"""

    args = get_args()  ◄────  get_args()가 반환한 값이 args에 저장된다.
    word = args.word  ◄────  args.word 값을 word 변수에 대입한다.
    article = 'an' if word[0].lower() in 'aeiou' else 'a'  ◄────

    print(f'Ahoy, Captain, {article} {word} off the larboard bow!')

# --------------------------------------------------
if __name__ == '__main__':  ◄────
    ► main()
```

소문자로 변환된 word의 첫 글자를
확인해서 모음인 경우는 'an'을,
아닌 경우는 'a'를 관사로 설정한다.

f 문자열을 사용해서
전체 문장을 출력한다.
문장 안에 관사
(article)와 단어
(word)가 삽입된다.

'main' 네임스페이스(namespace)에 있는지 확인
한다. 즉, 프로그램이 실행되고 있는지를 확인한다.

현재 'main' 네임스페이스에 있으면
main() 함수를 불러서 프로그램을
시작한다.

2.3 해설

앞서 본 예시 답안은 많은 방법 중 하나에 불과하다는 사실을 강조하고 싶다. 같은 접근법을
다양한 방법으로 표현할 수 있으며, 작성한 코드가 테스트를 통과한다면 어떤 방법이든 상관
없다.

우리는 new.py를 사용해서 프로그램을 만들었고, 이는 두 개의 함수를 자동으로 생성해 준다.

- get_args(): 프로그램에 전달한 인수를 정의한다.
- main(): 프로그램이 시작되는 부분이다.

이 두 함수를 자세히 살펴보자.

2.3.1 get_args()를 사용해서 인수 정의하기

get_args()를 프로그램 앞부분에 두면 인수로 어떤 값을 받는지 바로 확인할 수 있어서
좋다. 하지만 굳이 이것을 별도의 함수로 정의할 필요는 없다. 원한다면 해당 코드를 모두
main() 함수 내에 둘 수도 있다. 그러나 뒤로 갈수록 프로그램이 길어지므로 개인적으로 이
렇게 별도의 함수로 관리하는 것이 좋다고 본다. 이후의 모든 예제도 get_args() 함수를 사
용해서 입력값을 정의하고 검증한다.

이 장에서 프로그램 요구 사항 중 하나가 하나의 위치 인수를 받는 것이다. 한 개의 단어를 인수로 받으므로 'positional'이라는 기본 이름을 'word'라고 변경했다.

```
parser.add_argument('word', metavar='word', help='Word')
```

'positional'이라는 이름을 인수로 사용하는 것은 좋지 않다. 그 자체가 인수에 대한 정보를 주지 않기 때문이다. 변수 이름을 정할 때는 어떤 용도로 쓰이는지 알 수 있도록 정해야 코드를 해석하기가 쉬워진다.

이 장에서는 word 외에 다른 인수를 요구하지 않으므로 나머지 parser.add_argument() 호출을 삭제했다.

get_args() 함수는 명령줄 인수의 전달 결과를 반환하고, 이 결과가 args 변수에 저장된다.

```
return parser.parse_args()
```

argparse가 어떤 이유로 인수를 전달하지 못하면(예를 들면, 인수를 지정하지 않은 경우) get_args()에서 오류가 발생해서 멈춘다. 그리고 오류 내용을 표시하고 OS에게는 오류 코드를 전달해서 프로그램이 도중에 멈췄다는 사실을 알려준다(명령줄에서 종룃값exit value이 0인 경우는 0개의 오류가 있다는 뜻이며, 0 이외의 값은 모두 오류로 간주한다).

2.3.2 main()에 대해

많은 프로그래밍 언어가 main() 함수부터 처리가 시작된다. 나도 항상 main() 함수를 정의해서 프로그램이 그곳에서 시작되게 한다. 반드시 그래야 하는 것은 아니지만, 파이썬에서는 일반적인 방식이다. 이 책의 모든 프로그램은 main() 함수에서부터 시작하며, 이때 가장 먼저 호출하는 함수가 get_args()로 프로그램의 입력값을 받는다.

```
def main():
    args = get_args()
```

이제 args.word를 사용해서 word 값을 가져올 수 있다. 이때 ()를 사용하지 않는 것에 유의하자. 즉, word는 함수가 아니기에 args.word()라고 하지 않는다. args.word는 단어가 저장돼 있는 저장소 같다고 보면 된다.

```
word = args.word
```

필자는 레플을 사용해서 아이디어를 실제로 작성해 보는 것을 좋아한다. 다음과 같이 word에 'octopus'라는 값이 저장됐다고 생각해 보자.

```
>>> word = 'octopus'
```

2.3.3 단어의 첫 번째 글자 분류하기

'a' 또는 'an' 관사를 선택하기 위해서는 단어의 첫 번째 글자가 무엇인지 알아야 한다. 이 장에서는 다음과 같이 했다.

```
>>> word[0]
'o'
```

첫 번째 글자가 모음인지(대문자, 소문자 모두) 확인하려면 다음과 같이 한다.

```
>>> word[0] in 'aeiouAEIOU'
True
```

word.lower()라는 함수를 사용하면 이 코드를 더 짧게 만들 수 있다. 다음과 같이 해서 소문자 모음만 확인하면 된다.

```
>>> word[0].lower() in 'aeiou'
True
```

x in y 형태는 x라는 요소가 y라는 컬렉션에 포함되는지를 확인하기 위한 것임을 기억하자. (모음 리스트처럼) 긴 문자열에서 특정 글자들을 찾을 때 유용하다.

```
>>> 'a' in 'aeiou'
True
```

모음 리스트에 포함된 글자들을 조건으로 해서 'an' 또는 'a'를 선택할 수 있다. 앞에서도 설명했지만, if 표현식은 두 가지 중 하나를 선택해야 할 때 가장 짧고 안전한 방식이다.

n a r w h a l
↓
a

```
>>> article = 'an' if word[0].lower() in 'aeiou' else 'a'
>>> article
'an'
```

if 표현식이 안전한 이유는 깜박 잊고 else를 빼먹은 경우 파이썬이 프로그램을 중단하기 때문이다. 실제로 else 없이 작성해서 어떤 오류가 발생하는지 확인해 보자.

이제 word를 'galleon'(오래된 범선 이름)으로 바꿔서 다른 단어인 경우에도 제대로 관사를 선택하는지 보자.

```
>>> word = 'galleon'
>>> article = 'an' if word[0].lower() in 'aeiou' else 'a'
>>> article
'a'
```

2.3.4 결과 출력하기

관사와 단어를 넣어서 최종 문장을 출력해야 한다. 앞에서 언급했듯이, str.format() 함수를 사용해서 변수를 문자열 안에 포함시킬 수 있다.

```
>>> article = 'a'
>>> word = 'ketch'
>>> print('Ahoy, Captain, {} {} off the larboard bow!'.format(article, word))
Ahoy, Captain, a ketch off the larboard bow!
```

파이썬의 f 문자열은 {} 안에 어떤 코드든 대입할 수 있게 해준다. 변수를 넣으면 변수 안의 값(문자열)이 다른 문자열과 연결되는 것이다.

```
>>> print(f'Ahoy, Captain, {article} {word} off the larboard bow!')
Ahoy, Captain, a ketch off the larboard bow!
```

어떤 방식으로 관사와 단어를 문장 안에 추가하든 테스트만 통과한다면 문제없다. 문자열을 출력하는 방식은 여러분의 취향 문제이며, 개인적으로는 f 문자열이 해석하기가 쉬워서 좋아한다. {} 위치와 뒤에 있는 변수의 위치를 확인해서 어떤 변수가 어느 괄호에 적용되는지 생각하지 않아도 되기 때문이다.

2.3.5 테스트 실행하기

"컴퓨터는 램프 속에 사는 장난스러운 지니와 같다. 여러분이 요구한 것을 정확하게 주지만, 여러분이 원하는 것과 항상 일치하지는 않는다."

– 조 손도 Joe Sondow

컴퓨터는 지니 요정과 같다. 여러분이 하라는 대로 정확히 하지만, 그것이 여러분이 원하는 결과인지는 장담할 수 없다. 미국 드라마 〈X 파일〉에서는 주인공인 멀더 요원이 지구에 평화가 올 수 있도록 소원을 비는 장면이 있다. 그리고 지니 요정은 그를 제외한 모든 인류를 사라지게 만든다.

테스트는 프로그램이 우리가 원하는 대로 실제로 동작한다는 사실을 검증하기 위한 것이다. 테스트는 오류가 발생하지 않는다는 것을 보장해 주진 않는다. 단지 프로그램을 작성하는 동안 예상한 버그나 발견한 버그를 줄일 수 있다. 하지만 테스트 코드를 작성하고 실행하는 것이 훨씬 더 효율적이며, 작성하지 않은 경우보다 훨씬 낫다.

다음은 **테스트 주도 개발** test-driven development의 과정이다.

- 소프트웨어를 만들기 전에 테스트 코드를 작성하라.
- 테스트를 실행해서 아직 만들어지지 않은 소프트웨어가 특정 태스크를 실행하지 못하는 것을 확인하라.
- 테스트 통과 기준을 만족하는 소프트웨어를 만들어라.
- 이제 소프트웨어가 테스트를 통과하는지 확인하라.
- 같은 방식으로 모든 테스트를 실행해서 새로운 코드를 추가하더라도 기존 코드가 제대로 실행되는지 확인하라.

테스트 코드 작성법은 아직 다루지 않았지만 걱정하지 않아도 된다. 당분간은 여러분을 위해 테스트 코드를 제공할 것이다. 이 책을 마칠 때쯤이면 테스트의 가치와 항상 테스트 코드를 먼저 작성하고 프로그램을 작성해야 하는 이유를 알게 될 것이다.

2.4 도전 과제

- 관사와 단어의 대소문자가 일치하도록 변경해 보자('An Octopus' 또는 'an octopus'). 먼저 test.py 내에 있는 test_ 함수를 복사해서 이것을 테스트하는 코드를 작성한다. 이때 주

의할 사항은 기존의 테스트는 그대로 모두 통과해야 한다는 점이다. 이때 테스트 코드를 먼저 작성하고 프로그램이 해당 테스트를 통과하도록 수정하자.

- 새로운 인수를 추가해서 문장 안의 'larboard'(왼쪽 뱃머리)를 'starboard'(오른쪽 뱃머리)[6]로 변경해 보자. --side 라는 옵션을 만들고 기본값을 'larboard'라고 해도 되고, --starboard라는 플래그를 지정한 경우 'starboard'로 변경해도 된다.

- 현재 테스트는 단어가 영어 알파벳으로 시작해야 한다. 숫자나 기호로 시작하는 단어도 처리할 수 있도록 프로그램을 수정해 보자. 어떻게 처리할지는 여러분에게 달려 있다(입력을 거부한다는 메시지를 표시하는 것도 방법이다). 테스트를 더 추가해서 의도한 대로 실행되는지 확인하자.

정리

- 모든 파이썬 문서는 다음 URL이나 레플의 help 명령을 통해 확인할 수 있다. *https://docs.python.org/ko/3/*

- 파이썬에서 변수 타입은 할당되는 값에 따라 동적으로 결정된다. 그리고 값을 할당하는 시점부터 사용할 수 있게 된다.

- 문자열은 str.upper()나 str.isupper() 같은 메서드를 제공하므로, 문자열을 변경하거나 문자열 정보를 얻고자 할 때 사용하면 좋다.

- 대괄호와 첨자를 사용해서 문자열의 일부를 가져올 수 있다. 첫 번째 글자는 [0]이고, 마지막 글자는 [-1]이다.

- + 연산자를 사용해서 문자열을 연결할 수 있다.

- str.format() 메서드는 {}를 사용해서 인숫값과 문자열을 연결하도록 도와준다.

- f'{article} {word}'처럼 f 문자열을 사용하면 변수나 코드를 {} 안에 바로 대입할 수 있게 해준다.

- x in y 표현식은 x 값이 y 컬렉션에 포함되는지 알려준다.

---

6 'starboard'는 별(stars)과는 아무런 관련이 없고 'steering board'(배의 키가 위치한 곳)를 의미한다. 오른손잡이 항해사의 경우는 보통 배의 오른쪽에 위치한다.

- if/else 같은 문statement은 값을 반환하지 않지만, x if y else z 같은 표현식은 값을 반환한다.
- 테스트 주도 개발은 프로그램이 최소한의 요건을 만족하도록 검증하기 위한 방식이다. 프로그램의 모든 기능이 테스트돼야 하며 테스트 코드를 작성하고 실행하는 과정도 프로그램 개발 과정의 일부로 포함돼야 한다.

CHAPTER

3

소풍 가기: 리스트 사용

코드를 작성하면 배가 고파진다! 프로그램을 작성해서 먹고 싶은 맛있는 음식을 쭉 나열해 보자. 지금까지는 단일 변수를 사용했다. 예를 들면, 이름~name~을 받아서 'hello'라고 인사하거나 이상한 괴물체가 출현했다고 알려주는 것이었다. 이 장에서는 리스트~list~를 사용해서 하나 이상의 음식을 저장한다. 리스트는 여러 개의 값을 저장할 수 있는 변수다. 실제 생활에서도 리스트(목록)를 많이 사용한다. 좋아하는 노래 톱 5를 선택하거나, 원하는 생일 선물 목록을 적거나, 인생에서 이루고 싶은 것(하고 싶은 것)을 적어놓은 목록 등이 있다.

이 장에서는 소풍을 가보겠다. 소풍을 갈 때 필요한 아이템들을 목록으로 출력하는 것이다. 이를 통해 배울 수 있는 내용은 다음과 같다.

- 여러 개의 위치 인수를 받는 프로그램 작성하기
- if, elif, else를 사용해서 세 개 또는 그 이상의 조건 분기 처리하기
- 리스트에서 특정 아이템을 찾아서 변경하기
- 리스트를 정렬하거나 반대로 나열하기
- 리스트를 하나의 문자열로 만들기

55

리스트에 있는 아이템들은 위치 인수로 전달된다. 아이템이 하나만 있는 경우에는 다음과 같이 출력한다.

```
$ ./picnic.py salad
You are bringing salad. (샐러드를 가져와.)
```

무슨 소린가? 누가 소풍을 가는데 샐러드만 달랑 가져온다는 말인가? 아이템이 두 개일 때는 다음과 같이 'and'를 사용해서 연결한다.

```
$ ./picnic.py salad chips
You are bringing salad and chips. (샐러드와 과자를 가져와.)
```

음, 과자를 가져온다고? 샐러드보다 발전했다. 세 개 이상일 때는 쉼표를 사용해서 아이템을 연결한다.

```
$ ./picnic.py salad chips cupcakes
You are bringing salad, chips, and cupcakes.
```

한 가지 요구 사항이 더 있다. --sorted라는 인수를 받아서 아이템들을 정렬한 후에 출력해야 한다. 이에 대해서는 조금 뒤에 설명하겠다.

요약하자면 다음과 같은 프로그램을 작성해야 한다.

- 하나 또는 여러 개의 인수를 받아서 리스트에 저장한다.
- 인수의 개수를 센다.
- 아이템들을 정렬한다.
- 리스트의 아이템 개수에 따라 다른 형태의 문자열로 아이템들을 출력한다.

어디서부터 시작하면 좋을까?

3.1 프로그램 시작하기

항상 그랬듯이, new.py를 실행해서 새 프로그램을 작성하거나 template/template.py 파일을 복사해서 작성하자. 이번에는 프로그램명을 picnic.py라고 하고 03_picnic 디렉터리에 만들 것이다. 리포지터리의 루트 디렉터리(이 책에서는 C:\code)에서 **new.py** 프로그램을 다음과 같이 실행하면 된다.[1]

```
$ bin/new.py 03_picnic/picnic.py
Done, see new script "03_picnic/picnic.py."
```

이제 03_picnic 디렉터리로 가서 make test 또는 pytest -xv test.py를 실행하자. 첫 번째(프로그램 끝내기), 두 번째 테스트(도움말 작성하기)를 통과하고 세 번째 테스트에서 멈출 것이다.

```
test.py::test_exists PASSED                                    [ 14%]
test.py::test_usage PASSED                                     [ 28%]
test.py::test_one FAILED                                       [ 42%]
```

이후의 메시지들은 테스트가 실패한 이유가 'You are bringing chips너는 과자를 가지고 올 거야'를 기대하고 있었지만 딴 것을 가져왔다는 내용이다.

```
================================ FAILURES ================================
_____ test_one _____

    def test_one():
        """one item"""

        out = getoutput(f'{prg} chips')  ◀──── chips라는 인수를 사용해서 프로그램을 실행한다.
>       assert out.strip() == 'You are bringing chips.'
E       assert 'str_arg = ""...nal = "chips"' == 'You are bringing chips.'
E         - You are bringing chips.  ◀──── - 기호는 테스트가 기대하는 결과다.
E         + str_arg = ""  ◀──── + 기호는 프로그램이 반환한 결과다.
E         + int_arg = "0"
E         + file_arg = ""
E         + flag_arg = "False"
E         + positional = "chips"

test.py:31: AssertionError
===================== 1 failed, 2 passed in 0.56 seconds =====================
```
여기서 오류가 발생한다. 결과물인 'You are
bringing chips'와 같은지(==)를 테스트하고 있다.

chips라는 인수를 사용해서 프로그램을 실제로 실행해 보자.

---

1   **옮긴이** 윈도우에서는 다음과 같다.

```
C:\code>bin\new.py 03_picnic\picnic.py
```

```
$ ./picnic.py chips
str_arg = ""
int_arg = "0"
file_arg = ""
flag_arg = "False"
positional = "chips"
```

제대로 된 결과가 아니다. 새 프로그램이 아직 테스트가 기대하는 인수를 갖고 있지 않기 때문이다(샘플 인수만 존재한다). 따라서 가장 먼저 해야 할 일은 get_args()를 수정해서 chips를 받을 수 있게 하는 것이다. 인수가 없는 경우에는 다음과 같이 도움말을 출력해야 한다.

```
$ ./picnic.py
usage: picnic.py [-h] [-s] str [str ...]
picnic.py: error: the following arguments are required: str
```

다음은 -h와 --help의 도움말이다.

```
$ ./picnic.py -h
usage: picnic.py [-h] [-s] str [str ...]

Picnic game

positional arguments:
  str            Item(s) to bring

optional arguments:
  -h, --help     show this help message and exit
  -s, --sorted   Sort the items (default: False)
```

하나 이상의 위치 인수와 --sorted라는 옵션 플래그가 필요하다. 앞의 결과가 나올 때까지 get_args()를 계속 수정해 보자.

item 인수는 하나 이상이 될 수 있으므로 nargs='+'를 사용해서 설정해야 한다. 자세한 내용은 부록의 A.4.5절을 참고하자.

3.2 picnic.py 작성하기

그림 3.1은 picnic.py 프로그램의 입력과 출력을 보여준다.

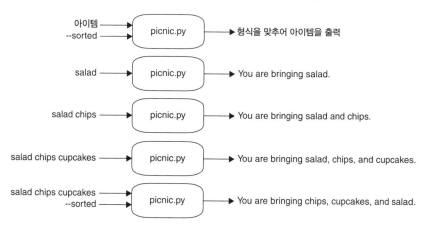

입력　　　　　　　　　　　　　　　　　　　출력

아이템
--sorted → picnic.py → 형식을 맞추어 아이템을 출력

salad → picnic.py → You are bringing salad.

salad chips → picnic.py → You are bringing salad and chips.

salad chips cupcakes → picnic.py → You are bringing salad, chips, and cupcakes.

salad chips cupcakes
--sorted → picnic.py → You are bringing chips, cupcakes, and salad.

그림 3.1 피크닉(소풍) 프로그램의 문자열 다이어그램. 프로그램이 처리해야 할 다양한 입력과 출력을 보여준다.

프로그램이 하나 이상의 위치 인수를 아이템으로 받아서 소풍에 해당 아이템을 들고 가게 해야 한다. 또한, -s나 --sorted를 사용해서 아이템을 정렬할지 지정한다. 결괏값은 'You are bringing너는 ~ 가져올 거야' 다음에 아이템 목록이 결합되는 형식이다.

- 아이템이 한 개이면, 해당 아이템만 언급한다.

```
$ ./picnic.py chips
You are bringing chips.
```

- 아이템이 두 개이면, 아이템을 'and'로 연결한다. 'potato chips'는 두 개의 단어로 이루어진 하나의 문자열임을 유의하자. 따옴표를 사용하지 않으면 공백(스페이스) 단위로 인수가 구분되므로 potato chips는 두 개의 인수로 인식된다.

```
$ ./picnic.py "potato chips" salad
You are bringing potato chips and salad.
```

- 아이템이 세 개 이상이면, 아이템을 쉼표와 공백으로 연결하고 마지막 아이템 앞에는 'and'를 추가한다. 'and' 앞에도 쉼표를 붙여야 하니 잊지 말자(이런 쉼표를 옥스퍼드 쉼표 Oxford comma라고도 한다). 필자가 영문학도 출신이기에 이런 문법에 신경을 많이 쓴다.

```
$ ./picnic.py "potato chips" salad soda cupcakes
You are bringing potato chips, salad, soda, and cupcakes.
```

-s 또는 --sorted를 지정했을 때 아이템을 정렬해야 한다는 것을 잊지 말자.

```
$ ./picnic.py --sorted salad soda cupcakes
You are bringing cupcakes, salad, and soda
```

아이템이 몇 개인지 확인하고 정렬하거나 정해진 문자열 형식으로 설정하려면 리스트에 대해 알 필요가 있다.

3.3 리스트

인수를 어떻게 정의해야 리스트로 사용할 수 있는지 배워보자. 예를 들어, 다음과 같이 인수를 지정한 경우

```
$ ./picnic.py salad chips cupcakes
```

salad chips cupcakes샐러드 과자 컵케이크라는 인수가 문자열 리스트로 저장된다. 그리고 print()를 사용해 출력하면 다음과 같이 보인다.

```
['salad', 'chips', 'cupcakes']
```

대괄호([])는 데이터가 리스트임을 의미하며, 각 요소(아이템)가 따옴표로 표시된다는 것은 문자열임을 의미한다. 리스트 안의 순서는 인수의 순서와 같다. 즉, 리스트는 항상 입력값의 순서를 유지한다.

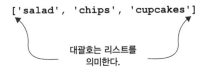

레플로 가서 items라는 변수를 만들고, 거기에 소풍에 가져올 맛있는 음식을 추가해 보자. 다시 한번 강조하지만, 책에 나오는 코드들은 반드시 직접 입력해 보자(python3나 IPython 또는 주피터 노트북을 사용하면 된다).

그러면 list() 함수를 사용해서 비어 있는 새 리스트를 만들어보자.

```
>>> items = list()
```

또는 다음과 같이 대괄호를 사용할 수도 있다.

```
>>> items = []
```

type()을 사용해서 만들어진 아이템의 정체가 무엇인지 확인해 보자.

```
>>> type(items)
<class 'list'>
```

바로 리스트다. 아이템을 설정하려면 가장 먼저 몇 개의 아이템을 소풍에 가져가야 하는지를 알아야 한다. str에서 배운 것처럼 len()('length'의 줄임말)을 사용하면 items가 갖고 있는 요소 수를 알 수 있다.

```
>>> len(items)
0
```

현재 리스트는 비어 있기 때문에 길이가 0이다.

3.3.1 리스트에 요소 하나 추가하기

빈 리스트는 아무 도움이 되지 못한다. 새로운 아이템(요소)을 리스트에 추가하는 방법을 알아보자. 앞 장에서 문자열 메서드(모든 str이 제공하는 함수)에 대한 내용을 확인하기 위해 help(str)을 사용했었다. 여기서는 help(list)를 사용해서 리스트 메서드를 확인해 보자.

```
>>> help(list)
```

스페이스바나 F 키(또는 Ctrl+F)를 누르면 다음 페이지로 넘어가고, B(또는 Ctrl+B)를 누르면 이전 페이지로 돌아간다. / 키는 특정 글자를 검색하게 해준다.[2]

help를 실행하면 이중 밑줄(__)로 시작하는 많은 메서드를 볼 수 있다(__len__도 그중 하나다). 계속 도움말 페이지를 넘겨서 list.append()라는 메서드를 찾자. list의 끝에 아이템을 추가하는 메서드다.

지금 items를 확인해 보면, 빈 대괄호만 표시되면서 리스트가 비어 있음을 보여준다.

2　**옮긴이** 이 키는 레플 종류에 따라 다를 수도 있다. IPython의 경우는 스페이스바로 다음 페이지 넘어가기만 사용할 수 있다.

```
>>> items
[]
```

여기에 새미치_{sammiches}(샌드위치와 비슷한 빵)를 추가해 보자.

```
>>> items.append('sammiches')
```

아무런 변화가 없다. 아이템이 추가됐는지 어떻게 확인할 수 있을까? 길이를 확인해 보면 1로 증가했음을 알 수 있다.

```
>>> len(items)
1
```

아이템 추가에 성공했다! 테스트가 중요하니 assert를 사용해서 길이가 1임을 검증해 보자.

```
>>> assert len(items) == 1
```

아무것도 표시되지 않는다는 것은 좋은 의미다. assert가 실패했다면 많은 메시지를 쏟아냈을 것이다.

items를 입력하고 엔터 키를 누르면 items가 갖고 있는 내용물을 보여준다.

```
>>> items
['sammiches']
```

완벽하다! 아이템이 추가된 것을 확인할 수 있다.

3.3.2 더 많은 아이템을 리스트에 추가하기

'chips'와 'ice cream'을 items에 추가해 보자.

```
>>> items.append('chips', 'ice cream')
Traceback (most recent call last):
  File "<stdin>", line 1, in <module>
TypeError: append() takes exactly one argument (2 given)
```

성가신 오류가 발생했다. 이런 오류는 프로그램을 망칠 수 있으므로 무슨 수를 써서라도 막

아야 한다. 메시지에도 있듯이, append()는 하나의 인수만 받을 수 있는데 두 개를 설정했다. items를 확인해 보면 아무것도 추가되지 않았음을 알 수 있다.

```
>>> items
['sammiches']
```

어쩌면 두 개 이상인 경우에는 리스트 형태로 추가해야 하는 것일 수도 있다. 시도해 보자.

```
>>> items.append(['chips', 'ice cream'])
```

조용하다. 성공한 것일까? 세 개의 아이템이 있어야 하므로 assert를 사용해서 확인해 보자.

```
>>> assert len(items) == 3
Traceback (most recent call last):
File "<stdin>", line 1, in <module>
AssertionError
```

또 다른 오류가 발생한다. len(items)가 3이 아니기 때문이다. 그렇다면 실제 길이를 확인해 보자.

```
>>> len(items)
2
```

2밖에 안 된다고? items 안을 보자.

```
>>> items
['sammiches', ['chips', 'ice cream']]
```

리스트는 문자열이나 숫자뿐만 아니라 리스트(그림 3.2 참고)도 저장할 수 있다. items. append()를 사용해서 ['chips', 'ice cream'](리스트 형태다)을 추가했으므로 items 안에 리스트가 존재하는 것이다. 물론, 우리가 원했던 모양은 아니다.

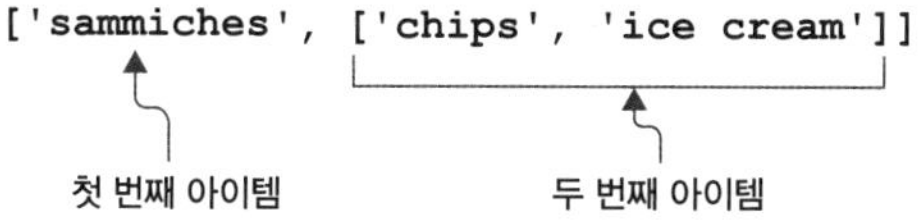

```
['sammiches', ['chips', 'ice cream']]
```

첫 번째 아이템   두 번째 아이템

그림 3.2 리스트는 문자열이나 리스트 등 다양한 타입의 값을 저장할 수 있다.

items를 초기화해서 다시 값을 대입해 보자.

```
>>> items = ['sammiches']
```

help로 도움말을 표시해서 아래로 내려가면 list.extend() 메서드를 찾을 수 있을 것이다.

```
| extend(self, iterable, /)
| Extend list by appending elements from the iterable.
```

이것을 사용해 보자.

```
>>> items.extend('chips', 'ice cream')
Traceback (most recent call last):
  File "<stdin>", line 1, in <module>
TypeError: extend() takes exactly one argument (2 given)
```

또 실패다. extend()도 인수를 하나만 받을 수 있다고 얘기하고 있으며, 위의 help를 보면 그 하나가 iterable이다. 이터러블iterable이란 시작 지점부터 끝 지점까지 진행한다는 의미로, 리스트도 이터러블에 해당한다(첫 번째 요소부터 n번째 요소까지 진행하므로).

```
>>> items.extend(['chips', 'ice cream'])
```

아무런 반응이 없다는 것은 좋은 소식이다. 길이를 확인해 보자. 3이어야 한다.

```
>>> assert len(items) == 3
```

맞다! 내용물을 확인해 보자.

```
>>> items
['sammiches', 'chips', 'ice cream']
```

샌드위치에 과자, 아이스크림까지 훌륭한 소풍이 될 것 같다. 리스트에 포함돼야 하는 것이 무엇인지 처음부터 알고 있다면 다음과 같이 할 수도 있다.

```
>>> items = ['sammiches', 'chips', 'ice cream']
```

list.append()와 list.extend() 메서드는 리스트의 끝에 새로운 아이템을 추가한다. 반면 list.insert() 메서드는 리스트의 어느 위치든 첨자를 지정해서 아이템을 추가할 수 있다. items의 첫 번째 요소로 추가하고 싶다면 첨자 0을 지정하면 된다.

```
>>> items.insert(0, 'soda')
>>> items
['soda', 'sammiches', 'chips', 'ice cream']
```

help를 사용해서 list가 제공하는 모든 함수에 대해 읽어볼 것을 권한다. 리스트가 얼마나 강력한 데이터 구조인지를 알 수 있을 것이다. help(list) 외에도 다음 URL을 통해 좋은 정보를 얻을 수 있다.

https://docs.python.org/ko/3/tutorial/datastructures.html

3.3.3 리스트 첨자 구조

이제 필요한 아이템의 리스트를 확보했다. len()을 사용해서 items 안에 몇 개의 아이템이 있는지 확인할 수 있으니, 다음은 리스트에서 데이터를 가져와서 원하는 형태로 가공하는 방법을 알아야 한다. 리스트에서 첨자를 사용하는 것은 앞서 본 str과 동일하다(그림 3.3 참고. 처음에는 잘 이해가 되지 않았지만, str을 글자들로 이루어진 리스트라고 생각하니 이해가 됐다).

```
    0              1            2              3
['soda',    'sammiches',   'chips',   'ice cream']
   -4             -3           -2             -1
```

그림 3.3 리스트와 문자열은 동일한 첨자 구조를 갖는다. 둘 다 0부터 시작하며 마이너스를 사용해서 뒤에서부터 셀 수도 있다.

파이썬의 모든 첨자는 0부터 시작하므로 items의 첫 번째 요소는 items[0]에 있다.

```
>>> items[0]
'soda'
```

마이너스 첨자라면 리스트의 끝에서부터 역방향으로 센다. 즉, -1은 리스트의 마지막 요소를 가리킨다.

```
>>> items[-1]
'ice cream'
```

첨자를 사용해서 리스트의 요소에 접근할 때는 주의가 필요하다. 예를 들어, 다음과 같은 코드는 위험하다.

```
>>> items[10]
Traceback (most recent call last):
  File "<stdin>", line 1, in <module>
IndexError: list index out of range
```

경고 존재하지 않는 첨자를 참조하면 오류가 발생한다.

바로 밑에서 리스트 요소를 안전하게 탐색하는 방법을 배우게 될 것이다. 이 방법을 사용하면 요소에 접근하기 위해 첨자를 사용하지 않아도 된다.

3.3.4 리스트 슬라이스

list[start:stop]의 형태로 리스트의 일부분만 가져올 수도 있다(이를 슬라이스slice라고 한다). 첫 번째, 두 번째 요소가 필요하다면 [0:2]라고 하면 된다. 주의할 것은 첨자 2는 세 번째 요소를 가리키지만 가져올 대상에 포함되지 않는다는 점이다. 그림 3.4를 보자.

```
>>> items[0:2]
['soda', 'sammiches']
```

```
        [0:2]

   0          1              2              3
['soda', 'sammiches', 'chips', 'ice cream']
                             [2:]
```

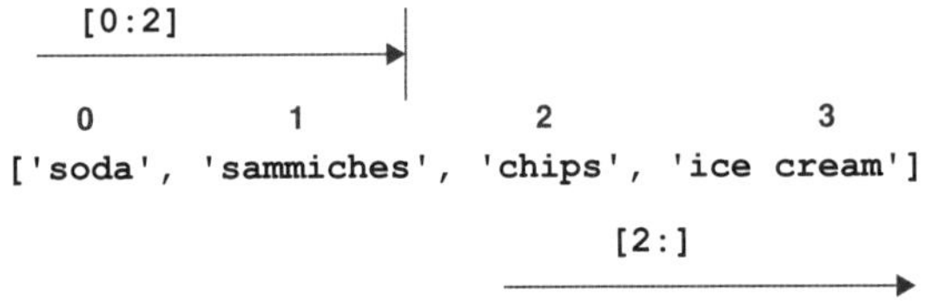

그림 3.4 **리스트 슬라이스에서는 stop 값이 대상에 포함되지 않는다.
stop 값을 생략하면 리스트의 마지막 데이터까지 가져온다.**

start를 생략하면 기본값인 0이 사용된다. 다음 코드도 동일하게 첫 번째, 두 번째 요소를 가져온다.

```
>>> items[:2]
['soda', 'sammiches']
```

stop을 생략하면 리스트의 마지막 위치가 설정된다.

```
>>> items[2:]
['chips', 'ice cream']
```

이상하게 들리겠지만, 슬라이스 방식에서는 존재하지 않는 첨자를 사용해도 안전하다. 예를 들어, 첨자 10이 존재하지 않아도 첨자 10부터 마지막까지의 요소를 요청할 수 있다. 오류 대신에 단순히 빈 리스트가 반환된다.

```
>>> items[10:]
[]
```

이 장의 실습에서는 세 개 이상의 요소가 있을 때는 'and'라는 단어를 리스트에 삽입해야 한다. 리스트와 첨자를 사용해서 시도해 보자.

3.3.5 리스트에서 요소 찾기

모두 과자를 챙겼는가? 종종 목록(리스트)에 있어야 할 아이템이 있는지 확인해야 할 경우가 생긴다. index 메서드를 사용하면 요소의 위치를 확인할 수 있다.

```
>>> items.index('chips')
2
```

list.index()는 불안정한 코드임에 유의하자. 리스트에 해당 아이템이 없으면 오류가 발생하기 때문이다. 연기 장치_{fog machine}(무대 등에서 연기를 발생시키는 장치)가 있는지 확인하려고 하면 어떤 일이 벌어질까?

```
>>> items.index('fog machine')
Traceback (most recent call last):
  File "<stdin>", line 1, in <module>
ValueError: 'fog machine' is not in list
```

요소가 존재한다고 검증한 경우가 아니라면 list.index()는 절대 사용해서는 안 된다. 대신 2장에서 사용한 x in y 구문을 리스트에도 적용할 수 있다. x가 y 컬렉션에 존재하면 True 라는 값을 반환한다.

```
>>> 'chips' in items
True
```

과자가 목록에 있다(개인적으로 소금, 식
초맛 감자칩이면 좋겠다).

아이템이 목록에 없다면 False를 반
환한다.

```
>>> 'fog machine' in items
False
```

연기 장치가 없다. 소풍 준비위원회에
게 건의할 필요가 있다. 연기 장치가
없는 소풍이 무슨 재미냐고.

3.3.6 리스트에서 요소 제거하기

list.pop() 메서드는 지정한 첨자 위치에 있는 요소를 제거한 후 반환한다. 그림 3.5를 보자
(첨자를 지정하지 않은 경우 마지막 요소(-1)를 제거한다).

```
>>> items.pop()
'ice cream'
```

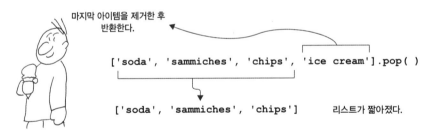

그림 3.5 list.pop() 메서드는 리스트에서 요소를 제거한다.

items를 보면 하나가 빠진 것을 확인할 수 있다.

```
>>> items
['soda', 'sammiches', 'chips']
```

첨자를 지정해서 특정 위치에 있는 요소를 제거할 수도 있다. 예를 들어, 첫 번째 요소를 제거
하려면 0을 지정하면 된다.

```
>>> items.pop(0)
'soda'
```

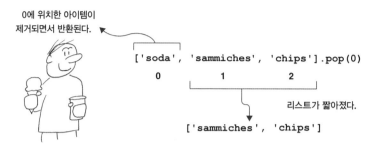

그림 3.6 **첨자를** list.pop()**에 지정해서 특정 요소를 제거할 수 있다.**

items가 더 짧아졌다.

```
>>> items
['sammiches', 'chips']
```

list.remove() 메서드를 사용해서도 아이템을 제거할 수 있다. 이 메서드는 지정한 아이템 중 제일 먼저 등장하는 아이템을 제거한다(그림 3.7 참고).

```
>>> items.remove('chips')
>>> items
['sammiches']
```

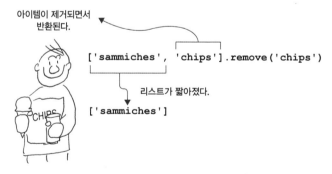

그림 3.7 list.remove() **메서드는 지정한 값과 일치하는 요소를 제거한다.**

 list.remove() 메서드는 지정한 아이템이 존재하지 않으면 오류를 발생시킨다.

items.remove()를 사용해서 이미 제거한 chips를 다시 제거하려고 하면 다음과 같은 오류 메시지가 표시된다.

```
>>> items.remove('chips')
Traceback (most recent call last):
  File "<stdin>", line 1, in <module>
ValueError: list.remove(x): x not in list
```

따라서 제거하고자 하는 요소가 리스트에 존재한다는 것을 검증하지 않은 상태에서는 절대로 사용해서는 안 된다.

```
item = 'chips'
if item in items:
    items.remove(item)
```

3.3.7 리스트를 정렬 및 반전하기

--sorted를 지정해서 프로그램을 실행한 경우 아이템을 정렬해야 한다. help 문서를 보면 list.reverse()와 list.sort(), 두 개의 메서드를 찾을 수 있다. 이 메서드들은 리스트 자체를 정렬하거나 반전하는 것으로 반환값이 없다. 예를 들어, 다음과 같은 리스트가 있다면

```
>>> items = ['soda', 'sammiches', 'chips', 'ice cream']
```

items.sort() 메서드를 실행할 경우 아무것도 표시되지 (반환하지) 않는다.

없음 ◄─── items.sort()

아이템이 정렬되지만 반환하는 값은 없다.

```
>>> items.sort()
```

items 안을 보면 아이템들이 알파벳순으로 정렬된 것을 확인할 수 있다.

```
>>> items
['chips', 'ice cream', 'sammiches', 'soda']
```

list.sort()와 마찬가지로 list.reverse()도 반환값이 없다.

```
>>> items.reverse()
```

하지만 items를 확인해 보면 순서가 반대로 뒤집힌(반전된) 것을 알 수 있다.

```
>>> items
['soda', 'sammiches', 'ice cream', 'chips']
```

list.sort()와 list.reverse() **메서드**는 sorted()와 reversed() **함수**와 쉽게 혼동된다. sorted() 함수는 리스트를 인수로 받아서 새로운 리스트를 반환한다.

```
>>> items = ['soda', 'sammiches', 'chips', 'ice cream']
>>> sorted(items)
['chips', 'ice cream', 'sammiches', 'soda']
```

sorted() 함수가 주어진 리스트 자체를 변경하진 않는다는 점에 유의해야 한다(매우 중요하다).

```
>>> items
['soda', 'sammiches', 'chips', 'ice cream']
```

파이썬 숫자 리스트를 정렬할 때는 숫자순으로 한다.

```
>>> sorted([4, 2, 10, 3, 1])
[1, 2, 3, 4, 10]
```

경고 문자열과 숫자가 혼합돼 있는 리스트를 정렬하려고 하면 오류가 발생한다.

```
>>> sorted([1, 'two', 3, 'four'])
Traceback (most recent call last):
  File "<stdin>", line 1, in <module>
TypeError: '<' not supported between instances of 'str' and 'int'
```

list.sort() 메서드는 list에 포함된 기능으로, 정렬 방법을 인수로 지정할 수 있다. help (list.sort)를 살펴보자.

```
sort(self, /, *, key=None, reverse=False)
    Stable sort *IN PLACE*.
```

즉, 아이템을 역순으로 정렬할 수 있음을 의미한다.

```
>>> items.sort(reverse=True)
```

items를 보면 다음과 같다.

```
>>> items
['soda', 'sammiches', 'ice cream', 'chips']
```

 reversed() 함수는 약간 다르게 동작한다.

```
>>> reversed(items)
<list_reverseiterator object at 0x10e012ef0>
```

아이템이 반전된 새로운 리스트가 표시되리라 기대했을 것이다. 이것은 **지연 함수**lazy function의 예다. 리스트는 반전시키는 데 시간이 걸리기 때문에 iterator 객체를 생성했다고 먼저 알려주고, 이 iterator 객체가 나중에 준비가 됐을 때 실제 요소를 반환하는 것이다.

reversed()의 결과 리스트는 list() 함수를 사용해서 확인할 수 있다.

```
>>> list(reversed(items))
['ice cream', 'chips', 'sammiches', 'soda']
```

sorted() 함수와 마찬가지로 원래 items에는 영향을 주지 않는다.

```
>>> items
['soda', 'sammiches', 'chips', 'ice cream']
```

sorted() 함수 대신에 list.sort()를 사용하면 기존 데이터를 지우게 된다. items에 다음과 같이 정렬된 후의 리스트를 저장하고 싶었다고 해보자.

```
>>> items = items.sort()
```

지금 items에 있는 값은 무엇일까? 레플에서 items를 출력하면 도움이 될 만한 정보를 얻을 수 없다. 따라서 type()을 사용해서 내부를 보자.

```
>>> type(items)
<class 'NoneType'>
```

더 이상 리스트가 아니다. `items.sort()`를 호출해서 그 결과를 `items`에 저장하고 있지만, `items.sort()`가 반환하는 값이 없으므로 None 타입이 되는 것이다.

`--sorted`가 설정된 경우에는 아이템을 정렬해야지 테스트를 통과할 수 있다. `list.sort()`를 사용할 것인지, 아니면 `sorted()`를 사용한 것인지는 여러분에게 맡긴다.

3.3.8 리스트 변경하기

앞서 보았듯이 쉽게 리스트를 변경할 수 있다. `list.sort()`와 `list.reverse()` 메서드는 리스트 전체를 변경하지만, 첨자를 이용해서 개별 요소를 변경할 수도 있다. 소풍 목록에 있는 과자를 사과로 변경해서 몸에 좋은 음식을 추가해 보는 건 어떨까?

```
>>> items
['soda', 'sammiches', 'chips', 'ice cream']
>>> if 'chips' in items:        ◀—— 아이템 안에 'chips'가 있는지 확인한다.
...     idx = items.index('chips')   ◀—— 'chips'의 첨자를 변수 idx에 저장한다.
...     items[idx] = 'apples'    ◀—— idx를 사용해서 'chips'를 'apples'로 변경한다.
```

`items`가 변경됐는지 확인해 보자.

```
>>> items
['soda', 'sammiches', 'apples', 'ice cream']
```

변경됐는지 확인하는 테스트 코드도 작성해 볼 수 있다.

```
>>> assert 'chips' not in items    ◀—— 'chips'가 소풍 목록에서 제외된 것을 확인한다.
>>> assert 'apples' in items       ◀—— 대신에 'apples'가 추가된 것을 확인한다.
```

아이템이 세 개 이상일 때는 마지막 아이템 바로 앞에 'and'를 추가해야 한다. 이 방식을 활용하면 답을 찾을 수 있을 것이다.[3]

3 　옮긴이 좀 더 힌트를 주자면, 마지막 아이템을 ' and' + 아이템명으로 변경하면 된다(' and Chips').

3.3.9 리스트 연결하기

프로그램의 요구 사항 중 하나는 목록에 포함된 요소 수에 따라 문자열을 다른 형식으로 출력해야 한다는 것이다. 문자열이 다른 문자열과 연결돼야 하며, 이때 리스트의 각 요소 사이에 쉼표와 빈칸(', ')이 추가돼야 한다.

다음 구문은 쉼표와 빈칸을 사용해서 문자열(요소)을 연결한다.

```
>>> ', '.join(items)
'soda, sammiches, chips, ice cream'
```

위의 코드는 str.join() 메서드를 사용하는데, 리스트를 인수로 받는다(인수가 리스트인 것이 이상하게 느껴질 수도 있지만, 사용 방식이 그렇다).

str.join()의 출력값은 새로운 문자열이다.

```
>>> type(', '.join(items))
<class 'str'>
```

원래 리스트는 변하지 않는다는 것을 유의하자(즉, 반환값이 새로운 문자열이다).

```
>>> items
['soda', 'sammiches', 'chips', 'apples']
```

파이썬의 리스트에는 이 외에도 다양한 기능이 있지만, 이 정도면 이 장의 문제를 풀 수 있으니 리스트에 대한 설명은 여기까지만 하겠다.

3.4 if/elif/else를 사용한 조건 분기문

아이템에 포함된 요소 수에 따라 다른 형태로 문자열을 출력해야 하므로 조건 분기문이 필요하다. 2장에서는 두 개의 조건(모음인지 아닌지)이 있어서 if/else 문을 사용했다. 여기서는 세 개의 분기를 고려해야 하므로 elif_{else-if}가 필요하다.

예를 들어, 세 개의 분기를 사용해서 연령을 구분해야 하는 경우를 생각해 보자.

- 나이가 0세 이상이면 유효하다.

- 나이가 18세 미만이면 미성년자다.

- 18세 이상이면 투표를 할 수 있다.

코드로 작성하면 다음과 같다.

```
>>> age = 15
>>> if age < 0:
...     print('당신은 존재하지 않습니다.')
... elif age < 18:
...     print('당신은 미성년자입니다.')
... else:
...     print('당신은 투표할 수 있습니다.')
...
당신은 미성년자입니다.
```

이 코드를 보면 picnic.py에서 어떻게 세 개의 분기를 작성할 수 있는지 이해할 수 있다. 먼저 한 개의 아이템을 처리하기 위한 분기를 작성하고, 다음으로 두 개의 아이템을 처리하기 위한 분기를 작성한다. 마지막으로, 세 개의 아이템을 처리하기 위한 분기를 작성하면 된다. 하나를 변경할 때마다 테스트를 실행해서 확인하자.

3.4.1 코드 작성하기

이제 코드를 직접 작성해 보자(필자가 작성한 답안은 보지 말고 해보자). 도움이 될 만한 힌트를 주겠다.

- 리포지터리의 루트 디렉터리에서 new.py 03_picnic\picnic.py를 실행해서 프로그램을 생성한다. make test(또는 pytest -xv test.py)를 실행해서 테스트한다. 첫 번째, 두 번째 테스트는 기본으로 통과한다.

- 이 장의 초반부에서 본 것처럼 --help 도움말을 수정한다. 인수를 정확하게 정의하는 것이 중요하다. items 인수는 argparse의 nargs를 보자(부록의 A.4.5절 참고).
- new.py를 사용했다면 get_args() 내의 불 플래그_{Boolean flag}를 변경해서 sorted 옵션을 만든다.
- 테스트를 순서대로 해결한다. 처음에는 한 개의 아이템을 처리하고, 다음은 두 개, 마지막으로 세 개를 처리해야 한다. 이를 완료했으면 정렬된 아이템을 추가한다.

답안을 보기 전에 직접 프로그램을 작성해 보고 각 테스트가 통과하는 모습을 직접 볼 때 이 책이 주는 이점을 극대화할 수 있음을 잊지 말자.

3.5 예시 답안

아래는 예시 답안이다. 다른 방식으로 코드를 작성했더라도 테스트를 통과했다면 매우 잘한 것이다.

```
#!/usr/bin/env python3
"""Picnic game"""

import argparse
```

get_args() 함수를 가장 먼저 배치해서 프로그램이 어떤 인수를 받는지 쉽게 알 수 있다. 파이썬에서는 함수 순서가 중요하지 않다. 단지 코드를 읽을 사람을 위한 배려다.

```
# --------------------------------------------------
def get_args():
    """Get command-line arguments"""

    parser = argparse.ArgumentParser(
        description='Picnic game',
        formatter_class=argparse.ArgumentDefaultsHelpFormatter)

    parser.add_argument('item',
                        metavar='str',
                        nargs='+',
                        help='Item(s) to bring')

    parser.add_argument('-s',
                        '--sorted',
                        action='store_true',
                        help='Sort the items')

    return parser.parse_args()

# --------------------------------------------------
```

item 인수는 nargs='+'를 사용한다. 이를 통해 하나 이상의 위치 인수(문자열)를 받을 수 있다.

대시(-)를 사용해서 짧은 이름(-s)이나 긴 이름 (--sorted)을 지정하면 옵션 인수가 된다.

명령줄 인수를 처리해서 반환한다.

```python
def main():
    """Make a jazz noise here"""

    args = get_args()
    items = args.item
    num = len(items)

    if args.sorted:
        items.sort()

    bringing = ''
    if num == 1:
        bringing = items[0]
    elif num == 2:
        bringing = ' and '.join(items)
    else:
        items[-1] = 'and ' + items[-1]
        bringing = ', '.join(items)
    print('You are bringing {}.'.format(bringing))


# --------------------------------------------------
if __name__ == '__main__':
    main()
```

- `def main():` ← main() 함수에서부터 프로그램이 시작된다.
- `args = get_args()` ← get_args()를 호출해서 반환된 값을 args 변수에 저장한다. 인수를 전달할 때 문제가 있으면 프로그램이 멈춘다.
- `items = args.item` ← args에 있는 item 리스트를 복사해서 새로운 변수인 items에 저장한다.
- `num = len(items)` ← 길이 함수인 len()을 사용해서 리스트에 포함된 아이템 수를 가져온다. nargs='+'를 사용해서 인수를 정의했으므로 항상 한 개 이상의 아이템이 반환된다(0개 아이템이 반환되는 경우는 없다).
- `if args.sorted:` ← args.sorted 값은 True 또는 false가 된다.
- `items.sort()` ← 아이템을 정렬해야 할 때는 item.sort() 메서드를 호출한다.
- `bringing = ''` ← 가져올 아이템을 저장할 변수를 빈 문자열로 초기화해 둔다.
- `if num == 1:` ← 아이템 수가 하나면 해당 아이템을 bringing에 그대로 저장한다.
- `elif num == 2:` ← 아이템 수가 두 개면 아이템을 ' and '로 연결해서 저장한다.
- `else:` ← 아이템 수가 하나도 아니고 둘도 아니면(세 개 이상이면), 마지막 아이템 앞에 'and '를 붙여서 마지막 아이템으로 저장한다.
- `bringing = ', '.join(items)` ← 각 아이템을 쉼표와 빈칸을 사용해서 연결한다.
- `print('You are bringing {}.'.format(bringing))` ← str.format()을 사용해서 최종 결과(가져올 아이템)를 문자열로 출력한다.
- `if __name__ == '__main__':` ← 파이썬 프로그램을 실행하면 이곳까지 읽어 내려오지만 어떤 코드도 실행되지 않는다. 이 부분에서는 main 네임스페이스에 있는지 확인해서 main() 함수를 실행한다(즉, 여기서 프로그램이 처음으로 실행된다).

3.6 해설

어땠는가? 프로그램 작성에 시간이 오래 걸렸는가? 내가 작성한 코드와 어떤 부분이 달랐는가? 제시한 예시 답안을 살펴보자. 여러분이 작성한 코드가 다르더라도 테스트만 통과한다면 상관없다.

3.6.1 인수 정의하기

프로그램이 하나의 변수에 동일한 타입(문자열)의 인수를 여러 개 받을 수 있어야 한다. get_args()에서는 item을 이렇게 정의하고 있다.

```python
parser.add_argument('item',
                    metavar='str',
                    nargs='+',
                    help='Item(s) to bring')
```

- `parser.add_argument('item',` ← item이라는 위치 인수를 지정
- `metavar='str',` ← 사용자에게 문자열 인수임을 알려주기 위한 것
- `nargs='+',` ← 인수의 개수('+'는 하나 이상을 의미)
- `help='Item(s) to bring')` ← -h나 --help 지정 시에 표시되는 도움말

이 프로그램은 -s와 --sorted라는 인수도 받는다. 이런 인수를 플래그_{flag}라고 하는데, 해당 인수를 지정했으면 True, 지정하지 않았으면 False가 되기 때문이다. 앞에 대시(-)가 있으면 옵션 인수가 된다는 사실을 기억하자.

```
parser.add_argument('-s',  ◄─── 짧은 플래그명
                    '--sorted',  ◄─── 긴 플래그명        플래그를 지정한 경우 True를 저장한다.
                    action='store_true',  ◄───          자동적으로 기본값이 False가 된다.
                    help='Sort the items')  ◄─── 상세 도움말
```

3.6.2 목록 저장하고 정렬하기

main() 함수에서는 get_args()를 호출해서 인수를 받고 args라는 변수에 저장한 후 items라는 변수에 args.item 값을 저장한다.

```
def main():
    args = get_args()
    items = args.item
```

args.sorted가 True이면 items를 정렬한다. 여기서는 sort 메서드를 사용하고 있다.

```
if args.sorted:
    items.sort()
```

이제 필요한 아이템을 모두 갖췄고 필요하면 정렬도 할 수 있다. 다음은 출력 형식을 지정해서 최종 목록을 출력해야 한다.

3.6.3 아이템 형식 지정하기

테스트를 순서대로 해결하는 것이 좋다고 권했었다. 테스트를 해결하기 위해선 네 가지 조건을 고려해야 한다.

- 아이템 없음
- 아이템 한 개
- 아이템 두 개
- 아이템 세 개 이상

첫 번째 테스트는 argparse가 알아서 해결해 준다. 사용자가 인수를 지정하지 않은 경우 기본 도움말만 표시해 준다.

```
$ ./picnic.py
usage: picnic.py [-h] [-s] str [str ...]
picnic.py: error: the following arguments are required: str
```

argparse가 인수가 없는 경우를 해결해 주므로, 우리는 나머지 세 개의 조건을 처리해야 한다. 다음이 그 방법 중 하나를 보여준다.

```
bringing = ''          ◀── 가져올 것을 담기 위한 변수를 초기화한다.
if num == 1:           ◀── 아이템 수가 한 개인지 확인한다.
    bringing = items[0]    ◀── 아이템이 하나이면 brining을 한 개 아이템으로 설정한다.
elif num == 2:         ◀── 아이템 수가 두 개인지 확인한다.
    bringing = ' and '.join(items)    ◀── 아이템이 두 개이면 ' and'라는 문자열을 사용해서 연결한다.
else:    ◀── 그 외의 경우
    items[-1] = 'and ' + items[-1]    ◀── 마지막 아이템 앞에 문자열 'and '를 추가한다.
    bringing = ', '.join(items)    ◀── 모든 아이템을 문자열 ', '로 연결한다.
```

다른 방법을 생각했다면 그것도 훌륭하다.

3.6.4 아이템 출력하기

마지막으로 결과물을 출력(print())해야 한다. {} 위치한 곳에 변수의 값을 받는 형식 문자열_{format string}을 사용했다.

```
>>> print('You are bringing {}.'.format(bringing))
You are bringing salad, soda, and cupcakes.
```

f 문자열을 사용해도 좋다.

```
>>> print(f'You are bringing {bringing}.')
You are bringing salad, soda, and cupcakes.
```

어느 쪽을 선택하든 원하는 목적을 달성할 수 있다.

3.7 도전 과제

- (개인적으로는 용납할 수 없는 인수이지만) 옵션 인수를 추가해서 옥스퍼드 쉼표(and 앞에 두는 쉼표)를 출력하지 않게 만들어보자.
- 옵션 인수를 추가해서 사용자가 지정한 기호로 아이템을 연결하게 만들어보자(예를 들면, 쉼표 대신에 세미콜론(;)을 사용해서 아이템을 연결한다).

추가한 새 기능이 테스트를 통과하는지 확인하는 것도 잊지 말자.

정리

- 파이썬의 리스트는 여러 데이터 타입(문자열이나 숫자)을 순서대로 저장한다.
- list.append()나 list.extend() 메서드를 사용해서 리스트에 요소를 추가할 수 있다. list.pop()이나 list.remove()를 사용하면 요소를 삭제할 수 있다.
- x in y를 사용해서 요소 x가 리스트 y에 포함돼 있는지 확인할 수 있다. list.index()를 사용해서 특정 요소의 위치(첨자)를 확인할 수 있다(단, 요소가 존재하지 않으면 오류가 발생하니 주의해야 한다).
- 리스트를 정렬하거나 반전할 수 있으며 리스트 내 요소를 변경할 수도 있다. 리스트는 요소의 순서가 중요할 때 유용하다.
- 문자열과 리스트는 여러 기능을 공유하고 있다. len()은 길이를 알려주며, 첨자 0은 첫 번째 요소를, -1은 마지막 요소를 가리킨다. 또한, 슬라이스를 사용해서 일부 요소만 추출할 수도 있다.
- str.join() 메서드를 사용하면 주어진 리스트로부터 새로운 str을 만들 수 있다.
- if/elif/else를 사용하면 조건에 따라 다른 코드를 사용하도록 처리를 분기할 수 있다.

숫자 5 넘어가기: 딕셔너리 사용

"아침에 일어날_{get up} 때 나를 실망시키는_{down} 것은 아무것도 없다."

– 데이빗 리 로스_{D. L. Roth}

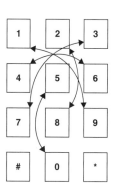

〈더 와이어_{The Wire}〉라는 드라마에서 마약상들은 경찰이 문자 메시지를 가로채는 것을 걱정해서 메시지 내에 포함된 전화번호를 암호화한다. 이때 사용한 알고리즘이 '숫자 5 넘어가기_{Jump the Five}'다. 오른쪽 그림처럼 전화번호 패드에서 5를 기준으로 반대편에 있는 번호로 바꾸기 때문이다. 이 장의 실습에선 이 알고리즘을 사용해서 메시지를 암호화하는 방법을 생각해 본다. 또한, 암호화한 메시지를 해독하는 방법도 다룬다.

전화번호 패드에서 1이 5를 넘어가면 9가 되며, 6은 4가 된다. 5와 0은 서로 바꾼다.

실습에서는 **jump.py**라는 파이썬 프로그램을 만들어서 메시지를 인수로 받는다. 메시지에 포함된 숫자는 이 알고리즘을 사용해서 암호화하며, 숫자 외의 글자들은 변경하지 않는다. 다음은 몇 가지 실행 예를 보여준다.

```
$ ./jump.py 867-5309
243-0751
$ ./jump.py 'Call 1-800-329-8044 today!'
Call 9-255-781-2566 today!
```

주어진 메시지에서 숫자를 찾아낼 방법을 알아야 한다. 이를 위해 for 문 사용법을 배우고 리스트와 for를 접목하는 방법을 배운다. 또한, 1과 9처럼 변경될 숫자를 찾아내는 방법도 알아야 한다. 이때 필요한 것이 **딕셔너리**dictionary라고 하는 데이터 구조다.

이 장에서 다루는 내용은 다음과 같다.

- 딕셔너리 만들기
- for 반복문과 리스트를 사용해서 메시지와 문자 처리하기
- 딕셔너리에 아이템이 존재하는지 확인하기
- 딕셔너리에서 값 추출하기
- 암호화된 숫자를 사용해서 새로운 문자열 출력하기

프로그램을 작성하기에 앞서 딕셔너리에 대해 먼저 배워보자.

4.1 딕셔너리

파이썬의 딕셔너리는 키를 특정 값과 연결해 준다. 실제 딕셔너리(사전)와도 용도가 같다. 'quirky'라는 단어를 사전에서 찾으면(*https://en.dict.naver.com/#/search?query=quirky*), 그림 4.1과 같이 단어의 의미를 알 수 있다. 여기서 단어가 '키key'에 해당하고, 뜻이 '값value'에 해당한다.

quirky ➡ 특이한, 변덕스러운, 기이한

그림 4.1 **사전을 찾아보면 단어의 뜻을 알 수 있다.**

사전은 단어의 뜻 말고도 발음이나 어원, 품사, 동의어, 반의어, 예문 등 다양한 정보를 제공한다(개인적으로 사전을 정말 좋아한다). 이런 각각의 정보도 값을 지니므로 각 단어도 하나의 딕셔너리로 볼 수 있다(그림 4.2 참고).

뜻 ➡ 특이한, 변덕스러운, 기이한
발음 ➡ 쿼키
품사 ➡ 형용사

그림 4.2 사전에는 단순히 'quirky'라는 단어의 뜻만 나와 있는 것이 아니다.

파이썬에서 딕셔너리를 어떻게 사용하는지 살펴보자.

4.1.1 딕셔너리 만들기

영화 〈몬티 파이튼과 성배Monty Python and the Holy Grail〉에서 아서왕과 기사들이 죽음의 다리를 건너는 장면이 나온다. 그 다리를 건너려면 다리 수호자가 내는 세 가지 문제에

답해야 하며, 틀리면 영원한 형벌의 협곡에 떨어진다.

자, 카멜롯을 향한 모험을 시작해… 아니다. 딕셔너리를 만들어야 한다. 딕셔너리를 만들어서 문제와 답을 각각 키-값의 쌍으로 저장해 보자. 이전에 했던 것처럼 pytyon3나 IPython 레플 또는 주피터 노트북을 실행해서 다음에 나오는 코드를 직접 입력하자.

먼저 랜슬롯Lancelot(아서왕이 좋아한 기사)이 질문에 도전해 볼 것이다. dict() 함수를 사용해서 빈 딕셔너리를 만들어 대답을 저장하자.

```
>>> answers = dict()
```

또는 빈 중괄호({})를 사용해서 만들 수도 있다(두 방법 모두 결과는 같다).

```
>>> answers = {}
```

다리 수호자의 첫 번째 질문은 "너의 이름은?"이다. 랜슬롯은 다음과 같이 답한다. "나는 카멜롯의 랜슬롯 경이다.Sir Lancelot" 'name'이라는 키를 answers라는 딕셔너리에 추가할 수 있다. 키를 추가할 때는 대괄호와 그 안에 명칭을 지정한다.

```
>>> answers['name'] = 'Sir Lancelot'
```

레플에서 answers를 입력하면 { } 괄호 형태의 데이터를 사용해서 dict 구조로 보여준다(그림 4.3 참고).

```
>>> answers
{'name': 'Sir Lancelot'}
```

type() 함수를 사용해서 answers의 타입을 확인해 보자.

```
>>> type(answers)
<class 'dict'>
```

그림 4.3 사전은 { } 괄호 형태로 출력된다. 키와 값이 콜론으로 구분돼서 표시된다.

다음 질문은 "너의 임무는 무엇이냐?"이며, 랜슬롯은 다음과 같이 대답한다. "성배를 찾는 것이다.To seek the Holy Grail" answers에 'quest'라는 키로 저장하자.

```
>>> answers['quest'] = 'To seek the Holy Grail'
```

입력 후에는 따로 반환값이 표시되지 않는다. 따라서 answers 내부의 키-값 조합을 확인하고 싶다면 answers라고 변수명을 입력하면 된다.

```
>>> answers
{'name': 'Sir Lancelot', 'quest': 'To seek the Holy Grail'}
```

마지막으로 "가장 좋아하는 색이 무엇이냐?"라고 묻고, 랜슬롯은 "파란색blue"이라고 답한다.

```
>>> answers['favorite_color'] = 'blue'
>>> answers
{'name': 'Sir Lancelot', 'quest': 'To seek the Holy Grail', 'favorite_color':
    'blue'}
```

'favorite_color'라고 밑줄(_)을 사용해서 키를 정의하고 있지만, 'favorite color'(공백 사용)나 'FavoriteColor', 또는 'Favorite color'라고 정의할 수도 있다. 개인적으로는 PEP 8 명명 규칙을 따라서 딕셔너리 키나 함수명, 변수명 등을 지정하는 것을 좋아한다. PEP 8은 파이썬의 코딩 스타일 가이드(Style Guide for Python Code, *www.python.org/dev/peps/pep-0008/*)로, 소문자와 밑줄을 사용해서 명명하도록 정하고 있다.

만약 모든 답을 먼저 알고 있다면, dict() 함수를 사용해서 다음과 같이 answers를 정의할 수도 있다. 이때 주의할 점은 키 이름에 따옴표가 붙지 않는 것과 키와 값이 =로 연결된다는 것이다.

```
>>> answers = dict(name='Sir Lancelot', quest='To seek the Holy Grail',
    favorite_color='blue')
```

또는 {}를 사용해서 다음과 같이 정의할 수도 있다. 키 이름에 따옴표가 붙고 키와 값은 콜론 (:)으로 연결하고 있다.

```
>>> answers = {'name': 'Sir Lancelot', 'quest': 'To seek the Holy Grail',
    'favorite_color': 'blue'}
```

answers 딕셔너리를 키-값을 갖고 있는 상자라고 생각하면 이해하기 쉬울 것이다. 그림 4.4는 랜슬롯의 답을 상자에 담은 것으로, 'quirky'가 사전에서 다양한 정보를 담고 있는 것과 같다.

answers

name(이름) ➡ Sir Lancelot(랜슬롯 경)
quest(임무) ➡ To seek the holy Grail(성배를 찾는 것)
favorite color(좋아하는 색) ➡ blue(파란색)

그림 4.4 'quirk'처럼 파이썬 사전도 많은 키-값 정보를 저장할 수 있다.

4.1.2 딕셔너리값 확인하기

값을 확인하려면 대괄호([]) 안에 키 이름을 지정하면 된다. 예를 들어, name의 값을 알고 싶다면 다음과 같이 입력하면 된다.

```
>>> answers['name']
'Sir Lancelot'
```

다음은 나이age를 확인해 보자.

```
>>> answers['age']
Traceback (most recent call last):
  File "<stdin>", line 1, in <module>
KeyError: 'age'
```

존재하지 않는 키를 지정하면 이처럼 오류가 발생한다.

문자열과 리스트에서 봤듯이, x in y를 사용해서 해당 키가 딕셔너리에 존재하는지 먼저 확인할 수 있다.

```
>>> 'quest' in answers
True
>>> 'age' in answers
False
```

더 안전한 방법은 dict.get() 메서드를 사용해서 값을 가져오는 것이다.

```
>>> answers.get('quest')
'To seek the Holy Grail'
```

이 방법에선 키가 존재하지 않는 경우 None이라는 특수한 값을 반환한다.

```
>>> answers.get('age')
```

레플이 None을 출력하지 않으므로 아무것도 표시되지 않지만, type()을 이용해서 None임을 확인할 수 있다. 참고로 None의 타입은 NoneType이다.

```
>>> type(answers.get('age'))
<class 'NoneType'>
```

dict.get()에는 두 번째 인수를 옵션으로 지정할 수 있는데, 바로 키가 존재하지 않을 때 반환할 값이다.

```
>>> answers.get('age', 'NA')
'NA'
```

이 방식은 예제 프로그램을 작성할 때 중요하다. 우리가 다룰 문자는 오직 0부터 9까지의 숫자이기 때문이다.

4.1.3 딕셔너리의 다른 메서드들

딕셔너리의 크기를 알고 싶다면 len() 함수를 사용하면 된다.

```
>>> len(answers)
3
```

dict.keys() 메서드는 오직 키만 반환한다.

```
>>> answers.keys()
dict_keys(['name', 'quest', 'favorite_color'])
```

dict.values()는 값만 반환한다.

```
>>> answers.values()
dict_values(['Sir Lancelot', 'To seek the Holy Grail', 'blue'])
```

키와 값이 모두 필요한 경우에는 다음과 같이 사용한다.

```
>>> for key in answers.keys():
...     print(key, answers[key])
...
name Sir Lancelot
quest To seek the Holy Grail
favorite_color blue
```

키-값을 모두 가져올 때 가장 쉽게 작성하는 방법은 dict.items()를 사용하는 것으로, 딕셔너리의 키-값 조합을 새로운 리스트로 만들어서 반환한다.

```
>>> answers.items()
dict_items([('name', 'Sir Lancelot'), ('quest', 'To seek the Holy Grail'),
('favorite_color', 'blue')])
```

앞의 for 문도 dict.items()를 사용해서 작성할 수 있다.

```
>>> for key, value in answers.items():
...     print(f'{key:15} {value}')
...
name            Sir Lancelot
quest           To seek the Holy Grail
favorite_color  blue
```

키와 값을 풀어서 각각 key, value 변수에 저장한다(그림 4.5 참고). 반드시 변수명을 key나 value로 지정할 필요는 없다. k와 v 또는 question과 answer라고 지정해도 된다.

키 이름을 왼쪽으로 15칸 정렬해서 출력한다. 값은 기본 형식으로 출력한다.

```
for key, value in [('name', 'Sir Lancelot'), …]:
```

그림 4.5 dict.items()가 가진 키-값을 풀어서 key, value 변수에 저장한다.

레플에서 help(dict)라고 입력하면 딕셔너리가 제공하는 모든 메서드를 확인할 수 있다. dict.pop()은 키-값을 제거하고, dict.update()는 딕셔너리를 다른 딕셔너리와 병합한다.

 dict에 있는 각 키는 중복돼서는 안 된다.

동일한 키를 두 번 사용해서 값을 저장하면

```
>>> answers = {}
>>> answers['favorite_color'] = 'blue'
>>> answers
{'favorite_color': 'blue'}
```

두 개의 동일한 키를 갖는 것이 아니라, 키에 있던 기존 값이 덮어쓰기 된다.

```
>>> answers['favorite_color'] = 'red'
>>> answers
{'favorite_color': 'red'}
```

키가 문자열일 필요는 없다. int나 float 같은 숫자를 사용해도 된다. 단, 값은 항상 변경 불가능한immutable 타입이어야 한다. 예를 들어, 앞 장에서 본 것처럼 리스트는 변경 가능한 타입이므로 값으로 사용할 수 없다. 어떤 타입이 변경 불가능한 타입인지 뒤에서 배우게 된다.

4.2 jump.py 작성하기

이제 프로그램을 작성해 볼 시간이다. jump.py라는 프로그램을 04_jump_the_five 디렉터리에 만들자(그래야 같은 디렉터리에 있는 test.py를 사용할 수 있다). 그림 4.6은 입출력을 보여주는 다이어그램으로, 프로그램이 메시지 내에 있는 숫자만 변경하는 것에 주목하자. 즉, 숫자가 아닌 것은 아무런 변화가 없다.

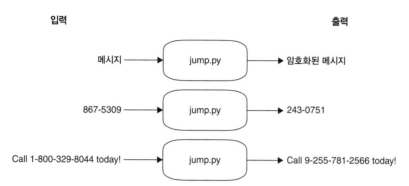

그림 4.6 **jump.py의 문자열 다이어그램. 입력 메시지에 있는 모든 숫자가 변경돼서 출력된다.**

프로그램을 인수 없이 -h나 --help를 지정해서 실행한 경우에는 다음과 같은 도움말을 출력해야 한다.

```
$ ./jump.py -h
usage: jump.py [-h] str

Jump the Five

positional arguments:
  str         Input text

optional arguments:
  -h, --help  s how this help message and exit
```

유의할 사항은 숫자도 메시지 내에 포함된 문자이므로 문자로 처리한다는 점이다. 즉, '1'이라는 문자를 '9'라는 문자로 변환하는 것으로 정수 1을 정수 9로 변환하는 것이 아니다. 이것을 유의하면서 표 4.1의 암호화 표를 보자.

표 4.1 메시지 내의 숫자를 암호화하기 위한 표

```
1 => 9
2 => 8
3 => 7
4 => 6
5 => 0
6 => 4
7 => 3
8 => 2
9 => 1
0 => 5
```

이 표를 딕셔너리(dict)로 표현하려면 어떻게 해야 할까? 레플에서 jumper라는 dict를 만들고 키-값으로 저장하면 된다. 딕셔너리를 만들었으면 assert 문을 사용해서 제대로 작성됐는지 확인해 보자. assert 문의 결과가 True이면 어떤 값도 반환하지 않는다.

```
>>> assert jumper['1'] == '9'
>>> assert jumper['5'] == '0'
```

다음은 주어진 메시지를 한 글자씩 확인해야 한다. 다음과 같이 for 문을 사용해 보자.

```
>>> for char in 'ABC123':
...     print(char)
...
A
B
C
1
2
3
```

여기서는 char를 출력했지만, jumper 암호화 표에 있는 변환된 값을 표시해야 한다. 이때 도움이 되는 것이 dict.get() 메서드다. 또한, help(print)를 확인해서 줄바꿈하지 않고 계속해서 출력하는 옵션인 end 사용법을 찾자.

다음은 프로그램을 작성할 때 도움이 될 힌트다.

- 숫자의 위치는 정해져 있지 않다. for 문을 사용해서 모든 글자를 확인하자.

- 각 글자를 표에서 찾으려면 어떻게 해야 할까?

- 글자가 표에 존재한다면 어떻게 암호화된 값을 가져올 수 있을까?

- 암호화된 값이나 그냥 일반 글자를 출력할 때 줄바꿈하지 않고 print() 하려면 어떻게 해야 할까? help(print)를 사용해서 옵션을 확인해 보자.

  - help(str)을 보면 str.replace()라는 메서드가 있다. 이것을 사용해 보자.

이제 직접 프로그램을 작성해 보자(답을 보지 말고). 막히는 곳이 있다면 테스트 프로그램(test.py)을 확인해서 프로그램이 요구하는 것이 무엇인지 확인하자.[1]

4.3 예시 답안

다음은 테스트를 통과하는 답안 중 하나로, 다른 방법들도 있다. 먼저 예시 답안을 설명한 후 다른 방법도 보겠다.

```python
#!/usr/bin/env python3
"""Jump the Five"""

import argparse


# --------------------------------------------------
def get_args():          # get_args()를 먼저 정의한다. 프로그램을 읽을 때 쉽게 찾을 수 있다.
    """Get command-line arguments"""

    parser = argparse.ArgumentParser(
        description='Jump the Five',
        formatter_class=argparse.ArgumentDefaultsHelpFormatter)

    parser.add_argument('text', metavar='str', help='Input text')          # text라는 위치 인수를 정의한다.

    return parser.parse_args()


# --------------------------------------------------
def main():          # 프로그램이 시작되는 곳인 main() 함수를 정의한다.
    """Make a jazz noise here"""

    args = get_args()          # get_args()를 사용해 명령줄 인수를 가져온다.
```

---

1 **옮긴이** 윈도우 사용자의 경우, 테스트를 실행하기 전에 **test.py**에서 다음과 같이 파일명을 변경해 주어야 한다.

```
prg = 'jump.py'
```

```
jumper = {'1': '9', '2': '8', '3': '7', '4': '6', '5': '0',    ◀── 암호화 표를 딕셔
          '6': '4', '7': '3', '8': '2', '9': '1', '0': '5'}         너리로 작성한다.

for char in args.text:  ◀─── 입력된 메시지를 한 글자씩 확인한다.
    print(jumper.get(char, char), end='')  ◀── 각 글자에 해당하는 암호화 값을 표시한다. 표에
print()  ◀─── 변환된 메시지를 모두 출력한 후에는        없는 값인 경우 변환 없이 그대로 출력한다.
             줄바꿈(빈 줄)을 표시한다.

# ----------------------------------------------------
if __name__ == '__main__':
    main()  ◀─── 프로그램이 main 네임스페이스에 있으면 main() 함수를 호출한다.
```

4.4 해설

하나씩 범위를 나누어서 보겠다. 먼저 인수 정의를 살펴보고, 딕셔너리 사용법, 메시지 처리
방식, 결과물 출력 순으로 살펴본다.

4.4.1 인수 정의하기

늘 그랬듯이 get_args() 함수를 먼저 정의한다. 위치 인수를 정의해서 문자 메시지를 받아
야 하므로 인수명을 'text'라고 지정했다.

```
parser.add_argument('text', metavar='str', help='Input text')
```

인수명을 지을 때는 해당 인수의 용도가 무엇인지 알기 쉽게 짓는 것이 중요하다. new.py 프
로그램이 기본값으로 제공하는 'positional'이라는 이름은 전혀 의미를 전달하지 못하고
있다.

이번 프로그램처럼 인수가 하나인 경우에는 argparse를 사용하는 것이 과하다고 생각할 수
도 있다. 하지만 인수의 정확한 개수 및 타입을 검증하고 도움말 정보를 생성해 주므로 사용
할 만한 가치가 있다.

4.4.2 딕셔너리를 사용해서 암호화하기

암호화 표를 만들 때 딕셔너리(dict)를 사용할 것을 권했다. 각 숫자 키는 변환된(암호화된) 숫
자와 함께 쌍으로 딕셔너리에 저장된다. 예를 들어, 1이 5를 넘어가면 9가 된다는 사실을 알고
있다.

```
>>> jumper = {'1': '9', '2': '8', '3': '7', '4': '6', '5': '0',
...             '6': '4', '7': '3', '8': '2', '9': '1', '0': '5'}
>>> jumper['1']
'9'
```

표에 10개의 숫자밖에 없으므로 이렇게 딕셔너리를 작성해서 사용하는 것이 가장 쉽다. 여기서 숫자들이 따옴표 안에 있음을 유의하자. 즉, int_{integer}가 아니라 str 타입이다. 이는 각 글자를 str로부터 읽어 들이기 때문이다. 숫자로 저장했다면, int() 함수를 이용해서 str을 숫자로 변환해 줄 필요가 있다.

```
>>> type('4')
<class 'str'>
>>> type(4)
<class 'int'>
>>> type(int('4'))
<class 'int'>
```

4.4.3 연속된 아이템을 처리하는 다양한 방법

앞에서 보았듯이, 문자열과 리스트는 첨자 사용법이 매우 유사하다. 문자열과 리스트 모두 기본적으로는 요소가 순차적으로 저장되는 형식이다. 단, 문자열의 경우 글자들이 나열되며, 리스트는 제한이 없다.

연속된 아이템을 처리하는 방법에는 여러 가지가 있으며, 여기서는 글자들이 문자열 안에 연속적으로 나열돼 있는 경우를 생각해 보겠다.

방법 1: 각 글자를 print() 하기 위해 for 문 사용하기

이 장의 도입부에서도 언급했듯이, 문자 메시지의 글자들을 for 문을 사용해서 처리할 수 있다. 가장 먼저 해야 할 일은 x in y 문을 사용해서 메시지의 개별 글자들이 jumper 테이블에 있는지 확인하는 것이다.

```
>>> text = 'ABC123'
>>> for char in text:
...     print(char, char in jumper)
...
A False
B False
C False
1 True
```

```
2 True
3 True
```

 참고 print()에 한 개 이상의 인수를 출력할 때는 각 인수(문자열) 사이에 빈칸space을 출력한다. sep 인
수를 지정하면 빈칸 대신 출력한 값을 지정할 수 있다. help(print)를 통해 확인해 보자.

이제 숫자를 변환해 보자. if 식을 사용해서 char가 jumper에 있으면 대상 변환값을 출력하
고, 그렇지 않으면 char를 그대로 출력한다.

```
>>> for char in text:
...     print(char, jumper[char] if char in jumper else char)
...
A A
B B
C C
1 9
2 8
3 7
```

모든 글자를 이렇게 확인하는 것은 번거롭지만 필요한 작업이다. 예를 들어, 'A'는 jumper에
없으므로 값을 추출하려고 하면 오류가 발생한다.

```
>>> jumper['A']
Traceback (most recent call last):
  File "<stdin>", line 1, in <module>
KeyError: 'A'
```

dict.get() 메서드를 사용하면 안전하게 특정 값이 존재하는지 확인할 수 있다. 이 메서드를
사용해서 'A'를 확인하면 오류가 발생하지 않는다. 단, None 값을 반환하므로 레플에서는 아
무런 메시지가 표시되지 않는다.

```
>>> jumper.get('A')
```

print()를 사용해서 값을 확인하면 좀 더 이해하기 쉬울 것이다.

```
>>> for char in text:
...     print(char, jumper.get(char))
...
A None
```

```
B None
C None
1 9
2 8
3 7
```

사실 dict.get()은 두 번째 인수도 지정할 수 있다. 이 인수는 키가 존재하지 않는 경우 반환할 기본값을 지정하기 위한 것이다. 실습에서는 jumper에 존재하지 않는 경우 해당 글자를 그대로 출력해야 한다. 예를 들어, 'A'는 'A'로 출력돼야 한다.

```
>>> jumper.get('A', 'A')
'A'
```

하지만 '5'일 때는 '0'을 출력해야 한다.

```
>>> jumper.get('5', '5')
'0'
```

이 방식을 이용해서 모든 글자를 변환 및 출력할 수 있다.

```
>>> for char in text:
...     print(jumper.get(char, char))
...
A
B
C
9
8
7
```

각 글자를 출력하고 나서 줄바꿈할 필요가 없다. 따라서 end=''라는 옵션을 사용해서 줄바꿈 대신 빈칸을 출력하라고 print()에게 지시할 수 있다.

이것을 레플에서 실행하려고 하면 약간 이상하게 출력된다. 마지막 글자를 출력하고 줄바꿈하지 않으므로 >>> 프롬프트가 이어서 표시되는 것이다.

```
>>> for char in text:
... print(jumper.get(char, char), end='')
...
ABC987>>>
```

따라서 for 문이 끝난 후에 print()를 추가해서 줄바꿈해 줄 필요가 있다.

end를 사용해서 출력값 끝에 특정 문자를 추가하거나 인수 없이 print()만 사용하면 줄바꿈한다는 사실을 알아두면 도움이 된다. 이 외에도 print()에는 여러 유용한 기능이 포함돼 있으니 help(print)를 읽고 실제로 사용해 보자.

방법 2: for 문을 사용해서 새로운 문자열 만들기

print()를 사용해서 다양하게 출력할 수 있다는 것은 흥미로운 작업이긴 하지만, 코드 자체가 약간 지저분해 보인다. new_text라는 변수를 새로 만들고 print()를 호출해서 이 변수를 출력하게 하는 편이 깔끔해 보일 수도 있다.

```
def main():
    args = get_args()
    jumper = {'1': '9', '2': '8', '3': '7', '4': '6', '5': '0',
              '6': '4', '7': '3', '8': '2', '9': '1', '0': '5'}
    new_text = ''      ◀── new_text라는 빈 변수를 만든다.
    for char in args.text:  ◀── 같은 방식으로 for 문을 사용한다.
        new_text += jumper.get(char, char)  ◀── new_text에 암호화된 숫자나
    print(new_text)  ◀── new_text를 출력한다.          원래 글자를 결합한다.
```

이 버전에서는 처음에 new_text를 빈 문자열로 설정하고 있다.

```
>>> new_text = ''
```

그리고 앞에서 사용한 for와 같은 방식으로 text에서 한 글자씩 읽어와서 처리한다. 반복loop될 때마다 +=를 사용해서 등호(=) 오른쪽에 있는 값을 등호 왼쪽에 계속 추가해 나간다. +=는 왼쪽 변수에 오른쪽 값을 추가한다는 의미다.

```
>>> new_text += 'a'
>>> assert new_text == 'a'
>>> new_text += 'b'
>>> assert new_text == 'ab'
```

위에서는 등호 오른쪽에 jumper.get()을 사용하고 있다. 각 글자가 그림 4.7처럼 new_text에 추가되는 것이다.

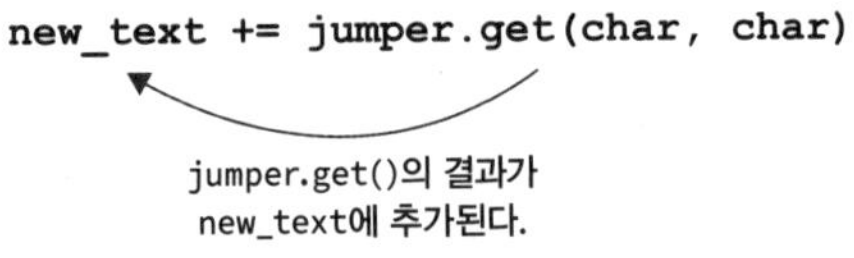

```
new_text += jumper.get(char, char)
```

jumper.get()의 결과가
new_text에 추가된다.

그림 4.7 += 연산자는 오른쪽에 있는 문자열을
왼쪽에 있는 변수에 추가한다.

```
>>> new_text = ''
>>> for char in text:
...     new_text += jumper.get(char, char)
...
```

이제 print()를 호출해서 새로운 값을 출력해 보자.

```
>>> print(new_text)
ABC987
```

방법 3: for 문을 사용해서 새로운 리스트 만들기

앞서 본 방법과 동일하지만, 여기서는 new_text를 리스트로 사용한다.

```
def main():
    args = get_args()
    jumper = {'1': '9', '2': '8', '3': '7', '4': '6', '5': '0',
              '6': '4', '7': '3', '8': '2', '9': '1', '0': '5'}
    new_text = []        ◄—— new_text를 빈 리스트로 초기화한다.
    for char in args.text:   ◄——  text를 한 글자씩 읽는다.
        new_text.append(jumper.get(char, char))  ◄—— jumper.get의 결과를 new_text에 추가한다.
    print(''.join(new_text)) ◄┐
                              │ new_text를 빈 문자열을 사용해서 글자들을
                              └ 결합한 후 새로운 문자열로 출력한다.
```

이 책을 읽다 보면, 파이썬이 문자열과 리스트를 매우 비슷하게 다루는 모습을 계속해서 보게 될 것이다. 여기서는 new_text를 앞서 본 것과 같은 방식으로 사용하고 있다. 빈 데이터로 초기화하고 글자를 하나씩 추가해 가는 방식이다. 또한, list.append() 메서드 대신에 +=를 사용하면 앞의 방식과 같다.

```
for char in args.text:
    new_text += jumper.get(char, char)
```

for 문이 끝난 후에는 str.join()을 사용해서 모든 글자를 결합해서 새로운 문자열을 만들고 그것을 print() 하면 된다.

방법 4: for 문을 리스트 내포로 변환하기

더 짧게 만드는 방법은 **리스트 내포**list comprehension를 사용하는 것으로, 리스트 안([] 안)에 for 문을 넣어서 한 줄의 코드로 만드는 것이다(그림 4.8 참고).

```
def main():
    args = get_args()
    jumper = {'1': '9', '2': '8', '3': '7', '4': '6', '5': '0',
              '6': '4', '7': '3', '8': '2', '9': '1', '0': '5'}
    print(''.join([jumper.get(char, char) for char in args.text]))
```

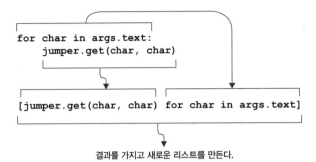

결과를 가지고 새로운 리스트를 만든다.

그림 4.8 **리스트 내포는 for 문의 결과를 바탕으로 새로운 리스트를 만들어낸다.**

리스트 내포는 for 문부터 시작해서 코드를 반대로 읽어야 하지만, 결과적으로 4줄의 코드를 한 줄로 만들어준다.

```
>>> text = '867-5309'
>>> [jumper.get(char, char) for char in text]
['2', '4', '3', '-', '0', '7', '5', '1']
```

str.join()을 사용해서 글자들을 결합해서 새로운 문자열을 만들고 출력할 수 있다.

```
>>> print(''.join([jumper.get(char, char) for char in text]))
243-0751
```

리스트 내포의 목적은 새로운 문자열을 만드는 것으로, 앞에서 for 문을 사용해서 만들려고 했던 것이다. 리스트 내포는 훨씬 적은 코드로 직관적인 처리가 가능하다.

방법 5: str.translate() 함수 사용하기

마지막 방법은 str 클래스가 제공하는 아주 강력한 기능으로, 모든 글자를 한 번에 변경해 준다.

```
def main():
    args = get_args()
```

```
    jumper = {'1': '9', '2': '8', '3': '7', '4': '6', '5': '0',
              '6': '4', '7': '3', '8': '2', '9': '1', '0': '5'}
    print(args.text.translate(str.maketrans(jumper)))
```

str.translate()는 인수로 변환 테이블을 받는다. 이 테이블은 각 글자가 어떻게 변환돼야 하는지 정의한 것으로, 우리가 만든 jumper가 이에 해당한다.

```
>>> text = 'Jenny = 867-5309'
>>> text.translate(str.maketrans(jumper))
'Jenny = 243-0751'
```

이 방법은 8장에서 더 자세하게 다룰 것이다.

4.4.4 str.replace()는 사용하지 말자

모든 숫자를 변환하기 위해 str.replace()를 사용할 수 있다고 했지만, 실제로는 원하는 결과를 주진 않는다. 어떤 숫자를 두 번 변환해서 결국 원래 값이 되기 때문이다.

다음 예를 보자.

```
>>> text = '1234567890'
```

'1'을 '9'로 바꾸면 9가 두 개 생긴다.

```
>>> text = text.replace('1', '9')
>>> text
'9234567890'
```

다음 '9'를 '1'로 바꾸려고 하면 두 개의 1이 생긴다. 첫 번째 자리에 있던 1이 9로 바뀌었다가 다시 1로 돌아오는 것이다.

```
>>> text = text.replace('9', '1')
>>> text
'1234567810'
```

따라서 '123456890'을 str.replace()를 사용해서 차례로 바꾸려고 하면 마지막에는 '12345 43215'가 된다.

```
>>> text = '1234567890'
>>> for n in jumper.keys():
...     text = text.replace(n, jumper[n])
...
>>> text
'1234543215'
```

제대로 암호화된 결과는 '9876043215'다. str.translate() 함수를 사용하면 모든 값을 한 번에 변환해 주며, 대상 외의 값(숫자가 아닌 값)은 유지한다.

4.5 도전 과제

- 숫자를 문자열로 암호화하는 프로그램을 만들어보자. 예를 들어 '5'는 'five', '7'은 'seven'으로 변환하는 것이다. test.py에 이를 테스트하기 위한 코드도 추가하자.
- 프로그램의 결괏값을 다시 프로그램에 넣으면 어떻게 되는가? 예를 들어, jump.py(또는 ./jump.py) 12345라고 실행하면 98760이 출력될 것이다. 이 값을 넣어서 jump.py 98760이라고 실행하면 원래 값이 표시될까? 이것을 **라운드 트리핑**round-tripping이라고 한다. 텍스트를 암호화/복호화하기 위해 사용하는 일반적인 알고리즘이다.

정리

- dict() 함수나 빈 중괄호({})를 사용해서 새 딕셔너리를 만들 수 있다.
- 딕셔너리에서 값을 가져오려면 대괄호([])에 키를 지정하거나 dict.get() 메서드를 사용하면 된다.
- x라는 딕셔너리에 특정 키가 있는 있는지 찾으려면, 'key' in x라고 하면 된다.
- for 문을 사용하면 문자열의 개별 글자를 차례로 확인할 수 있다(리스트에서 개별 요소를 확인할 때와 같다). 문자열을 글자들로 이루어진 리스트라고 생각하면 이해하기 쉬울 것이다.
- print() 함수에서 옵션 인수로 end=''를 사용하면, 줄바꿈 없이 한 줄에 모든 결과를 출력할 수 있다.

CHAPTER

하울러: 파일 및
STDOUT 사용하기

5

〈해리 포터〉의 호그와트에서는 올빼미가 하울러Howler(호통장)라는 편
지를 배달한다. 이 편지는 자동으로 개봉되며 시끄러운 소리로 메시
지를 읽은 후 타버린다. 이 장의 실습에서는 텍스트를 좀 순환된 버
전의 하울러로 변환할 것이다. 변환이란 모든 글자를 대문자로 변경
한다는 뜻이다. 텍스트는 하나의 위치 인수로 주어진다.

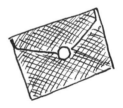

예를 들어, "How dare you steal that car!감히 내 차를 훔치다니!"라고 입력하면 "HOW DARE
YOU STEAL THAT CAR!"라고 출력하는 것이다. 이때 주의할 점은 명령줄에서 공백은 인수
를 구분하는 기준이 되므로 여러 개의 단어를 하나의 인수로 전달하려면 따옴표를 사용해서
단어들을 묶어야 한다는 것이다.

```
$ ./howler.py 'How dare you steal that car!'
HOW DARE YOU STEAL THAT CAR!
```

프로그램은 파일을 인수로 받을 수도 있다. 이 파일 안에 있는 텍
스트를 읽어서 모두 대문자로 변환하는 것이다.

101

```
$ ./howler.py ../inputs/fox.txt
THE QUICK BROWN FOX JUMPS OVER THE LAZY DOG.
```

또한, -o나 --outifle을 사용해서 출력값
을 지정한 파일에 저장할 수도 있다. 이때 명
령줄에는 아무것도 출력되지 않는다.

```
$ ./howler.py -o out.txt 'How dare
    you steal that car!'
```

이를 실행하면 out.txt라는 파일이 프로그램
이 있는 폴더에 생성된다.[1]

```
$ cat out.txt
HOW DARE YOU STEAL THAT CAR!
```

이 장에서 다루는 내용은 다음과 같다.

- 명령줄에서 텍스트를 입력받거나 파일을 통해 입력받기
- 문자열을 대문자로 바꾸기
- 결괏값을 명령줄에 표시하거나 파일을 만들어서 그 안에 저장하기
- 텍스트가 일반 파일처럼 동작하게 만들기

5.1 파일 읽기

이 실습에서는 처음으로 파일 읽기를 다룬다. 프로그램의 인수는 텍스트
이며 이것은 입력 파일명으로 사용될 수도 있다. 이 파일명은 파일을 열
고 읽을 때 중요한 역할을 한다. 텍스트가 파일명이 아닐 때는 텍스트를
데이터로 사용한다.

---

1   **옮긴이** 윈도우에서는 type을 사용해서 텍스트 파일을 확인한다.

```
C:\type out.txt
```

파이썬에 내장된 os_{operating system} 모듈은 특정 문자열이 파일명인지 확인할 수 있는 메서드를 제공한다. 이 기능을 사용하려면 os 모듈을 불러오기_{import} 해야 한다. 예를 들어, 시스템에 'blargh'라는 파일이 존재하지 않는다면 다음과 같이 False를 반환한다.

```
>>> import os
>>> os.path.isfile('blargh')
False
```

os 모듈은 이 외에도 유용한 서브 모듈과 함수를 제공한다. *https://docs.python.org/ko/3/library/os.html*을 참고하고나 레플에서 help(os)로 확인해 보자.

예를 들면, os.path.basename()과 os.path.dirname()은 파일명 및 파일의 디렉터리를 반환한다(그림 5.1 참고).

```
>>> file = '/var/lib/db.txt'
>>> os.path.dirname(file)
'/var/lib'
>>> os.path.basename(file)
'db.txt'
```

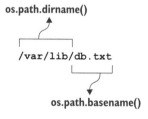

그림 5.1 os 모듈은 다양한 기능을 제공한다. 그중 os.path.dirname()과 os.path.basename()은 파일 경로에서 파일명이나 디렉터리를 확인해 준다.

깃허브의 루트 디렉터리를 보면 'inputs'라는 디렉터리가 있으며 그 안에 다양한 입력 파일들이 존재한다. 여기서는 inputs/fox.txt라는 파일을 사용해 보겠다. 다음 코드를 루트 디렉터리에서 실행해 보자.[2]

```
>>> file = 'inputs/fox.txt'
>>> os.path.isfile(file)
True
```

---

2 옮긴이 앞에서 import os를 실행하지 않았다면, 실행한 후에 이 코드를 입력하자.

인수가 파일명임을 확인했다면 open() 하고 read() 해야 한다. open()의 반환값은 **파일 핸들**file handle로, 개인적으로는 기억하기 쉽게 fh라는 이름의 변수에 저장한다. 하나 이상의 파일 핸들이 존재할 때는(예를 들어 입력, 출력 파일이 있으면), in_fh와 out_fh라는 이름을 사용한다.

```
>>> fh = open(file)
```

 PEP 8 기준(*https://www.python.org/dev/peps/pep-0008/#function-and-variable-names*)에 의하면, "함수와 변수의 명칭은 소문자를 사용하며, 단어 사이는 밑줄(_)로 구분해서 가독성을 높여야 한다."고 권고하고 있다.

존재하지 않는 파일을 열려고 하면 오류가 발생한다. 다음은 불안정한 코드의 예다.

```
>>> file = 'blargh'
>>> open(file)
Traceback (most recent call last):
  File "<stdin>", line 1, in <module>
FileNotFoundError: [Errno 2] No such file or directory: 'blargh'
```

따라서 항상 파일이 존재하는지 확인하고 열어야 한다.

```
>>> file = 'inputs/fox.txt'
>>> if os.path.isfile(file):
...      fh = open(file)
```

fh.read() 메서드를 사용해서 파일 내용을 읽어올 수 있다. 파일을 토마토 캔이라고 생각하면 이해하기 쉽다. 'inputs/fox.txt' 같은 파일명은 캔을 감싸고 있는 포장지에 해당하고, 캔 안에는(파일 안에는) 별도의 내용물(토마토)이 들어 있다. 텍스트(토마토)를 얻으려면 캔을 열어야 open 한다.

그림 5.2를 보자.

1 파일 핸들(fh)은 파일 내용을 확인할 수 있는 구조다. 토마토를 얻으려면 캔을 open() 해야 한다.

2 fh.read() 메서드는 파일 내용을 반환한다. 캔이 열려 있는 상태이므로 내용물을 얻을 수 있다.

3 파일 핸들을 읽은 후에는 비어 있는 상태가 된다.

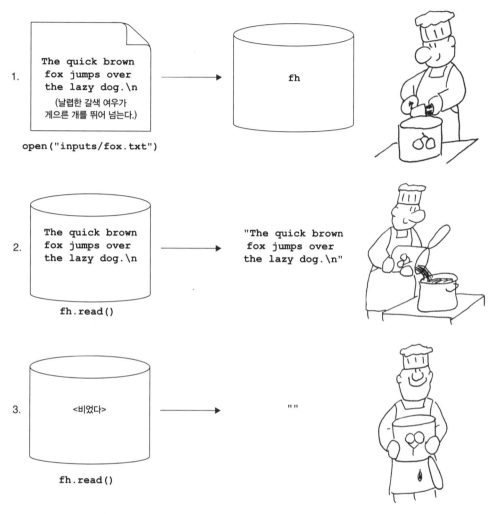

그림 5.2 **파일은 토마토 캔과 비슷하다. 먼저 열어야만 그 내용을 읽을 수 있다.**

 참고   fh.seek(0)을 사용하면 파일 핸들을 초기화해서 다시 파일을 읽을 수 있는 상태로 되돌릴 수 있다.

type()으로 fh의 정체를 확인해 보자.

```
>>> type(fh)
<class '_io.TextIOWrapper'>
```

컴퓨터 용어에서 'io'는 'input/output'을 의미한다. fh는 이 I/O를 처리할 수 있는 객체다. help(fh)(변수 이름을 사용해서)를 하면 TextIOWrapper라는 클래스에 대한 도움말을 볼 수 있다. 그러면 read()와 write()라는 두 가지 메서드를 확인할 수 있다. 지금 필요한 것은 read()이므로 실행해서 확인해 보자.

```
>>> fh.read()
'The quick brown fox jumps over the lazy dog.\n'[3]
```

부탁이 있다. 위의 코드를 다시 한번 실행해서 결과를 확인해 보자.

```
>>> fh.read()
''
```

파일 핸들은 str과는 달라서 한 번 읽은 후에는 빈 상태가 된다. 캔에서 토마토를 꺼내는 것과 같다. 캔이 비었으므로 다시 토마토를 꺼낼 수 없다.

참고로, open()과 fh.read()를 연결해서(체이닝chaining) 한 줄의 코드로 만들 수도 있다. open() 메서드는 fh.read()가 사용할 수 있는 파일 핸들을 반환한다(그림 5.3 참고). 다음을 실행해 보자.

```
>>> open(file).read()
'The quick brown fox jumps over the lazy dog.\n'
```

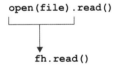

그림 5.3 open() 함수가 파일 핸들을 반환하므로 이것을 연결해서 read()를 호출할 수 있다.

다시 실행해 보자.

3 　[옮긴이] 'The quick brown fox jumps over the lazy dog'는 영어의 모든 알파벳(a부터 z까지)을 포함하고 있는 문장으로, 컴퓨터 키보드 타이핑 연습이나 글꼴(폰트) 등을 확인할 때 자주 사용되는 문장이다.

```
>>> open(file).read()
'The quick brown fox jumps over the lazy dog.\n'
```

파일을 open() 할 때마다 새로운 파일 핸들이 생성돼서 다시 read() 할 수 있다.

파일 내용을 저장해야 한다면, 변수를 만들어 거기에 저장해 두자.

```
>>> text = open(file).read()
>>> text
'The quick brown fox jumps over the lazy dog.\n'
```

text의 type()은 str이다.

```
>>> type(text)
<class 'str'>
```

따라서 위에서 본 파일 열기 및 읽기 체이닝에 str의 메서드를 추가할 수도 있다. 예를 들어, 파일 내용에 포함된 줄바꿈 문자를 제거하고 싶다면 str.rstrip()을 사용하면 된다. 이 메서드는 문자열 오른쪽 끝에 있는 줄바꿈을 포함한 모든 공백_{whitespace}을 제거한다(그림 5.4 참고).

```
>>> text = open(file).read().rstrip()
>>> text
'The quick brown fox jumps over the lazy dog.'[4]
```

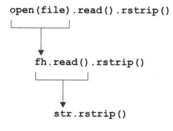

그림 5.4 open() 메서드가 **파일 핸들을 반환하면** read()가 이를 읽는다. read()의 반환값은 문자열이므로 str.rstrip()을 체이닝(연결)해서 호출할 수 있다.

명령줄이든 파일이든 입력값으로 사용할 텍스트를 얻었다면, 이 텍스트를 모두 대문자로 변경해야 한다. str.upper()가 이때 필요한 메서드다.

---

4   **옮긴이** 오른쪽 끝에 있던 \n이 제거됐음을 알 수 있다. \n은 파이썬에서 줄바꿈 문자로 사용된다.

5.2 파일 쓰기

프로그램의 출력은 명령줄에 표시되거나 파일 안에 기록돼야 한다. 명령줄 출력을 **표준 출력**standard out(STDOUT이라고도 함)이라고 한다(결과가 출력되는 일반적인 위치이기 때문이다). 여기서는 파일에 결괏값을 기록하는 방법을 살펴보겠다.

파일에 기록하기 위해선 파일 읽기와 마찬가지로 open()을 사용해서 파일 핸들을 가져와야 한다. 이때 읽기와 다른 점은 두 번째 인수에 'w'를 지정해서 파일에 쓰기writing 위해 open() 한다는 사실을 알려야 한다. 두 번째 인수에는 'r'(읽기 모드reading, 기본값)이나 'a'(추가하기 appending) 등을 지정할 수 있다(표 5.1).

표 5.1 **파일 열기 모드**

모드	의미
w	쓰기
r	읽기
a	추가해서 쓰기

여기에 추가로 파일 내용의 타입을 지정할 수도 있다. 't'는 텍스트text(기본값)를 의미하고, 'b'는 바이너리binary를 의미한다(표 5.2).

표 5.2 **파일 형식 모드**

모드	의미
t	텍스트
b	바이너리

이 두 가지 모드를 결합해서 사용할 수도 있다. 예를 들어 'rb'는 바이너리 파일 읽기read a binary file, 'at'는 텍스트 파일에 내용 추가append to a text file를 의미한다. 여기서는 'wt'(텍스트 파일에 쓰기write a text file)를 사용할 것이다.

출력 파일 핸들이라는 것을 상기시키기 위해서 out_fh라는 변수명을 사용했다.

```
>>> out_fh = open('out.txt', 'wt')
```

파일이 존재하지 않으면 지정한 이름으로 새로운 파일을 만든다. 존재한다면 기존 파일을 **덮어쓰기**overwritten 한다(파일에 저장돼 있던 모든 내용이 지워진다는 뜻이다). 기존 파일을 유지하고 싶다면, 앞서 본 os.path.isfile() 함수를 사용해서 파일이 존재하는지 확인한 후 '추가append' 모드로 파일을 열면 된다(이 실습에서는 'wt' 모드를 사용해서 파일을 덮어쓰기 한다).

텍스트를 파일에 기록하려면 파일 핸들의 write() 메서드를 사용하면 된다. print() 함수는 특별한 지시가 없으면 끝에 줄바꿈 문자(\n)를 추가하지만, write() 메서드는 줄바꿈을 추가하지 않는다. 따라서 명시적으로 줄바꿈 문자를 텍스트에 추가해 주어야 한다.

out_fh.write() 메서드를 레플에서 사용하면 바이트byte 수를 반환한다. 한 글자(줄바꿈 문자 \n 포함)가 1바이트에 해당한다.

```
>>> out_fh.write('this is some text\n')
18
```

이 값이 맞는지 확인하려면 len을 사용해서 비교할 수 있다.

```
>>> len('this is some text\n')
18
```

대부분은 이런 반환값을 무시한다. 반환값을 받아서 변수에 넣거나 0이 아닌지 확인하는 것이 귀찮기 때문이다. 하지만 write()가 실패하면 시스템에 미치는 영향이 크므로 주의가 필요하다.

print() 함수의 file 인수를 사용해서 파일에 기록할 수도 있다. print()에는 줄바꿈 문자를 추가하고 있지 않음을 주목하자. print()가 기본으로 추가하기 때문이다. 참고로 반환값은 None이다.

```
>>> print('this is some more text', file=out_fh)
```

파일 핸들에 쓰기가 끝났으면 out_fh.close()를 사용해서 파일 핸들을 닫아줘야 한다. 그래야 파이썬이 파일을 정리하고 관련 메모리를 해제하기 때문이다. 이 메서드도 반환값은 None이다.

```
>>> out_fh.close()
```

파일 열기 및 읽기를 사용해서 텍스트가 제대로 파일에 기록됐는지 확인해 보자. 이때 줄바꿈 문자인 \n이 그대로 출력되는 것에 주목하자. 실제로 줄바꿈해서 표시하려면 print()를 사용해서 해당 문자열을 출력해야 한다.

```
>>> open('out.txt').read()
'this is some text\nthis is some more text\n'
```

파일 열기 핸들에 출력하면 텍스트가 기존 데이터에 추가된다. 하지만 다음 코드를 보자.

```
>>> print("I am what I am an' I'm not ashamed.", file=open('hagrid.txt', 'wt'))
```

이 코드를 두 번 실행하면 hagrid.txt라는 파일에 동일한 내용이 두 번 기록될까? 확인해 보자.

```
>>> open('hagrid.txt').read()
"I am what I am an' I'm not ashamed\n"
```

한 번만 기록된다. 왜 그럴까? open()을 호출할 때마다 새로운 파일 핸들을 생성하므로 open()을 두 번 호출하면 파일 핸들이 두 개 생성되는 것이다. 즉, 코드를 실행할 때마다 파일이 **쓰기** 모드로 새롭게 열리며, 기존 데이터를 **덮어쓰기** 한다. 이런 혼란을 피하기 위해서라도 다음과 같이 여러 줄로 파일 쓰기 처리를 하는 것이 좋다.

```
fh = open('hagrid.txt', 'wt')
fh.write("I am what I am an' I'm not ashamed.\n")
fh.close()
```

5.3 howler.py 작성하기

05_howler 디렉터리에 howler.py 프로그램을 작성해 보자. new.py 프로그램이나 template.py를 사용해도 되고 빈 파일을 만들어서 시작해도 좋다. 그림 5.5는 프로그램의 전체적인 입출력 다이어그램을 보여준다.

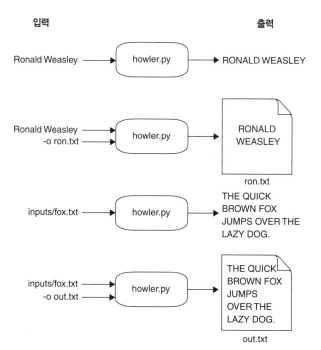

그림 5.5 **howler.py** 프로그램의 입출력 다이어그램. 문자열이나 파일명을 입력값으로 받고 출력값은 파일이다.

인수 없이 실행할 때는 다음과 같이 짧은 도움말을 표시해야 한다.

```
$ ./howler.py
usage: howler.py [-h] [-o str] text
howler.py: error: the following arguments are required: text
```

-h나 --help를 지정해서 실행하면 긴 도움말을 표시해야 한다.

```
$ ./howler.py -h
usage: howler.py [-h] [-o str] text

Howler (upper-cases input)

positional arguments:
  text                  Input string or file

optional arguments:
  -h, --help            show this help message and exit
  -o str, --outfile str
                        Output filename (default: )
```

인수가 일반 문자열이면 대문자로 변환해야 한다.

```
$ ./howler.py 'How dare you steal that car!'
HOW DARE YOU STEAL THAT CAR!
(감히 그 차를 훔치다니!)
```

인수가 파일명이라면 파일 내용을 대문자로 변경해야 한다.

```
$ ./howler.py ../inputs/fox.txt
THE QUICK BROWN FOX JUMPS OVER THE LAZY DOG.
```

--outfile 파일명 형태로 지정한 경우는 대문자로 변환한 텍스트가 지정한 파일에 기록되고
화면에는 아무것도 출력되지 않는다.

```
$ ./howler.py -o out.txt ../inputs/fox.txt
$ cat out.txt
THE QUICK BROWN FOX JUMPS OVER THE LAZY DOG.
```

다음은 프로그램을 작성할 때 필요한 힌트다.

- new.py를 사용해서 프로그램을 만들고 get_args()를 수정해서 앞서 언급한 형식대로
  출력될 때까지 수정한다.
- 테스트를 실행해서 첫 번째 테스트를 통과해 보자.[5] 명령줄에서 주어진 텍스트를 대문
  자로 변환해서 STDOUT으로 출력하면 된다.
- 다음 테스트는 결과를 지정한 파일에 기록할 수 있는지를 보기 위한 것이다. 어떻게 해
  야 할지 생각해 보자.
- 다음 테스트는 파일로부터 입력값을 읽어오는 것이다. 모든 테스트를 한 번에 통과하려
  애쓰진 말자.
- 표준 출력standard out, 또는 STDOUT이라고 하는 특별한 파일 핸들이 있다. print()를
  file 인수 없이 실행하면 sys.stdout에 출력한다. 이를 사용하기 위해서는 import
  sys가 필요하다.

---

5   [옮긴이] 윈도우 사용자의 경우 test.py에서 파일명 변경하는 것을 잊지 말자.

```
prg = 'howler.py'
```

프로그램을 직접 작성해 보고 모든 테스트를 통과한 후에 답을 확인하자. 작성하다 막힌다면, 폴리주스(〈해리포터〉에 나오는 변신 마법약)를 먹고서 힘을 내보자.

5.4 예시 답안

다음은 테스트를 통과하는 답안 중 하나다. 파이썬은 중요한 로직을 아주 함축적으로 표현할 수 있게 해주므로 코드가 비교적 짧다.

```python
#!/usr/bin/env python3
"""Howler"""

import argparse
import os
import sys


# --------------------------------------------------
def get_args():
    """get command-line arguments"""

    parser = argparse.ArgumentParser(
        description='Howler (upper-cases input)',
        formatter_class=argparse.ArgumentDefaultsHelpFormatter)

    parser.add_argument('text',          ◄──── text 인수는 문자열 또는 파일명이 될 수 있다.
                        metavar='text',
                        type=str,
                        help='Input string or file')

    parser.add_argument('-o',            ◄──── --outfile은 파일명을 문자열로 받는다.
                        '--outfile',
                        help='Output filename',
                        metavar='str',
                        type=str,
                        default='')
                                              명령줄 인수를 args라는 변수에 전달한다.
                                              args를 통해 text 인수를 확인할 수 있다.
    args = parser.parse_args()  ◄──┘

    if os.path.isfile(args.text):  ◄──── args.text가 존재하는 파일의 이름인지 확인한다.
        args.text = open(args.text).read().rstrip()  ◄──┐
                                              파일명이라면 args.text를 파일에서
                                              읽어온 내용으로 덮어쓰기 한다.
    return args  ◄──── 인수를 반환한다.


# --------------------------------------------------
def main():
    """Make a jazz noise here"""
```

if 식을 사용해서 결과를 sys.stdout에 출력할지 새롭게 만든 파일 핸들을 사용해서 출력할지 정한다.

```
    args = get_args()  ◄──── get_args()를 호출해서 인수를 받는다.
    out_fh = open(args.outfile, 'wt') if args.outfile else sys.stdout  ◄──
    out_fh.write(args.text.upper() + '\n')  ◄──
    out_fh.close()  ◄──── 파일 핸들을 닫는다.
```

결과를 대문자로 변경한 후 열려 있는 파일 핸들을 사용해서 파일에 기록한다.

```
# ------------------------------------------------
if __name__ == '__main__':
    main()
```

5.5 해설

프로그램 작성은 순조롭게 끝났는가? 다시 답안을 몰래 훔쳐본 것은 아니길 바란다.

5.5.1 인수 정의하기

언제나 그랬듯이 get_args() 함수부터 시작하겠다. 여기서는 두 개의 인수를 정의하고 있다. 첫 번째는 위치 인수인 text다. 이 인수는 파일명일 수도 있고 아닐 수도 있지만, 문자열인 것은 분명하다.

```
parser.add_argument('text',
                    metavar='text',
                    type=str,
                    help='Input string or file')
```

 여러 개의 위치 인수를 정의해야 한다면, 위치 인수끼리의 상대적인 순서가 중요하다. 즉, 첫 번째 정의한 위치 인수가 프로그램이 첫 번째로 받는 인수가 된다. 반면, 위치 인수를 옵션 인수나 플래그 앞뒤에 정의하는 것은 순서에 영향을 미치지 않는다. 옵션 인수나 플래그와의 순서는 고려하지 않고 원하는 대로 정의하면 된다.

또 다른 인수는 옵션 인수로, 축약형 -o와 일반형 --outfile을 사용하고 있다. 모든 인수의 기본 타입은 사실 str이지만, 늘 str이라고 명시하는 것을 선호한다. 기본값은 빈 문자열로 설정하고 있다. None 타입을 사용할 수도 있지만, 개인적으로는 빈 문자열로 정의된 인수를 좋아한다.

```
parser.add_argument('-o',
                    '--outfile',
                    help='Output filename',
```

```
                    metavar='str',
                    type=str,
                    default='')
```

5.5.2 파일 또는 명령줄에서 입력값 읽기

이번 실습은 파일 입출력에 있어 아주 중요한 처리들을 간단한 프로그램을 통해 보여준다. text 값은 파일명이 될 수도 있고 단순한 문자열이 될 수도 있다. 이런 패턴은 이 책에서 계속 등장한다.

```
if os.path.isfile(args.text):
    args.text = open(args.text).read().rstrip()
```

os.path.isfile() 함수는 text에 지정한 특정 이름을 가진 파일이 존재하는지 확인한다. True를 반환하면 open(file)을 통해 안전하게 파일 핸들을 얻을 수 있고 read를 사용해서 파일의 모든 내용을 읽어올 수 있다.

 fh.read()는 파일 전체 내용을 하나의 문자열로 반환하므로 주의가 필요하다. 왜냐하면 파일 크기가 컴퓨터 메모리 용량을 초과할 수 있기 때문이다. 다행히 이 책에서 다루는 모든 프로그램은 파일 크기가 작아서 걱정하지 않아도 된다. 필자가 실제 업무에서 다루는 파일들은 기가바이트 크기여서, fh.read()로 읽으면 컴퓨터 메모리가 따라가지 못해서 프로그램이 멈춰버린다.

open(file).read()의 결과는 str로 str.rstrip()이라는 메서드를 제공한다. 이 메서드는 문자열의 오른쪽 끝에 있는 공백을 모두 제거해 준다(그림 5.6 참고). 이렇게 하면 문자열에서 값이 오든 파일에서 값이 오든 동일한 형태로 저장되기 때문이다. 명령줄에서 직접 입력값을 받을 때는 명령을 입력한 후 끝에 엔터 키를 눌러야 한다. 이 엔터는 줄바꿈 문자와 동일하지만, 프로그램에 전달할 때는 OS가 자동으로 제거한다.

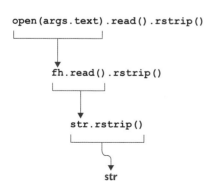

그림 5.6 open() 함수는 파일 핸들(fh)을 반환한다. fh.read()는 str을 반환하고 str.rstrip()은 문자열의 오른쪽 끝에 있는 공백을 제거한 새로운 문자열을 반환한다. 이 모든 함수가 연결돼서 실행된다.

앞의 if 문을 더 길게 표현하면 다음과 같다.

```python
if os.path.isfile(text):
    fh = open(text)
    text = fh.read()
    text = text.rstrip()
    fh.close()
```

예시 답안에서는 get_args()에서 이 처리를 하고 있다. 이 방식은 처음 소개하는 것으로, 인수를 main()에 전달하기 전에 변경하는 것을 보여준다. 이 접근법은 뒤에서 다시 사용할 것이다.

필자는 get_args() 내에서 인수 검증과 관련된 모든 작업을 한다. main() 함수 내에서 get_args()를 호출한 직후에 이 작업을 할 수도 있다. 즉, 단순히 코딩 스타일에 관한 문제이므로 어떤 방식이든 괜찮다.

5.5.3 출력 방식 선택하기

다음 코드는 프로그램의 결과를 어디에 기록할지 정하고 있다.

```python
out_fh = open(args.outfile, 'wt') if args.outfile else sys.stdout
```

이 if 문은 사용자가 outfile을 지정하면 해당 파일을 열어서 텍스트를 기록하고(wt), 그렇지 않으면 sys.stdout(STDOUT의 파일 핸들)에 표시한다. sys.stdout은 open()으로 호출하지 않아도 되는 것에 유의하자. 표준 출력(stdout)은 항상 열려 있는 상태이기 때문이다(그림 5.7).

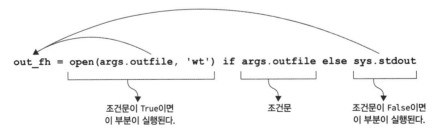

그림 5.7 if 문을 사용해서 두 갈래로 분기하는 처리를 하고 있다. outfile 인수가 존재하면 파일을 열어서 기록하고, 그렇지 않으면 sys.stdout에 표시한다.

5.5.4 결과 출력하기

텍스트를 대문자로 변경하기 위해 text.upper() 메서드를 사용하고 있다. 대문자로 변경한 텍스트를 파일 핸들로 출력하기 위해 다음과 같은 방법을 사용했다.

```
out_fh.write(text.upper())
```

다음과 같이 할 수도 있다.

```
print(text.upper(), file=out_fh)
```

마지막으로, out_fh.close()를 이용해서 파일 핸들을 닫아줘야 한다.

5.5.5 낮은 메모리용 프로그램

이 프로그램에는 언제 발생할지 모르는 잠재적인 문제가 있다. get_args()에서 파일의 전체 내용을 메모리로 읽는 부분이다.

```
if os.path.isfile(args.text):
    args.text = open(args.text).read().rstrip()
```

다른 방식으로는 일단 파일을 연 후에,

```
if os.path.isfile(args.text):
    args.text = open(args.text)
```

한 줄씩 파일을 읽을 수도 있다.

```
for line in args.text:
    out_fh.write(line.upper())
```

이 방식의 문제점은 text 인수가 파일명이 아니고 텍스트일 때 처리하기 힘들다는 것이다. 이 문제를 해결해 줄 수 있는 것이 io_{input-output} 모듈의 **스트림**_{stream}이다.

```
>>> import io ◄──── io 모듈 불러오기
>>> text = io.StringIO('foo\nbar\nbaz\n') ◄─┐
```
io.StringIO()를 사용해서 str 값을 파일 열기 핸들처럼 사용할 수도 있도록 변환한다.

```
>>> for line in text:  ◄──── for 문을 사용해서 텍스트의 각 줄을 읽어나간다.
...     print(line, end='')  ◄──── end='' 옵션을 사용해서 각 줄을 출력한다.
...
foo
bar
baz
```

이 방식은 처음 소개하는 것으로, 일반 문자열을 마치 파일 핸들을 통해 얻은 값처럼 처리하는 방법을 보여주고 있다. 파일 읽기용 코드를 테스트할 때 유용한 기법으로, io.StreamIO()의 반환값을 마치 파일 핸들처럼 사용하게 해준다. 실제 파일을 읽을 필요가 없이 주어진 텍스트를 읽어서 한 줄씩 처리할 수 있는 것이다.

이를 위해 args.text 처리 방식을 다음과 같이 변경할 수 있다.

```
#!/usr/bin/env python3
"""Low-memory Howler"""

import argparse
import os
import io
import sys

# --------------------------------------------------
def get_args():
    """get command-line arguments"""

    parser = argparse.ArgumentParser(
        description='Howler (upper-cases input)',
        formatter_class=argparse.ArgumentDefaultsHelpFormatter)

    parser.add_argument('text',
                        metavar='text',
                        type=str,
                        help='Input string or file')
    parser.add_argument('-o',
                        '--outfile',
                        help='Output filename',
                        metavar='str',
                        type=str,
                        default='')

    args = parser.parse_args()

    if os.path.isfile(args.text):  ◄──── args.text가 파일인지 확인한다.
        args.text = open(args.text)  ◄──── 파일을 열어서 파일 핸들을 만들고 이것을 args.text에 대입한다.
    else:
```

```
        args.text = io.StringIO(args.text + '\n')  ◄─────
                                                              파일이 아니면 args.text를 io.StringIO() 값으로 대체한다.
    return args                                               io.StringIO()는 마치 파일 핸들인 것처럼 작동한다. 텍스트에
                                                              줄바꿈 문자(\n)를 추가하는 것을 잊지 말자. 이를 통해 파일에
                                                              서 값을 읽어 한 줄씩 읽는 것처럼 처리할 수 있다.
# -------------------------------------------------
def main():
    """Make a jazz noise here"""

    args = get_args()
    out_fh = open(args.outfile, 'wt') if args.outfile else sys.stdout
    for line in args.text:  ◄─────    파일 핸들이든 io.StringIO든 입력값을 한 줄씩 읽는다.
        out_fh.write(line.upper())  ◄─────    각 줄을 이전처럼(파일에서 읽어 처리한 것처럼) 처리한다.
    out_fh.close()

# -------------------------------------------------
if __name__ == '__main__':
    main()
```

5.6 도전 과제

- 입력값을 소문자로 바꾸는 플래그를 추가해 보자. --ee라고 부르면 좋을 것이다(소문자로 시를 썼던 E. E. 커밍스E. E. Cummings의 이름을 딴 것이다).

- 여러 개의 입력 파일을 처리하도록 수정해 보자. --outfile을 --outdir로 변경하고 파일을 하나씩 읽어서 출력 디렉터리에 동일한 이름의 파일로 생성한다.

정리

- 파일을 읽고 쓰려면 먼저 open() 해야 한다.

- open()의 기본 모드는 파일 읽기다.

- 텍스트 파일을 작성하려면 open()의 두 번째 인수로 'wt'를 사용해야 한다.

- 파일에 write() 할 때의 기본 타입은 텍스트다. 바이너리 파일을 만들고 싶다면 'b' 플래그를 사용해야 한다.

- os.path 모듈은 유용한 기능을 제공한다. 예를 들어, os.path. isfile()은 특정 이름의 파일이 존재하는지 확인해 준다.

- STDOUT(표준 출력)은 sys.stdout이라는 특수한 파일 핸들을 사용해서 접근할 수 있다. 참고로, 표준 출력은 항상 열려 있는 상태다.

- print() 함수는 옵션 인수로 file을 사용할 수 있다. 결괏값을 어떤 파일에 기록하지 지정하는 것이다. 이 file 인수는 파일 열기 핸들이어야 한다(sys.stdout(기본값)이나 open()의 반환값).

단어 세기: 파일 및 STDIN 읽기, 리스트 반복, 문자열 형식

"나는 세는 것이 너무 좋다!"

– 카운트 폰 카운트Count von Count

무언가를 세는 것은 프로그래밍에 있어 매우 중요한 기술이다. 예를 들어 각 분기별로 얼마나 많은 피자가 팔렸는지 세거나, 문서에 특정 단어가 얼마나 자주 등장하는지 셀 수도 있다. 컴퓨터에서 데이터는 주로 파일이라는 형태로 우리에게 전달되므로, 파일 읽기와 문자열 처리를 좀 더 깊이 있게 다뤄보겠다.

이번에는 파이썬 버전의 wc(단어 세기word count) 프로그램을 만들어보자. 이름은 wc.py이고 하나 이상의 인수를 통해 주어진 입력값을 줄 단위, 단어 단위, 바이트 단위로 세는 프로그램을 만들 것이다. 항목별 결괏값(카운트)은 8글자 너비로 출력하며, 마지막에는 파일명을 출력한다. 다음은 한 개의 파일을 받아서 실행한 결과다.

```
$ ./wc.py ../inputs/scarlet.txt
   7035 68061 396320 ../inputs/scarlet.txt
```

여러 개의 파일을 셀 때는 마지막 줄에 전체 개수를 합한 값을 각 항목별로 출력한다.

```
$ ./wc.py ../inputs/const.txt ../inputs/sonnet-29.txt
    865    7620   44841 ../inputs/const.txt
     17     118     661 ../inputs/sonnet-29.txt
    882    7738   45502 total
```

인수를 지정하지 않은 경우에는 **표준 입력**standard in(STDIN이라고도 함)을 사용에서 데이터를 읽는다. 5장에서 sys.stdout을 파일 핸들로 사용했을 때 STDOUT에 대해 배웠다. 명령줄에서 입력값을 읽는 것이 표준standard이므로 STD라고 표기하는 것이다. 위치 인수를 지정하지 않는 경우에는 sys.stdin을 통해 입력값을 받는다.

STDIN과 STDOUT은 다양한 명령줄 프로그램이 인식할 수 있는 공통 파일 핸들이다. 임시 프로그램을 만들기 위해 서로 다른 프로그램에 있는 STDOUT과 STDIN을 연결할 수 있다. 예를 들어, cat 프로그램은 파일의 내용을 STDOUT에 출력한다. 이때 파이프 연산자(|)를 사용해서 cat이 출력한 값을 STDIN을 통해 우리가 만들 프로그램의 입력값으로 받을 수 있다.

```
$ cat ../inputs/fox.txt | ./wc.py
      1       9      45 <stdin>
```

또 다른 방법은 < 연산자를 사용해서 파일에서 입력값을 받도록 리다이렉트redirect하는 것이다.

```
$ ./wc.py < ../inputs/fox.txt
      1       9      45 <stdin>
```

사용하기 어려운 명령줄 프로그램 중 하나가 grep이다. grep은 파일 내에서 특정 패턴의 텍스트를 찾아낸다. 예를 들어, inputs 디렉터리에 있는 모든 파일을 대상으로 'scarlet'이라는 단어가 들어 있는 모든 줄을 찾아야 한다면 다음과 같이 하면 된다.

```
$ grep scarlet ../inputs/*.txt
```

명령줄에서 * 표시는 와일드카드wildcard로, '모든 것'이라는 의미다. *.txt는 파일 확장자가 txt인 모든 파일을 찾는다. 위의 코드를 실행하면 꽤 많은 결과를 볼 수 있을 것이다.

grep으로 발견한 줄을 세려면 파이프 연산자를 사용해서 다음과 같이 wc.py에 결과를 전달할 수 있다.

```
$ grep scarlet ../inputs/*.txt | ./wc.py
    108    1192    9201 <stdin>
```

이 결과는 wc가 찾은 결과와 같은지 검증해 보자.[1]

```
$ grep scarlet ../inputs/*.txt | wc
    108    1192    9201
```

이 장에서 다루는 내용은 다음과 같다.

- 0개 이상의 위치 인수를 처리하는 방법
- 입력 파일 검증
- 파일 또는 표준 입력 읽기
- 다중 for 문 사용하기
- 파일을 줄 단위, 단어 단위, 바이트 단위로 나누기
- 카운터 변수 사용하기
- 결과 문자열의 형식 지정

6.1 wc.py 작성하기

시작해 보자! wc.py라는 프로그램을 06_wc 디렉터리에 작성한 후 다음과 같이 -h 또는 --help 옵션으로 실행했을 때 도움말을 표시하도록 인수 부분을 수정하자.

```
$ ./wc.py -h
usage: wc.py [-h] [FILE [FILE ...]]

Emulate wc (word count)

positional arguments:
  FILE          Input file(s) (default: [<_io.TextIOWrapper name='<stdin>'
```

---

1   **옮긴이** wc는 리눅스 명령(맥에도 탑재돼 있다)으로, 파일의 단어 수 등을 세어준다.

```
                mode='r' encoding='UTF-8'>])

optional arguments:
  -h, --help show this help message and exit
```

인수로 지정한 파일이 존재하지 않으면 오류 메시지를 표시하고 0 이외의 값을 반환한 후 종료한다.

```
$ ./wc.py blargh
usage: wc.py [-h] [FILE [FILE ...]]
wc.py: error: argument FILE: can't open 'blargh': \
[Errno 2] No such file or directory: 'blargh'
```

그림 6.1은 입출력 다이어그램으로, 프로그램이 어떻게 동작해야 하는지 이해하는 데 도움을 줄 것이다.

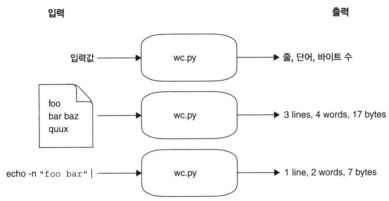

그림 6.1 **wc.py의 입출력 다이어그램.** 하나 이상의 파일 또는 STDIN을 받고 입력된 파일의 단어 수, 줄 수, 바이트 수를 표시한다.

6.1.1 파일 입력 정의하기

argparse를 이용해서 인수를 어떻게 정의해야 할지 생각해 보자. 이 프로그램은 0개 이상의 위치 인수를 받는다(위치 인수 외에는 없다). -h나 --help는 자동으로 설정되는 것이므로 절대로 정의해서는 안 되니 유의하자.

3장에서 nargs='+'를 사용해서 소풍에 가져갈 하나 이상의 아이템을 지정했었다. 여기서 nargs='*'는 0개 이상의 아이템을 의미한다. 인수가 없는 경우에는 기본값으로 None을 사용한다. 이 실습에서는 인수가 없으면 STDIN을 읽는다.

nargs에 지정할 수 있는 모든 값을 정리한 것이 표 6.1이다.

표 6.1 nargs에 지정할 수 있는 값

기호	의미
?	0개 또는 1개
*	0개 이상
+	1개 이상

프로그램에 전달하는 파일은 반드시 읽기 가능한 파일이어야 한다. 5장에서 os.path. isfile()을 사용해서 인수가 파일인지 확인했었다. 입력값으로 단순 텍스트 또는 파일명을 받을 수 있었으므로, 파일인지를 직접 확인했어야 했다.

이 장에서는 인수가 읽기 가능한 파일이어야 하므로 type=argparse.FileType('rt')를 사용해서 정의하고 있다. argparse가 사실상 입력값을 모두 검증하고 오류가 있는 경우 유용한 메시지를 출력해 준다. 사용자가 제대로 된 입력값을 지정한 경우, argparse가 **파일 열기 핸들**을 리스트 형태로 제공한다. 결과적으로는 argparse가 여러모로 우리의 수고를 덜어주는 것이다(부록의 A.4.6절에서 파일 인수 부분을 참고하자).

5장에서는 sys.stdout을 사용해서 STDOUT에 출력했다. 여기서는 STDIN에서 값을 읽기 위해 sys.stdin을 사용한다. sys.stdout과 마찬가지로 sys.stdin은 open()이 필요 없다(항상 읽기 가능한 상태로 존재하기 때문이다).

nargs='*'를 사용해서 인수를 정의하고 있으므로 결과는 항상 리스트가 된다. sys.stdin을 기본값으로 설정하려면 리스트에 다음과 같이 설정해야 한다.

```
parser.add_argument('file',
                    metavar='FILE',       0개 이상의 인수를      인수를 지정한 경우, 읽기 가능한
                    nargs='*',            받는다는 뜻이다.      파일이어야 한다. argparse가 파일을
                    type=argparse.FileType('rt'),              열어서 파일 핸들 형식으로 제공한다.
                    default=[sys.stdin],  기본값은 sys.stdin을 포함하고 있는 리스트다. STDIN의
                    help='Input file(s)') 파일 핸들처럼 동작하며, 별도로 열어줄 필요가 없다.
```

6.1.2 리스트 반복

여러분이 작성할 프로그램은 여러 개의 파일 핸들로 구성된 리스트를 처리해야 한다. 4장에서는 for 문을 사용해서 입력된 텍스트의 각 글자를 확인했었다. 여기서도 args.file 입력값을 for 문을 사용해서 반복해 가며 파일 핸들을 열면 된다.

```
for fh in args.file:
    # 각 파일을 읽는다.
```

for 문에서 사용할 변수의 이름은 아무렇게나 지어도 상관없지만, 개인적으로는 의미를 쉽게 알 수 있는 이름을 짓는 것이 중요하다고 본다. 내가 사용한 것은 fh로, 'file handle'을 쉽게 연상시켜준다. 5장에서 이미 파일을 수동으로 열고 닫는 방법을 배웠다. 여기서는 fh가 이미 열려 있는 상태이므로 바로 내용을 읽으면 된다.

파일을 읽는 방법에는 여러 가지가 있다. fh.read() 메서드는 파일의 전체 내용을 한 번에 읽어 들인다. 파일이 크다면(메모리 용량을 초과한다면) 프로그램이 멈춰버릴 수도 있다. 대신 또 다른 for 문을 사용해서 fh 문을 읽는 방법을 권하고 싶다. 이렇게 하면 파이썬이 파일 핸들을 한 번에 한 줄씩 읽고 싶어 한다고 이해하게 된다.

```
for fh in args.file: # 첫 번째 반복
    for line in fh: # 두 번째 반복
        # 읽은 줄 처리하기
```

이중 for 문으로, 하나는 파일 핸들을 읽고 다른 하나는 파일 핸들의 각 줄을 읽는다. 반복 1, 반복 2, …, 필자는 세는 것이 즐겁다!

6.1.3 세야 하는 대상

각 파일의 결괏값은 줄 수, 단어 수, 바이트 수(글자 및 공백 수)다. 각 값은 8글자 너비로 출력되며, 값 사이에는 공백이 있어야 한다. 그리고 마지막 값은 파일명으로, fh.name을 통해 얻을 수 있다.

필자의 PC에 기본 탑재돼 있는 wc 명령을 사용해 입력 파일을 확인해 보겠다. 주목할 점은 하나의 인수를 지정했을 때 해당 파일에 대한 정보만 출력한다는 것이다.

```
$ wc fox.txt
       1       9      45 fox.txt
```

fox.txt 파일은 사실 매우 짧은 내용을 저장하고 있어서 눈으로도 확인할 수 있다. 파일을 열어서 보면 1줄, 9단어, 45바이트임을 알 수 있다(모든 글자와 공백, 줄바꿈 문자까지 포함한 수다). 그림 6.2를 참고하자.

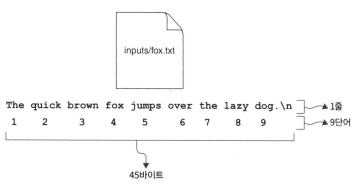

The quick brown fox jumps over the lazy dog.\n
　　　1　　2　　　3　　4　　5　　　6　　7　　8　　9

1줄
9단어
45바이트

그림 6.2 fox.txt 파일은 1줄, 9단어, 45바이트의 텍스트를 갖고 있다.

여러 개의 파일을 사용하면 'total'이라는 줄이 마지막에 추가로 출력된다.

```
$ wc fox.txt sonnet-29.txt
    1       9      45 fox.txt
   17     118     669 sonnet-29.txt
   18     127     714 total
```

우리가 만들 프로그램은 이 wc 프로그램의 동작을 따른다. 각각의 파일에 대해 변수를 만들어서 줄, 단어, 바이트 수를 기록할 필요가 있다. 예를 들어, for line in fh 반복을 사용한다면 반복 때마다 num_lines 같은 변수의 값을 증가시키는 것이다.

즉, 변수를 초깃값 0으로 설정한 후 for 문 내에서 1씩 증가시키면 된다. 파이썬에서는 이런 처리를 위해 += 연산자를 사용한다. += 오른쪽에 더할 값을 지정하고 왼쪽에 있는 변수에 이 값을 더하는 것이다(그림 6.3 참고).

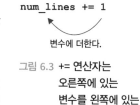

이 숫자를

num_lines += 1

변수에 더한다.

그림 6.3 += 연산자는 오른쪽에 있는 변수를 왼쪽에 있는 변수에 더한다.

```
num_lines = 0
for line in fh:
    num_lines += 1
```

단어와 바이트 수도 세야 하므로 num_words와 num_bytes라는 변수도 필요하다. 단어 수를 확인하려면 str.split() 메서드를 사용해서 공백을 기준으로 각 단어를 분리하면 된다. 이 메서드의 결과는 리스트이므로 리스트의 길이가 단어 수가 된다. 바이트 수의 경우는 len() 함수를 사용하면 확인할 수 있다. 이 함수의 결과를 num_bytes 변수에 저장하면 된다.

공백을 기준으로 텍스트를 나누면 사실 정확하게 '단어' 단위로 분리하지는 못한다. 쉼표나 마침표 같은 기호를 분리하지 못하기 때문이다. 하지만 이 장의 목적을 달성하는 데는 충분하다. 15장에서 정규 표현식을 사용해서 단어만 추출하는 방법을 배울 것이다.

6.1.4 결과를 형식에 맞추어 출력하기

이번 실습에서는 처음으로 결과물을 특정 형식에 맞추어 출력한다. 이 부분을 수동으로 조작해서 출력하려고 하면 처리가 더 복잡해질 뿐이니 피하자. 대신 str.format()이라는 마법 같은 메서드를 배우면 쉽게 해결할 수 있다. help는 이 함수에 대해 많은 정보를 갖고 있지 않으니 PEP 3101을 참고하자(*https://www.python.org/dev/peps/pep-3101/*).

str.format()은 중괄호({})를 사용해서 특정 값이 전달될 위치를 지정한다. 예를 들어, math.pi(파이값)를 다음과 같이 출력할 수 있다.

```
>>> import math
>>> 'Pi is {}'.format(math.pi)
'Pi is 3.141592653589793'
```

콜론(:) 다음에 값을 출력할 방식을 지정해서 구체적인 형식으로 출력할 수 있다. C 언어 계열에서 사용하는 printf()를 알고 있다면 이와 동일한 방식으로 생각하면 된다. 예를 들어, math.pi를 소수 두 자리로 표현하고 싶다면 0.02f라고 지정하면 된다.

```
>>> 'Pi is {:0.02f}'.format(math.pi)
'Pi is 3.14'
```

여기서 콜론은 형식 옵션을 지정한다는 뜻이고, 0.02f는 소수 둘째 자리까지 표시하라는 뜻이다.

f 문자열을 사용해도 되는데, 이때는 변수가 콜론 앞에 온다.

```
>>> f'Pi is {math.pi:0.02f}'
'Pi is 3.14'
```

이 장에서는 형식 옵션으로 {:8}을 사용해서 각 항목의 너비를 고정할 필요가 있다. 8은 각 항목의 너비를 의미하며, 텍스트는 보통 왼쪽 맞춤이 된다.

```
>>> '{:8}'.format('hello')
'hello   '
```

하지만 숫자의 형식을 지정할 때는 오른쪽에 맞춘다.

```
>>> '{:8}'.format(123)
'     123'
```

마지막 항목과 파일명 사이에 한 칸의 공백을 추가해야 한다. 파일명은 fh.name을 통해 가져올 수 있다.

다음은 프로그램 작성에 도움이 될 힌트다.

- new.py를 사용해서 프로그램을 생성하고 불필요한 인수를 모두 제거한다.
- nargs='*'를 사용해서 0개 이상의 위치 인수(file)를 받을 수 있게 한다.
- 한 번에 하나의 테스트에 성공하도록 노력하자. 즉, 먼저 프로그램을 만들고 다음은 도움말을 수정한다. 그리고서 첫 번째 테스트에 대해 고민하고 그것이 끝나면 다음 테스트에 대해 고민하면 된다.
- 작성한 프로그램의 결과와 기본 탑재돼 있는 wc 명령의 결과를 서로 비교해 보자. PC에 따라서는 wc 버전이 달라서 결과도 달라질 수 있으니 유의하자.

이제 프로그램을 직접 작성해 볼 시간이다(답안을 보지 말고 해보자). 두려움은 마음의 살인자다. 여러분은 충분히 할 수 있다. 두려워 말고 시도해 보자.

6.2 예시 답안

다음은 테스트를 통과하는 답안 중 하나다. 테스트를 통과하고 코드를 제대로 이해했다면, 다른 방식으로 작성해도 문제없다.

```python
#!/usr/bin/env python3
"""Emulate wc (word count)"""

import argparse
import sys


# --------------------------------------------------
```

```
def get_args():
    """Get command-line arguments"""

    parser = argparse.ArgumentParser(
        description='Emulate wc (word count)',
        formatter_class=argparse.ArgumentDefaultsHelpFormatter)

    parser.add_argument('file',
                        metavar='FILE',
                        nargs='*',
                        default=[sys.stdin],
                        type=argparse.FileType('rt'),
                        help='Input file(s)')

    return parser.parse_args()


# --------------------------------------------------
def main():
    """Make a jazz noise here"""

    args = get_args()

    total_lines, total_bytes, total_words = 0, 0, 0
    for fh in args.file:
        num_lines, num_words, num_bytes = 0, 0, 0
        for line in fh:
            num_lines += 1
            num_bytes += len(line)
            num_words += len(line.split())

        total_lines += num_lines
        total_bytes += num_bytes
        total_words += num_words

        print(f'{num_lines:8}{num_words:8}{num_bytes:8} {fh.name}')

    if len(args.file) > 1:
        print(f'{total_lines:8}{total_words:8}{total_bytes:8} total')


# --------------------------------------------------
if __name__ == '__main__':
    main()
```

기본값으로 sys.stdin이 포함된 리스트로 설정하면 STDIN(표준 입력)을 사용할 수 있다.

사용자가 인수를 지정하면 argparse가 유효한 파일인지 검증한다. 문제가 있으면 argparse가 프로그램을 멈추고 오류 메시지를 보여준다.

arg.file의 리스트를 반복한다. fh라는 변수를 사용해서 STDIN과 파일 핸들을 사용한다는 사실을 상기시켜 준다.

줄, 단어, 바이트 수를 저장하기 위한 변수들을 파일이 바뀔 때마다 0으로 초기화한다.

파일 핸들을 한 줄씩 읽으며 반복한다.

한 줄당 1씩 증가시킨다.

각 라인의 길이를 확인해서 바이트 수에 더한다.

line.split()을 사용해서 공백을 기준으로 텍스트들을 분리해 리스트로 저장한다. 이 리스트의 길이를 확인해서 단어 수에 더한다.

줄, 단어, 바이트 수를 합쳐서 파일 하나당 전체 수를 기록한다.

{:8} 옵션을 사용해서 각 항목을 8글자 너비로 출력한다. 마지막 파일명 앞에는 한 칸의 공백을 추가하고 있다.

입력이 2개 이상인지 확인한다.

total 값을 마지막에 출력한다.

6.3 해설

프로그램이 얼핏 보면 짧고 쉬워 보일 수도 있지만, 사실 그렇지만은 않다. 프로그램의 주요 부분을 자세히 살펴보자.

6.3.1 인수 정의하기

이번 실습의 중요 사항 중 하나는 argparse에 익숙해지는 것이다(필요한 경우에는 도움도 받아야 한다). 핵심은 file 인수를 설정하는 방법이다. type=argparse.FileType('rt')를 사용해서 모든 인수가 읽기 가능한 파일이어야 한다는 사실을 명시하고 있다. 또한, nargs='*'를 사용해서 0개 이상의 인수를 받게 했으며, 기본값_{default}으로 sys.stdin이 포함된 리스트를 설정했다. 이는 argparse가 하나 이상의 파일 핸들로 구성된 리스트를 전달한다는 뜻이다.

몇 줄 안 되는 코드이지만 꽤 많은 것을 함축하고 있으며, 입력값 검증이나 오류 메시지 생성, 기본값 처리 등 대부분의 일을 모두 대신해 주고 있다.

6.3.2 for 문을 사용한 파일 읽기

argparse가 반환하는 값은 arg.file로, 파일 열기 핸들로 구성된 리스트다. 이런 리스트는 레플을 사용해서도 간단히 작성할 수 있다. 다음과 같이 하면 args.file로부터 얻은 것을 동일하게 확인할 수 있다.

```
>>> files = [open('../inputs/fox.txt')]
```

for 문을 사용해서 파일들을 읽기 전에, 각 항목(줄, 단어, 바이트)을 합산한 값을 저장하기 위한 변수 세 개를 설정해야 한다. 다음과 같이 세 줄로 나누어 선언하거나,

```
>>> total_lines = 0
>>> total_words = 0
>>> total_bytes = 0
```

한 줄로 선언할 수도 있다.

```
>>> total_lines, total_words, total_bytes = 0, 0, 0
```

사실 오른쪽에 0을 3개 놓고 쉼표로 연결한 것은 튜플_{tuple}을 만드는 것과 같다. 그리고 왼쪽에서는 이 튜플을 풀어서 각 변수에 넣는다. 튜플에 대해서는 나중에 다시 다룰 것이다.

각 파일 핸들을 처리하는 for 문 내에 세 개의 변수를 더 추가해서 초기화하고 있다. 이 변수들은 해당 파일의 한 줄당 단어, 줄, 글자(바이트) 수를 세서 저장하기 위한 것이다. 그리고서 또 다른 for 문을 사용해서 파일 핸들(fh) 내에 있는 각 줄을 읽어나간다. 줄 수는 for 문이

1회 끝날 때마다 1을 추가한다. 바이트 수는 각 줄의 길이(len(line))를 더해서 '글자' 수를 확인한다(글자뿐만 아니라 보이지 않는 공백도 포함되므로, '바이트'라고 부르는 편이 낫다). 마지막으로, 단어는 line.split()을 사용해서 공백을 기준으로 텍스트를 분리해 리스트로 만든다. 실제 단어만 세는 것이 아니라 정확하진 않지만 예제를 위해선 충분하다. 단어 수를 세기 위해선 len() 함수를 사용해서 리스트의 길이를 계산해 words 변수에 더한다.

하나의 파일이 끝나면 안쪽 for 문이 끝난다. 다음은 해당 파일의 결괏값과 파일명을 {:8} 형식으로 출력한다. 이를 통해 각 항목을 8글자 너비로 출력할 수 있다.

```
>>> for fh in files:
...     lines, words, bytes = 0, 0, 0
...     for line in fh:
...         lines += 1
...         bytes += len(line)
...         words += len(line.split())
...     print(f'{lines:8}{words:8}{bytes:8} {fh.name}')
...     total_lines += lines
...     total_bytes += bytes
...     total_words += words
...
       1       9      45 ../inputs/fox.txt
```

print 문이 두 번째 for 문이 끝난 후에 실행되는 것을 주목하자. 즉, 한 개 파일 핸들(fh)의 모든 줄을 읽은 후에 해당 파일에 대한 결과를 출력하는 것이다. 여기서는 f 문자열을 사용해서 줄, 단어, 바이트 수를 8글자 너비로 출력하고 공백 한 칸을 추가한 후에 fh.name으로 파일명을 출력하고 있다.

이 출력 후에 total 변수에 지금까지 센 값을 저장해서 전체 수를 계속 업데이트한다.

3명
발 6개
손가락 30개

마지막으로, 파일 인수 수가 1보다 크면 전체 수total를 출력한다.

```
if len(args.file) > 1:
    print(f'{total_lines:8}{total_words:8}{total_bytes:8} total')
```

6.4 도전 과제

- 기본 탑재돼 있는 wc는 우리가 만든 프로그램처럼 모든 항목(줄, 단어, 바이트)을 출력한다. 그뿐 아니라 -c 플래그를 지정하면 글자 수를, -l은 줄 수를, -w는 단어 수를 개별적으로 출력할 수도 있다. 즉, wc.py -wc라고 지정하면 단어와 글자(바이트) 수만 출력하는 것이다. 축약형 및 일반형 플래그를 추가해서 wc처럼 동작하게 만들어보자.

- 시스템(OS)이 제공하는 툴을 직접 만들어보자. 예를 들면 cat(파일 내용을 STDOUT에 출력하는 툴)이나, head(파일의 첫 *n*줄을 출력), tail(파일의 마지막 *n*줄을 출력), tac(파일의 줄 순서를 바꿔서 출력) 등을 만들어보는 것이다.

정리

- nargs(인수의 수) 옵션은 argparse가 사용자가 입력한 인수의 수를 검증하게 해준다. '*'는 인수가 없거나(0개) 1개 이상인 것을 의미하며, '+'는 1개 이상인 것을 의미한다.

- type=argparse.FileType('rt')라고 인수를 정의하면 사용자가 읽기 가능한 파일을 제공했는지를 검증하고 해당 값을 파일 핸들로 사용할 수 있게 해준다.

- sys.stdin, sys.stdout을 사용하면 표준 입출력 파일 핸들로부터 데이터를 읽거나 쓸 수 있다.

- 여러 단계의 처리를 위해 for 문을 중첩해서 사용할 수 있다.

- str.split() 메서드는 문자열을 공백 기준으로 나눈다.

- len() 함수는 문자열과 리스트에 모두 사용할 수 있다. 리스트에 사용하면 리스트 내에 포함된 요소 수를 알려준다.

- str.format()과 f 문자열은 모두 printf 형식의 출력을 지원해서 값을 원하는 형식으로 출력하게 도와준다.

CHAPTER 7

미지의 세계:
딕셔너리에서 아이템 찾기

이 장에서는 입력된 파일의 텍스트를 읽고 거기서 특정 알파벳으로 시작하는(사용자가 입력한) 줄을 찾을 것이다. 예제에서 사용하는 텍스트 파일은 에드워드 고리Edward Gorey의 소설인《펑하고 산산조각 난 꼬마들The Gashlycrumb Tinies》(황금가지, 2005)이다. A부터 Z로 시작하는 이름을 가진 아이들이 한 명씩 기괴하게 사라지는 내용의 책이다. 예를 들어, 그림 7.1은 'N은 따분함으로 죽은 네빌Neville에 관한 이야기'를 보여준다.

그림 7.1 N은 따분함으로 죽은 네빌Neville에 관한 이야기

우리가 만들 gashlycrumb.py 프로그램은 하나 이상의 글자(알파벳)를 위치 인수로 받아서, **옵션** 입력 파일인 텍스트 파일에서 해당 글자로 시작하는 줄을 찾아내야 한다. 그리고 글자를 찾을 때는 **대소문자를 구분하지 않는다.**

입력 파일은 다음과 같이 각 알파벳값을 한 줄씩 표현하고 있다.

```
$ head -2 gashlycrumb.txt
A is for Amy who fell down the stairs.
B is for Basil assaulted by bears.
```

이 프로그램을 우연하게 실행한 사용자는 다음과 같은 기괴한 문장을 보게 된다.

```
$ ./gashlycrumb.py e f
E is for Ernest who choked on a peach.   (E는 복숭아를 먹다가 질식사한 어니스트)
F is for Fanny sucked dry by a leech.    (F는 거머리에게 잡혀 먹힌 패니)
```

이 장에서 다루는 내용은 다음과 같다.

- 하나 이상의 위치 인수(인수명 letter) 받기
- 옵션 인수 --file 받기. 파일은 읽기 가능한 텍스트 파일이어야 함. 기본값으로 'gashlycrumb.txt'를 사용
- 파일을 읽어서 각 줄의 첫 번째 글자를 찾고, 이 글자와 각 줄을 연결해 주는 데이터 구조 만들기(여기서는 각 줄이 하나의 글자이고 다른 줄과 중복되지 않는 파일을 사용한다. 이 조건을 만족하지 않는 경우 프로그램이 멈춘다).
- 사용자가 선택한 각 글자letter와 일치하는 줄을 찾아서 출력하기. 존재하지 않는 경우 메시지를 출력한다.
- 데이터 구조를 깔끔하게 출력하는 방법 배우기

이전 장에서 배웠던 내용을 기억해 보자.

- 2장: 텍스트에서 첫 번째 글자 가져오기
- 4장: 딕셔너리 만들기 및 딕셔너리에서 값 찾기
- 6장: 파일을 인수로 받아서 파일 내용 읽기

이것들을 조합하면 이 기괴한 소설을 낭독하는 발표회를 할 수 있을 것이다.

7.1 gashlycrumb.py 작성하기

프로그램 작성을 시작하기 전에, 07_gashlycrumb 디렉터리로 가서 make test나 pytest -xv test.py로 테스트를 먼저 실행해 보길 권한다. 그러면 첫 번째 테스트가 실패하는 모습을 볼 수 있을 것이다.

```
test.py::test_exists FAILED
```

이 결과가 말해 주는 것은 gashlycrumb.py라는 파일을 먼저 만들어야 한다는 것이다. new.py gashlycrumb.py를 실행하거나 template/template.py를 복사해서 해당 파일을 만들 수 있다. 또는 빈 파일을 만들어서 처음부터 프로그램을 작성해 나가는 것도 방법이다. 파일을 만들었다면 테스트를 다시 실행해 보자. 첫 번째 테스트를 통과하고 경우에 따라서는(도움말이 표시되면) 두 번째 테스트도 통과할 것이다.

다음은 바로 인수 처리 함수로 가보자. get_args()에 있는 인수를 수정해서 다음과 같이 인수가 없는 경우, -h 또는 --help가 있는 경우에 도움말을 표시하게 만들어보자.

```
$ ./gashlycrumb.py -h
usage: gashlycrumb.py [-h] [-f FILE] letter [letter ...]

Gashlycrumb

positional arguments:
  letter                Letter(s)          ◀── letter는 위치 인수로, 하나 또는
                                                하나 이상의 값을 받는다.

optional arguments:
  -h, --help            show this help message and exit   ◀── -h와 --help는 argparse가
                                                               자동으로 생성해 준다.
  -f FILE, --file FILE  Input file (default: gashlycrumb.txt) ◀── -f와 --file 인수는 옵션 인수로
                                                                  기본값은 gashlycrumb.txt다.
```

그림 7.2는 프로그램의 입출력 다이어그램을 보여준다.

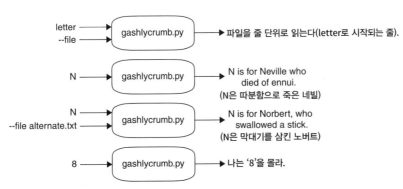

그림 7.2 프로그램이 글자(들)와 파일을 인수로 받는다. 파일의 각 줄을 확인해서 주어진 글자와 일치하는 줄을 찾는다.

main() 함수에서는 letter 인수로 받은 값을 하나씩 출력해 보는 것부터 해보자.

```python
def main():
    args = get_args()
    for letter in args.letter:
        print(letter)
```

제대로 동작하는지 확인해 보자.

```
$ ./gashlycrumb.py a b
a
b
```

다음은 for 문을 이용해서 파일을 한 줄씩 읽는다.

```python
def main():
    args = get_args()
    for letter in args.letter:
        print(letter)

    for line in args.file:
        print(line, end='')
```

print()에 end=''를 사용하고 있음을 주목하자. 파일의 각 줄은 이미 줄바꿈 문자를 갖고 있으므로 print에서 다시 줄바꿈하지 않도록 하는 것이다.

파일의 4번째 줄까지만 읽게 해서 실행해 보자.[1]

```
$ ./gashlycrumb.py a b | head -4
a
b
A is for Amy who fell down the stairs.
B is for Basil assaulted by bears.
```

다음은 alternate.txt. 파일을 사용해서 실행해 보자.

```
$ ./gashlycrumb.py a b --file alternate.txt | head -4
a
b
A is for Alfred, poisoned to death.
B is for Bertrand, consumed by meth.
```

--file로 파일을 지정했는데 해당 파일이 존재하지 않으면 오류 메시지와 함께 처리를 중단해야 한다. 앞 장에서 했던 것처럼 get_args()에서 type=argparse.FileType('rt')를 사용해 인수를 선언했다면, argparse가 오류 메시지를 자동으로 출력한다.

```
$ ./gashlycrumb.py -f blargh b
usage: gashlycrumb.py [-h] [-f FILE] letter [letter ...]
gashlycrumb.py: error: argument -f/--file: can't open 'blargh': \
[Errno 2] No such file or directory: 'blargh'
```

이제 각 줄의 첫 번째 글자를 사용해서 어떻게 딕셔너리를 만들지 생각해 보자. 참고로, 딕셔너리의 값을 보려면 print() 해보면 된다. 주어진 글자_{letter}가 딕셔너리 안에_{in} 있는지 확인하려면 어떻게 해야 할까?

인수로 지정한 값이 각 줄의 첫 글자로 구성된 리스트에 없다면 다음과 같이 메시지를 표시해야 한다.

```
$ ./gashlycrumb.py 3
I do not know "3". (3이라는 값을 모른다.)
$ ./gashlycrumb.py CH
I do not know "CH". (CH라는 값을 모른다.)
```

---

1 [옮긴이] 아쉽게도 윈도우에는 head에 해당하는 명령이 없다. gashlycrumb.py a b라고 실행해서 파일 전체가 출력되는지 확인해 보자.

지정한 글자가 딕셔너리에 있다면 해당 글자가 갖고 있는 문장을 다음과 같이 출력한다(그림 7.3 참고).

```
$ ./gashlycrumb.py a
A is for Amy who fell down the stairs. (A는 계단에서 떨어진 에이미)
$ ./gashlycrumb.py z
Z is for Zillah who drank too much gin. (Z는 너무 많은 술을 마신 질라)
```

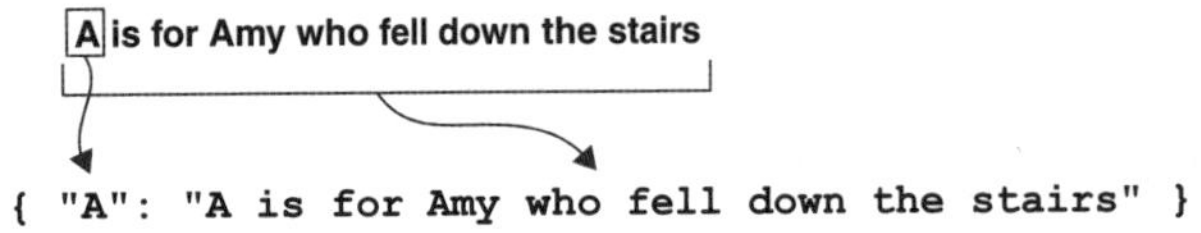

A is for Amy who fell down the stairs

`{ "A": "A is for Amy who fell down the stairs" }`

그림 7.3 각 줄의 첫 글자가 키이고 해당 줄 전체가 값인 딕셔너리를 만들어야 한다.

테스트 프로그램을 실행해서 여러분이 작성한 프로그램이 모든 요건을 만족하는지 확인하자. 각 테스트 결과를 자세히 본 후 프로그램을 수정하자.

다음은 프로그램 작성을 위한 힌트다.

- new.py를 사용해 프로그램을 만들고 위치 인수인 letter와 옵션 인수인 --file만 남기고 모두 삭제한다.
- type=argparse.FileType('rt')를 사용해서 --file 인수를 검증한다.
- nargs='+'를 사용해서 위치 인수 letter가 하나 이상의 값을 받을 수 있게 한다.
- 딕셔너리는 값('A')을 문장('A is for Amy who fell down the stairs')과 연결 지어야 할 때 사용할 수 있는 유용한 데이터 구조다.
- 파일 핸들을 열고 나서는 for 문을 사용해서 파일을 줄 단위로 읽을 수 있다.
- 각 줄은 문자열이다. 문자열의 첫 글자는 어떻게 가져올 수 있을까?
- 첫 글자를 키로 하고 문장을 값으로 하는 딕셔너리를 만들자.
- letter 인수를 하나씩 읽는다. 각 글자를 딕셔너리에서 찾으려면 어떻게 해야 할까?

스스로 프로그램을 완성하기 전까지는 다음으로 넘어가선 안 된다! 답안을 훔쳐본다면 새끼 고양이에게 밟혀서 처참한 죽음을 맞이할 수도…

7.2 예시 답안

입력 파일을 가지고 어떻게 딕셔너리를 만드는지 살펴보자.

```python
#!/usr/bin/env python3
"""Lookup tables"""

import argparse


# --------------------------------------------------
def get_args():
    """get command-line arguments"""

    parser = argparse.ArgumentParser(
        description='Gashlycrumb',
        formatter_class=argparse.ArgumentDefaultsHelpFormatter)

    parser.add_argument('letter',
                        help='Letter(s)',
                        metavar='letter',
                        nargs='+',
                        type=str)

    parser.add_argument('-f',
                        '--file',
                        help='Input file',
                        metavar='FILE',
                        type=argparse.FileType('rt'),
                        default='gashlycrumb.txt')

    return parser.parse_args()


# --------------------------------------------------
def main():
    """Make a jazz noise here"""

    args = get_args()

    lookup = {}
    for line in args.file:
        lookup[line[0].upper()] = line.rstrip()

    for letter in args.letter:
        if letter.upper() in lookup:
            print(lookup[letter.upper()])
        else:
            print(f'I do not know "{letter}".')
```

letter라는 위치 인수를 nargs='+'로 정의한다.
하나 이상의 값을 받는다는 뜻이다.

옵션 인수인 --file은
type=argparse.FileType('rt')로
정의했으므로 읽기 가능한 파일이어야
한다. 기본값은 gashlycrumb.txt로,
샘플 파일과 함께 제공된다.

값을 저장할 빈 딕셔너리를 만든다.

args.file(파일 열기 핸들)을 반복을 통해 읽어나간다.

각 글자의 첫 글자를 대문자로 변경한 후 딕셔
너리(lookup)의 키로 저장한다. 그리고 각 줄을
오른쪽 공백을 제거한 후 값으로 저장한다.

for 문을 사용해서 args.
letter의 각 글자를 읽는다.

딕셔너리에 있으면 해당 글자(키)에
해당하는 문장(값)을 출력한다.

없으면 해당 글자를 모른다는
메시지를 출력한다.

letter.upper()로 각 글자를 대문자로 바꾼 후
(대소문자를 모두 대문자로 통일하기 위해), 해당
글자가 딕셔너리(lookup)에 있는지 확인한다.

```
# -------------------------------------------------
if __name__ == '__main__':
    main()
```

7.3 해설

새끼 고양이의 무서운 발톱에 다치진 않았기를 바란다. 내가 문제를 어떻게 풀었는지 살펴보겠다. 단, 내가 사용한 방식도 수많은 방법 중 하나에 불과하다.

7.3.1 인수 처리하기

명령줄의 인수를 전달하고 검증하는 모든 처리는 get_args()에서 끝내는 것이 내 스타일이다. 특히 argparse는 직접 하면 매우 지루한 여러 작업을 대신해 준다. 예를 들면, 인수가 존재하는지 확인하거나 파일이 읽기 가능한 파일인지(type=argparse.FileType('rt')를 사용하는 이유)를 확인하는 작업이 그렇다. 사용자가 잘못된 인수를 지정한다면 argparse가 오류를 발생시켜서 도움이 되는 메시지를 출력한 후 프로그램을 중단시킨다(이때 오류 코드도 함께 표시한다).

args=get_args()에서는 'letter' 인수가 하나 이상일 수 있으며, args.file을 통해 유효한 파일 열기 핸들을 가져온다. 레플에선 open을 사용해서 파일 핸들을 가져올 수 있다(fh라고 부르는 걸 좋아한다). 저작권 문제도 있으니 내가 만든 alternate.txt 파일을 열어보겠다.

```
>>> fh = open('alternate.txt')
```

7.3.2 입력 파일 읽기

우리에게 필요한 것은 딕셔너리로, 키는 각 줄의 첫 글자, 값은 해당 줄로 구성된다. 이를 위해선 먼저 비어 있는 새 딕셔너리를 만들어야 한다. dict() 함수를 사용하거나 변수 = {} 형식으로 빈 딕셔너리를 만들 수 있다. 이 딕셔너리를 lookup이라고 부르기로 한다.

```
>>> lookup = {}
```

for 문을 사용해서 텍스트를 한 줄씩 읽을 수 있다. 2장의 배 위의 망대 프로그램에서 배운 것처럼, line[0].upper()를 사용해서 줄의 첫 글자를 얻고 대문자로 바꿀 수 있다. 이것은 lookup의 키로 사용한다.

각 줄은 줄바꿈 문자(\n)로 끝나기 때문에 이것을 제거해 준다. str.rstrip() 메서드는 각 줄의 끝에 있는 공백을 제거해 준다(rstrip = right strip, 오른쪽의 불필요한 것을 제거). 이 메서드의 결괏값이 lookup 딕셔너리의 값으로 저장된다.

```
for line in fh:
    lookup[line[0].upper()] = line.rstrip()
```

lookup 딕셔너리의 결과를 확인해 보자. print를 사용해서 딕셔너리를 출력하거나 레플에서 lookup이라고 치면 확인할 수 있지만, 읽기가 쉽지 않다. 시도해 보자.

다행히 pprint_{pretty-print}라는 데이터 구조를 예쁘게 출력해 주는 모듈이 있다. 다음은 pp라는 별칭을 사용해서 pprint 모듈에서 pprint() 함수를 불러오는 방법이다.

```
>>> from pprint import pprint as pp
```

이 코드가 어떻게 구성되는지 보여주는 것이 그림 7.4다.

from **pprint** import **pprint** as **pp**

모듈   함수   별칭

그림 7.4 특정 모듈에서 사용하고자 하는 함수만 정확하게 지정할 수 있다. 그리고 해당 함수에 별칭을 부여할 수도 있다.

그러면 lookup 테이블을 살펴보자.

```
>>> pp(lookup)
{'A': 'A is for Alfred, poisoned to death.',
 'B': 'B is for Bertrand, consumed by meth.',
 'C': 'C is for Cornell, who ate some glass.',
 'D': 'D is for Donald, who died from gas.',
 'E': 'E is for Edward, hanged by the neck.',
 'F': 'F is for Freddy, crushed in a wreck.',
 'G': 'G is for Geoffrey, who slit his wrist.',
 'H': "H is for Henry, who's neck got a twist.",
```

```
'I': 'I is for Ingrid, who tripped down a stair.',
'J': 'J is for Jered, who fell off a chair,',
'K': 'K is for Kevin, bit by a snake.',
'L': 'L is for Lauryl, impaled on a stake.',
'M': 'M is for Moira, hit by a brick.',
'N': 'N is for Norbert, who swallowed a stick.',
'O': 'O is for Orville, who fell in a canyon,',
'P': 'P is for Paul, strangled by his banyan,',
'Q': 'Q is for Quintanna, flayed in the night,',
'R': 'R is for Robert, who died of spite,',
'S': 'S is for Susan, stung by a jelly,',
'T': 'T is for Terrange, kicked in the belly,',
'U': "U is for Uma, who's life was vanquished,",
'V': 'V is for Victor, consumed by anguish,',
'W': "W is for Walter, who's socks were too long,",
'X': 'X is for Xavier, stuck through with a prong,',
'Y': 'Y is for Yoeman, too fat by a piece,',
'Z': 'Z is for Zora, smothered by a fleece.'}
```

데이터 구조가 깔끔하게 출력된다. 프로그램을 작성하면서 어떻게 동작하는지 확인하고 싶다면 print()를 아낌없이 사용해야 한다. 특히 pprint()는 복잡한 데이터 구조를 확인해야 할 때 매우 유용하다.

7.3.3 딕셔너리 내포 사용하기

4장에서는 [] 안에 for 문을 사용해서 리스트를 만드는 리스트 내포list comprehension에 대해 배웠다. []를 {}로 바꾸면 딕셔너리 내포를 만들 수 있다.

```
>>> fh = open('gashlycrumb.txt')
>>> lookup = { line[0].upper(): line.rstrip() for line in fh }
```

그림 7.5를 보자. 세 줄의 for 문을 한 줄로 코드로 바꿔준다.

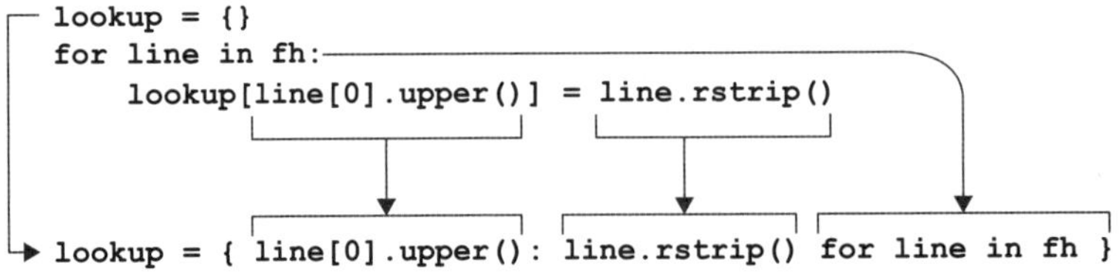

```
  lookup = {}
  for line in fh:
      lookup[line[0].upper()] = line.rstrip()

  lookup = { line[0].upper(): line.rstrip() for line in fh }
```

그림 7.5 딕셔너리를 만들기 위해 사용했던 for 문을 딕셔너리 내포를 사용해서 작성할 수도 있다.

lookup 테이블을 다시 출력해 보면 이전과 같은 결과를 볼 수 있다. 세 줄을 한 줄로 바꿀 수 있음을 보여주려는 것이 아니라, 간결하고 자연스러운 코드를 작성할 수 있음을 알려주기 위한 것이다. 코드가 길어진다는 것은 버그가 발생할 확률이 높아진다는 의미로, 가능하면 간단하게 작성하려고 한다(짧게 작성하는 것이지 필요한 처리를 생략한다는 뜻은 아니다).

7.3.4 딕셔너리 검색

이제 lookup(검색) 테이블이 완성됐으니 특정 값이 키에 있는지 확인할 수 있다. 키에 저장된 글자가 모두 대문자라는 사실을 알고 있으니, 사용자가 소문자로 입력한 경우를 고려해서 letter.upper()를 사용해 대문자로만 비교할 수 있게 했다.

```
>>> letter = 'a'
>>> letter.upper() in lookup
True
>>> lookup[letter.upper()]
'A is for Amy who fell down the stairs.'
```

글자를 찾았다면 글자에 해당하는 줄을 출력하면 된다. 글자가 없다면 해당 글자를 모른다는 메시지를 보여준다.

```
>>> letter = '4'
>>> if letter.upper() in lookup:
...     print(lookup[letter.upper()])
... else:
...     print('I do not know "{}".'.format(letter))
...
I do not know "4".
```

dict.get()을 사용하면 더 짧게 작성할 수 있다.

```
def main():
    args = get_args()
    lookup = {line[0].upper(): line.rstrip() for line in args.file}

    for letter in args.letter:
        print(lookup.get(letter.upper(), f'I do not know "{letter}".'))
```

lookup.get()은 letter.upper()를 키로 하는 값을 반환한다.
키가 없으면 지정한 문자열(메시지)을 반환한다.

7.4 도전 과제

- 파일을 읽어서 전화번호부를 만들어보자. 친구들의 이름과 이메일 또는 전화번호를 딕셔너리로 만들면 된다.

- 딕셔너리를 사용해서 하나의 문서에 개별 단어가 몇 번 나오는지 세는 프로그램을 작성해 보자.

- 사용자가 값을 대화형으로 입력할 수 있도록 기존 프로그램을 수정해 보자. while True를 사용해서 무한 반복하게 하고 그 안에 input() 함수를 넣어서 사용자가 글자를 입력하게 하면 된다.

```
$ ./gashlycrumb_interactive.py
Please provide a letter [! to quit]: t
T is for Titus who flew into bits.
Please provide a letter [! to quit]: 7
I do not know "7".
Please provide a letter [! to quit]: !
Bye
```

- 대화형 프로그램을 만드는 것은 재미있는 작업이지만 테스트하기가 어렵다. 17장에서 그 방법을 소개할 것이다.

정리

- 딕셔너리 내포는 한 줄로 된 for 문을 사용해서 딕셔너리를 만드는 방법이다.

- argparse.FileType을 사용해서 입력 파일 인수를 정의하면 시간과 코드를 줄일 수 있다.

- 파이썬의 pprint 모듈을 사용하면 복잡한 데이터 구조를 깔끔하게 출력할 수 있다.

애플과 바나나:
찾기와 바꾸기

단어 철자를 틀려본 적이 있는가? 필자는 없지만 많은 사람들이 틀리는 듯하다. 문서에서 틀린 철자를 찾아서 수정하기 위해 컴퓨터를 사용할 수 있다. 또는 옛 연인을 위해 작성한 시에서 새로운 연인으로 이름을 바꿀 필요도 있을 것이다.

시작하기 전에 미국 동요인 '사과와 바나나Apples and Bananas'를 보자. 자기가 먹고 싶은 과일을 노래하는 동요다.

I like to eat, eat, eat apples and bananas (나는 사과와 바나나 먹는 걸, 먹는 걸, 먹는 걸 좋아해)

동사의 첫 글자(모음)에 맞춰서 뒤에 나오는 과일의 모음도 약간씩 변경할 수 있다.

I like to ate, ate, ate ay-ples, and ba-nay-bays

유명한 긴 'e' 발음(예: 'knee')으로 바꿀 수도 있다.

```
I like to eat, eat, eat ee-ples and bee-nee-nees
```

이 장의 실습에서는 apples.py라는 프로그램을 작성하고 단일 위치 인수를 텍스트로 받는다. 그리고 이 텍스트에서 모든 모음을 옵션 인수에 지정한 값으로 변경한다. 옵션 인수명은 -v 또는 --vowel이며, 기본값은 a다.

이 프로그램은 08_apples_and_bananas 디렉터리에 작성하며, 다음과 같이 텍스트를 인수로 받아서 처리한다.

```
$ ./apples.py foo
faa
```

-v 또는 --vowel 옵션도 지정할 수 있다.

```
$ ./apples.py foo -v i
fii
```

입력한 텍스트가 대문자이면 출력도 대문자, 소문자이면 출력도 소문자로 해야 한다.

```
$ ./apples.py -v i "APPLES AND BANANAS"
IPPLIS IND BININIS
```

5장의 하울러 프로그램에서 다룬 것처럼, 텍스트 인수가 파일 이름일 수도 있다. 이때는 파일에서 텍스트를 읽어야 한다.

```
$ ./apples.py ../inputs/fox.txt
Tha qaack brawn fax jamps avar tha lazy dag.
$ ./apples.py --vowel e ../inputs/fox.txt
The qeeck brewn fex jemps ever the lezy deg.
```

그림 8.1은 프로그램의 입출력 다이어그램을 보여준다.

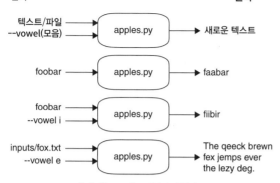

입력 출력

텍스트/파일
--vowel(모음) → apples.py → 새로운 텍스트

foobar → apples.py → faabar

foobar
--vowel i → apples.py → fiibir

inputs/fox.txt
--vowel e → apples.py → The qeeck brewn fex jemps ever the lezy deg.

그림 8.1 프로그램이 텍스트와 모음(선택형)을 인수로 받는다. 주어진 텍스트의 모든 모음이 지정한 모음으로 변경된다. 변경된 텍스트는 재미있는 발음이 된다.

다음은 인수를 지정하지 않았을 경우에 표시할 도움말이다.

```
$ ./apples.py
usage: apples.py [-h] [-v vowel] text
apples.py: error: the following arguments are required: text
```

-h 또는 --help를 지정했을 때는 다음과 같이 표시한다.

```
$ ./apples.py -h
usage: apples.py [-h] [-v vowel] text
Apples and bananas

positional arguments:
  text                 Input text or file

optional arguments:
  -h, --help           show this help message and exit
  -v vowel, --vowel vowel
                       The vowel to substitute (default: a)
```

--vowel 인수가 한 개의 소문자 모음이 아니면 오류 메시지를 표시해야 한다.

```
$ ./apples.py -v x foo
usage: apples.py [-h] [-v str] str
apples.py: error: argument -v/--vowel: \
invalid choice: 'x' (choose from 'a', 'e', 'i', 'o', 'u')
```

X

149

프로그램의 요구 사항은 다음과 같다.

- 텍스트 또는 파일명을 하나의 위치 인수로 받는다.

- 인수가 파일이면 파일 내용을 입력값으로 사용한다.

- -v 또는 --vowel을 옵션 인수로 받는다. 기본값은 'a'다.

- --vowel 옵션이 'a', 'e', 'i', 'o', 'u'에 포함되는지 확인한다.

- 입력 텍스트에서 모든 모음을 지정한 --vowel 인수의 값(또는 기본값)으로 변경한다.

- 변경한 텍스트를 STDOUT으로 출력한다.

8.1 문자열 변경하기

지금까지 문자열, 숫자, 리스트, 딕셔너리에 대해 배우면서, 변수를 쉽게 변경할 수 있음을 알았다. 하지만 문자열의 경우 문제가 있는데, 바로 변경 불가능하다는 점이다. 다음과 같이 문자열을 저장하고 있는 text라는 변수가 있다고 해보자.

```
>>> text = 'The quick brown fox jumps over the lazy dog.'
```

첨자 번호 2인 'e'를 'i'로 바꾸려면 다음과 같이 하면 되지만, 오류가 발생한다.

```
>>> text[2] = 'i'
Traceback (most recent call last):
  File "<stdin>", line 1, in <module>
TypeError: 'str' object does not support item assignment
```

text를 바꾸려면 전체 값을 새로운 값으로 변경해야 한다. 4장에서 문자열의 각 글자를 처리하기 위해 for 문을 사용했었다. 예를 들어, text를 모두 대문자로 바꾸고 싶다면 (비효율적이긴 하지만) 동일한 방식으로 할 수 있다.

```
new = ''  ◀── 빈 문자열로 변수를 초기화한다.
for char in text:  ◀── 텍스트의 각 글자를 반복해 가며 읽는다.
    new += char.upper()  ◀── 각 글자를 대문자로 바꾼 후 new라는 변수에 연결한다.
```

new라는 변수에 대문자로 변경된 문자열이 저장됐는지 확인해 보자.

```
>>> new
'THE QUICK BROWN FOX JUMPS OVER THE LAZY DOG.'
```

이 방식을 활용하면 text의 각 글자를 가져와서 새로운 문자열을 만들 수 있다. 글자가 모음이라면 주어진 모음으로 변경하고 모음이 아니라면 해당 글자를 그대로 사용하는 것이다. 2장에서 모음 확인하는 방법을 배웠으니 다시 돌아가서 사용법을 참고하자.

8.1.1 str.replace() 메서드 사용

4장에서 str.replace() 메서드를 사용해 문자열 내에 있는 모든 숫자를 특정 문자로 바꾸는 방법을 알아봤다. 이 방법을 그대로 사용할 수 있을까? 레플에서 help(str.replace)로 관련 도움말을 보자.

```
>>> help(str.replace)
replace(self, old, new, count=-1, /)
    Return a copy with all occurrences of substring old replaced by new.
    (모든 old를 new로 변경한 후 복사본을 반환한다.)

      count
        Maximum number of occurrences to replace. (몇 개까지 바꿀지 지정한다.)
        -1 (the default value) means replace all occurrences.
        (-1은 기본값으로, 대상이 되는 모든 글자를 변경한다).

    If the optional argument count is given, only the first count occurrences are
     replaced. (옵션 인수인 count를 지정한 경우 처음 count 개수만큼 변경한다.)
```

이를 사용해서 'T'를 'X'로 변경해 보자.

```
>>> text.replace('T', 'X')
'Xhe quick brown fox jumps over the lazy dog.'
```

희망적인 결과다! 이 방법을 사용해서 모음을 변경할 수 있겠는가? 단, 이 메서드가 문자열 자체를 변경하는 것이 아니라는 점을 유의해야 한다. 대신에 변경된 새로운 문자열을 반환해 주므로, 반환된 결과를 변수에 저장해서 사용하면 된다.

8.1.2 str.translate()

4장에서 str.translate() 메서드에 대해 배웠다. 딕셔너리를 사용해서 하나의 글자를 변경하는 처리였다('1'을 '9'라는 문자열로 변경). 이때 딕셔너리에 없는 글자는 변경하지 않고 그대로 유지했다.

이 메서드의 도움말은 다소 알쏭달쏭하다.

```
>>> help(str.translate)
translate(self, table, /)
    Replace each character in the string using the given translation table.
    (지정한 변환 테이블을 사용해서 문자열의 각 글자를 변경한다.)

      table
        Translation table, which must be a mapping of Unicode ordinals to
        Unicode ordinals, strings, or None.
        (변환 테이블. 유니코드의 서수를 유니코드의 서수, 문자열, 또는 None으로 매핑한 테이블)

    The table must implement lookup/indexing via __getitem__, for instance a
    dictionary or list. If this operation raises LookupError, the character is
    left untouched. Characters mapped to None are deleted.
    (테이블이 __getitem__에 기반한 찾기/인덱스 기능을 갖고 있어야 한다. 딕셔너리나 리스트가 이에 해당한다.
    LookupError가 발생하면 해당 글자가 처리되지 않고 남아 있음을 의미한다. None으로 매핑된 결괏값은 삭제된다.
```

앞에서 다음과 같은 딕셔너리를 만들어 사용했었다.

```
jumper = {'1': '9', '2': '8', '3': '7', '4': '6', '5': '0',
          '6': '4', '7': '3', '8': '2', '9': '1', '0': '5'}
```

이것은 str.maketrans()의 인수로 사용돼서 변환 테이블로 사용됐다. 그리고 이 변환 테이블은 str.translate()의 인수로 사용돼서 딕셔너리에 키로 존재하는 모든 글자를 해당하는 값으로 변환했었다.

```
>>> '876-5309'.translate(str.maketrans(jumper))
'234-0751'
```

모든 모음(대문자 소문자 모두)을 다른 값으로 변환하려면 딕셔너리의 키와 값으로 어떤 것을 사용해야 할까?

8.1.3 문자열을 변경하는 다른 방법

문자열 표현식에 대해 알고 있다면 쉽게 문자열 변경 문제를 해결할 수 있다. 설령 잘 모른다고 해도 걱정하지 말자. 뒤에서 자세히 설명할 것이다.

중요한 건, 다양한 방식을 시도해서 문제 해결 방법을 찾는 것이다. 필자는 모든 모음을 새로운 글자로 바꾸기 위한 8가지 방법을 찾았다. 이처럼 여러분이 사용할 수 있는 방법은 여러 가지다. 예시 답안을 보기 전에 얼마나 다양한 방법을 스스로 생각해 낼 수 있는지 시도해보자.

다음은 도움이 될 몇 가지 힌트다.

- argparse의 도움말을 보고 choices에 대해 알아보자. 이를 통해 --vowel 옵션을 특정 값으로 제안할 수 있다. 부록의 A.4.3절에 예제가 있으니 꼭 읽어보자.
- 대문자와 소문자 모음을 모두 변경해야 한다. 그리고 입력된 문자열은 그대로 유지해야한다.

이제 프로그램을 만들어볼 시간이다. 답안을 보기 전에 스스로 생각하고 직접 작성해 보자.

8.2 예시 답안

다음은 첫 번째 답안이다. 이 외에도 몇 가지 다른 방식을 살펴볼 것이다.

```python
#!/usr/bin/env python3
"""Apples and Bananas"""

import argparse
import os


# --------------------------------------------------
def get_args():
    """get command-line arguments"""

    parser = argparse.ArgumentParser(
        description='Apples and bananas',
        formatter_class=argparse.ArgumentDefaultsHelpFormatter)

    parser.add_argument('text', metavar='text', help='Input text or file')

    parser.add_argument('-v',
                        '--vowel',
```

> 입력값은 텍스트 또는 파일명이 될 수 있으므로 문자열로 설정한다.

```
                        help='The vowel to substitute',
                        metavar='vowel',
                        type=str,
                        default='a',
                        choices=list('aeiou'))    ◄──  choices를 사용해서 지정한
                                                        모음만 입력할 수 있게 한다.
    args = parser.parse_args()

    if os.path.isfile(args.text):    ◄──  텍스트가 파일인지 확인한다.
        args.text = open(args.text).read().rstrip()    ◄──  파일이면 읽은 후 str.rstrip()을 사용해서
                                                             문자열 끝에 있는 공백을 제거한다.
    return args


# --------------------------------------------------
def main():
    """Make a jazz noise here"""

    args = get_args()
    text = args.text
    vowel = args.vowel
    new_text = []    ◄──  변경 후의 글자들을 저장할 빈 리스트를 정의한다.

    for char in text:    ◄──  텍스트를 한 글자씩 읽는다.
        if char in 'aeiou':    ◄──  읽은 글자가 소문자 모음 리스트에 있는지 확인한다.
            new_text.append(vowel)    ◄──  있으면 현재 글자 대신에 지정한 모음을 사용한다.
        elif char in 'AEIOU':    ◄──  읽은 글자가 대문자 모음 리스트에 있는지 확인한다.
            new_text.append(vowel.upper())    ◄──  있으면 현재 글자 대신에 지정한
                                                    모음의 대문자를 사용한다.
        else:
            new_text.append(char)    ◄──  대소문자 모음 리스트에 없으면,
                                          현재 글자를 그대로 사용한다.
    print(''.join(new_text))    ◄──  새로운 텍스트(new_text)에 있는 글자들을 연결해서
                                     새로운 문자열을 만들고 이를 출력한다.


# --------------------------------------------------
if __name__ == '__main__':
    main()
```

8.3 해설

제공한 코드를 보면 8가지 방법을 확인할 수 있다. 어느 방법이든 동일한 `get_args()` 함수를 사용해 프로그램을 시작하고 있으니 이 함수를 먼저 살펴보자.

8.3.1 인수 정의하기

이 장의 문제는 다양한 접근법으로 해결할 수 있으며, 유용하면서도 재미있는 방법들을 생각

해 볼 수 있다. 가장 먼저 해결해야 할 과제는 인수를 받고 검증하는 것이다. 언제나 그랬듯이 argparse를 사용하고 있다.

가장 먼저 할 작업은 필요한 인수를 정의하는 것이다. text는 위치 인수로 문자열을 받으며 파일명이 될 수도 있다.

```
parser.add_argument('text', metavar='str', help='Input text or file')
```

--vowel 옵션도 문자열이며, choices 옵션을 사용해서 argparse가 사용자 입력을 검증하도록 지시하고 있다. 여기서는 사용자가 입력한 값이 list('aeiou')에 있는지 검증하고 있다.

```
parser.add_argument('-v',
                    '--vowel',
                    help='The vowel to substitute'',
                    metavar='str',
                    type=str,
                    default='a',
                    choices=list('aeiou'))
```

choices에는 리스트를 지정해야 하는데, ['a', 'e', 'i', 'o', 'u']라고 하려면 타이핑하기가 쉽지 않다. 대신에 list('aeiou')라고 하면 훨씬 간단하며, 파이썬이 알아서 'aeiou'를 개별 글자로 구성된 리스트로 변경해 준다. 두 가지 방법 모두 결과는 같다. list(str)도 결국에는 문자열을 개별 글자로 나누어 리스트에 저장하기 때문이다. 작은따옴표나 큰따옴표를 구분하지 않아도 된다. 양쪽 모두 str이며, 한 글자만 있어도 str이다.

```
>>> ['a', 'e', 'i', 'o', 'u']
['a', 'e', 'i', 'o', 'u']
>>> list('aeiou')
['a', 'e', 'i', 'o', 'u']
```

이를 위한 테스트를 작성해 볼 수도 있다. 다음 코드를 실행해서 아무 메시지도 표시되지 않는다면 테스트에 성공했다는 뜻이다.

```
>>> assert ['a', 'e', 'i', 'o', 'u'] == list('aeiou')
```

다음 과제는 text가 파일명인지 확인하는 것으로, 파일이면 파일에서 텍스트를 읽고 그렇지 않으면 텍스트 자체를 읽는다. 5장에서 사용한 것과 같은 코드다. get_args() 함수 안에서

text 인수를 처리하므로 main()에서 text를 사용하기 전에 모든 검증이 끝난다. 그림 8.2는 open()과 read(), rstrip()을 연결해서 파일 핸들과 문자열 읽는 방법을 보여준다.

```
if os.path.isfile(args.text):
    rgs.text = open(args.text).read().rstrip()
```

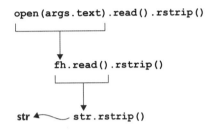

그림 8.2 여러 메서드를 연결해서(체이닝) 연속된 명령을 구성할 수 있다. open()은 파일을 읽게 해주는 파일 핸들을 반환한다. read()는 문자열을 반환하며, rstrip()은 이 문자열의 끝에 있는 공백을 제거한다.

여기까지 프로그램에 필요한 인수에 대한 처리가 끝났다. 명령줄 또는 파일로부터 텍스트를 읽을 수 있도록 설정했고, --vowel에 지정한 모음만 입력하도록 했다. 이 코드들은 인수를 처리하기 위한 하나의 '단위unit'다. 이제 이 인수들을 반환하므로 다음 단계로 넘어갈 수 있다.

```
return args
```

8.3.2 모음을 바꾸기 위한 8가지 방법

여러분은 모음을 바꾸는 방법으로 몇 가지를 찾아냈는가? 물론 테스트에 성공하려면 한 가지 방법만 찾아내면 되지만, 다양한 접근법을 통해 언어가 가진 다양한 기능을 익힐 수 있다. 파이썬의 철학Zen of Python에 이런 말이 있다.

"명확한 방법은 반드시 한 가지(가능하면 오직 한 가지) 존재한다."

https://www.python.org/dev/peps/pep-0020/

하지만 필자는 펄Perl의 철학을 좋아한다.

"한 가지 이상의 방법이 있다."

방법 1: 각 글자를 읽어나가기

첫 번째 방법은 4장에서 한 것과 비슷한 방법으로, for 문을 사용해서 문자열의 각 글자를 읽는 것이다. 다음은 레플에 복사해서 실행할 수 있는 코드다.

```
>>> text = 'Apples and Bananas!'  ◀──  text를 'Apples and Bananas!'라고 설정한다.
>>> vowel = 'o'  ◀──  vowel 변수에 'o' 문자열을 설정한다. 모든 모음을 이 값으로 변경한다.
>>> new_text = []
>>> for char in text:  ◀──  for 문을 사용해서 텍스트의 각 글자를 char 변수에 저장한다.
...     if char in 'aeiou':  ◀──  읽은 글자가 소문자 모음 리스트에 있으면
...         new_text.append(vowel)  'o'를 새로운 텍스트에 추가한다.
...     elif char in 'AEIOU':  ◀──  읽은 글자가 대문자 모음 리스트에 있으면
...         new_text.append(vowel.upper())  대문자 'O'를 새로운 텍스트에 추가한다.
...     else:
...         new_text.append(char)  ◀──  대소문자 모음 리스트에 없으면 현재
...  글자를 새 텍스트에 추가한다.
>>> text = ''.join(new_text)  ◀──  new_text 리스트를 새 문자열로 변환한다
>>> text  (빈 문자열('')을 사용해서 글자를 연결).
'Opplos ond Bononos!'
```

빈 문자열로 new_text를 설정하고 나중에 합치는 것이 좋다. 이 방법으로 나중에 str.
join()을 사용하지 않고 원할 때마다 다음과 같이 연결할 수 있다.

```
new_text += vowel
```

이제 다른 방법들을 살펴보자. 모두 테스트를 통과하므로 기능적으로는 동일하다. 중요한 건,
파이썬 언어의 다양한 면을 이해하는 것이다. 다른 방법들은 main() 함수만 살펴보겠다.

방법 2: str.replace() 메서드 사용하기
다음은 str.replace()를 사용한 방법이다.

```
def main():
    args = get_args()
    text = args.text
    vowel = args.vowel

    for v in 'aeiou':  ◀──  리스트 안의 모음을 한 글자씩 반복한다. list('aeiou')라고 할 필요가 없다.
     for 문의 in에 사용하고 있으므로 파이썬이 자동으로 리스트로 인식한다.
        text = text.replace(v, vowel).replace(v.upper(), vowel.upper())  ◀──
     str.replace()를 두 번 사용해서 소문자와 대문자를
    print(text)  확인해 주어진 모음으로 바꿔주고 있다.
```

이 장의 도입부에서 str.replace()는 문자열 내의 모든 대상 글자를 변경한 후 새로운 문자
열을 반환한다고 했다.

```
>>> s = 'foo'
>>> s.replace('o', 'a')
'faa'
```

```
>>> s.replace('oo', 'x')
'fx'
```

원본 문자열은 바뀌지 않음을 기억하자.

```
>>> s
'foo'
```

str.replace()를 연결해서 사용하지 않아도 된다. 그림 8.3에 있는 것처럼 두 줄로 나눌 수도 있다.

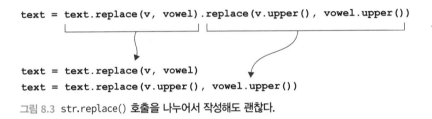

그림 8.3 str.replace() 호출을 나누어서 작성해도 괜찮다.

방법 3: str.translate() 메서드 사용하기

str.translate()를 사용해서 문제를 해결할 수 있을까? 4장에서 jumper라는 딕셔너리를 사용해서 글자 바꾸는 방법을 보았다(예를 들면, '1'을 '9'로 바꾸기). 이 장에서는 모든 대소문자 모음(전체 10글자)을 지정한 모음으로 변경해야 한다. 예를 들어, 모든 모음을 'o'로 바꾸려면 변환 테이블 t를 다음과 같이 작성하면 된다.

```
t = {'a': 'o',
     'e': 'o',
     'i': 'o',
     'o': 'o',
     'u': 'o',
     'A': 'O',
     'E': 'O',
     'I': 'O',
     'O': 'O',
     'U': 'O'}
```

이 t 테이블을 str.translate() 메서드에 적용하면 된다.

```
>>> 'Apples and Bananas'.translate(str.maketrans(t))
'Opplos ond Bononos'
```

str.maketrans()의 도움말을 보면 길이가 동일한 두 개의 문자열을 변환 테이블로 제공하는 방법을 확인할 수 있다.

```
maketrans(x, y=None, z=None, /)
    Return a translation table usable for str.translate().
    (str.translate()에 사용할 수 있는 변환 테이블을 반환한다.)

    If there is only one argument, it must be a dictionary mapping Unicode
    ordinals (integers) or characters to Unicode ordinals, strings or None.
    Character keys will be then converted to ordinals.
    If there are two arguments, they must be strings of equal length, and
    in the resulting dictionary, each character in x will be mapped to the
    character at the same position in y. If there is a third argument, it
    must be a string, whose characters will be mapped to None in the result.
    (인수가 하나라면 딕셔너리여야 한다. 이 딕셔너리는 유니코드의 서수(정수) 또는 글자를 유니코드의 서수,
    문자열 또는 None으로 매핑해야 한다. 글자로 된 키는 서수로 변환된다. 인수가 두 개라면 동일한 길이의
    문자열이어야 한다. x에 있는 각 글자가 y의 동일한 위치에 있는 글자로 매핑된다. 세 번째 인수가 있다면
    문자열이어야 한다. 이 글자는 None으로 매핑된다.)
```

첫 번째 문자열은 바꾸고자 하는 글자를 지정한다. 여기서는 대소문자 모음으로 'aeiou AEIOU'가 해당된다. 두 번째 문자열은 어떤 글자로 바꿀지 지정하기 위한 것이다. 'aeiou'는 'ooooo'로, 'AEIOU'는 'OOOOO'로 바꾸고자 한다. 동일한 모음을 다섯 번 반복하고 싶다면 * 연산자와 숫자를 사용해서 기술할 수 있다. 문자를 곱한다는 의미와 비슷하므로 다음과 같이 하면 된다.

```
>>> vowel * 5
'ooooo'
```

다음은 대문자를 처리하기 위한 코드다.

```
>>> vowel * 5 + vowel.upper() * 5
'oooooOOOOO'
```

이제 변환 테이블을 다음과 같이 한 줄로 작성할 수 있다.

```
>>> trans = str.maketrans('aeiouAEIOU', vowel * 5 + vowel.upper() * 5)
```

trans 테이블을 보자. pprint.pprint() 함수를 사용하면 쉬운 구조로 출력된다.

```
>>> from pprint import pprint as pp
>>> pp(trans)
{65: 79,
 69: 79,
 73: 79,
 79: 79,
 85: 79,
 97: 111,
 101: 111,
 105: 111,
 111: 111,
 117: 111}
```

{}는 trans가 딕셔너리라는 것을 알려준다. 각 글자는 **서수**(정수)로 표현되며, 해당 서수는 아스키 표ASCII table에 의해 매핑된 값이다(*www.acsiitable.com*). chr()나 ord() 함수를 사용해서 각 글자 및 서수 사이의 변환값을 확인해 보자. 이 함수들은 18장에서 다시 다룰 것이다. 다음은 각 모음의 ord() 값을 보여준다.

```
>>> for char in 'aeiou':
...     print(char, ord(char))
...
a 97
e 101
i 105
o 111
u 117
```

이와 동일한 결과를 chr()에 ord() 값을 대입해서 얻을 수도 있다.

```
>>> for num in [97, 101, 105, 111, 117]:
...     print(chr(num), num)
...
a 97
e 101
i 105
o 111
u 117
>>>
```

출력할 수 있는 모든 글자의 서수 값을 확인하고 싶다면 다음과 같이 하면 된다.

```
>>> import string
>>> for char in string.printable:
...     print(char, ord(char))
```

결과를 여기서 보여주진 않지만 100개의 출력 가능한 글자가 있음을 확인할 수 있다.

```
>>> print(len(string.printable))
100
```

trans 테이블은 4장의 '숫자 5 넘어가기'에서 본 것처럼 하나의 글자를 다른 글자로 매핑하기 위한 것이다. 소문자 모음('aeiou')은 모두 서수인 111('o')로 매핑되며, 대문자 모음('AEIOU')은 79('O')로 매핑된다. 매핑 결과를 확인하려면 dict.items()를 사용해서 trans의 키-값 조합을 for 문으로 읽으면 된다.

```
>>> for x, y in trans.items():
...     print(f'{chr(x)} => {chr(y)}')
...
a => o
e => o
i => o
o => o
u => o
A => O
E => O
I => O
O => O
U => O
```

원본 text는 str.translate()에 의해 바뀌지 않으므로 변환된 문자열로 text를 덮어쓰기 해야 한다. 다음은 이를 위해 내가 한 방법이다.

```
def main():
    args = get_args()
    vowel = args.vowel
    trans = str.maketrans('aeiouAEIOU', vowel * 5 + vowel.upper() * 5)
    text = args.text.translate(trans)
    print(text)
```

대소문자 모음과 각 모음의 변경 대상으로 구성된 변환 테이블을 만든다. 소문자 모음은 바꿀 인수 소문자에 매핑되며, 대문자 모음은 바꿀 인수의 대문자 모음에 매핑된다.

str.translate()를 text에 적용하고 변환 테이블을 인수로 전달한다.

ord()와 chr() 그리고 딕셔너리에 관해 많은 설명을 했다. 보면 알겠지만 간단하면서도 고급스러운 방법으로 방법 1보다 코드가 훨씬 짧다. 코드 줄 수가 적다는 것은 버그가 발생할 기회도 줄어듦을 의미한다.

방법 4: 리스트 내포 사용하기

방법 1에 **리스트 내포**를 사용하면 for 문의 길이를 많이 단축할 수 있다. 7장에서 한 줄의 코드에 for 문을 사용해서 새로운 딕셔너리를 만드는 방법을 알아봤는데, 동일한 방법을 리스트에도 적용할 수 있다.

```
def main():
    args = get_args()
    vowel = args.vowel
    text = [                    args.text에 있는 모든 글자를 사용해서 text라는 새로운
                                리스트를 만든다. 리스트 내포를 사용하고 있다.
        vowel if c in 'aeiou' else vowel.upper() if c in 'AEIOU' else c
        for c in args.text
                                세 가지 처리를 분기하기 위해 복합 if 문을 사용하고 있다.
    ]                           각각 소문자 모음, 대문자 모음, 기본값을 처리하기 위한 것이다.
    print(''.join(text))

텍스트 리스트의 각 요소를 빈 문자열로 연결해서
변환된 새로운 문자열을 만들고 이를 출력하고 있다.
```

리스트 내포에 대해 좀 더 자세히 살펴보자. 예를 들어, range()라는 함수를 이용해서 1부터 4까지의 숫자로 구성된 리스트를 만들 수 있다. range()는 시작값과 종룟값을 지정하면 시작값부터 종룟값 직전 값(즉, 종룟값은 포함하지 않음)까지의 숫자를 생성한다. 레플에서는 range의 값을 확인하기 위해 list() 함수를 사용해야 하지만, 코드에서는 없어도 된다.

```
>>> list(range(1, 5))
[1, 2, 3, 4]
```

 range()는 지연lazy 함수 중 하나다. 지연 함수란 프로그램이 실제로 해당 함수를 사용하기 전까지는 값을 생성하지 않는 함수다. 즉, 무언가를 나중에 하겠다는 약속과 같다. 예를 들어, if 문 등을 통해 처리를 분기할 때 지연 함수가 있는 곳으로 가지 않으면 해당 함수는 절대 값을 생성하지 않으므로 더 효율적이다.

[]를 출력하기 위해 for 문을 사용할 수 있다.

```
>>> for num in range(1, 5):
...     print(num ** 2)
...
1
4
9
16
```

값을 출력하는 대신 해당 값을 포함하고 있는 새로운 리스트를 만들고 싶다고 가정해 보자. 한 가지 방법은 빈 리스트를 만들고 for 문에서 list.append()를 사용해 값을 추가하는 것이다.

```
>>> squares = []
>>> for num in range(1, 5):
...     squares.append(num ** 2)
```

새로 만든 리스트(squares)를 확인해 보자.

```
>>> assert len(squares) == 4
>>> assert squares == [1, 4, 9, 16]
```

동일한 결과(새로운 리스트)를 리스트 내포를 사용하면 더 짧은 코드로 생성할 수 있다(그림 8.4).

```
>>> [num ** 2 for num in range(1, 5)]
[1, 4, 9, 16]
```

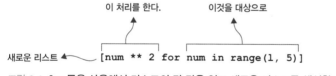

그림 8.4 for 문을 사용해서 리스트의 각 값을 읽고 새로운 리스트를 생성한다.

이렇게 얻은 결과 리스트를 squares라는 변수에 저장한 후 원하는 값을 갖고 있는지 확인한다. 자신에게 물어보자. for 문을 사용한 긴 코드를 관리하고 싶은지, 아니면 리스트 내포를 사용한 짧은 코드를 관리하고 싶은지.

```
>>> squares = [num ** 2 for num in range(1, 5)]
>>> assert len(squares) == 4
>>> assert squares == [1, 4, 9, 16]
```

이 버전의 프로그램에서는 방법 1의 if/elif/else 부분을 복합 if 문을 사용해서 압축하고 있다. 먼저 for 문을 줄여보자.

```
>>> text = 'Apples and Bananas!'
>>> new = []
>>> for c in text:
...     new.append(vowel if c in 'aeiou' else vowel.upper() if c in 'AEIOU'
    else c)
...
>>> ''.join(new)
'Opplos ond Bononos!'
```

그림 8.5는 복합 if 문의 각 부분이 if/elif/else의 어디에 해당하는지 보여준다.

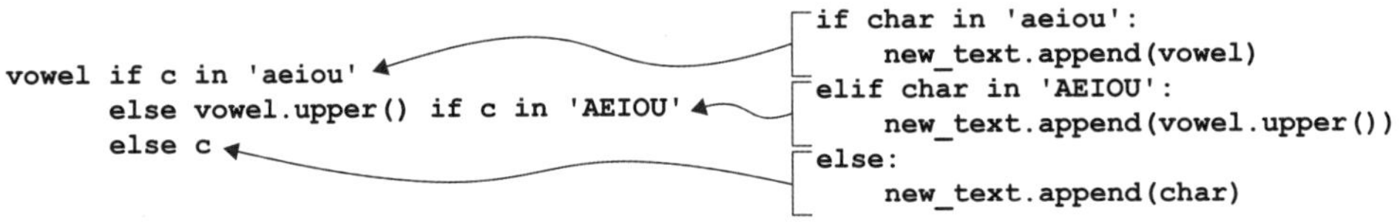

```
vowel if c in 'aeiou'                          ┌if char in 'aeiou':
                                               │    new_text.append(vowel)
    else vowel.upper() if c in 'AEIOU'         ├elif char in 'AEIOU':
    else c                                     │    new_text.append(vowel.upper())
                                               ├else:
                                               │    new_text.append(char)
```

그림 8.5 **세 가지 조건 분기를 두 개의 if 문을 사용해 작성할 수 있다.**

이제 이것을 리스트 내포로 변경해 보자.

```
>>> text = 'Apples and Bananas!'                      복합 if 문을 사용해 글자를 선택한다.
>>> new_text = [
...     vowel if c in 'aeiou' else vowel.upper() if c in 'AEIOU' else c
...     for c in text ]          텍스트의 모든 글자를 대상으로 한다.
...
>>> ''.join(new_text)
'Opplos ond Bononos!'
```

앞의 for 문보다 더 간결하면서도 다음과 같은 이점이 있다.

- 리스트 내포는 코드를 단축해 주며, list.append()가 주는 위험성 없이 리스트를 만들 수 있다.
- 복합 if 문은 조건 분기 중 하나를 잊은 경우 컴파일되지 않는다.

방법 5: 함수와 함께 리스트 내포 사용하기

리스트 내포에 있는 복합 if 문은 복잡하므로 별도의 함수로 빼낼 수도 있다. def 문을 사용해서 새 함수를 **정의**_{define}하고 new_char()라고 부르자. 이 함수는 c라는 변수를 사용해 글자를 받은 후, 앞서 사용했던 복합 if 문을 사용해 동일한 처리를 한다.

```
def main():
    args = get_args()
    vowel = args.vowel          새 글자를 선택하기 위한 함수를 정의한다. 함수가 동일 범위(scope) 내에서 정의
                                돼 있으므로 vowel이라는 변수를 사용하는 것에 유의하자. 이런 방식을 클로저
    def new_char(c): ◄─────────  (closure)라고 하는데, new_char()가 변수와 가까운 곳에 있기 때문이다.
        return vowel if c in 'aeiou' else vowel.upper() if c in 'AEIOU' else c ◄──
                                                                    복합 if 문을 사용해서
    text = ''.join([new_char(c) for c in args.text]) ◄──────            글자를 선택한다.

    print(text)                        리스트 내포를 사용해서
                                     텍스트의 모든 글자를 처리한다.
```

new_char() 함수를 레플에서 만들어 가지고 놀아보자.

```
vowel = 'o'
def new_char(c):
    return vowel if c in 'aeiou' else vowel.upper() if c in 'AEIOU' else c
```

인수가 소문자 모음이면 항상 'o'를 반환한다.

```
>>> new_char('a')
'o'
```

인수가 대문자 모음이면 'O'를 반환한다.

```
>>> new_char('A')
'O'
```

양쪽 모두 아니면 인수로 지정한 글자를 반환한다.

```
>>> new_char('b')
'b'
```

new_char() 함수를 리스트 내포와 함께 사용해서 text의 모든 글자를 처리할 수 있다.

```
>>> text = 'Apples and Bananas!'
>>> text = ''.join([new_char(c) for c in text])
>>> text
'Opplos ond Bononos!'
```

new_char() 함수가 main() 함수 내에 정의돼 있음을 주목하자. 단, 이 함수는 main() 함수 내에서만 보인다. 이렇게 한 이유는 vowel 변수를 인수로 전달하지 않고 함수 내에서 바로 참조하기 위해서다.

예를 들어, bar() 함수를 foo()라는 함수 안에 정의한다고 해보자. foo() 함수를 호출하면 bar()도 호출하게 되지만, foo() 밖에서는 bar()를 호출할 수 없다. 즉, foo() 밖에서는 bar()가 보이지 않는 것이다(이것을 '범위scope 밖에 있다'고 한다).

```
>>> def foo():
...     def bar():
...         print('This is bar')
...     bar()
...
>>> foo()
This is bar
>>> bar()
Traceback (most recent call last):
  File "<stdin>", line 1, in <module>
NameError: name 'bar' is not defined
```

new_char() 함수를 main() 안에 정의한 이유는 vowel 변수를 함수 안에서 사용하기 위해서다(그림 8.6). new_char()가 vowel에 가까이 있기 때문에 가능하다. 이런 특수한 함수를 **클로저**closure라고 한다.

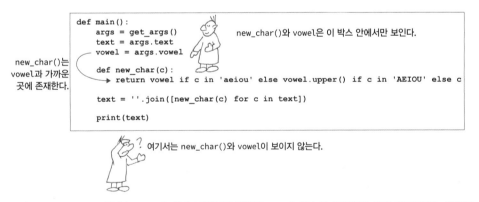

그림 8.6 new_char() 함수는 main() 함수 내에서만 보인다. vowel 변수를 참조하기 위해 클로저라는 형태로 작성된 것이다. main() 밖의 코드에서는 new_char()를 보거나 호출할 수 없다.

이것을 클로저로 작성하지 않으면 vowel을 인수로 전달해야 한다.

```
def main():
    args = get_args()
    print(''.join([new_char(c, args.vowel) for c in args.text]))

def new_char(char, vowel):
    return vowel if char in 'aeiou' else \
        vowel.upper() if char in 'AEIOU' else char
```

> args.vowel을 new_char() 함수의 인수로 전달해야 한다.

> vowel은 main() 함수 안에서만 보인다. new_char()가 더 이상 동일 범위 내에 존재하지 않으므로 vowel을 인수로 받아야 한다.

클로저가 흥미롭긴 하지만 사실 인수를 지정해 함수를 정의하는 것이 이해하기 더 쉽다. 또한, 단위 테스트unit test를 작성할 때도 이 방식이 더 간단하다(단위 테스트 작성법에 대해서는 곧 배우게 된다).

방법 6: map() 함수 사용하기

이번에는 map() 함수를 사용하는 방법이다. 리스트 내포와 매우 유사한 방식으로 map() 함수는 다음 두 개의 인수를 사용한다.

- 함수

- 리스트, 지연 함수, 생성자와 같은 반복 가능한 것

개인적으로는 map()을 페인트 부스라고 생각하곤 한다. 처음에는 파란색으로 부스를 채우고, 이 부스를 지나가는 무색의 자동차는 파란색이 돼서 나온다.

'paint'라는 함수를 만들고 'blue'라는 문자열을 자동차명 앞에 붙인다고 하자.

```
>>> list(map(lambda car: 'blue ' + car, ['BMW', 'Alfa Romeo', 'Chrysler']))
['blue BMW', 'blue Alfa Romeo', 'blue Chrysler']
```

첫 번째 인수는 람다(lambda)라는 키워드로 시작하는 것으로, **익명**anonymous 함수를 만들 때 사용한다. def 키워드로 일반 함수를 정의할 때는 함수명을 함께 기술해야 한다. 하지만 람다를 지정하면 이름 없이 바로 인수와 함수 내용을 정의할 수 있다.

예를 들어, 주어진 값에 1을 더하는 add1() 함수를 정의한다고 하자.

```
def add1(n):
    return n + 1
```

예상한 대로 동작한다.

```
>>> assert add1(10) == 11
>>> assert add1(add1(10)) == 12
```

앞서 정의한 람다처럼 위 함수를 정의하면 다음과 같이 된다.

```
>>> add1 = lambda n: n + 1
```

add1의 정의는 기능적으로는 처음에 정의한 것과 같다. 호출 방법도 add1() 함수와 동일하다.

```
>>> assert add1(10) == 11
>>> assert add1(add1(10)) == 12
```

람다는 보통 한 줄의 식으로 표현한다. 식의 최종 결과가 자동으로 반환되므로 return 문이 존재하지 않는다. 그림 8.7에서는 람다가 n + 1의 결과를 반환하고 있다.

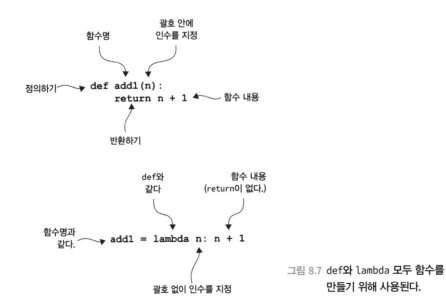

그림 8.7 def와 lambda 모두 함수를 만들기 위해 사용된다.

각각 def와 lambda를 사용해서 함수를 정의하며, n을 인수로 사용한다. 일반적인 함수(def add(n))에서는 인수가 함수명 다음의 괄호 안에 정의된다. 반면 람다 함수에서는 함수명이 없으며, 인수인 n을 괄호 안에 넣지도 않는다.

이 두 가지 종류의 함수 처리는 동일하다. 둘 다 함수인 것에는 변함이 없다.

```
>>> type(lambda x: x)
<class 'function'>
```

add1()을 다음과 같이 리스트 내포에 사용할 수도 있다.

```
>>> [add1(n) for n in [1, 2, 3]]
[2, 3, 4]
```

여기까지가 map() 함수를 사용하기 위한 기본 지식이다.

map() 함수도 앞에서 본 range()처럼 지연 함수다. 즉, 실제로 값을 사용하기 전까지는 값을 생성하지 않는다. 반면 리스트 내포는 결과 리스트를 바로 생성한다. 개인적으로 코드의 성능보다는 가독성을 주시하는 편이다. 필자는 map()을 사용해 코드 작성하는 것을 좋아하지만, 자신과 동료들이 쉽게 이해할 수 있는 코드를 작성하는 것이 좋다.

map()의 결과를 레플에 강제로 표시하기 위해선 list() 함수를 사용해야 한다.

```
>>> list(map(add1, [1, 2, 3]))
[2, 3, 4]
```

add1() 코드를 넣어서 리스트 내포를 만들 수도 있다.

```
>>> [n + 1 for n in [1, 2, 3]]
[2, 3, 4]
```

이것은 람다 코드와 매우 유사하다(그림 8.8).

```
>>> list(map(lambda n: n + 1, [1, 2, 3]))
[2, 3, 4]
```

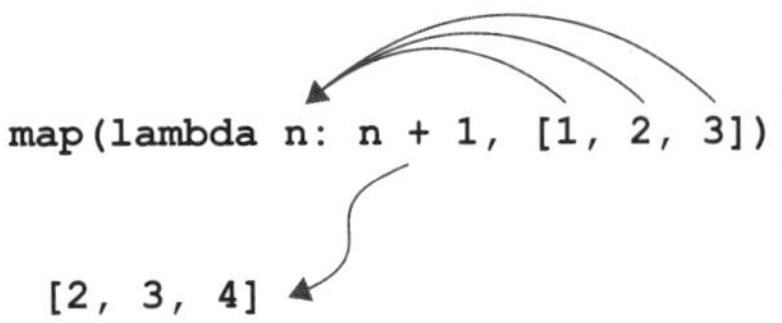

```
map(lambda n: n + 1, [1, 2, 3])

 [2, 3, 4]
```

그림 8.8 map() 함수는 주어진 반복형 객체의 요소를 읽어서 처리하고 새로운 리스트를 만들어낸다.

다음은 map()을 우리 프로그램에 적용한 예다.

```
def main():
    args = get_args()
    vowel = args.vowel
    text = map(
        lambda c: vowel if c in 'aeiou' else vowel.upper()
        if c in 'AEIOU' else c, args.text)

    print(''.join(text))
```

map() 함수는 첫 번째 인수로 함수를 지정하며,
두 번째 인수로 반복형 객체를 지정한다.

람다를 사용해서 글자(c)를
받는 익명 함수를 만든다.

args.text는 map()의 두 번째 인수로 사용된다.
args.text는 문자열이지만, map()이 리스트를
원하므로 리스트로 강제 변환된다.

map()이 text 변수에 새 리스트를 만들어 저장한다.
이 리스트를 빈 문자열을 사용해 연결한 후 출력한다.

고차 함수

map() 함수는 고차 함수(higher-order function, HOF)라고 불린다. 함수를 인수로 받아서 사용하기 때문이다. 뒤에서 filter()라는 또 다른 고차 함수를 다룬다.

방법 7: map()을 일반 함수와 사용하기

map()을 굳이 람다식과 사용하지 않고 일반 함수와 사용해도 된다. 앞에서 만든 new_char() 함수를 사용해 보자.

```
def main():
    args = get_args()
    vowel = args.vowel

    def new_char(c):
        return vowel if c in 'aeiou' else vowel.upper() if c in 'AEIOU' else c

    print(''.join(map(new_char, args.text)))
```

적합한 글자를 반환하는 함수를 정의한다. 클로저를
사용해서 vowel을 바로 참조하고 있음을 주목하자.

map()을 사용해서 args.text의 모든 글자에 대해 new_char()를 적용한다. 결과는
글자로 구성된 리스트이며, str.join()을 사용해서 새 문자열로 변환한 후 출력한다.

map()에서 new_char를 첫 번째 인수로 사용할 때 괄호를 붙이지 않는 것에 주목하자. 괄호를 붙이면 함수를 호출하게 돼서 다음과 같은 오류가 발생한다.

```
>>> text = ''.join(map(new_char(), text))
Traceback (most recent call last):
  File "<stdin>", line 1, in <module>
TypeError: new_char() missing 1 required positional argument: 'c'
```

그림 8.9에 있는 것처럼, map()은 text에서 각 글자를 읽어서 new_char() 함수의 인수로 전달한다. 그리고 new_char() 함수는 모음을 반환할지 기존 글자를 반환할지를 정한다. 글자들의 매핑 결과는 변환된 글자로 구성된 새 리스트로, str.join()을 사용해서(빈 문자열로 연결) 새 텍스트를 생성한다.

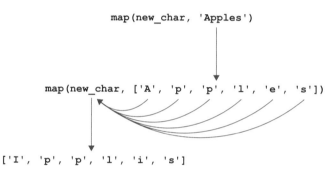

그림 8.9 map()이 반복형 객체의 각 값을 지정한 함수에 전달한다. 문자열은 글자로 구성된 리스트로 처리된다.

방법 8: 정규 표현식 사용하기

정규 표현식regular expression은 텍스트의 패턴을 표현하는 방식이다. 정규 표현식(또는 'regexex'라고도 불린다)은 파이썬과는 별도로 특정 영역에 특화된 언어domain-specific language, DSL다. 독립된 구문과 규칙을 갖고 있으며 명령줄뿐만 아니라 데이터베이스 등 다양한 곳에서 사용되는 언어다. 정규 표현식은 매우 강력한 기능이므로 시간을 들여 배울 가치가 있다.

정규 표현식을 사용하려면 먼저 import re를 작성해서 정규 표현식 모듈을 불러와야 한다.

```
>>> import re
```

이 프로그램에서는 모음인 글자를 찾아야 하며, 대상은 'a', 'e', 'i', 'o', 'u'다. 이것을 정규 표현식으로 작성하려면 이 글자들을 대괄호 안에 넣으면 된다.

```
>>> pattern = '[aeiou]'
```

교체_{substitute} 함수인 re.sub()를 사용하면 모든 모음을 찾아 지정한 모음으로 변경할 수 있다. 대괄호로 모음을 감싸면('[aeiou]') **문자 클래스**_{character class}를 생성하고 이것은 re.sub()의 첫 번째 인수로 사용된다. 즉, 대괄호 안에 있는 각 글자와 일치하는 것들을 찾아내는 것이다.

두 번째 인수는 찾은 문자열을 교체할 문자열로, 여기서는 사용자가 입력한 vowel 값이다. 세 번째 인수는 변경을 원하는 텍스트로, 사용자가 입력한 text가 이에 해당한다.

```
>>> vowel = 'o'
>>> re.sub(pattern, vowel, 'Apples and bananas!')
'Applos ond bononos!'
```

대문자 'A'를 놓쳤음을 알 수 있다. 즉, 대소문자를 모두 처리할 수 있도록 변경해야 한다. 다음이 그 예다.

```
def main():
    args = get_args()
    text = args.text
    vowel = args.vowel
    text = re.sub('[aeiou]', vowel, text)  ◀─── 소문자 모음이 있으면 모두 지정한 모음으로 교체한다.
                                                get_args()의 제한된 조건으로 vowel은 소문자다.
    text = re.sub('[AEIOU]', vowel.upper(), text)  ◀─── 대문자 모음이 있으면 모두 지정한
    print(text)                                         대문자 모음으로 교체한다.
```

원한다면 두 개의 re.sub()를 하나로 만들 수 있다. 앞에서 str.replace()를 두 번 사용한 것과 같은 방식이다.

```
>>> text = 'Apples and Bananas!'
>>> text = re.sub('[AEIOU]', vowel.upper(), re.sub('[aeiou]', vowel, text))
>>> text
'Opplos ond Bononos!'
```

이 방법과 앞서 본 방법들의 가장 큰 차이는 찾고자 하는 것을 기술하기 위해 정규 표현식을 사용한다는 것이다. 즉, 모음을 찾기 위해 코드를 작성하지 않아도 된다. 이런 방식을 **선언적 프로그래밍**_{declarative programming}이라고 한다. 원하는 것을 선언하면 컴퓨터가 나머지 작업을 해 주는 것이다.

8.4 테스트를 통한 리팩토링

이 장의 문제를 해결하기 위한 다양한 방법이 있지만, 가장 중요한 것은 프로그램이 원하는 결과를 반환해야 한다는 것이다. 테스트는 이 과정까지 여러분을 이끌어준다. 테스트를 모두 통과한 후에 다른 방법을 시도해 볼 수 있으며, 다른 방법을 적용한 후에는 다시 테스트를 해서 프로그램이 여전히 잘 동작하는지 확인해야 한다.

테스트는 여러분이 창의력을 발휘할 수 있도록 큰 자유도를 준다. 프로그램을 만들 때는 항상 테스트에 대해 생각하고 있어야 한다. 그래야 이후에 변경이 필요하더라도 여전히 프로그램이 정상 동작하도록 유지할 수 있다.

사소해 보이는 문제를 풀기 위해 이 장에서는 다양한 방법을 제시했다. 고차 함수나 정규 표현식은 매우 수준 높은 기술로, 지금은 어렵게 느껴질 수도 있다. 하지만 이후의 장에서도 계속 반복해서 나오므로 여기서 어느 정도 소개하고 넘어가고 싶었다.

초반에 나온 몇 가지 방법밖에 이해할 수 없었다고 해도 괜찮다. 나를 꽉 붙잡고 따라오기만 하면 된다. 이런 기술들이 다양한 곳에 사용되는 모습을 보게 될 것이고, 그런 기회가 늘어나면서 이해도도 높아질 것이다.

8.5 도전 과제

인접한 모음을 하나의 모음으로 묶어서 변경하도록 프로그램을 수정해 보자. 예를 들어, 'quick'은 'qaack'가 아니라 'qack'가 돼야 한다.[1]

정리

- argparse의 choices 리스트를 사용해서 인숫값을 제한할 수 있다.
- 문자열은 바로 수정할 수 없지만, str.replace()와 str.translate()는 기존 문자열을 변경해서 새로운 문자열을 만들어낼 수 있다.
- 문자열을 for 문으로 돌리면 문자열의 각 글자에 접근할 수 있다.
- 리스트 내포는 [] 안에 for 문을 간단하게 기술해서 새 리스트를 만들 수 있게 해준다.

---

1 **옮긴이** 즉, 모음인 'ui'를 하나의 'a'로 변경하는 것이다.

- 함수는 다른 함수 내에 정의할 수 있다. 이 경우 내포된 함수의 가시성은 해당 함수가 속해 있는 함수로 제한된다.
- 클로저를 만들어서 함수가 동일 범위 내의 변수를 직접 참조하게 할 수 있다.
- map() 함수는 리스트 내포와 비슷하다. 주어진 리스트에 특정 함수를 적용해서 새로운 리스트를 만들어낸다. 원본 리스트는 변경되지 않으니 유의하자.
- 정규 표현식은 텍스트의 패턴을 표현하는 구문으로, re 모듈을 통해 사용할 수 있다. re.sub() 메서드는 특정 패턴을 찾아 새로운 텍스트로 교체한다. 원본 텍스트는 변경되지 않으니 유의하자.

저주의 전화: 단어 목록에서 무작위 험담 만들기

"그 사람은 끈적끈적한 개구리 입에, 기껏해야 거북이 두뇌로 진흙을 먹는 달팽이 수준이다."

– 저주의 전화Dial-A-Curse

무작위 이벤트는 재미있는 게임이나 퍼즐의 핵심 요소다. 인간은 변하지 않는 것에 금방 실증을 느낀다. 사람들이 반려동물이나 자녀를 갖는 이유도 삶에 뭔가 새로운 활력을 불어넣고 싶어서일지도 모른다. 우리 프로그램도 실행할 때마다 다른 결과를 보여주게 해서 재미있는 프로그램이 되도록 만들어보자.

이 장에서는 옵션 리스트로부터 하나 또는 그 이상의 요소를 무작위로 선택하는 방법을 배운다. 그리고 이런 무작위성을 경험하기 위해 abuse. py라는 프로그램을 만들 것이다. 이 프로그램은 무작위로 형용사와 명사를 조합해서 험담을 만든다.

무작위성을 테스트하기 위해선 무작위성을 제어할 수 있어야 한다. 컴퓨터의 '무작위random' 이벤트는 완전 무작위는 드물고 **유사 무작위**pseudo-random다. '시드seed[1]'를 사용해서 무작위성을 제어하기 때문이다. 동일한 시드를 사용할 때마다 동일한 '무작위' 결과가 나온다.

셰익스피어는 최고의 험담가 중 한 명으로, 여기서도 그의 작품에서 단어를 가져와서 사용해보겠다. 다음은 여러분이 사용해야 할 형용사 리스트다.

> bankrupt base caterwauling corrupt cullionly detestable dishonest false filthsome filthy foolish foul gross heedless indistinguishable infected insatiate irksome lascivious lecherous loathsome lubbery old peevish rascaly rotten ruinous scurilous scurvy slanderous sodden-witted thin-faced toad-spotted unmannered vile wall-eyed

다음은 명사 리스트다.

> Judas Satan ape ass barbermonger beggar block boy braggart butt carbuncle coward coxcomb cur dandy degenerate fiend fishmonger fool gull harpy jack jolthead knave liar lunatic maw milksop minion ratcatcher recreant rogue scold slave swine traitor varlet villain worm

형용사와 명사를 조합해서 다음과 같은 문장을 만들어낸다.

```
$ ./abuse.py
You slanderous, rotten block! (너는 비방적이고 썩은 덩어리!)
You lubbery, scurilous ratcatcher! (너는 비열하고 괴팍한 쥐잡이!)
You rotten, foul liar! (너는 썩고 더러운 거짓말쟁이!)
```

이 장에서 다루는 내용은 다음과 같다.

- argparse의 parser.error()를 사용해서 오류 던지기
- 무작위 시드를 사용해 무작위성 제어하기
- 파이썬 리스트에서 무작위 선택하기 및 샘플 선택하기
- for 문에서 지정한 숫자만큼 반복하기
- 결과 문자열 형식 지정하기

---

1 "난수 생성은 우연에 맡기기에는 너무 중요한 작업이다." - 로버트 R. 커뷰(Robert R. Coveyou)

9.1 abuse.py 작성하기

09_abuse 디렉터리로 가서 프로그램을 만들자. 먼저 프로그램이 보여줄 도움말부터 보자.

```
$ ./abuse.py -h
usage: abuse.py [-h] [-a adjectives] [-n insults] [-s seed]

Heap abuse

optional arguments:
  -h, --help            show this help message and exit
  -a adjectives, --adjectives adjectives
                        Number of adjectives (default: 2)
  -n insults, --number insults
                        Number of insults (default: 3)
  -s seed, --seed seed  Random seed (default: None)
```

모든 인수는 선택형이며 기본값을 갖는다. 즉, 인수 없이도 실행할 수 있다는 뜻이다. 예를 들어, -n 또는 --number는 기본값으로 3을 가지며 험담 수를 제어한다.

```
$ ./abuse.py --number 2
You filthsome, cullionly fiend!
You false, thin-faced minion!
```

-a 또는 --adjectives는 기본값이 2이며, 각 험담에서 몇 개의 형용사$_{adjective}$를 사용할지 지정한다.

```
$ ./abuse.py --adjectives 3
You caterwauling, heedless, gross coxcomb!
You sodden-witted, rascaly, lascivious varlet!
You dishonest, lecherous, foolish varlet!
```

마지막으로, -s 또는 --seed는 초깃값을 지정해서 무작위 선택을 제어하게 해준다. 기본값은 None이며 정의되지 않았다는 뜻이다.

프로그램이 랜덤 시드를 사용하므로 동일한 결과를 다른 PC의 다른 사용자라도 정확하게 재현할 수 있다.

```
$ ./abuse.py --seed 1
You filthsome, cullionly fiend!
```

```
You false, thin-faced minion!
You sodden-witted, rascaly cur!
```

인수 없이 실행하면 기본값을 사용해서 험담을 만들어내야 한다.

```
$ ./abuse.py
You foul, false varlet!
You filthy, insatiate fool!
You lascivious, corrupt recreant!
```

프로그램을 만들기 위해 template/template.py 파일을 복사해서 09_abuse/abuse.py로 옮기거
나, new.py를 사용해서 09_abuse 디렉터리에 abuse.py 파일을 생성하자.

그림 9.1은 프로그램의 인수를 보여주는 입출력 다이어그램이다.

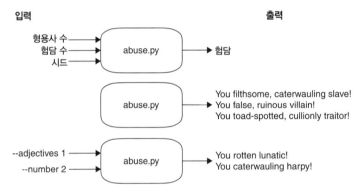

그림 9.1 **abuse.py** 프로그램은 만들어낼 험담 수, 험담의 형용사 수, 무작위 시드값 등을 옵션 인수로 받는다.

9.1.1 인수 검증하기

험담 수, 형용사 수, 무작위 시드 등의 옵션 인수는 모두 int 값이어야 한다. 각 인수를 정의
할 때 type=int(따옴표를 사용하지 않는다)를 사용하면, argparse가 인수를 int로 변환하고
검증하는 일을 대신해서 해준다. type=int라고 했는데 문자열을 입력하면 다음과 같은 오류
가 표시된다.

```
$ ./abuse.py -n foo
usage: abuse.py [-h] [-a adjectives] [-n insults] [-s seed]
abuse.py: error: argument -n/--number: invalid int value: 'foo'
```

인수는 단순히 숫자가 아니라 **정수**integer여야 한다. 즉, 전부 숫자여야 한다. float 같은 타입을 사용하면 argparse가 불만을 표할 것이다(소수점을 포함하고 있으므로). 물론 실제 유동소수점 수가 필요한 경우에는 type=float를 사용해야 한다.

```
$ ./abuse.py -a 2.1
usage: abuse.py [-h] [-a adjectives] [-n insults] [-s seed]
abuse.py: error: argument -a/--adjectives: invalid int value: '2.1'
```

추가적으로 --number 또는 --adjectives가 1보다 작으면 프로그램이 오류 코드와 메시지를 표시하고 멈춰야 한다.

```
$ ./abuse.py -a -4
usage: abuse.py [-h] [-a adjectives] [-n insults] [-s seed]
abuse.py: error: --adjectives "-4" must be > 0
$ ./abuse.py -n -4
usage: abuse.py [-h] [-a adjectives] [-n insults] [-s seed]
abuse.py: error: --number "-4" must be > 0
```

이 장에서는 프로그램뿐만 아니라 테스트도 작성하기 시작한다. 내가 작성해 둔 테스트를 복사해서 사용할 것을 권한다.[2] test.py에 있는 테스트 중 하나를 보고 어떻게 프로그램을 테스트하는지 살펴보겠다.

```
def test_bad_adjective_num():    ◀──  Pytest로 테스트하기 위해선 함수명이 test_로 시작해야 한다.
    """bad_adjectives"""
                                        random.choice() 함수를 사용해서 -10과 0 사이에 있는 값을 임의로
    n = random.choice(range(-10, 0))  ◀── 선택한다. 같은 함수를 프로그램에서도 사용할 것이므로 기억해 두자.
 ▶  rv, out = getstatusoutput(f'{prg} -a {n}')
    assert rv != 0  ◀──  반환값(rv)이 0이 아닌 것을 확인한다('0'은 성공 또는 오류가 0개라는 뜻이다).
    assert re.search(f'--adjectives "{n}" must be > 0', out)  ◀──
                                                                   결괏값이 --adjectives
 subprocess[3] 모듈의 getstatusoutput()을 사용해서 프로그램을 실행한다.          인수가 0보다 커야 한다는
 이때 잘못된 -a 값(1보다 작은 값)을 사용해서 오류 코드를 반환하게 한다            메시지를 포함하고
 (이 코드는 rv(return value)에 저장하며, 표준 출력은 out에 저장한다.)            있는지 확인한다.
```

---

2   **옮긴이** "좋은 작곡가는 빌려오고 위대한 작곡가는 훔쳐온다." – 이고르 스트라빈스키(Igor Stravinsky)

3   subprocess 모듈은 프로그램 내에서 명령을 실행할 수 있게 해준다. subprocess.getoutput() 함수는 명령의 결과를 반환하며, subprocess.getstatusoutput()은 결과 코드와 결괏값을 반환한다.

argparse에게 형용사 수와 험담 수가 0보다 커야 한다는 사실을 쉽게 알려줄 방법은 없다. 따라서 우리가 직접 검증해야 하는데, 부록의 A.4.7절에서 이 방법을 소개하고 있다. parser.error()라는 함수를 get_args() 안에 기술하면 다음과 같은 것을 할 수 있다.

1 짧은 도움말 출력하기

2 사용자에게 오류 메시지 보여주기

3 프로그램을 종료하기

4 오류를 표시하기 위해 0 이외의 코드를 표시하고 프로그램 종료하기

get_args()는 보통 다음 코드로 끝을 낸다.

```
return args.parse_args()
```

대신 args를 변수에 넣고 args.adjectives가 1보다 작은지를 확인할 것이다. 1보다 작으면 parser.error()를 오류 메시지와 함께 호출해서 사용자에게 오류 내용을 알려준다.

```
args = parser.parse_args()

if args.adjectives < 1:
    parser.error(f'--adjectives "{args.adjectives}" must be > 0')
```

args.number에 대해서도 같은 처리를 한다. 양쪽 모두 문제가 없다면 인수를 반환할 수 있다.

```
return args
```

9.1.2 랜덤 모듈 불러와서 시딩하기

프로그램의 모든 인수를 정의하고 검증했다면, 이제 프로그램 사용자에게 험담을 늘어놓을 준비가 된 것이다. 먼저 import random을 프로그램에 추가해야 한다. 이 모듈을 추가해야 형용사와 명사를 무작위로 고르도록 도와주는 함수를 사용할 수 있다. import 문을 사용할 때는 프로그램 시작 부분에 모아서 기술하며, 한 모듈당 하나의 import를 사용하는 것이 좋다.

main()에서 가장 먼저 해야 할 일은 get_args()를 호출해서 인수를 받아오는 것이다. 그런 다음 args.seed 값을 random.seed()라는 함수에 전달한다.

```
def main()
    args = get_args()
    random.seed(args.seed) ◀─┐   random.seed() 함수는 랜덤 모듈의 초깃값을 설정하기 위해 호출한다.
                             └── random.seed()는 반환값이 없으며 랜덤 모듈의 내부 상태만 변경한다.
```

레플에서 다음과 같이 입력하면 random.seed() 함수에 대한 정보를 얻을 수 있다.

```
>>> import random
>>> help(random.seed)
```

도움말을 보면 이 함수가 해시 객체를 사용해서 랜덤 모듈의 내부 상태를 초기화한다는 사실을 알 수 있다. 즉, 초깃값으로 해시 객체를 사용해야 한다는 뜻으로, int와 str이 이에 해당한다. 테스트에서는 int를 사용해서 seed 인수를 정의하도록 작성돼 있다(문자 '1'과 숫자 1이 다르다는 것에 주의하자).

args.seed의 기본값은 None이어야 한다. 즉, 시드를 지정하지 않은 경우 random.seed(None)이 되며 이는 아무것도 설정하지 않은 것과 같다.

test.py 프로그램을 보면 정해진 결과를 원할 때 -s 또는 --seed 인수를 사용하고 있는 것을 볼 수 있다. 다음은 결과를 확인하기 위한 첫 번째 테스트다.

```
def test_01():
    out = getoutput(f'{prg} -s 1 -n 1') ◀─┐   subprocess 모듈의 getoutput()을 사용해서 프로그램을
  ┌─► assert out.strip() == 'You filthsome, cullionly fiend!'   실행한다. 시드값으로 1을 사용하고 험담 한 개를 만들도록
  │                                                             설정했다. 이 함수는 프로그램의 결과만 반환한다.
  │ 전체 결과가 예상한 험담인지 확인한다.
```

이는 test.py가 프로그램을 실행하고 그 결과를 out 변수에 저장한다는 뜻이다.

```
$ ./abuse.py -s 1 -n 1
You filthsome, cullionly fiend!
```

프로그램이 실제로 예상한 수의 험담과 예상한 조합의 단어를 사용해 험담을 만드는지 확인한다.

9.1.3 형용사와 명사 정의하기

이 장의 도입부에서 형용사와 명사로 이루어진 긴 리스트를 제시했었다. 각 단어를 따옴표로 감싸서 리스트를 만들 수 있다.

```
>>> adjectives = ['bankrupt', 'base', 'caterwauling']
```

또는 str.split()을 사용해서 문자열을 공백 기준으로 분리해 리스트를 만들 수도 있다. 이렇게 하면 코드 작성량을 꽤 줄일 수 있다.

```
>>> adjectives = 'bankrupt base caterwauling'.split()
>>> adjectives
['bankrupt', 'base', 'caterwauling']
```

모든 형용사 목록을 하나의 문자열로 만들려고 하면 코드가 매우 길어져서 보기 좋지 않다. 내가 추천하는 방법은 세 개의 따옴표(작은따옴표 또는 큰따옴표)를 사용해서 여러 줄에 걸쳐 문자열을 작성하는 것이다. 따옴표 세 개는 줄바꿈 문자를 허용하기 때문에 가능하다.

```
>>> """
... bankrupt base
... caterwauling
... """.split()
['bankrupt', 'base', 'caterwauling']
```

adjectives와 nouns 변수를 만들었으며, 각 변수가 맞는 수의 단어를 갖고 있는지 확인해야 한다.

```
>>> assert len(adjectives) == 36
>>> assert len(nouns) == 39
```

 테스트를 통과하려면 책에 제시된 대로 알파벳순으로 정렬돼 있어야 한다.

9.1.4 무작위 샘플과 선택

random.seed() 함수 외에도 random.choice()와 random.sample()이라는 함수가 필요하다. 9.1.1절의 test_bad_adjective_num 함수에서 random.choice()가 사용되는 것을 보았다. 비슷한 방법을 사용해 명사 리스트에서 명사를 선택할 수 있다.

이 함수는 한 개의 아이템만 반환하는 것에 주목하자. 문자열 리스트를 지정한 경우 하나의 문자열(str)만 반환한다.

```
>>> random.choice(nouns)
'braggart'
>>> random.choice(nouns)
'milksop'
```

형용사의 경우 random.sample()을 사용해야 한다. help(random.sample)을 읽어보면 리스트와 k 인수를 받는다는 사실을 알 수 있다. 리스트에서 k개의 아이템을 중복 없이 랜덤으로 추출한다는 뜻이다.

```
sample(population, k) method of random.Random instance
(random.Random 인스턴스의 sample(population, k) 메서드)
    Chooses k unique random elements from a population sequence or set.
    (population 시퀀스 또는 세트에서 k개의 무작위 요소를 중복 없이 선택한다.)
```

이 함수의 반환값이 새 리스트인 것에 주목하자.

```
>>> random.sample(adjectives, 2)
['detestable', 'peevish']
>>> random.sample(adjectives, 3)
['slanderous', 'detestable', 'base']
```

random.choices()라는 함수[4]도 sample()과 비슷하게 다수의 요소를 반환하지만 중복된 값을 반환할 수 있으므로 우리 목적에 부합하지 않는다.

9.1.5 출력 형식 지정하기

프로그램의 결과물은 지정한 개수(--number)만큼 험담문을 출력하는 것이고, 이를 위해 for와 range()를 사용하면 된다. range()의 시작값은 0이어도 상관없다. 중요한 건, 3을 지정한 경우 세 개의 값을 만들어내는 것이다.

```
>>> for n in range(3):
...     print(n)
```

---

4   옮긴이 choice()와 달리 's'가 붙는다.

```
...
0
1
2
```

--number만큼 반복하면서 형용사와 명사를 선택하고 출력 형식을 지정하면 된다. 각 험담
은 'You'로 시작해야 하며, 뒤이어 형용사를 쉼표와 공백(', ')으로 연결한다. 마지막으로, 명사
를 붙인 후 느낌표 기호로 끝낸다(그림 9.2). 결과는 f 문자열이나 str.format()을 사용해서
STDOUT에 출력하면 된다.

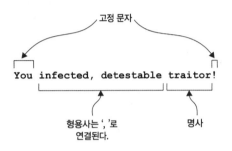

고정 문자

You infected, detestable traitor!

형용사는 ', '로   명사
연결된다.

그림 9.2 각 험담문은 한 개 이상의 형용사를 선택해서
쉼표로 연결하고 한 개의 명사를 선택해서 붙인 후 고정
문자를 추가해서 구성한다.

다음은 프로그램을 만들 때 필요한 힌트다.

- get_args() 안에서 --adjectives와 --number가 양의 정수인지 확인한다. 아닌 경우
  parser.error()로 오류를 발생시키고 해당 메시지와 도움말을 출력한다.

- args.seed의 기본값을 None으로 설정하고 type=int로 설정하면 값을 직접 random.
  seed()에 전달할 수 있다. 값이 None이면 값을 전혀 설정하지 않은 것과 같다.

- for 문과 range()를 사용해서 --number 수만큼 반복해서 험담문을 만든다.

- random.sample()과 random.choice()를 사용해서 형용사와 명사를 선택한다. 자세
  한 내용은 도움말을 확인하자.

- 세 개의 따옴표(''' 또는 """)를 사용해서 여러 줄로 구성된 문자열을 만들고 이를 str.
  split()으로 분할해서 문자열 리스트를 만들 수 있다. 긴 리스트를 만들기 위해 각 문자
  열을 따옴표로 감싸 입력하는 것보다 효율적이다(형용사 리스트 및 명사 리스트를 만들 때).

- 험담문을 구성해서 출력할 때 + 연산자를 사용하거나 str.join() 또는 f 문자열을 사용
  해서 문자열을 결합할 수 있다.

다음 절에 있는 답안을 보기 전에 여러분이 할 수 있는 부분까진 직접 작성해 보자.

9.2 예시 답안

이 답안에서는 처음으로 parser.error()를 사용해서 인수 검증 기능을 확장하고 있다. 그뿐 아니라 세 개의 따옴표나 랜덤 모듈 같은 흥미로운 기능도 소개하고 있다. 꽤 재미있을 것이다.

```python
#!/usr/bin/env python3
"""Heap abuse"""

import argparse
import random  ◀──── 랜덤 모듈을 불러와서(import) 관련 함수를 호출할 수 있게 한다.


# --------------------------------------------------
def get_args():
    """Get command-line arguments"""

    parser = argparse.ArgumentParser(
        description='Heap abuse',
        formatter_class=argparse.ArgumentDefaultsHelpFormatter)
                                         형용사 수를 인수로 정의한다. type=int와
    parser.add_argument('-a',  ◀──────   기본값을 설정하고 있다.
                        '--adjectives',
                        help='Number of adjectives',
                        metavar='adjectives',
                        type=int,
                        default=2)
                                         험담문의 수를 인수로 정의한다.
    parser.add_argument('-n',  ◀──────   정수 타입이며 기본값을 설정하고 있다.
                        '--number',
                        help='Number of insults',
                        metavar='insults',
                        type=int,
                        default=3)
                                         무작위 시드의 기본값은
    parser.add_argument('-s',  ◀──────   None으로 설정해야 한다.
                        '--seed',
                        help='Random seed',
                        metavar='seed',
                        type=int,
                        default=None)
                                     명령줄 인수의 전달 결과를 가져온다. argparse 모듈이
    args = parser.parse_args()  ◀──┘ 타입(정수인지) 등을 검증해서 오류를 처리한다.
                                     args.adjectives가 0보다 큰지를 확인한다. 0 또는 음수인
    if args.adjectives < 1:  ◀────┘ 경우 parser.error()를 오류 메시지와 함께 호출한다.
        parser.error(f'--adjectives "{args.adjectives}" must be > 0')

    if args.number < 1:  ◀──── 마찬가지 방식으로 args.number를 확인한다.
        parser.error(f'--number "{args.number}" must be > 0')
```

```
        return args ◀──────┐ 이 시점에는 사용자가 입력한 모든 인수의 검증이 완료된다.
                           따라서 인수들을 호출한 곳으로 반환할 수 있다.

# ------------------------------------------------
def main():
    """Make a jazz noise here"""
                           main()의 첫 부분으로 실제 프로그램이 시작되는 곳이다.
    args = get_args() ◀────┘ 필자는 항상 인수를 받는 처리부터 시작한다.
    random.seed(args.seed) ◀──── random.seed()를 사용자가 지정한 값으로 설정한다. 아무 정숫값이면
                                되며 argparse가 이미 정수로의 변환과 검증을 끝낸 상태다.
    adjectives = """ ◀──── 긴 문자열을 따옴표 세 개에 넣은 후 분리(split)하고 있다.
    bankrupt base caterwauling corrupt cullionly detestable dishonest false
    filthsome filthy foolish foul gross heedless indistinguishable infected
    insatiate irksome lascivious lecherous loathsome lubbery old peevish
    rascaly rotten ruinous scurilous scurvy slanderous sodden-witted
    thin-faced toad-spotted unmannered vile wall-eyed
    """.strip().split()

    nouns = """ ◀──── 명사에도 같은 처리를 해준다.
    Judas Satan ape ass barbermonger beggar block boy braggart butt
    carbuncle coward coxcomb cur dandy degenerate fiend fishmonger fool
    gull harpy jack jolthead knave liar lunatic maw milksop minion
    ratcatcher recreant rogue scold slave swine traitor varlet villain worm
    """.strip().split()
                            args.number를 설정한 range()만큼 for 문을 반복한다. range()의
                            값 자체는 필요하지 않으므로 _을 사용해서 무시하고 있다.
    for _ in range(args.number): ◀──┘
      ┌─▶ adjs = ', '.join(random.sample(adjectives, k=args.adjectives))
          print(f'You {adjs} {random.choice(nouns)}!')
      random.sample()을 사용해서 지정한 수만큼 형용사를 무작위로          f 문자열을 사용해서 형식을
      선택하고, 그 결과를 쉼표+공백을 사용해 연결한다.                   지정해 출력한다.

# ------------------------------------------------
if __name__ == '__main__':
    main()
```

9.3 해설

모든 테스트를 통과하기 전까지 답안을 보지 않았으리라 믿는다.

9.3.1 인수 정의하기

프로그램의 절반 이상이 argparse의 인수 정의에 관한 것이다. 많긴 하지만 그럴 만한 가치
는 있다. type=int라고 설정했으므로 argparse는 각 인수가 유효한 정숫값임을 보장해 준
다. int 주위에 따옴표가 없는 것에 유의하자. 문자열 'int'가 아니라 파이썬의 int 클래스
를 참조한다는 뜻이다.

```
parser.add_argument('-a',  ◄——— 짧은 인수명
                    '--adjectives',  ◄——— 긴 인수명
                    help='Number of adjectives',  ◄——— 도움말 메시지
                    metavar='adjectives',  ◄——— 인수 설명
                ┌─► type=int,
                │  default=2)  ◄——— 문장당 사용할 형용사 수의 기본값
```

입력값을 변환하기 위한 실제 파이썬 타입이다.
int는 문자열이 아니라 정수(integer) 클래스를 가리킨다.

모든 인수에 대해 합리적이라 생각되는 기본값을 설정했다. 따라서 사용자가 아무것도 입력하지 않아도 어느 정도의 결과가 표시된다. --seed는 기본값이 None으로, 기본 동작은 유사 무작위(완전 무작위가 아닌)로 험담을 만든다. 이 --seed 값은 테스트 목적으로만 사용된다.

9.3.2 parser.error() 사용하기

필자는 argparse를 너무 사랑한다. 필요한 대부분의 작업을 대신해 주어 시간을 절약해 주기 때문이다. 인수에 문제가 있을 때는 parser.error()도 가끔 사용한다. 이 함수는 다음 네 가지 일을 해준다.

1 프로그램의 짧은 도움말을 출력한다.

2 특정 문제에 대한 구체적인 메시지를 출력한다.

3 프로그램 처리를 중단한다.

4 OS에게 오류 코드를 반환한다.

이 장에서 parser.error()를 사용한 이유는 특정 인수가 양수인지를 확인하기가 쉽지 않기 때문이다. argparse는 주어진 값이 int 타입인지까지만 확인할 수 있다. parser.error를 사용하면 값을 직접 확인해서 문제가 있으면 프로그램을 중단시킬 수 있다. 이 모든 처리를 get_args()에서 하므로 main() 함수에서 args를 얻을 때는 모든 인수의 검증이 끝나 있는 상태다.

이 방식을 어딘가에 잘 기록해 두면 좋다. 사용자 입력을 검증하는 데 드는 시간을 많이 줄여주고, 유용한 오류 메시지를 생성할 수도 있다. 또한, 여러분이 작성한 프로그램의 사용자가 자신이 될 가능성이 매우 높으므로 나중에 이 기능을 사용한 스스로에게 감사하게 될 것이다.

9.3.3 프로그램 종룟값 및 STDERR

프로그램 종룟값에 대해 자세히 알아보자. 일반적인 상황에서는 프로그램이 정상 종료되면 종룟값이 0이 된다. 컴퓨터 과학에서는 0을 False 값으로 취급하지만, 여기서는 긍정적인 의미다. '오류가 제로(0)'다라고 생각하면 이해하기 쉽다.

코드에 sys.exit()를 기술해서 프로그램을 조기 종료시키면 기본 종룟값인 0을 반환한다. OS나 다른 프로그램에게 여러분의 프로그램이 오류로 인해 종료됐다는 사실을 알리려면 0 이외의 값을 반환해야 한다. 또는 문자열을 지정해서 sys.exit()를 호출하면 파이썬이 종룟값 1을 반환하고 지정한 문자열을 오류 메시지로 반환한다. 이 함수를 레플에서 사용하면 명령줄로 빠져나간다.

```
>>> import sys
>>> sys.exit('You gross, thin-faced worm!')
You gross, thin-faced worm!
```

참고로, 모든 오류 메시지는 STDOUT(표준 출력standard out)이 아니라 STDERR(표준 오류standard error)에 출력하는 것이 기본이다. 많은 명령셸(예: Bash)이 1(STDOUT), 2(STDERR)를 사용해 출력을 분리할 수 있다. Bash 셸을 사용한다면 2>를 사용해 STDERR를 err라고 하는 파일에 출력할 수 있다(화면에는 아무것도 출력되지 않는다).

```
$ ./abuse.py -a -1 2>err
```

err 파일에 예상한 오류 메시지가 기록됐는지 확인할 수 있다.

```
$ cat err
usage: abuse.py [-h] [-a adjectives] [-n insults] [-s seed]
abuse.py: error: --adjectives "-1" must be > 0
```

이런 처리를 직접 하려면 다음과 같이 긴 코드를 작성해야 한다.

```
if args.adjectives < 1:                짧은 도움말을 표시한다. paser.print_help()를
    parser.print_usage()               사용하면 -h의 도움말이 표시된다.
    print(f'--adjectives "{args.adjectives}" must be > 0', file=sys.stderr)
    sys.exit(1)              0이 아닌 값을 사용해 프로그램을 종료한다.
```

오류 메시지를 sys.stderr에 출력한다. 5장에서
다룬 sys.stdout 파일 핸들과 비슷하다.

9.3.4 random.seed()를 사용해서 무작위성 제어하기

random 모듈의 유사 무작위성 이벤트는 지정한 시점부터 진행된다. 즉, 특정 시작점에서 무작위성으로 돌리면 그때마다 항상 같은 결과를 얻을 수 있다. random.seed() 함수는 이 시작점을 지정하기 위한 것이다.

시드값은 **해시형**hashable이어야 한다. 파이썬 문서(*https://docs.python.org/3.1/glossary.html*)에 따르면 "모든 변경 불가능한 내장 객체는 해시형이다. 반면 변경 가능한 컨테이너(리스트나 딕셔너리)는 해시형이 아니다." 이 장의 프로그램에서는 테스트가 정숫값을 사용해 작성됐으므로 정숫값을 시드로 사용하고 있다. 다른 프로그램을 작성할 때는 물론 문자열이나 다른 해시형을 사용해도 된다.

우리는 기본 시드값으로 None이라는 특수한 값을 사용하고 있다. 정의하지 않은undefined 상태와 비슷한데, random.seed(None)은 시드를 전혀 설정하지 않은 것과 같아서 처리상 안전하기도 하다.

9.3.5 range()와 일회용 변수 사용해서 반복하기

--number에서 지정한 만큼의 험담을 만들기 위해 range() 함수를 사용할 수 있다. range()가 반환하는 값 자체는 필요 없으므로 밑줄(_)을 변수명으로 사용했다. 이것을 일회용 변수라고 한다.

```
>>> num_insults = 2
>>> for _ in range(num_insults):
...     print('An insult!')
...
An insult!(험담!)
An insult!(험담!)
```

밑줄은 파이썬에서 유효한 변수명으로, 값을 할당해서 사용할 수도 있다.

```
>>> _ = 'You indistinguishable, filthsome carbuncle!'
>>> _
'You indistinguishable, filthsome carbuncle!'
```

밑줄을 변수명으로 사용한다는 것은 해당 변수를 사용할 의도가 없음을 나타내는 일종의 규칙이기도 하다. 예를 들어, for num in range(…)라고 하면 파이린트_{Pylint} 같은 툴은 num 변수가 사용되지 않는다고 경고를 하고 오류를 일으킬 수 있다는 보고서를 생성한다(실제로 그럴 수도 있다). _은 이 변수를 버린다는 의미로 미래의 자신이나 다른 사용자, 외부 툴에도 좋은 정보가 될 수 있다.

동일한 줄에 여러 개의 _을 사용할 수도 있다. 예를 들어, 세 개의 튜플 데이터를 분해해서 값을 얻을 때 다음과 같이 할 수 있다.

```
>>> x = 'Jesus', 'Mary', 'Joseph'
>>> _, name, _ = x
>>> name
'Mary'
```

9.3.6 험담 만들기

형용사 리스트를 만들기 위해 str.split()을 사용했다. 따옴표 세 개로 작성된 여러 줄의 문자열을 분리한 것이다. 개인적으로 많은 문자열을 리스트로 읽어 들이는 가장 쉬운 방법이라고 생각한다. 참고로, 따옴표 세 개는 줄바꿈을 허용하지만 단일 따옴표는 그렇지 않다.

```
>>> adjectives = """
... bankrupt base caterwauling corrupt cullionly detestable dishonest
... false filthsome filthy foolish foul gross heedless indistinguishable
... infected insatiate irksome lascivious lecherous loathsome lubbery old
... peevish rascaly rotten ruinous scurilous scurvy slanderous
... sodden-witted thin-faced toad-spotted unmannered vile wall-eyed
... """.strip().split()
>>> nouns = """
... Judas Satan ape ass barbermonger beggar block boy braggart butt
... carbuncle coward coxcomb cur dandy degenerate fiend fishmonger fool
... gull harpy jack jolthead knave liar lunatic maw milksop minion
... ratcatcher recreant rogue scold slave swine traitor varlet villain worm
... """.strip().split()
>>> len(adjectives)
```

```
36
>>> len(nouns)
39
```

하나 이상의 형용사가 필요하므로 random.sample()을 사용한 것은 잘한 선택이다. 주어진 리스트에서 무작위로 아이템을 골라 다시 리스트로 반환한다.

```
>>> import random
>>> random.sample(adjectives, k=3)
['filthsome', 'cullionly', 'insatiate']
```

random.choice() 함수는 리스트에서 하나의 아이템을 고를 때 적절하다. 즉, 명사를 선택할 때 사용할 수 있다.

```
>>> random.choice(nouns)
'boy'
```

다음은 ', '(쉼표+공백)을 사용해서 형용사를 연결해 주어야 한다(3장에서 소풍 아이템을 연결했던 것과 같다). 이런 경우에는 str.join() 함수가 제격이다.

```
>>> adjs = random.sample(adjectives, k=3)
>>> adjs
['thin-faced', 'scurvy', 'sodden-witted']
>>> ', '.join(adjs)
'thin-faced, scurvy, sodden-witted'
```

험담을 만들기 위해 f 문자열을 사용해서 정해진 틀 안에 형용사와 명사를 넣으면 된다.

```
>>> adjs = ', '.join(random.sample(adjectives, k=3))
>>> print(f'You {adjs} {random.choice(nouns)}!')
You heedless, thin-faced, gross recreant!
```

이것으로 주변 사람들을 쉽게 적으로 돌릴 수 있는 툴이 만들어졌다.

9.4 도전 과제

- 파일을 인수로 받아서 그 안에 있는 형용사와 명사를 읽는다.
- 이 파일이 제대로 처리됐는지 확인하는 테스트 프로그램을 작성하라.

정리

- `parser.error()` 함수를 사용해서 짧은 도움말을 출력하고, 오류를 보고할 수 있다. 또한, 종룟값을 지정해서 프로그램을 정지시킬 수도 있다.
- 따옴표 세 개로 감싼 문자열은 줄바꿈을 포함할 수 있다. 따옴표 한 개나 두 개로 감싼 문자열은 이것을 허용하지 않는다.
- `str.split()` 메서드는 긴 문자열을 문자열 리스트로 변환할 때 유용하다.
- `random.seed()` 함수는 프로그램을 실행해서 동일한 결과를 재현해야 할 때 유용하다. 즉, 유사 무작위성을 사용해서 앞서 얻은 결과를 반복해서 얻을 수 있다.
- `random.choice()`와 `random.sample()` 함수는 각각 무작위로 하나 또는 여러 개의 아이템을 리스트에서 선택해야 할 때 유용하다.

전화: 무작위로 문자열 변경하기

"지금 우리가 겪고 있는 것은 대화의 실패다."

– 주장

앞 장에서 무작위성을 가지고 놀아봤다. 이번에는 이 아이디어 를 이용해서 문자열을 무작위로 변경해 보자. 사실 문자열은 파 이썬에서는 변경 불가능한 존재이므로, 생각 자체가 흥미롭다. 어떻게 하면 이런 제한적인 상황을 해결할 수 있을지 보게 될 것 이다.

이를 위해 전화 게임을 만들어본다. 전화를 통해 비밀 메시지를 다른 사람에게 전달하거나, 둥글게 둘러앉아서 옆 사람에게 귓 속말로 전달하는 게임을 생각하면 된다. 메시지가 전달될 때마다 예측 불가능한 방향으로 메 시지가 바뀐다. 메시지를 받은 마지막 사람은 크게 메시지를 외쳐서 원래 메시지와 어떻게 다 른지 알려준다. 결과 메시지는 매우 우습거나 전혀 말이 되지 않기도 한다.

이 게임을 모방한다는 의미로 프로그램 이름을 telephon.py라고 짓기로 한다. 'You said: '와 원래 메시지를 출력하고, 'I heard: '와 바뀐 메시지를 출력하는 프로그램이다. 5장에서 입력 텍스트를 명령줄을 통해 받는 것을 보았다.

```
$ ./telephone.py 'The quick brown fox jumps over the lazy dog.'
You said: "The quick brown fox jumps over the lazy dog."
(당신이 말한 것은: "날렵한 갈색 여우가 게으른 개를 뛰어 넘는다.")
I heard : "TheMquick brown fox jumps ovMr t:e lamy dog."
(내가 들은 것은: "날합 갈색 여우 게른 개를 뛰어 넘군다.")
```

또는 파일로부터 읽을 수도 있다.

```
$ ./telephone.py ../inputs/fox.txt
You said: "The quick brown fox jumps over the lazy dog."
I heard : "The quick]b'own fox jumps ovek the la[y dog."
```

프로그램은 -m 또는 --mutations를 옵션 인수로 받으며 0과 1 사이의 소수점 수여야 한다. 기본값은 0.1(10%)이다. 이것은 변경할 글자 수의 퍼센티지를 의미한다. 예를 들어, .5는 50% 의 글자가 바뀌어야 한다는 뜻이다.

```
$ ./telephone.py ../inputs/fox.txt -m .5
You said: "The quick brown fox jumps over the lazy dog."
I heard : "F#eYquJsY ZrHnna"o. Muz/$ Nver t/Relazy dA!."
```

random 모듈을 사용하고 있으므로 int 값을 -s 또는 --seed로 받는다. 이를 이용해 동일한 결과를 재현할 수 있다.

```
$ ./telephone.py ../inputs/fox.txt -s 1
You said: "The quick brown fox jumps over the lazy dog."
I heard : "The 'uicq brown *ox jumps over the l-zy dog."
```

그림 10.1은 프로그램의 입출력 다이어그램을 보여준다.

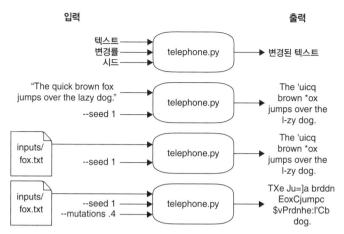

입력   출력

그림 10.1 전화 프로그램은 텍스트와 변경률 그리고 시드를 입력값으로 받는다. 결과는 입력 테스트를 무작위로 변경한 것이다.

이 장에서 다루는 내용은 다음과 같다.

- 무작위 숫자

- string 모듈 사용하기

- 무작위 변경을 사용해서 문자열과 리스트 변경하기

10.1 telephone.py 작성하기

new.py를 사용해서 10_telephone 디렉터리에 telephone.py라는 프로그램을 만들어보자. 다음 과 같이 리포지터리의 루트 디렉터리에서 실행하면 된다.[1]

```
$ ./bin/new.py 10_telephone/telephone.py
```

template/template.py를 10_telephone/telephone.py로 복사해서 사용해도 된다. get_args() 를 수정해서 -h 도움말이 다음과 같아지게 해보자. 변경률 인수는 type=float를 사용하는 것이 좋다.

---

1   윈도우에서는 다음과 같이 실행한다. C:\code가 리포지터리의 루트 디렉터리라고 가정한다.

```
C:\bin\new.py 10_telephone\telephone.py
```

```
$ ./telephone.py -h
usage: telephone.py [-h] [-s seed] [-m mutations] text

Telephone

positional arguments:
  text                  Input text or file

optional arguments:
  -h, --help            show this help message and exit
  -s seed, --seed seed  Random seed (default: None)
  -m mutations, --mutations mutations
                        Percent mutations (default: 0.1)
```

이제 테스트 프로그램을 실행해 보자.[2] 처음 두 테스트는 통과할 것이다(telephone.py가 존재하는지, -h의 도움말을 표시하는지 확인하는 테스트다). 다음 두 개의 테스트는 --seed와 --mutations 옵션이 숫자 이외의 값은 거부하는지 확인한다. int와 float를 타입으로 설정했다면 자동으로 해결될 것이다. 즉, 숫자 외의 값을 지정한 경우에는 다음과 같은 결과를 보여줘야 한다.

```
$ ./telephone.py -s blargh foo
usage: telephone.py [-h] [-s seed] [-m mutations] text
telephone.py: error: argument -s/--seed: invalid int value: 'blargh'
$ ./telephone.py -m blargh foo
usage: telephone.py [-h] [-s seed] [-m mutations] text
telephone.py: error: argument -m/--mutations: invalid float value: 'blargh'
```

다음 테스트는 --mutations가 범위(0부터 1까지) 안에 있는지 확인한다. 이것은 argparse를 사용해서 확인할 수 있는 것이 아니므로, 9장의 abuse.py에서 사용한 인수 검증 방법을 참고할 필요가 있다. get_args() 함수에서 인숫값을 수동으로 확인해서 parser.error()를 통해 오류 메시지를 전달해야 한다. --mutations가 0을 받을 수 있다는 것에 유의하자. 즉, 0인 경우에는 입력 텍스트를 변경 없이 그대로 출력하는 것이다. parser.error()가 보여줄 메시지는 다음과 같다.

```
$ ./telephone.py -m -1 foobar
usage: telephone.py [-h] [-s seed] [-m mutations] text
telephone.py: error: --mutations "-1.0" must be between 0 and 1
```

---

2 **[옮긴이]** 윈도우 사용자는 test.py의 prg = "./telephone.py"를 prg = "telephone.py"로 변경하는 것을 잊지 말자. 참고로 프로그램에 있는 fox와 now 파일의 경로는 그대로 유지해야 한다.

이 프로그램도 앞서 본 것처럼 명령줄 또는 파일을 통해 텍스트를 읽는다(5장을 다시 보자). get_args() 함수 내에 os.path.isfile()을 사용해서 text 인수가 파일인지를 확인할 수 있다. 파일이라면 해당 파일의 내용을 읽어서 text 값으로 사용한다.

모든 인수를 정의했다면 main() 함수 작성을 진행한다. random.seed()를 설정하고 주어진 텍스트를 출력한다.

```
def main():
    args = get_args()
    random.seed(args.seed)
    print(f'You said: "{args.text}"')
    print(f'I heard : "{args.text}"')
```

프로그램이 명령줄을 통해 받은 텍스트를 처리할 수 있어야 하고,

```
$ ./telephone.py 'The quick brown fox jumps over the lazy dog.'
You said: "The quick brown fox jumps over the lazy dog."
I heard : "The quick brown fox jumps over the lazy dog."
```

파일을 받았을 때도 마찬가지다.

```
$ ./telephone.py ../inputs/fox.txt
You said: "The quick brown fox jumps over the lazy dog."
I heard : "The quick brown fox jumps over the lazy dog."
```

여기까지 왔다면 test_for_echo() 테스트까지 통과한 것이다. 다음 테스트는 텍스트가 실제로 변경됐는지 확인한다.

10.1.1 변경할 글자 수 계산하기

변경할 글자의 수는 '입력 텍스트의 길이' × args.mutations로 계산할 수 있다. 'The quick brown fox...' 문자열의 20%를 바꾸고 싶다면 다음과 같이 계산하면 된다(계산 결과가 정수가 아님을 알 수 있다).

```
>>> text = 'The quick brown fox jumps over the lazy dog.'
>>> mutations = .20
>>> len(text) * mutations
8.8
```

round()라는 함수를 사용하면 반올림해서 정수로 만들어준다. help(round)를 사용해 실수의 특정 자릿수를 반올림하는 방법을 알아보자.

```
>>> round(len(text) * mutations)
9
```

int 함수를 사용해서 실수(float)를 정수(int)로 변환할 수도 있지만, 이 경우에는 반올림하지 않고 단순히 소수점 이하를 버린다.

```
>>> int(len(text) * mutations)
8
```

여기서 계산한 글자 수는 나중에 사용할 것이므로 변수에 저장해 두자.

```
>>> num_mutations = round(len(text) * mutations)
>>> assert num_mutations == 9
```

10.1.2 변경 대상

글자를 변경할 때 어떤 글자로 변경할지도 정해야 한다. 이를 위해 string 모듈을 사용한다. 해당 모듈을 불러오고 help(string)으로 도움말을 읽어보자.

```
>>> import string
>>> help(string)
```

예를 들어, 모든 소문자 아스키ASCII 글자를 얻고 싶다면 다음과 같이 하면 된다. 단, 메서드 호출이 아님을 유의하자. 끝에 괄호 ()가 없다.

```
>>> string.ascii_lowercase
'abcdefghijklmnopqrstuvwxyz
```

이 값은 str 형이다.

```
>>> type(string.ascii_lowercase)
<class 'str'>
```

string.ascii_letters와 string.punctuation을 사용하면 모든 대소문자 알파벳과 구두점, 기호를 얻을 수 있다. 그리고 이렇게 얻은 두 문자열을 결합하려면 + 연산자를 사용하면 된다.

```
>>> alpha = string.ascii_letters + string.punctuation
>>> alpha
'abcdefghijklmnopqrstuvwxyzABCDEFGHIJKLMNOPQRSTUVWXYZ!"#$%&\'()*+,-
    ./:;<=>?@[\\]^_`{|}~'
```

여러분과 내가 동일한 랜덤 시드를 사용한다고 해도 글자가 다른 순서로 나열돼 있다면 결과도 달라진다. 동일한 결과를 얻기 위해 alpha에 저장된 글자를 정렬해서 일정한 순서가 되게 만들자.

10.1.3 변경할 글자 선택하기

어떤 글자를 변경할지 정하기 위해선 두 가지 방법을 사용할 수 있다. 한 가지는 **결정론적 접근법**deterministic approach으로, 결과가 항상 동일함을 보장한다. 다른 한 가지는 **비결정론적 접근법** non-deterministic approach으로, 목표에 근접할 수 있는 기회를 확보하는 방법이다. 두 번째 방법을 먼저 살펴보자.

비결정론적 선택

변경할 글자를 선택하는 한 가지 방식은 8장의 방법 1을 따라 하는 것이다. 텍스트의 각 글자를 반복을 통해 읽고 이때 무작위 숫자를 함께 생성한다. 이 숫자로 원래 글자를 유지할지 무작위 값으로 변경할지를 정하는 것이다. 여기서는 무작위 숫자가 변경률보다 작거나 같으면 글자를 바꾼다.

```
new_text = ''  ◀──── new_text를 빈 문자열로 초기화한다.
for char in args.text:  ◀──── 텍스트의 각 글자를 읽는다.
    new_text += random.choice(alpha) if random.random() <= args.mutations
        else char  ◀──
print(new_text)            random.random()을 사용해서 0부터 1 사이의 실수를 생성한다. 이 값이
                           args.mutations(실수) 이하이면 alpha에서 무작위로 한 글자를 선택한다.
결과인 new_text를           args.mutations를 초과하면 원래 글자를 유지한다.
출력한다.
```

9장의 abuse.py에서는 random.choice()를 사용해서 리스트로부터 값 하나를 무작위로 선택했다. 동일한 방식으로 random.random() 값이 args.mutations(실수) 값의 범위 내이면 alpha로부터 글자 하나를 선택한다.

이 방식의 문제점은 for 문이 끝나는 시점에 변경된 글자 수가 기대한 수와 다를 수 있다는 것이다. 변경률이 20%이고 44글자라면 9글자만 바뀌어야 하지만, 정확하게 20%만 바뀌지 않는다. 무작위 숫자가 0과 1 사이이며 0.2(20%) 이하여야 하므로 대략적으로는 20%에 들어온다. 하지만 때에 따라서는 8글자만 바꿀 수도 있고 10글자를 바꿀 수도 있다. 이런 불확실성 때문에 이 방식을 '비결정론적'이라고 부른다.

불완전하긴 하지만 여전히 유용한 기법이다. 백만 줄이나 백억 줄로 구성된 텍스트가 입력 파일에 들어 있다고 해보자. 이 중에서 10%의 줄만 무작위로 선택하고 싶은 경우 비결정론적 방식은 비교적 빠르게 약 10%의 줄을 얻을 수 있다. 이처럼 선택해야 할 대상이 큰 경우에 원하는 수와 가까운 수의 데이터를 빠르게 얻을 수 있다.

무작위로 글자 선택하기

결정론적 방법에서는 백만 줄의 파일이 있다면 전체 줄을 읽어서 먼저 줄 수를 세어야 한다. 그리고 선택할 대상 줄을 정한다. 파일 전체를 다 읽었다면, 다시 파일을 처음부터 읽어서 앞에서 정한 대상 줄만 뽑아낸다. 이 접근법은 첫 번째 방법보다 시간이 훨씬 오래 걸린다. 입력 파일의 크기나 프로그램 작성 방식, PC의 메모리 크기 등에 따라서는 프로그램이 멈춰버릴 수도 있다.

이런 문제에도 불구하고, 우리가 사용하는 입력 데이터는 비교적 작은 크기이므로 여기서는 두 번째 방법을 사용한다. 느린 속도에도 불구하고 정확하고 테스트 가능한 데이터를 주기 때문이다. 또한, 텍스트의 각 줄에 집중하지 않고 글자의 첨자를 활용해서 속도를 높인다. 8장에서 str.replace() 메서드가 한 개의 문자열 (동일한 문자열 전부)을 지정한 다른 문자열로 변환해 주는 것을 보았다.

```
>>> 'foo'.replace('o', 'a')
'faa'
```

이 프로그램에서는 str.replace()를 사용할 수 없다. 텍스트 내에 있는 지정한 글자를 모두 바꿔버리기 때문이다. 대신 random.sample()을 사용하면 텍스트의 글자를 첨자로 선택할 수 있다. random.sample()의 첫 번째 인수는 리스트이며, 텍스트 길이만큼의 숫자 range()를 리스트로 설정하게 한다.

텍스트가 44글자(정확히는 공백을 포함한 길이)라고 하면,

```
>>> text
'The quick brown fox jumps over the lazy dog.'
>>> len(text)
44
```

range() 함수를 사용해서 43까지(44는 포함하지 않음)의 숫자를 저장한 리스트를 만들 수 있다.

```
>>> range(len(text))
range(0, 44)
```

range()는 지연 함수임을 기억하자. 실제 함수를 실행하기 전까지는 44개의 값을 생성하지 않는다. 따라서 레플에서 list() 함수를 사용해서 값을 확인해야 한다.

```
>>> list(range(len(text)))
```

앞에서 num_mutations 값을 계산해서 20%의 text가 9인 것을 확인했었다. 다음은 9개의 첨자를 무작위로 골라낸 결과다.

```
>>> indexes = random.sample(range(len(text)), num_mutations)
>>> indexes
[13, 6, 31, 1, 24, 27, 0, 28, 17]
```

각 첨자를 for를 사용해서 반복해 가며 해당 위치의 글자를 바꿔주면 된다.

```
>>> for i in indexes:
...     print(f'{i:2} {text[i]}')
...
13 w
 6 i
31 t
 1 h
```

```
24 s
27 v
 0 T
28 e
17 o
```

각 첨자에 있는 글자를 alpha에서 무작위로 선택한 글자로 변경해 주면 된다.

```
>>> for i in indexes:
...     print(f'{i:2} {text[i]} changes to {random.choice(alpha)}')
...
13 w changes to b
 6 i changes to W
31 t changes to B
 1 h changes to #
24 s changes to d
27 v changes to :
 0 T changes to C
28 e changes to %
17 o changes to ,
```

글자를 변경할 때 한 번 더 고민해야 하는 것이 있다. 바뀐 글자가 원래 글자와 같아서는 안 된다는 점이다. 이를 위해선 선택된 첨자에 있는 글자들을 alpha 리스트에서 제외시키면 된다. 어떻게 하면 될까?

10.1.4 문자열 바꾸기

파이썬의 str 변수는 **변경 불가능**immutable으로, 직접 값을 변경할 수 없다. 예를 들어, 첨자 13에 있는 'w'를 'b'로 바꾸고 싶다고 하자. text[13]을 바로 변경할 수 있다면 편하겠지만, 실제로는 오류가 발생한다.

```
>>> text[13] = 'b'
Traceback (most recent call last):
  File "<stdin>", line 1, in <module>
TypeError: 'str' object does not support item assignment
```

text의 str 값을 변경할 수 있는 유일한 방법은 새로운 str로 덮어쓰기 하는 것이다. 새로운 str은 그림 10.2에 있는 것처럼 세 부분을 결합해서 만들 수 있다.

- 주어진 첨자 전까지의 text 부분

- alpha에서 무작위로 선택한 값

- 주어진 첨자 이후의 text 부분

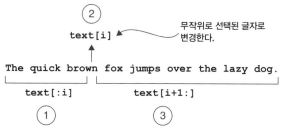

그림 10.2 문자열 처음부터 첨자까지 추출, 변경할 새 글자, 첨자 이후부터 문자열 끝까지 추출, 이 세 문자열을 결합해서 새로운 문자열을 만든다.

1과 3은 문자열 **슬라이스**slice를 이용해서 만들 수 있다. 예를 들어, 첨자 i가 13이고 이 첨자 전까지를 잘라낸다고 하면 다음과 같이 한다.

```
>>> text[:13]
'The quick bro'
```

첨자 이후 부분을 잘라내려면,

```
>>> text[14:]
'n fox jumps over the lazy dog.'
```

추출한 세 부분을 결합하려면 for 문을 사용하면 된다.

```
for i in index:
    text = 1 + 2 + 3
```

이해했는가?

10.1.5 작성할 시간이다

수업은 여기까지다. 이제 직접 작성해 보자. 테스트를 활용해서 한 번에 하나씩 문제를 해결하면 된다. 여러분이라면 할 수 있다.

10.2 예시 답안

여러분이 작성한 것과 내가 작성한 것이 어떻게 다른가? 테스트를 통과할 수 있는 예시 답안을 보자.

```python
#!/usr/bin/env python3
"""Telephone"""

import argparse
import os
import random
import string        ◄──  string 모듈을 불러온다. 무작위(random)
                          글자를 선택하기 위해 필요하다.

# --------------------------------------------------
def get_args():
    """Get command-line arguments"""

    parser = argparse.ArgumentParser(
        description='Telephone',
        formatter_class=argparse.ArgumentDefaultsHelpFormatter)

    parser.add_argument('text', metavar='text', help='Input text or file')   ◄──
    parser.add_argument('-s',    ◄──
                        '--seed',
                        help='Random seed',
                        metavar='seed',
                        type=int,
                        default=None)

    parser.add_argument('-m',    ◄──
                        '--mutations',
                        help='Percent mutations',
                        metavar='mutations',
                        type=float,
                        default=0.1)

    args = parser.parse_args()    ◄──

  ┌─ if not 0 <= args.mutations <= 1:
  │      parser.error(f'--mutations "{args.mutations}" must be between 0 and 1')

     if os.path.isfile(args.text):
         args.text = open(args.text).read().rstrip()

  └─  return args    ◄──   처리가 끝난 인수를 호출한 곳으로 반환한다.
```

> text를 위치 인수로 정의한다. 문자열을 받을 수도 있고 파일을 받을 수도 있다.

> --seed 인수는 정숫값이며, 기본값은 None이다.

> --mutations 인수는 실수이며, 기본값은 0.1이다.

> 명령줄의 인수를 처리한다. argparse가 문제를 발견하면(예를 들어, seed나 mutations에 글자를 지정한 경우), 프로그램이 여기서 멈추고 오류 메시지를 표시한다. 이 호출이 성공하면 argparse가 인수를 검증하고 값을 변환한다.

> args.text가 존재하는 파일명이면, 파일을 읽어서 args.text의 원래 값을 지우고 그 위에 덮어쓰기 한다.

args.mutations가 0~1 범위에 없으면 parser.error()를 사용해서 프로그램을 중단하고 오류 메시지를 출력한다. args.mutations 값이 잘못된 인숫값임을 사용자에게 알리는 것이다.

```python
# --------------------------------------------------
def main():
    """Make a jazz noise here"""

    args = get_args()
    text = args.text
    random.seed(args.seed)
    alpha = ''.join(sorted(string.ascii_letters + string.punctuation))
    len_text = len(text)
    num_mutations = round(args.mutations * len_text)
    new_text = text

    for i in random.sample(range(len_text), num_mutations):
        new_char = random.choice(alpha.replace(new_text[i], ''))
        new_text = new_text[:i] + new_char + new_text[i + 1:]

    print(f'You said: "{text}"\nI heard : "{new_text}"')
# --------------------------------------------------
if __name__ == '__main__':
    main()
```

random.seed()를 사용자가 지정한 값으로 설정한다. args.seed의 기본값이 None임을 기억하자. None일 경우 시드를 설정하지 않은 것과 같다.

교체용으로 사용할 글자들을 alpha에 저장한다. sorted() 함수는 순서대로 정렬된 새로운 리스트를 반환한다. 이 리스트를 다시 str.join()으로 연결해서 문자열로 변환한다.

len(text)는 자주 사용하므로 변수에 저장해 둔다.

변경률을 텍스트의 길이로 곱해서 글자 수를 계산한다.

text의 복사본을 만든다.

random.sample()을 사용해서 변경할 대상의 첨자를 선택한다. 이 함수는 리스트를 반환하므로 for 문을 사용해 읽을 수 있다.

random.choice()를 사용해서 교체할 글자를 선택한다. alpha 목록에서 선택된 첨자에 있는 글자(new_text[i])를 제거한다. 교체할 때 동일한 글자로 교체되는 것을 방지하기 위해서다.

새 글자 앞부분과 새 글자, 그리고 새 글자 뒷부분을 결합해서 새로운 문자열을 만들고 그것을 text에 덮어쓰기 한다.

변경 전 텍스트와 변경 후 텍스트를 출력한다.

10.3 해설

get_args()에 있는 것들은 모두 이미 배운 내용이다. --seed 인수는 int 타입이고 random.seed()에 전달된다. 무작위성을 제어해서 테스트 목적으로 사용할 수 있다. 시드의 기본값은 None이므로, random.seed(args.seed)를 호출하더라도 마치 시드를 설정하지 않은 것처럼 할 수 있다. --mutations는 float 타입이며 적절한 기본값을 갖고 있다. parser.error()를 통해 mutations의 값이 범위 밖에 있으면 오류 메시지를 표시한다. 다른 프로그램과 마찬가지로 text 인수가 파일인지를 확인해서 파일이면 그 내용을 읽는다.

10.3.1 문자열 변경하기

text 문자열은 바로 변경할 수 없다는 것을 앞에서 보았다.

```
>>> text = 'The quick brown fox jumps over the lazy dog.'
>>> text[13] = 'b'
Traceback (most recent call last):
  File "<stdin>", line 1, in <module>
TypeError: 'str' object does not support item assignment
```

i 앞과 뒤에 있는 텍스트를 잘라와서 새로운 문자열을 만들어야 한다. 이때 사용하는 것은 문자열 슬라이스로, text[start:stop] 형식으로 사용한다. start를 지정하지 않으면 문자열의 시작점인 0부터 시작하며, stop을 지정하지 않으면 문자열 마지막 위치까지 간다. 그리고 text[:]처럼 모두 지정하지 않으면 문자열 전체를 가져온다.

i가 13이면 13 전까지의 문자열은 다음과 같다.

```
>>> i = 13
>>> text[:i]
'The quick bro'
```

i + 1 이후의 문자열은 다음과 같다.

```
>>> text[i+1:]
'n fox jumps over the lazy dog.'
```

다음은 이 두 문자열의 중간에 들어갈 것을 찾아야 한다. random.choice()를 사용해서 alpha로부터 한 글자를 무작위로 선택할 수 있다. alpha에는 모든 아스키 글자와 기호가 들어 있으며, 현재 text에 있는 글자는 제외된다. str.replace()를 사용해서 text에 있는 글자를 제거한다.

```
>>> alpha = ''.join(sorted(string.ascii_letters + string.punctuation))
>>> alpha.replace(text[i], '')
'!"#$%&\'()*+,-
    ./:;<=>?@ABCDEFGHIJKLMNOPQRSTUVWXYZ[\\]^_`abcdefghijklmnopqrstuvxyz{|}~'
```

다음은 이 방식을 이용해서 새 글자를 가져온다(새 글자에는 현재 글자(text[i])가 포함되지 않는다).

```
>>> new_char = random.choice(alpha.replace(text[i], ''))
>>> new_char
'Q'
```

문자열을 결합해서 새 문자열을 만드는 방법은 여러 가지 있다. 그중에서도 + 연산자가 아마 가장 간단한 방법일 것이다.

```
>>> text = text[:i] + new_char + text[i+1:]
>>> text
'The quick broQn fox jumps over the lazy dog.'
```

random.sample()을 통해 선택된 모든 첨자에 대해 동일한 처리를 반복한다. 즉, 반복이 이루어질 때마다 text가 덮어쓰기 되는 것이다. 입력 문자열의 선택된 위치를 모두 변경했으니 이제 출력(print())할 수 있다.

10.3.2 str 대신 리스트 사용하기

문자열은 변경 불가능하지만, 리스트는 가능하다. text[13] = 'b'처럼 하면 오류가 발생한다는 것을 보았다. 사실 text를 리스트로 바꾸면 동일한 코드를 사용해서 텍스트를 바로 변경할 수 있다.

```
>>> text = list(text)
>>> text[13] = 'b'
```

그리고 이 리스트를 공백을 사용해 결합_{join}해서 문자열(str)로 다시 변환하면 된다.

```
>>> ''.join(text)
'The quick brobn fox jumps over the lazy dog.'
```

다음은 이 방법을 사용해 작성한 main() 함수다.

```
def main():
    args = get_args()
    text = args.text
    random.seed(args.seed)
    alpha = ''.join(sorted(string.ascii_letters + string.punctuation))
    len_text = len(text)
    num_mutations = round(args.mutations * len_text)
    new_text = list(text)  ◀──── text를 리스트로 변환한 후 next_text에 저장하고 있다.

    for i in random.sample(range(len_text), num_mutations):
        new_text[i] = random.choice(alpha.replace(new_text[i], ''))  ◀──  new_text에 있는 값을
                                                                          바로 변경할 수 있다.

  ▶ print('You said: "{}"\nI heard : "{}"'.format(text, ''.join(new_text)))

    new_text를 공백 문자열로 결합해서
    새 문자열로 변환한다.
```

어떤 방식이 좋다고 할 수는 없지만, 개인적으로는 두 번째 방식을 선호한다. 문자열을 잘라내서 어지럽히는 것을 좋아하지 않기 때문이다. 리스트를 바로 변경해서 사용하는 것이 문자열을 반복적으로 잘라내는 것보다 합리적이라 생각한다.

> **DNA 분야에서의 변형[3]**
>
> 이 프로그램은 사실 DNA가 시간이 흐름에 변해가는 모습을 보고 만든 것이다. DNA를 복사하는 장치가 실수를 하면 돌연변이가 무작위로 이루어진다. 그리고 이런 변화는 생명체에 아무런 해를 끼치지 않는 경우도 있다.
>
> 우리 프로그램에서는 단지 글자를 다른 글자로 변경하는데, 생물학자들은 이것을 포인트 돌연변이(point mutation), 단일 뉴클레오티드 변이(single nucleotide variations, SNV) 또는 단일 뉴클레오티드 다형성(single nucleotide polymorphisms, SNP)이라고 부른다. 또한, 글자를 무작위로 지우거나 새롭게 추가하도록 프로그램을 변경할 수도 있는데, 이것을 인델스[in-dels, 삽입(insertion)-삭제(deletion)]라고 한다. (생명체에 영향을 주지 않는) 돌연변이는 표준적인 비율로 발생하며, 두 생명체 사이에 잘 보존된 부분을 계산해 보면 얼마나 오래전에 이 두 생명체가 하나의 생명체로부터 갈라져 나왔는지를 알 수 있다.

10.4 도전 과제

- 전체 문자열 대신에 무작위로 선택한 단어들에 대해서만 글자를 변경해 보자.

- 변경뿐만 아니라 추가나 삭제가 되도록 수정해 보자. 각 작업의 퍼센티지를 지정할 수 있는 인수를 만들고, 이 퍼센티지에 따라 추가 또는 삭제하는 빈도를 조정한다.

- -o 또는 --output이라는 인수를 추가해서 결과를 파일로 출력하게 해보자. 출력 기본값은 STDOUT이어야 한다.

- 인수를 추가해서 변경할 때 글자로만 변경되게 해보자(기호나 구두점은 제외).

- 기능을 추가할 때마다 test.py에 새 테스트 코드를 추가해서 프로그램이 잘 동작하는지 확인한다.

---

3   [옮긴이] DNA에서의 변형은 돌연변이라고 한다. 영어 'mutation'은 변경, 변형 등의 의미도 있지만 돌연변이라는 뜻도 있다.

정리

- 문자열을 바로 변경할 수는 없지만, 해당 문자열을 갖고 있는 변수는 반복해서 새 값으로 덮어쓰기 할 수 있다.

- 리스트는 바로 변경할 수 있다. 따라서 문자열을 리스트로 변환해서 값을 수정한 후 다시 str.join()을 사용해 문자열로 바꾸는 방식이 유용하다.

- string 모듈은 문자열과 관련된 유용한 기능을 제공한다.

CHAPTER 11

맥주병 노래:
함수 작성 및 테스트

어떤 노래들은 '99개 맥주병이 벽장에 있다99 Bottles of
Beer on the Wall'라는 노래처럼 매우 지겹다. 중학생들이
가득 차 있는 스쿨버스에서 이런 노래를 들은 적이 없
길 바란다(필자는 있다). 매우 간단한 노래로, 프로그
램으로 만들 수도 있다. 이 프로그램을 통해 숫자를
올려 세거나 내려 세는 방법을 배울 수 있고, 문자열
형식 지정도 할 수 있다. 또한, (이 장에서 처음 배워보
는) 함수를 만들고 테스트해 볼 수도 있다.

이 프로그램을 bottles.py라고 부르자. 인수로 -n 또는 --num을 받고 양의 정수만 받아야 한
다(기본값은 10이다). --num의 숫자부터 시작해서 1까지 숫자를 하나씩 줄여가며 모든 가사를
출력해야 한다. 숫자가 바뀔 때마다 새로운 가사를 시작하며, 이때 두 개의 줄바꿈(즉, 한 줄
을 띄우고)을 출력해야 한다. 마지막 가사(한 병one bottle)에만 한 번만 줄바꿈하고(즉, 빈 줄 없이)
'No more bottles of beer on the wall이제 벽장에 맥주병이 없다'이라고 출력해야 한다('0 bottles'라고
출력하지 않는다).

```
$ ./bottles.py -n 3
3 bottles of beer on the wall,      (벽장에 맥주병 3병이 있다)
3 bottles of beer,                  (맥주병 3병)
Take one down, pass it around,      (한 병을 꺼내서 나누자)
2 bottles of beer on the wall!      (벽장에 맥주병 2병이 남았다)

2 bottles of beer on the wall,      (벽장에 맥주병 2병이 있다)
2 bottles of beer,                  (맥주병 2병)
Take one down, pass it around,      (한 병을 꺼내서 나누자)
1 bottle of beer on the wall!       (벽장에 맥주병 1병이 남았다)

1 bottle of beer on the wall,       (벽장에 맥주병 1병이 있다)
1 bottle of beer,                   (맥주병 1병)
Take one down, pass it around,      (한 병을 꺼내서 나누자)
No more bottles of beer on the wall! (벽장에 맥주병이 이제 없다)
```

이 장에서 다루는 내용은 다음과 같다.

- 감소하는 숫자를 리스트로 생성하는 방법 배우기
- 노래 가사 만들어내는 함수를 작성하고, 테스트를 만들어 해당 함수가 제대로 동작하는지 검증하기
- 리스트 내포를 사용해 for 문을 작성하고, 이것을 다시 map() 함수를 사용해 변경하기

11.1 bottles.py 작성하기

11_bottles_of_beer 디렉터리에서 작업을 시작하겠다. template.py를 복사하거나 new.py를 사용해서 bottles.py 프로그램을 생성한 후 get_args()를 수정해서 다음과 같은 도움말이 표시되게 만든다. 필요한 인수는 --num이 전부로 type=int, default=10이 되도록 정의한다.

```
$ ./bottles.py -h
usage: bottles.py [-h] [-n number]

Bottles of beer song

optional arguments:
  -h, --help            show this help message and exit
  -n number, --num number
                        How many bottles (default: 10)
```

--num 인수가 int 값이 아니면 오류 메시지를 표시하고 종룻값과 함께 프로그램을 종료해야 한다. 이것은 argparse가 자동으로 처리해 준다.

```
$ ./bottles.py -n foo
usage: bottles.py [-h] [-n number]
bottles.py: error: argument -n/--num: invalid int value: 'foo'
$ ./bottles.py -n 2.4
usage: bottles.py [-h] [-n number]
bottles.py: error: argument -n/--num: invalid int value: '2.4'
```

0이나 0보다 작은 경우에는 노래를 할 수 없으므로 --num이 1보다 작은지를 확인해야 한다.
이를 위해 get_args() 안에 parser.error()를 정의할 것을 권한다(이전 장에서 한 것이다).

```
$ ./bottles.py -n 0
usage: bottles.py [-h] [-n number]
bottles.py: error: --num "0" must be greater than 0
```

그림 11.1은 이 프로그램의 입출력 다이어그램을 보여준다.

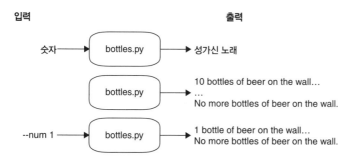

그림 11.1 **맥주병 프로그램은 숫자를 받아서(또는 기본값 10을 사용해서) 가사를 출력한다.**

11.1.1 내려 세기

노래는 주어진 --num 값(예를 들면, 10)부터 시작된다. 그리고 1씩 감소해서 9, 8, 7, …이 된다.
파이썬에서는 어떻게 해야 할까? range(start, stop)을 사용해서 값이 증가하는 리스트를
얻을 수 있었다. 숫자 하나만 지정하면 stop(종룻값)으로 인식되며 시작값은 0이 된다.

```
>>> list(range(5))
[0, 1, 2, 3, 4]
```

지연 함수이므로 레플에서 list()를 사용해야 값
을 확인할 수 있다. stop 값은 포함되지 않음을 유
의하자. 그래서 5가 아닌 4까지만 출력되는 것이다.

range()에 두 개의 값을 주면 start와 stop 값으로 인식된다.

```
>>> list(range(1, 5))
[1, 2, 3, 4]
```

순서를 바꾸려면 start와 stop 값을 바꾸면 된다고 생각할 수도 있지만, start가 stop보다 크면 빈 리스트가 만들어진다.

```
>>> list(range(5, 1))
[]
```

3장에서는 reversed() 함수를 사용해서 리스트를 반대 순서로 변경했었다. 이것도 지연 함수이므로 list()를 사용해서 값을 확인해 보자.

```
>>> list(reversed(range(1, 5)))
[4, 3, 2, 1]
```

range() 함수는 옵션 인수로 step이라는 값을 세 번째 값으로 받을 수 있다. 예를 들어, 5단위로 숫자를 세고 싶다면

```
>>> list(range(0, 50, 5))
[0, 5, 10, 15, 20, 25, 30, 35, 40, 45]
```

이 인수를 사용하면 내려 세기가 가능하다.

```
>>> list(range(5, 0, -1))
[5, 4, 3, 2, 1]
```

이처럼 내려 세기를 위한 몇 가지 방법이 존재한다.

11.1.2 함수 작성하기

지금까지는 모든 코드를 main() 함수에 작성하라고 얘기했었다. 이번 장에서는 처음으로 별도의 함수를 작성하게 된다. 먼저, 한 절의 가사를 노래할 수 있는 코드를 생각해 보자. 그리고 이것을 함수로 만들어서 절 수를 인수로 받고, 해당 절의 가사를 반환하게 하는 것이다.

그림 11.2를 참고해서 함수 작성을 시작해 보자. def 키워드는 '정의한다_{define}'는 의미로, 함수를 정의하는 것이다. def 다음에 함수명을 지정한다. 함수명은 글자와 숫자, 밑줄만 사용할 수 있으며 숫자로 시작해서는 안 된다. 함수명 다음에 나오는 괄호에는 함수가 사용할 인수를 정의한다. 여기서는 verse()라는 이름의 함수를 만들고 bottle(또는 number나 여러분이 원하는 어떤 것이든 괜찮다)을 인수로 갖는다. 인수 다음에는 콜론(:)을 붙여서 코드가 끝난다는 것을 알린다. 함수의 내용은 그다음 줄에 나오며 적어도 4칸의 공백을 사용해서 들여쓰기 한다.

그림 11.2 파이썬 함수 정의에 필요한 요소들

그림 11.2에 있는 문서 정보_{docstring}는 함수 정의 바로 다음에 나오는 문자열로, 함수에 대한 도움말을 기입한다.

이 함수를 레플에서 입력할 수도 있다.

```
>>> def verse(bottle):
...     """Sing a verse"""
...     return ''
...
>>> help(verse)
```

다음과 같이 도움말이 표시된다.

```
Help on function verse in module __main__:

verse(bottle)
    Sing a verse
```

return 문은 해당 함수를 호출한 곳에 어떤 값을 반환할지를 알려준다. 지금은 단순히 공백 문자를 반환하므로 재미가 없다.

```
>>> verse(10)
''
```

빈 함수를 만들 때는 보통 pass 문을 사용하는 것이 일반적이다. pass는 아무것도 하지 않고 함수가 None(공백 문자 대신)을 반환하게 한다. 함수와 함수의 테스트 코드를 작성할 때는 구체적인 처리 내용이 정해지기 전까지는 pass를 사용해서 해당 함수의 테스트를 넘어갈 수 있다.

11.1.3 verse()용 테스트 코드 작성하기

테스트 주도 개발test-driven development 정신을 따르기 위해 verse()용 테스트 코드를 먼저 작성해 보자. 다음 테스트 코드를 bottles.py에서 main() 함수 다음에 추가하자.

```
def verse(bottle):
    """Sing a verse"""

    Return ''


def test_verse():
    """Test verse"""

    last_verse = verse(1)
    assert last_verse == '\n'.join([
        '1 bottle of beer on the wall,', '1 bottle of beer,',
        'Take one down, pass it around,',
        'No more bottles of beer on the wall!'
    ])

    two_bottles = verse(2)
    assert two_bottles == '\n'.join([
        '2 bottles of beer on the wall,', '2 bottles of beer,',
        'Take one down, pass it around,', '1 bottle of beer on the wall!'
    ])
```

verse() 함수를 작성하는 방법에는 여러 가지가 있으며, 내가 제안하는 방식은 verse() 함수가 노래의 가사 한 절만 생성해서 새 str 값 (가사의 각 줄을 줄바꿈으로 결합join한)으로 반환하는 것이다.

여러분은 이렇게 작성할 필요는 없다. 함수를 작성한다는 것이 어떤 의미이며 **단위 테스트**unit test가 어떤 의미인지 이해하는 것이 중요하다. 소프트웨어 테스트에 관한 글을 읽다 보면 '단위unit'라는 정의가 다르다는 사실을 알 수 있다. 이 책에서는 한 개의 **함수**를 한 개 **단위**로 보므로 단위 테스트를 한다는 것은 개별 함수를 테스트한다는 뜻이다.

이 노래의 가사는 수백 절이 될 수도 있지만 앞서 제공한 테스트가 필요한 모든 것을 확인할 수 있다. 그림 11.3의 악보를 보면 도움이 될 수도 있다. 노래 구조를 시각적으로 잘 보여주고 있어서 프로그램 구조로 사용하기에도 좋다.

99 Bottles of Beer

Anonymous

그림 11.3 **이 악보는 두 가지 흐름이 있음을 보여준다. 첫 번째는 노래가 마지막 가사 전까지만 흘러가는 것이고, 두 번째는 마지막 가사까지 흘러가는 것이다.**

프로그래밍의 몇 가지 아이디어를 접목해서 악보를 만들었다. 악보 읽는 법을 모르는 사람들을 위해 간단히 중요한 부분만 살펴보겠다. N은 현재 숫자로 '99'라고 하면 (N - 1)은 '98'이 된다. 1 - (N - 1)이라고 돼 있는 곡의 끝부분이 있다. 등식에선 하이픈(-)이 범위와 뺄셈을 모두 의미하므로 약간 헷갈릴 수도 있지만, 이 부분이 첫 번째 엔딩 부분으로 계속 반복되는 부분이다. 참고로 세로 줄 앞에 있는 콜론(:|)은 앞으로 돌아가서 노래를 반복하라는 뜻이다. 두 번째 엔딩인 N에는 이중 세로줄(||)이 있으며, 곡(프로그램)이 여기서 끝난다는 뜻이다.

이 악보에서 알 수 있는 것은 오직 두 가지 처리만 고려하면 된다는 것으로, 마지막 절과 마지막 절 이외의 절이다. 먼저 마지막 절에 대해 생각해 보자. '1 bottle'(단수)이라는 것을 찾아야 한다('1 bottles'(복수)가 아니다). 다음은 마지막 줄의 'No more bottles'(0 bottles 대신에)를 확인해야 한다. 두 번째 테스트는 '2 bottles of bear'의 경우 숫자가 '2 bottles'와 '1 bottle'인 것을 확인한다. 이 두 가지 테스트를 통과한다면 프로그램이 모든 가사를 처리할 수 있다는 뜻이다.

verse()라는 함수를 테스트하기 위해 test_verse()라는 함수를 작성했다. 함수명도 중요한데, pytest를 실행하면 test_로 시작하는 모든 함수를 찾아 실행하기 때문이다. bottles.py 프로그램에 verse()와 test_verse()를 추가했다면 pytest bottles.py로 실행할 수 있다.

실제 실행해 보면 다음과 같은 결과를 볼 수 있을 것이다.

```
$ pytest bottles.py
============================ test session starts ============================
...
collected 1 item


bottles.py F                                                         [100%]


================================ FAILURES =================================
_____ test_verse _____

    def test_verse():
        """Test verse"""

        last_verse = verse(1)
>       assert last_verse == '\n'.join([
            '1 bottle of beer on the wall,', '1 bottle of beer,',
            'Take one down, pass it around,',
            'No more bottles of beer on the wall!'
        ])
E       AssertionError: assert '' == '1 bottle of beer on the wal...ottles of
    beer on the wall!'
E           + 1 bottle of beer on the wall,
E           + 1 bottle of beer,
E           + Take one down, pass it around,
E           + No more bottles of beer on the wall!

bottles.py:49: AssertionError
=========================== 1 failed in 0.10 seconds ===========================
```

verse() 함수에 인수 1을 지정해서 호출하면 마지막 절을 얻는다.

처음 >가 나오는 부분은 코드에 오류가 있다는 뜻이다. last_verse가 예상한 문자열과 같은지 테스트하지만, 다르므로 AssertionError를 발생시킨다.

'E'로 시작하는 줄은 실제 얻은 값과 예상한 값의 차이를 보여준다. last_verse의 값은 공백('')이고 기대한 값은 '1 bottle of beer...'로 일치하지 않는다.

첫 번째 테스트를 통과하려면 테스트 코드에서 last_verse의 값을 그대로 복사해 오면 된다. verse() 함수가 테스트 예상값과 일치하는 값을 반환하도록 수정하자.

```
def verse(bottle):
    """Sing a verse"""

    return '\n'.join([
        '1 bottle of beer on the wall,', '1 bottle of beer,',
        'Take one down, pass it around,',
        'No more bottles of beer on the wall!'
    ])
```

다시 테스트를 실행해 보자. 첫 번째 테스트는 통과하지만 두 번째 테스트에서 실패한다. 관련 오류 메시지는 다음과 같다.

```
    def test_verse() -> None:
        """Test verse"""

        last_verse = verse(1)
        assert last_verse == '\n'.join([  ◄──── 이 테스트는 통과한다.
            '1 bottle of beer on the wall,', '1 bottle of beer,',
            'Take one down, pass it around,',
            'No more bottles of beer on the wall!'
        ])
```

verse()에 2를 지정해서 호출하면
'2 bottles...' 가사를 얻어야 한다.

```
        two_bottles = verse(2)  ◄──
>       assert two_bottles == '\n'.join([  ◄──── 얻은 가사가 예상한 가사와 같은지 확인한다.
            '2 bottles of beer on the wall,', '2 bottles of beer,',
            'Take one down, pass it around,', '1 bottle of beer on the wall!'
        ])
E       AssertionError: assert '1 bottle of ... on the wall!' == '2 bottles of
  ... on the wall!' ◄──
```

E 줄은 무엇이 문제인지 보여준다. verse()
함수가 '1 bottle'을 반환했지만, 테스트가
기대한 것은 '2 bottles'다.

```
E         - 1 bottle of beer on the wall,
E         ? ^
E         + 2 bottles of beer on the wall,
E         ? ^         +
E         - 1 bottle of beer,
E         ? ^
E         + 2 bottles of beer,...
E
E         ...Full output truncated (7 lines hidden), use '-vv' to show
```

verse() 함수의 정의를 다시 보자. 그림 11.4를 보고 어디를 수정해야 할지 생각해 보자(대
상 줄은 1번, 2번, 4번 줄이다). 3번 줄은 항상 같다. 주어진 병의 수는 1번, 2번 줄에서 사용되
며 숫자에 따라서 'bottle' 또는 'bottles'와 함께 사용된다(힌트: 1만 단수이고 나머지는 모두 복
수다). 4번 줄은 '병의 수 - 1'로 역시 단수, 복수를 구분해야 한다. 어떻게 작성해야 하는지
이해했는가?

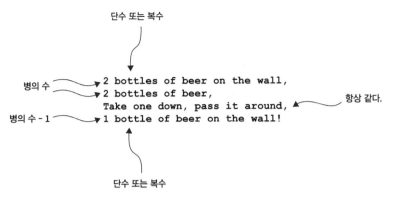

그림 11.4 각 절은 4줄로 구성된다. 1번, 2번과 4번이 매우 비슷하며 3번은 항상 같다. 다른 부분을 찾아내자.

다음 단계인 노래 출력 부분으로 넘어가기 전에 이 두 테스트를 통과할 방법에 집중해 보자. 즉, 다음과 같은 메시지를 보기 전까지는 절대로 다음으로 넘어가서는 안 된다.

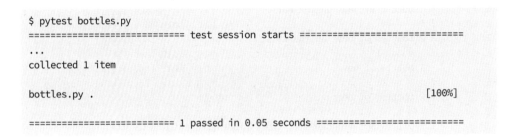

11.1.4 verse() 함수 사용하기

지금 여러분이 알고 있는 것은 다음과 같다.

- --num 값이 0보다 큰 정숫값이다.

- --num 값을 0까지 내려 세는 방법

- verse() 함수가 한 절의 가사는 문제없이 출력한다.

이제 이것을 조합하면 된다. range()와 for 문을 사용해서 내려 세기를 하는 것부터 시작해 보자. 각 값을 사용해서 verse()를 생성하면 된다. 마지막 절을 제외하고는 절과 절 사이에 두 개의 줄바꿈(한 줄의 여백)이 있어야 한다.

이 시점에서는 pytest -xv test.py(또는 make test)를 사용해서 프로그램을 테스트해야 한다. 전문 용어로는 test.py를 **통합 테스트**integration test라고 하는데, 프로그램 전체가 잘 실행되는지 확인하기 때문이다. 이후부터는 결합 테스트뿐만 아니라, **단위 테스트**를 작성해서 개별 함수가 잘 작동하는지 확인해야 한다.

for 문을 사용해 작성한 코드가 테스트를 통과했다면, 리스트 내포나 map()을 사용해서 코드를 다시 작성해 보자. 이때는 처음부터 작성하는 것이 아니라 현재 코드의 일부를 주석 처리(코드 앞에 #를 붙여서)하고 다른 알고리즘으로 대체하는 것이다. 동기 부여 측면에서 한마디 하자면, 내가 해결한 방법은 한 줄의 긴 코드를 사용한 것이다. range()와 verse() 함수를 조합해서 한 줄의 코드로 원하는 결과를 얻을 수 있겠는가?

힌트는 다음과 같다.

- --num 인수를 int 형으로 정의하고 기본값을 10으로 한다.
- parser.error()를 사용해서 --num 값이 음수이면 오류 메시지를 출력하게 한다.
- verse() 함수를 작성하고 test_verse()와 pytest를 사용해서 해당 함수가 잘 실행되는지 확인한다.
- verse()와 range()를 결합해서 모든 절의 가사를 출력한다.

답안을 보기 전에 혼자 최선을 다해 문제를 풀어보자. 예시 답안과 전혀 다른 방법을 사용해도 상관없으며, 단위 테스트 코드도 직접 작성한 것을 사용해도 좋다.

11.2 예시 답안

여기서는 map()을 사용한 고급스러운 방법을 소개하겠다. 뒤에서 for 문과 리스트 내포를 사용한 방법도 다룰 것이다.

```python
#!/usr/bin/env python3
"""Bottles of beer song"""

import argparse


# --------------------------------------------------
def get_args():
    """Get command-line arguments"""

    parser = argparse.ArgumentParser(
        description='Bottles of beer song',
        formatter_class=argparse.ArgumentDefaultsHelpFormatter)
```

```python
    parser.add_argument('-n',
                        '--num',
                        metavar='number',
                        type=int,
                        default=10,
                        help='How many bottles')
```
← --num 인수를 int 타입으로 정의하고 기본값을 10으로 설정한다.

```python
    args = parser.parse_args()
```
← 명령줄 인수를 args 변수에 저장한다.

```python
    if args.num < 1:
        parser.error(f'--num "{args.num}" must be greater than 0')

    return args
```
args.num이 1보다 작으면 parser.error()를 사용해서
오류 메시지를 표시하고 프로그램을 종료한다.

```python
# --------------------------------------------------
def main():
    """Make a jazz noise here"""

    args = get_args()
    print('\n\n'.join(map(verse, range(args.num, 0, -1))))
```
map()은 함수를 첫 번째 인수로 받으며, 반복형 객체를 두 번째 인수로 받는다. 여기서는 range()에서 얻은 감소하는 숫자를
verse() 함수에 전달하고 있다. map()의 결과는 가사로 이루어진 리스트로, 두 개의 줄바꿈 문자(\n)를 사용해서 결합한 것이다.

```python
# --------------------------------------------------
def verse(bottle):
    """Sing a verse"""

    next_bottle = bottle - 1
    s1 = '' if bottle == 1 else 's'
    s2 = '' if next_bottle == 1 else 's'
    num_next = 'No more' if next_bottle == 0 else next_bottle
    return '\n'.join([
        f'{bottle} bottle{s1} of beer on the wall,',
        f'{bottle} bottle{s1} of beer,',
        f'Take one down, pass it around,',
        f'{num_next} bottle{s2} of beer on the wall!',
    ])
```
def verse(bottle): ← 한 절 가사를 만들어내는 함수를 정의한다.

next_bottle = bottle - 1 ← 현재 병의 수보다 1이 작은 next_bottle을 정의한다.

s1 = '' if bottle == 1 else 's' ← 현재 bottle 수에 따라 's' 또는 공백 문자열을 s1(첫 번째 's')에 저장한다.

s2 = '' if next_bottle == 1 else 's' ← 같은 방식으로 next_bottle 수에 따라 's'를 사용하도록 s2를 정의한다.

num_next ← 다음 값이 0인 경우와 그렇지 않은 경우를 구분해서 next_num 값을 정의한다.

4줄의 가사를 줄바꿈 문자로 연결해서
새로운 문자열로 반환한다. 변수로
기입한 부분이 적절한 값으로 교체
되면서 제대로 된 가사를 만든다.

```python
# --------------------------------------------------
def test_verse():
    """Test verse"""

    last_verse = verse(1)
    assert last_verse == '\n'.join([
        '1 bottle of beer on the wall,', '1 bottle of beer,',
        'Take one down, pass it around,',
        'No more bottles of beer on the wall!'
    ])

    two_bottles = verse(2)
    assert two_bottles == '\n'.join([
```
def test_verse(): ← test_verse()라는 단위 테스트를 정의해서 verse() 함수를 테스트한다.
test_라는 접두어가 있으면 pytest가 이 함수를 찾아서 실행한다는 의미다.

last_verse = verse(1) ← verse()에 1을 지정해서 마지막 가사가 맞는지 테스트한다.

two_bottles = verse(2) ← verse()에 2를 지정해서 나머지 가사를 테스트한다.

```
            '2 bottles of beer on the wall,', '2 bottles of beer,',
            'Take one down, pass it around,', '1 bottle of beer on the wall!'
        ])


    # --------------------------------------------------
    if __name__ == '__main__':
        main()
```

11.3 해설

get_args()에는 새로운 내용이 없다. 앞에서 다양한 정수 옵션 인수를 기본값과 함께 설정하는 방법을 보았다. 그리고 parser.error()를 사용해서 잘못된 인수가 전달된 경우 프로그램을 종료하는 방법도 보았다. argparse가 알아서 처리해 주므로 여러분의 작업 시간을 상당량 줄여주며, 이미 검증된 안전한 데이터를 사용할 수 있게 해준다. 이제 새로운 기능을 배우러 갈 시간이다.

11.3.1 내려 세기

주어진 --num을 기준으로 내려 세는 방법을 앞에서 이미 살펴봤다. 또한, for 문을 사용해서 이 숫자를 하나씩 읽는 방법도 알고 있다.

```
>>> for n in range(3, 0, -1):
...     print(f'{n} bottles of beer')
...
3 bottles of beer
2 bottles of beer
1 bottles of beer
```

for 문 안에서 바로 가사를 만들어내지 않고 verse() 함수를 만들어 호출할 것을 제안했다. verse()는 range()의 숫자를 받아서 해당 절의 가사를 작성하는 함수다. 앞 장까지는 모든 처리를 main() 함수에서 했다. 하지만 프로그래머로서 성장해 가면서 수백 줄에서 수천 줄의 코드를 접하게 될 것이다. 긴 프로그램과 함수는 테스트와 관리가 힘드므로 작은 기능 단위로 나누도록 노력해야 한다. 그래야 프로그램을 이해하기 쉽고 테스트도 용이해진다. 이상적으로는 하나의 함수가 하나의 일만 해야 한다. 작고 간단한 **함수**를 이해하고 신뢰할 수 있어야, 해당 함수를 길고 복잡한 **프로그램**으로 안전하게 가져와 접목시킬 수 있다.

11.3.2 테스트 주도 개발

pytest를 사용해서 verse() 함수를 테스트할 수 있도록 test_verse() 함수를 프로그램에 추가했다. 이 방법은 켄트 백Kent Beck이 《Test-Driven Development》(Addison-Wesley Professional, 2002)라는 책에서 소개한 내용을 따르고 있다.

1 새 기능을 구현하기 전에 기능을 위한 테스트를 먼저 추가한다.

2 기존 테스트를 모두 실행해서 새롭게 추가한 테스트가 실패하는 것을 확인한다.

3 새 기능을 구현하기 위한 코드를 작성한다.

4 모든 테스트를 실행해서 모두 성공하는 것을 확인한다.

5 리팩토링한다(코드의 가독성이나 구조를 개선한다).

6 처음부터 다시 시작한다(반복).

예를 들어, 주어진 값에 1을 더하는 함수를 만든다고 해보자. 이 함수를 add1()이라고 정의하고 함수 내용은 단순히 pass만 넣어서 아무 처리도 하지 않고 건너뛴다는 사실을 파이썬에게 알린다.

```
def add1(n):
    pass
```

이제 test_add1()이라는 테스트를 작성해서 add1()에 임의의 인수를 전달해 보고 assert를 사용해서 예상한 결과가 나오는지 확인한다.

```
def test_add1():
    assert add1(0) = 1
    assert add1(1) = 2
    assert add1(-1) = 0
```

pytest(또는 선호하는 다른 테스트 프레임워크를 사용해도 좋다)를 실행해서 새 함수가 실행되지 않는 것을 확인한다(pass만 실행하기 때문에 당연한 결과다). 그런 다음, 함수에 코드를 작성해서 pass 대신에 return n + 1을 처리하게 한다. 다시 이 함수에 가능한 한 모든 인수 조합(값이 없는 경우, 하나만 있는 경우, 여러 개 있는 경우)을 넣어서 제대로 동작하는지 확인한다.[1]

---

1 한번은 전산학 교수님이 업무 의뢰를 하셨다. 0과 1, n(무한대)을 처리하는 프로그램이었는데 늘 나를 고생하게 했다.

11.3.3 verse() 함수

test_verse() 함수를 미리 보여주었다. 인수로 1과 2를 사용해서 verse()를 테스트하는 함수다. 내가 테스트 작성을 먼저 하는 이유는 코드(함수) 사용법을 생각해 보게 되고, 무엇을 인수로 설정할지 그리고 어떤 값을 반환할지 생각할 기회를 주기 때문이다. 예를 들어, add1()이 다음과 같은 상황에 어떤 값을 반환할지 생각해야 한다.

- 인수가 없음

- 하나 이상의 인수

- 값이 None

- 숫자 타입(int, float, complex)이 아닌 값이 주어졌을 때(str이나 dict)

테스트를 작성할 때 좋은 값과 나쁜 값에 대해 모두 테스트를 통과하도록 작성해서, 선호하는 조건과 그렇지 않은 조건을 모두 고려해서 프로그램을 작성할 수 있다.

다음은 test_verse() 테스트를 통과하는 verse() 함수다.

```
def verse(bottle):
    """Sing a verse"""

    next_bottle = bottle - 1
    1 = '' if bottle == 1 else 's'
    2 = '' if next_bottle == 1 else 's'
    num_next = 'No more' if next_bottle == 0 else next_bottle
    return '\n'.join([
        {bottle} bottle{s1} of beer on the wall,',
        {bottle} bottle{s1} of beer,',
        Take one down, pass it around,',
        {num_next} bottle{s2} of beer on the wall!',
    ])
```

이 코드에 대한 설명은 11.2절에서 했다. 반환되는 문자열에서 조건에 따라 바뀌는 부분을 모두 독립시켰으며 변수를 만들어서 이 부분을 교체할 수 있게 했다. bottle과 next_bottle을 사용해서 'bottle' 뒤에 's'를 붙일지 말지를 정했다. 또한, next_bottle을 숫자로 출력할지 'No more'로 출력할지(next_bottle이 0인 경우)를 정해야 한다. s1, s2, num_text의 값을 선택하는 것은 이진 분류로, 두 값 사이에서 하나를 정해야 한다. 따라서 if 식을 사용하는 방법이 가장 적합하다고 생각했다.

이 함수는 test_verse()를 통과하므로 이제 다음 단계로 넘어가서 노래를 만들 차례다.

11.3.4 가사 반복하기

for 문을 사용해서 내려 세기를 해가며 각 절을 출력하면 된다.

```
>>> for n in range(3, 0, -1):
...     print(verse(n))
...
3 bottles of beer on the wall,
3 bottles of beer,
Take one down, pass it around,
2 bottles of beer on the wall!
2 bottles of beer on the wall,
2 bottles of beer,
Take one down, pass it around,
1 bottle of beer on the wall!
1 bottle of beer on the wall,
1 bottle of beer,
Take one down, pass it around,
No more bottles of beer on the wall!
```

이것은 거의 정답이지만 아직 절 사이에 여백이 없다. print의 end 인수를 사용해서 값이 1보다 큰 모든 경우에 두 개의 줄바꿈을 추가하게 한다.

```
>>> for n in range(3, 0, -1):
...     print(verse(n), end='\n' * (2 if n > 1 else 1))
...
3 bottles of beer on the wall,
3 bottles of beer,
Take one down, pass it around,
2 bottles of beer on the wall!

2 bottles of beer on the wall,
2 bottles of beer,
Take one down, pass it around,
1 bottle of beer on the wall!

1 bottle of beer on the wall,
1 bottle of beer,
Take one down, pass it around,
No more bottles of beer on the wall!
```

필자는 str.join() 메서드를 사용해서 리스트에 있는 아이템 사이에 두 개의 줄바꿈을 추가하는 방법을 선호한다. 이 경우 아이템은 가사의 각 절이며, for 문을 그림 11.5와 같이 리스트 내포로 변경할 수 있다.

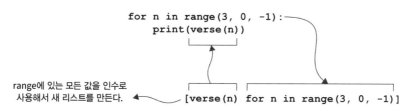

그림 11.5 for **문과 리스트 내포의 비교**

```
>>> verses = [verse(n) for n in range(3, 0, -1)]
>>> print('\n\n'.join(verses))
3 bottles of beer on the wall,
3 bottles of beer,
Take one down, pass it around,
2 bottles of beer on the wall!

2 bottles of beer on the wall,
2 bottles of beer,
Take one down, pass it around,
1 bottle of beer on the wall!

1 bottle of beer on the wall,
1 bottle of beer,
Take one down, pass it around,
No more bottles of beer on the wall!
```

이 방법도 좋지만 앞으로 계속해서 보게 될 반복되는 패턴에 주목했으면 한다. 반복형 객체의 각 요소를 함수의 인수로 사용하는 것은 사실 map()이 하는 처리다. 그림 11.6에 있는 것처럼 리스트 내포는 map()을 사용해서 매우 정확하게 다시 작성할 수 있다.

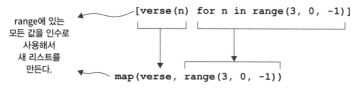

그림 11.6 **리스트 내포를** map()**으로 대체할 수 있다. 둘 다 새 리스트를 반환한다.**

이 프로그램에서 반복형 객체는 숫자를 내림차순으로 생성한 range() 값으로, 이것을 verse() 함수에 적용해서 각 숫자별 가사를 생성할 수 있다. 8장에서 본 페인트 부스처럼

'paint' 함수가 'blue'라는 단어를 문자열 시작점에 추가하는 것과 같다. 반복형 객체의 각 값을 함수에 적용하고 싶을 때는 map()을 사용해서 리팩토링(코드를 개선하는 일)할 수 있는지 생각해 보자.

```
>>> verses = map(verse, range(3, 0, -1))
>>> print('\n\n'.join(verses))
3 bottles of beer on the wall,
3 bottles of beer,
Take one down, pass it around,
2 bottles of beer on the wall!

2 bottles of beer on the wall,
2 bottles of beer,
Take one down, pass it around,
1 bottle of beer on the wall!

1 bottle of beer on the wall,
1 bottle of beer,
Take one down, pass it around,
No more bottles of beer on the wall!
```

아이템을 반복해 가면서 읽고 이것을 어떤 함수를 사용해서 변환해야 할 때는 아이템 전부를 생각하지 말고 한 개에만 집중한다. 리스트의 모든 아이템을 입력값으로 생각하는 것보다 하나의 값에만 집중해서 하나의 함수를 작성하고 테스트하는 편이 훨씬 쉽다. 리스트 내포가 좀 더 파이썬스러운 방식이라고 하지만, 개인적으로는 map()을 선호한다. 코드가 더 짧아지기 때문이다. 인터넷에서 'python list comprehension map'이라고 검색하면 리스트 내포가 map()보다 읽기 쉽지만 속도는 map이 빠르다는 의견을 볼 수 있다. 어느 것이 더 나은 방식이라고 확실하게 말할 수는 없다. 취향의 문제이므로, 시간이 된다면 주변 동료들과 논쟁해 보는 것도 좋을 것이다.

map()을 사용하기로 했다면 첫 번째 인수로 **함수**가 필요하며 두 번째 인수로 이 함수의 인수로 사용될 반복형 객체가 필요하다는 사실을 기억하자. verse() 함수(이미 테스트했다)가 여기서 첫 번째 인수이고 range()가 두 번째 인수로 리스트를 제공한다. map() 함수는 range()의 각 요소를 verse() 함수의 인수로 전달한다(그림 11.7). map()의 결과는 새 리스트로, verse() 함수의 호출 결과들이다.

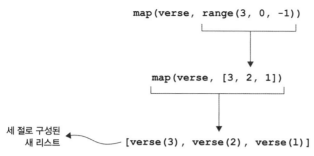

```
map(verse, range(3, 0, -1))
```

```
map(verse, [3, 2, 1])
```

세 절로 구성된
새 리스트 ← [verse(3), verse(2), verse(1)]

그림 11.7 map() 함수는 verse() 함수를 호출하며, verse() 함수는 range() 함수가 생성한 각 요소를 인수로
사용한다. 다단 구성된 함수다.

11.3.5 1,500가지 방법

거짓말이 아니라 진짜 천 가지 이상의 방법이 존재한다. '99
Bottles of Beer' 웹사이트(*http://www.99-bottles-of-beer.net/*)를
보면, 다양한 언어를 사용한 1,500가지 방법이 있다고 기재
돼 있다.[2] 여러분이 작성한 코드와 다른 사람의 코드를 비교
해 보자.

지금껏 본 프로그램들이 사소할 수도 있지만, 테스트와 알
고리즘에 대한 재미있는 아이디어를 많이 접할 수 있었을 것이다.

11.4 도전 과제

- 숫자(1, 2, 3)를 텍스트(one, two, three)로 변경해 보자.

- --step 옵션을 추가해서(양의 정수를 받는 int 타입, 기본값은 1) 숫자를 2나 5 단위로 건너
  뛰게 만들어보자.

- --reverse 플래그를 추가해서 가사 순서를 바꿔보자. 즉, 내려 세기가 아니라 올려 세
  기를 하는 것이다.

2 　[옮긴이] 현재는 해당 사이트가 운영되고 있지 않다. 다음 웹사이트에서는 약 300여 가지 방법이 공유되고 있다.
　 https://rosettacode.org/wiki/99_bottles_of_beer

정리

- 테스트 주도 개발TDD은 안정적이고 재현 가능한 코드를 개발하는 데 필수적이다. 또한, 테스트는 코드를 리팩토링(코드를 재배열하거나 속도나 가독성을 개선하는 것)할 자유를 준다. 즉, 새 버전의 프로그램이 문제없이 여전히 잘 실행됨을 보장해 주는 것이다. 코드를 작성할 때는 늘 테스트 코드를 작성하자.

- range() 함수는 start와 stop을 바꾸고 step을 -1로 설정하면 내려 세기를 할 수 있다.

- for 문을 리스트 내포나 map()으로 대체하면 더 짧고 함축된 코드를 작성할 수 있다.

CHAPTER 12

협박 편지: 텍스트를 무작위로 대문자화하기

코딩하는 일을 너무 열심히 한 나머지 지쳤다. 쉽게 살기 위해 범죄를 저지르기로 결심했다. 이웃의 고양이를 납치했고 몸값ransom을 요구하는 협박 편지를 보내려고 한다. 옛날에는 잡지에서 글자들을 잘라내 종이 위에 붙여서 협박장을 만들었지만 너무 손이 많이 간다. 대신에 ransom.py라는 파이썬 프로그램을 만들어서 텍스트를 무작위로 대문자화한 편지를 만들 것이다.

```
$ ./ransom.py 'give us 2 million dollars or the cat gets it!'
('2백만 달러(약 20억)를 보내라. 아니면 고양이가 무사하지 않을 것이다.')
gIVe US 2 milLION DoLlArs or ThE cAt GEts It!
```

보면 알겠지만, 이 잔인한 프로그램은 악랄한 메시지를 위치 인수로 받는다. random 모듈을 사용할 필요가 있으므로 -s 또는 --seed 옵션을 사용해서 동일한 결과물을 얻을 수 있게 한다.

231

```
$ ./ransom.py --seed 3 'give us 2 million dollars or the cat gets it!'
giVE uS 2 MILlioN dolLaRS OR tHe cAt GETS It!
```

이 비열한 위치 인수는 파일명을 받을 수도 있어서 파
일 안에 있는 악당의 메시지를 읽을 수도 있다.

```
$ ./ransom.py --seed 2 ../inputs/fox.txt
the qUIck BROWN fOX JUmps ovEr ThE LAZY DOg.
(날렵한 여우가 게으른 개를 뛰어 넘는다.)
```

이 불법 프로그램을 인수 없이 실행하면 짧고 사악한 도움말을 표시해야 한다.

```
$ ./ransom.py
usage: ransom.py [-h] [-s int] text
ransom.py: error: the following arguments are required: text
```

-h 또는 --help로 실행하면 길고 악랄한 메시지를 표시한다.

```
$ ./ransom.py -h
usage: ransom.py [-h] [-s int] text

Ransom Note

positional arguments:
  text                  Input text or file

optional arguments:
  -h, --help            show this help message and exit
  -s int, --seed int  Random seed (default: None)
```

그림 12.1은 이 프로그램의 입출력 다이어그램을 보여준다.

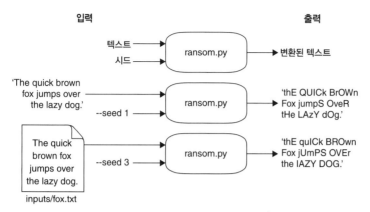

그림 12.1 **이 끔찍한 프로그램은 입력 텍스트를 받아서 협박 편지로 변환한다. 변환할 때는 텍스트를 무작위로 대문자화한다.**

이 장에서 다루는 내용은 다음과 같다.

- random 모듈을 사용해서 '동전 던지기'처럼 두 가지 중 하나를 선택하게 하는 방법
- 무작위 결정에 기반해서 기존 문자열을 새 문자열로 만드는 방법
- for 문, 리스트 내포, map() 함수의 유사성에 대해 생각해 보기

12.1 ransom.py 작성하기

new.py 또는 template/template.py 파일을 사용해서 ransom.py 프로그램을 12_ransome 디렉터리에 만들자. 이 프로그램은 앞에서 본 것과 마찬가지로, text라는 위치 인수와 --seed라는 옵션 인수(int 형, 기본값은 None)를 받는다. 또한, 이전에도 그랬듯이 text 인수는 파일명이 될 수도 있으며 이때는 해당 파일 안에 있는 텍스트를 읽는다.

먼저 main() 함수부터 시작해 보자. 다음 코드를 main()에 작성한다.

```
def main():
    args = get_args()  ◀──── 처리가 끝난 명령줄 인수를 받는다.
▶ random.seed(args.seed)
    print(args.text)  ◀──── 입력 텍스트를 단순히 출력하는 것부터 시작한다.

  random.seed()를 사용자가 지정한 값으로 설정한다.
  기본값은 None이며, 이 경우는 시드를 설정하지 않은 것과 같다.
```

이 프로그램을 실행하면 명령줄을 통해 받은 입력 텍스트를 그대로 출력한다.

```
$ ./ransom.py 'your money or your life!'
your money or your life!
```

텍스트가 파일로부터 오는 경우에는

```
$ ./ransom.py ../inputs/fox.txt
The quick brown fox jumps over the lazy dog.
```

프로그램을 작성할 때 중요한 것은 한 걸음씩 진행해 나가는 것이다(마치 아기 걸음처럼). 프로그램을 변경한 후에는 항상 실행해서 결과를 눈으로 확인하고, 테스트 프로그램을 사용해서도 확인한다.

여기까지 프로그램이 잘 동작하는 모습을 확인했다면, 이제는 무작위로 메시지를 대문자화하는 방법을 생각해 봐야 한다.

12.1.1 텍스트 변경하기

앞에서 str 값을 바로 수정할 수 없다는 것을 보았다.

```
>>> text = 'your money or your life!'
>>> text[0] = 'Y'
Traceback (most recent call last):
  File "<stdin>", line 1, in <module>
TypeError: 'str' object does not support item assignment
```

어떻게 해야 글자들을 무작위로 변경할 수 있을까?

많은 글자를 변경해야 하는 처리보다 한 글자를 변경하는 처리에 집중해 보자. 즉, 한 글자가 주어졌을 때 해당 글자를 대문자 또는 소문자로 변경할 수 있을까? 빈 choose() 함수를 만들어서 한 글자를 인수로 받게 해보자. 여기서는 받은 글자를 그대로 반환하게 한다.

```
def choose(char):
    return char
```

이 함수의 테스트 코드는 다음과 같다.

```
def test_choose():
    state = random.getstate()    ◄──── 랜덤 모듈의 상태(state)는 전체 프로그램에서 공유되는 전역 상태
  ►  random.seed(1)                     (global state)다. 여기서 수정한 것은 알지 못하는 프로그램의
    assert choose('a') == 'a'   ◄──     어딘가에도 영향을 줄 수 있다. 따라서 현재 상태를 저장해 둔다.
    assert choose('b') == 'b'
    assert choose('c') == 'C'           choose() 함수에 연속된 알파벳을 지정하고, assert 문을
    assert choose('d') == 'd'           사용해서 원하는 결과가 반환되는지 확인한다.
    random.setstate(state)   ◄────  전역 상태를 원래 값으로 초기화한다.
```

랜덤 시드를 알고 있는 값으로 설정한다. 이 변경은 전역(global) 변경으로
프로그램 전체에 영향을 준다. 랜덤 모듈의 모든 함수 호출이 영향을 받는다.

> **랜덤 시드**
>
> 주어진 시드값의 choose() 결과를 어떻게 미리 알았는지 궁금하지 않은가? 사실 함수를 만든 후에
> 해당 시드와 입력값을 실행해 봤고 그 결괏값을 기록해 두었다가 사용한 것이다. 이후에도 이 결괏값
> 은 같을 것이다. 그렇지 않다면 필자가 프로그램의 일부를 수정해서 망가진 경우다.

12.1.2 동전 던지기

choose() 함수가 주어진 글자를 대문자와 소문자 중 하나를 선택해서 반
환하게 해야 한다. 이것을 **이원 선택**binary choice이라고 하며, 두 가지 중 하나
를 선택해야 함을 의미한다. 따라서 아날로그 방식의 동전 던지기와 같다.
동전 앞면, 뒷면을 정하는 것으로 여기서는 0과 1을 사용하겠다.

```
>>> import random
>>> random.choice([0, 1])
1
```

또는 True와 False를 사용할 수도 있다.

```
>>> random.choice([False, True])
True
```

if 문을 생각해 보자. 0이거나 False일 때는 대문자를 반환하고, 그렇지 않으면 소문자를 반
환하는 것이다. 참고로 내가 작성한 choose() 함수는 전체 한 줄짜리 코드다.

12.1.3 새 리스트 만들기

이제 choose() 함수를 입력 텍스트의 각 글자에 적용해야 한다. 앞에서 이미 해본 방법이라 낯설지 않을 것이다. 8장의 방법 1을 따라 해볼 것을 권한다. for 문을 사용해서 각 글자를 읽고 모든 모음을 주어진 하나의 모음으로 변경했었다. 여기서는 텍스트의 각 글자를 읽어서 choose() 함수의 인수로 사용한다. 결과는 변경된 새 리스트(또는 문자열)다. for 문을 사용한 코드가 테스트를 통과한다면 다음으로는 리스트 내포를 사용해 재작성해 보고, 그런 다음에는 map을 사용해 보자.

이제 모든 준비가 끝났다. 프로그램을 작성하고 모든 테스트를 통과하자.

12.2 예시 답안

입력 텍스트의 모든 글자를 처리하기 위한 다양한 방법을 살펴보겠다. 먼저 for 문을 사용한 새 리스트 만드는 법을 보고 리스트 내포가 왜 for 문보다 더 편리한지를 알아본다. 마지막으로, 아주 간결하면서도 우아한 map() 사용법을 소개한다.

```python
#!/usr/bin/env python3
"""Ransom note"""

import argparse
import os
import random


# --------------------------------------------------
def get_args():
    """Get command-line arguments"""

    parser = argparse.ArgumentParser(
        description='Ransom Note',
        formatter_class=argparse.ArgumentDefaultsHelpFormatter)

    parser.add_argument('text', metavar='text', help='Input text or file')

    parser.add_argument('-s',
                        '--seed',
                        help='Random seed',
                        metavar='int',
                        type=int,
                        default=None)

    args = parser.parse_args()
```

텍스트는 위치 인수로 문자열을 받는다.

--seed는 정수를 받고 기본값은 None이다.

명령줄 인수를 처리해서 args 변수에 저장한다.

```
        if os.path.isfile(args.text):          ◄──── args.text가 파일이면 파일 내용을
            args.text = open(args.text).read().rstrip()    args.text 값으로 사용한다.


        return args  ◄───── 인수를 호출한 곳으로 반환한다.


# --------------------------------------------------
def main():
    """Make a jazz noise here"""


    args = get_args()
    text = args.text                 random.seed()를 주어진 args.seed 값으로 설정한다. 기본값은 None
                                     으로, 시드를 설정하지 않은 것과 같다. 시드를 설정하지 않으면 무작위의
    random.seed(args.seed)  ◄────    결과를 생성하지만, 특정 값을 설정하면 테스트할 수 있는 값을 만든다.
    ransom = []  ◄─────  새 협박 편지를 저장하기 위한 빈 리스트를 만든다.
    for char in args.text:        for 문을 사용해서 args.text의 각 글자를 읽는다.
        ransom.append(choose(char))  ◄────  선택한 글자를 협박 편지 리스트에 추가한다.


    print(''.join(ransom))  ◄───
                             협박 편지 리스트를 공백 문자열로 연결해서
                             출력이 가능한 새 문자열을 만든다.

# --------------------------------------------------
def choose(char):  ◄───  주어진 글자를 무작위로 대문자 또는 소문자로 변환하는 함수를 정의한다.
    """Randomly choose an upper or lowercase letter to return"""


  ┌─► return char.upper() if random.choice([0, 1]) else char.lower()
  │ random.choice()를 사용해서 0 또는 1을 선택한다.
  │ 이 결과는 if 문의 True(1)와 False(0)로 사용될 수 있다.
# --------------------------------------------------
def test_choose():  ◄───
    """Test choose"""          pytest에 의해 실행될 test_choose() 함수를 정의한다.
                               이 함수는 인수를 사용하지 않는다.

    state = random.getstate()  ◄────  랜덤 모듈의 현재 상태를 저장한다.
    random.seed(1)  ◄────  테스트를 위해 random.seed()를 특정 값으로 설정한다.
    assert choose('a') == 'a'  ◄───
    assert choose('b') == 'b'      assert 문을 사용해서 choose() 함수의 특정 인수에
    assert choose('c') == 'C'      대해 예상한 결과가 나오는지 확인한다.
    assert choose('d') == 'd'
    random.setstate(state)  ◄───
                             랜덤 모듈의 상태를 초기화해서 이 함수에서 했던
                             상태 변경이 다른 곳에 영향을 주지 않게 한다.

# --------------------------------------------------
if __name__ == '__main__':
    main()
```

12.3 해설

이번 문제는 매우 다양한 방법으로 풀 수 있어서 개인
적으로 좋아한다(파이썬이 '분명한 한 가지 방법'을 선호한
다는 사실을 알고 있지만). 준비가 됐으면 살펴보자. get_
args()는 지금까지 본 내용과 동일하므로 넘어가겠다.

12.3.1 반복형 객체에서 개별 요소 읽기

다음과 같은 잔인한 메시지가 있다고 가정해 보자.

```
>>> text = '2 million dollars or the cat sleeps with the fishes!'
('2백만 달러를 주지 않으면 고양이를 물고기와 함께 잠들게 하겠다!')
```

각 글자를 무작위로 대문자 또는 소문자로 변경하고 싶다고 하자. 앞서 본 것처럼 for 문을
사용해서 각 글자를 읽는 방법이 있다.

모두 대문자로 출력하고 싶다면 각 글자를 대문자로 변경하면 된다.

```
for char in text:
    print(char.upper(), end='')
```

결과는 '22 MILLION DOLLARS OR THE CAT SLEEPS WITH
THE FISHES!'가 된다. 이제 char.upper() 대신에 char.upper()
와 char.lower() 중 하나를 무작위로 선택하게 해보자. 이를 위해선
random.choice()를 사용하면 된다. True와 False 또는 0과 1(또는
다른 두 값) 중 하나를 무작위로 선택할 수 있다.

```
>>> import random
>>> random.choice([True, False])
False
>>> random.choice([0, 1])
0
>>> random.choice(['blue', 'green'])
'blue'
```

8장에서 본 방법 1을 따르면, 새 리스트를 만들어서 협박 메시지를 저장하고 이때 이 무작위 선택을 사용해서 하나를 고르면 된다.

```
ransom = []
for char in text:
    if random.choice([False, True]):
        ransom.append(char.upper())
    else:
        ransom.append(char.lower())
```

마지막으로, 공백 문자열로 리스트 안의 각 글자를 연결해서 새 문자열을 만들어 출력하면 된다.

```
print(''.join(ransom))
```

그림 12.2처럼 대소문자를 선택하기 위해 한 줄 if 식을 사용하면 코드를 더 짧게 만들 수 있다.

```
ransom = []
for char in text:
    ransom.append(char.upper() if random.choice([False, True]) else char.lower())
```

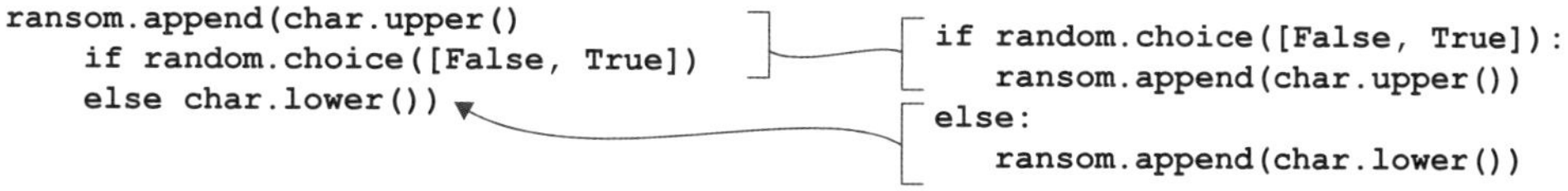

```
ransom.append(char.upper()                         if random.choice([False, True]):
    if random.choice([False, True])                    ransom.append(char.upper())
    else char.lower())                             else:
                                                       ransom.append(char.lower())
```

그림 12.2 if/else 분기 대신에 하나의 if만 사용하면 코드가 더 간결해진다.

실제 불Boolean값(False와 True)을 사용할 필요는 없다. 0과 1을 사용해도 된다.

```
ransom = []
for char in text:
    ransom.append(char.upper() if random.choice([0, 1]) else char.lower())
```

파이썬에서 불값을 필요로 하는 구문에서 숫자를 사용하면, 0은 False로 해석되고 0 이외의 값은 모두 True로 해석된다.

12.3.2 글자를 선택하기 위한 함수 작성하기

여기서 if 식은 별도로 빼내서 함수로 작성해 보자. ransom.append() 내부에 있는 코드가 복잡해서 해석하기가 쉽지 않다. 함수로 따로 빼내면 이해하기 쉬운 이름을 붙일 수 있을 뿐만 아니라 테스트 코드도 쉽게 작성할 수 있다.

```python
def choose(char):
    """Randomly choose an upper or lowercase letter to return"""

    return char.upper() if random.choice([0, 1]) else char.lower()
```

이제 test_choose()를 실행해서 새로 작성한 함수가 예상한 대로 실행되는지 확인할 수 있으며, 다음과 같이 코드 구성도 훨씬 단순해졌다.

```python
ransom = []
for char in text:
    ransom.append(choose(char))
```

12.3.3 list.append()를 다른 방법으로 작성하기

12.2절에서 본 방법은 빈 리스트를 만들어서 choose()가 반환한 결과를 list.append()를 사용해 추가하고 있다. list.append()는 += 연산자를 사용해서도 작성할 수 있다. 이 연산자는 등호 오른쪽에 있는 값(추가할 요소)을 왼쪽에 있는 리스트에 추가한다(그림 12.3).

```python
def main():
    args = get_args()
    random.seed(args.seed)

    ransom = []
    for char in args.text:
        ransom += choose(char)

    print(''.join(ransom))
```

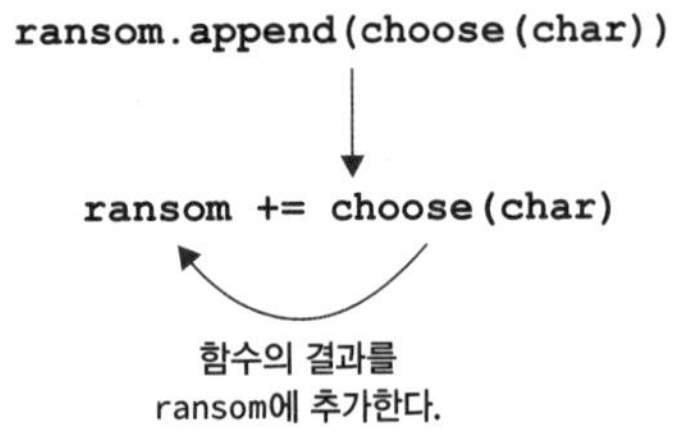

ransom.append(choose(char))

↓

ransom += choose(char)

함수의 결과를
ransom에 추가한다.

그림 12.3 += 연산자는 list.append()를 다른 방식으로
작성한 것이다.

+= 연산자는 글자들을 하나의 문자열로 결합하거나 기존 숫자에 다른 숫자를 더할 때 사용할 수 있는 구문이다.

12.3.4 list 대신에 str 사용하기

앞서 본 두 가지 방법은 출력을 위해 리스트를 공백 문자열로 연결해서 문자열로 만들었어야 했다. 대신에 += 연산자를 사용해서 빈 문자열에 한 글자씩 추가하는 방법도 있다.

```python
def main():
    args = get_args()
    random.seed(args.seed)

    ransom = ''
    for char in args.text:
        ransom += choose(char)

    print(ransom)
```

+= 연산자는 리스트에 요소를 추가하는 또 다른 방법이다. 파이썬은 종종 문자열과 리스트를 서로 구분하지 않고 (암묵적으로) 사용하기도 한다(좋은지 나쁜지는 모르겠다).

12.3.5 리스트 내포 사용하기

이제까지 살펴본 방법은 모두 빈 str이나 list를 초기화해서 for 문을 통해 하나씩 요소를 추가하는 방식이었다. 여기서 강조하고 싶은 것은 이런 처리에는 거의 모든 경우에 리스트 내포를 사용하는 편이 낫다는 것이다. 리스트 내포가 존재하는 이유가 바로 새 리스트를 반환하는 것이기 때문이다. 리스트 내포를 사용하면 세 줄짜리 코드를 다음과 같이 한 줄로 바꿀 수 있다.

```python
def main():
    args = get_args()
    random.seed(args.seed)
    ransom = [choose(char) for char in args.text]
    print(''.join(ransom))
```

또는 ransom 변수 만드는 과정을 건너뛸 수도 있다. 일반적으로 특정 값을 두 번 이상 사용해야 하거나, 코드 가독성을 높일 필요가 있을 때만 변수를 사용한다.

```
def main():
    args = get_args()
    random.seed(args.seed)
    print(''.join([choose(char) for char in args.text]))
```

for 문은 반복형 객체를 읽거나 부수적인 기능(값을 출력하거나 파일을 읽어서 줄 단위로 처리하는)을 위한 것이다. 새 리스트를 만드는 것이 목적이라면 리스트 내포가 가장 적합한 도구다. 또한, for 문 내에서 각 요소를 반복해 가며 처리해야 하는 코드는 별도의 함수로 만드는 것이 테스트하기에도 편리하다.

12.3.6 map() 함수 사용하기

map() 함수는 리스트 내포와 같은 처리를 하지만, 코드는 더 짧다고 설명했었다. 그림 12.4에 있는 것처럼 둘 다 반복형 객체로부터 새 리스트를 만든다. 여기서 map()이 생성하는 새 리스트는 choose() 함수가 args.text의 각 글자를 인수로 사용해서 만들어내는 결과다.

```
def main():
    args = get_args()
    random.seed(args.seed)
    ransom = map(choose, args.text)
    print(''.join(ransom))
```

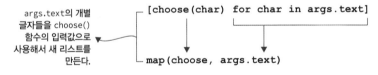

그림 12.4 리스트 내포는 map()을 사용해서 더 함축적으로 표현할 수 있다.

물론 여기서도 ransom 변수를 정의하지 않고 map()이 생성하는 리스트를 바로 사용할 수 있다.

```
def main():
    args = get_args()
    random.seed(args.seed)
    print(''.join(map(choose, args.text)))
```

12.4 방법 비교하기

간단한 프로그램을 만들기 위해 많은 시간을 들여 여러 방법을 검토하는 것은 바보스러운 짓일 수도 있다. 하지만 이 책의 목표 중 하나는 파이썬에서 사용되는 다양한 접근법을 보는 것이다. 12.2절에서 본 첫 번째 방법은 C나 자바_{Java} 프로그래머가 선호하는 아주 전형적인 방법이다. 리스트 내포를 사용한 방법은 파이썬에서 자주 사용되는 방식으로, 파이썬 애용자들은 이를 '파이썬적인_{Pythonic}' 방법이라고 한다. 한편 map()은 하스켈_{Haskell} 같은 순수 함수형 언어를 다룬 사람들에게 매우 익숙한 방법이다.

이 모든 방법의 목적은 동일하며, 단지 기본이 되는 프로그래밍 구조와 외형이 다를 뿐이다. 개인적으로 선호하는 방식은 마지막 방식인 map()이지만, 여러분은 자신에게 더 적합하다고 생각하는 방식을 선택하면 된다.

맵리듀스

2004년에 구글이 '맵리듀스(MapReduce)'라는 논문을 발표했다. 여기서 '맵'은 컬렉션이 가진 모든 요소를 다른 어떤 형태로 변형한다는 의미다. 예를 들면, 인터넷에 있는 모든 웹 페이지를 검색을 위해 인덱스로 만드는 것이다. 이 작업은 병행 처리가 가능해서 여러 장비에 나누어 수많은 웹 페이지를 순서와 상관없이 처리할 수 있다. '리듀스'는 맵에서 처리한 모든 요소를 다시 결합해서 하나의 통합된 데이터베이스 등에 저장한다.

ransom.py 프로그램에서 '맵'은 주어진 글자를 대소문자로 변환하는 처리에 해당하며, '리듀스'는 모든 결과를 결합해서 새 문자열을 만드는 처리에 해당한다. map()도 여러 개의 프로세서를 사용해서 병행해 실행할 수 있어서 처리 시간을 단축할 수 있다(반면에 for 문은 순차적 처리로 병행 처리를 할 수 없다).

인터넷 검색을 위한 인덱스부터 시작해서 우리가 만든 랜섬 프로그램까지 맵리듀스 아이디어는 다양한 곳에 적용되고 있다. 맵리듀스를 처음 배울 때는 마치 새로운 새 이름을 외우는 것과 같았다. 새 이름을 배우기 전까지는 그 새가 존재하는지도 몰랐지만, 배우고 난 후에는 어디를 가든 그 새가 눈에 보인다. 마찬가지로 이 패턴을 이해하고 난 후에는 많은 곳에서 이것을 보게 될 것이다.

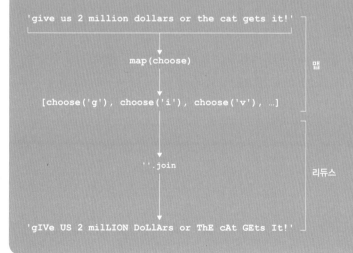

12.5 도전 과제

ransom.py 프로그램을 수정해서 다음과 같이 알파벳을 아스키 기호로 변환하게 만들자. 대체 기호는 제시한 것 외에 여러분이 원하는 기호나 문자를 사용해도 좋다. 수정한 후에는 테스트 코드를 변경해서 테스트하는 것도 잊지 말자.

```
A    4         K    |<
B    |3        L    |_
C    (         M    |\/|
D    |)        N    |\|
E    3         P    |`
F    |=        S    5
G    (-        T    +
H    |-|       V    \/
I    1         W    \/\/
J    _|
```

정리

- 처리할 대상이 많을 때는 대상을 하나로 추려서 처리할 방법을 생각해 보자.
- 테스트 코드를 작성할 때는 해당 함수를 가지고 한 개의 아이템을 처리하는 상황을 고려하자. 테스트 통과 조건이 무엇인지, 예상 결과는 무엇인지 등을 생각해 본다.
- 테스트를 통과하도록 함수를 작성한다. 입력값이 제대로 된 값일 때와 잘못된 값일 때를 모두 고려해야 한다.

- for 문, 리스트 내포, 또는 map()을 사용해서 입력값의 각 요소를 함수에 적용할 수 있다.

12일간의 크리스마스:
알고리즘 디자인

나의 크리스마스 기분을 망치는 가장 최악으로 기억되는 노래는 '12일간의 크리스마스The Twelve Days of Christmas'일 것이다.[1] "이 노래 끝나기는 하는 거야? 새들은 무슨 상관이지?" 하지만 알고리즘을 사용해 주어진 날에 해당하는 가사를 만들기에는 좋은 노래다. 가사 절이 늘어날 때마다 날짜를 하루씩 올려야 하고, 가사에 등장하는 선물의 개수를 하나씩 내려야 하기 때문이다. '99개의 맥주병' 프로그램에서 본 것과 비슷하다.

이 장에서 만들 프로그램은 twelve_days.py라는 파일명을 사용하며, '12일간의 크리스마스' 가사를 주어진 날까지 만든다. 날은 -n 또는 --num이라는 인수를 사용해 지정한다(기본값은 12). 각 절 사이는 한 줄의 여백(두 개의 줄바꿈)이 있어야 하며 마지막 절만 예외다.

1 　 올긴이 　 '12일간의 크리스마스'는 약 200년 전부터 내려오는 크리스마스 캐롤로, 12가지 선물을 매일 한 가지씩 12일 동안 받는다는 내용이다.

```
$ ./twelve_days.py -n 3
On the first day of Christmas,          (크리스마스 1일째)
My true love gave to me,                (나의 사랑이 선물을 주었어요)
A partridge in a pear tree.             (배나무 위에 있는 1마리의 자고새에요)

On the second day of Christmas,         (크리스마스 2일째)
My true love gave to me,                (나의 사랑이 선물을 주었어요)
Two turtle doves,                       (2마리의 산비둘기)
And a partridge in a pear tree.         (그리고 배나무 위에 있는 1마리의 자고새에요)

On the third day of Christmas,          (크리스마스 3일째)
My true love gave to me,                (나의 사랑이 선물을 주었어요)
Three French hens,                      (3마리의 프랑스 암탉)
Two turtle doves,                       (2마리의 산비둘기)
And a partridge in a pear tree.         (그리고 배나무 위에 있는 1마리의 자고새에요)
```

텍스트는 STDOUT에 출력되며 -o 또는 --outfile 인수를 지정하면 파일을 생성해서 그 안에 기록한다. 참고로 전체 노래는 113줄이다.

```
$ ./twelve_days.py -o song.txt
$ wc -l song.txt
     113 song.txt
```

이 장에서 다루는 내용은 다음과 같다.

- 주어진 날(1에서 12 사이)부터 시작하는 '12일간의 크리스마스' 노래 가사 생성하기

- 리스트를 역으로 만들기

- range() 함수 사용하기

- 텍스트를 파일 또는 STDOUT으로 출력하기

13.1 twelve_days.py 작성하기

항상 그랬듯이, new.py를 실행하거나 template/template.py를 복사해서 새 프로그램을 만들자. 프로그램명은 twelve_days.py이며 13_twelve_days 디렉터리에 만든다.

이 프로그램은 두 개의 옵션 인수를 받는다.

- -n 또는 --num: int 타입, 기본값은 12

- -o 또는 --outfile: 결과물을 저장할 파일명

두 번째 인수는 5장의 하울러 프로그램을 참고하자. 파일명이 주어진 경우 해당 파일에 결과를 저장했고, 그렇지 않으면 sys.stdout에 출력했다. 이번 프로그램에서는 --outfile을 type=argparse.FileType('wt')를 사용해서 argparse가 **쓰기 가능한 텍스트** 파일을 인수로 사용하게 한다. 사용자가 유효한 인수를 제공한다면 args.outfile이 **쓰기 가능한 파일 핸들을 열 것이다.** 기본값인 sys.stdout을 사용하면 텍스트 파일 및 STDOUT 양쪽에 기록할 수 있다.

이 방법의 유일한 단점은 도움말을 표시할 때 --outfile 인수의 기본값이 다소 기이하게 표시된다는 것이다.

```
$ ./twelve_days.py -h
usage: twelve_days.py [-h] [-n days] [-o FILE]

Twelve Days of Christmas

optional arguments:
  -h, --help            show this help message and exit
  -n days, --num days   Number of days to sing (default: 12)
  -o FILE, --outfile FILE
                        Outfile (default: <_io.TextIOWrapper name='<stdout>'
                        mode='w' encoding='utf-8'>)
```

도움말을 완성했다면 첫 번째, 두 번째 테스트를 무사히 통과할 것이다.

그림 13.1은 나머지 프로그램을 재미있게 작성하도록 도와줄 입출력 다이어그램이다.

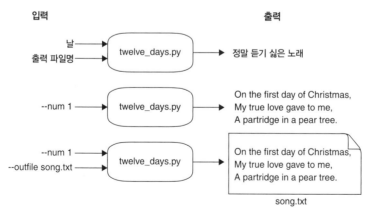

그림 13.1 twelve_days.py 프로그램은 노래를 시작할 날과 출력 파일명을 옵션 인수로 받는다.

만약 --num 값이 1에서 12 사이에 없으면 오류를 표시해야 한다. get_args()에서 parser.error()를 사용해서 문제가 있다는 오류 메시지를 출력하고 종료하게 한다.

```
$ ./twelve_days.py -n 21
usage: twelve_days.py [-h] [-n days] [-o FILE]
twelve_days.py: error: --num "21" must be between 1 and 12
```

--num의 잘못된 값을 처리했다면 세 번째 테스트도 통과할 것이다.

13.1.1 숫자 세기

'99개의 맥주병' 노래에서는 주어진 숫자부터 내려 세기를 했었다. 여기서는 --num까지 올려 세기를 해야 하며, 선물의 경우는 다시 내려 세기를 해야 한다. 이때 필요한 것이 range() 함수로, 시작값이 1임을 유의하자. 노래를 'On the zeroth day of Christmas크리스마스 0째날'이라고 시작하지 않기 때문이다. 또한, range에서 종룻값이 범위에 포함되지 않는다는 사실을 기억하자.

```
>>> num = 3
>>> list(range(1, num))
[1, 2]
```

따라서 --num에 항상 1을 더해야 한다.

```
>>> list(range(1, num + 1))
[1, 2, 3]
```

다음과 같이 각 절의 첫 번째 줄부터 출력해 보자.

```
>>> for day in range(1, num + 1):
...     print(f'On the {day} day of Christmas,')
...
On the 1 day of Christmas,
On the 2 day of Christmas,
On the 3 day of Christmas,
```

이 시점에서 필자는 '99개의 맥주병' 프로그램을 어떻게 작성했는지 생각했다. verse()라는 함수를 만들어서 한 절의 가사를 출력했고, str.join()을 사용해서 모든 가사를 두 개의 줄바꿈 문자로 연결했다. 여기서도 같은 방법을 사용해 보자. for 문에 있는 코드를 함수로 옮기겠다.

```
def verse(day):
    """Create a verse"""
    return f'On the {day} day of Christmas,'
```

이 함수는 문자열(가사)을 출력하지 않고 반환한다는 것에 주목하자. 따라서 다음과 같이 테스트할 수 있다.

```
>>> assert verse(1) == 'On the 1 day of Christmas,'
```

이 verse() 함수를 어떻게 사용하면 좋을지 생각해 보자.

```
>>> for day in range(1, num + 1):
...     print(verse(day))
...
On the 1 day of Christmas,
On the 2 day of Christmas,
On the 3 day of Christmas,
```

test_verse()라는 간단한 테스트 함수를 사용해서 테스트해 보자.

```
def test_verse():
    """ Test verse """
    assert verse(1) == 'On the 1 day of Christmas,'
    assert verse(2) == 'On the 2 day of Christmas,'
```

이 버전은 정확하지 않다. 'On the first day첫째 날' 또는 'second day둘째 날'라고 해야 하는데 '1 day' 또는 '2 day'라고 하고 있다. 아직 테스트를 시작한 시점이라 괜찮다. verse()와 test_verse()를 twelve_days.py 프로그램에 추가한 후 pytest twelve_days.py를 실행해서 테스트를 통과하는지 보자.

13.1.2 서수 값 만들기

먼저 숫자를 서수로 변환할 필요가 있다. 즉, '1'은 'first', '2'는 'second'로 변경해야 한다. '숫자 5 넘어가기'에서 배운 것처럼 딕셔너리를 사용해서 각 int 값(1부터 12)을 str 값과 연계시키는 방법이 있다. 즉, ordinal서수이라는 새 딕셔너리를 만드는 것이다.

```
>>> ordinal = {} # 여기에 무엇을 넣을 것인가?
```

딕셔너리를 설정했다면 다음과 같이 하면 된다.

```
>>> ordinal[1]
'first'
>>> ordinal[2]
'second'
```

또는 리스트를 사용할 수도 있다. range()의 각 날day을 서수 문자열의 리스트 첨자로 사용하면 된다.

```
>>> ordinal = [] # 여기에 무엇을 넣을 것인가?
```

verse() 함수는 다음과 같을 것이다.

```
def verse(day):
    """Create a verse"""
    ordinal = [] # 여기에 무언가 필요하다!
    return f'On the {ordinal[day]} of Christmas,'
```

테스트 함수도 다음과 같이 변경하자.

```
def test_verse():
    """ Test verse """
    assert verse(1) == 'On the first day of Christmas,'
    assert verse(2) == 'On the second day of Christmas,'
```

여기까지 끝냈으면 다음과 같이 출력하면 된다.

```
>>> for day in range(1, num + 1):
...     print(verse(day))
```

```
...
On the day first day of Christmas,
On the day second day of Christmas,
On the day third day of Christmas,
```

twelve_days.py 프로그램 안에 test_verse() 함수를 두었다면 pytest twelve_days.py라고 실행해서 verse()를 검증할 수 있다. pytest 모듈은 test_로 시작하는 모든 함수를 실행한다.

간섭

ordinal 대신에 ord 같은 변수명을 사용하고 싶은 유혹을 받았을 수도 있다. 문제는 ord()라는 함수가 이미 파이썬에 존재한다는 점이다. 특정 글자를 지정하면 유니코드(Unicode)를 반환하는 함수다.

```
>>> ord('a')
97
```

혹시 ord라는 이름으로 변수나 함수명을 정의한다고 해도 파이썬은 아무런 불만을 표하지 않는다.

```
>>> ord = {}
```

다음과 같이 사용할 수도 있다.

```
>>> ord[1]
'first'
```

하지만 기존의 ord 함수를 덮어쓰기 해서 이 함수를 호출하려고 하면 오류가 발생한다.

```
>>> ord('a')
Traceback (most recent call last):
  File "<stdin>", line 1, in <module>
TypeError: 'dict' object is not callable
```

이것을 '간섭(shadowing)'이라고 한다. 매우 위험한 기법으로, 동일한 범위(scope)에 있는 코드에 영향을 줄 수 있다.

파이린트(Pylint) 같은 툴은 이런 문제를 발견하도록 도와준다. 다음과 같은 코드가 있다고 해보자.

```
$ cat shadow.py
#!/usr/bin/env python3

ord = {}
print(ord('a'))
```

다음은 파이린트가 알려주는 내용이다.

```
$ pylint shadow.py
************* Module shadow
shadow.py:3:0: W0622: Redefining built-in 'ord' (redefined-builtin)
shadow.py:1:0: C0111: Missing module docstring (missing-docstring)
shadow.py:4:6: E1102: ord is not callable (not-callable)

---------------------------------------
Your code has been rated at -25.00/10
```

따라서 파이린트나 플레이크8 같은 툴을 사용해서 코드를 다시 검증하는 것이 좋다.

13.1.3 verse() 함수 만들기

프로그램의 기본적인 구조는 모두 갖춰졌다. 이제 제대로 된 출력값을 만들어보자. 먼저 test_verse()를 변경해서 실제 1절, 2절 가사를 확인할 수 있게 하겠다. 물론 원한다면 2절 이상의 가사를 테스트하게 만들어도 되지만, 이론상 첫째 날, 둘째 날 가사만 잘 만들면 나머지 날들도 문제없이 처리할 수 있다.

```python
def test_verse():
    """Test verse"""

    assert verse(1) == '\n'.join([
        'On the first day of Christmas,', 'My true love gave to me,',
        'A partridge in a pear tree.'
    ])

    assert verse(2) == '\n'.join([
        'On the second day of Christmas,', 'My true love gave to me,',
        'Two turtle doves,', 'And a partridge in a pear tree.'
    ])
```

이 함수를 twelve_days.py 프로그램에 추가하면 pytest twelve_days.py 명령으로 verse() 함수를 테스트할 수 있다. 물론 실행하면 테스트가 실패한다.[2]

```
================================ FAILURES ================================
_____ test_verse _____

    def test_verse():
        """Test verse"""

>       assert verse(1) == '\n'.join([      앞에 있는 >는 해당 줄이 예외를
            'On the first day of Christmas,', 'My true love gave to me,',
            'A partridge in a pear tree.'     가사와 일치하는지 확인한다.
        ])
E       AssertionError: assert 'On the first...of Christmas,' == 'On the first
    ... a pear tree.'                  verse(1)이 실제로 생성하는 텍스트로
E         - On the first day of Christmas,    가사의 첫 번째 줄이다.
E         + On the first day of Christmas,    다음 줄은 예상한 가사다.
E         ? +
E         + My true love gave to me,
E         + A partridge in a pear tree.

twelve_days.py:88: AssertionError
========================== 1 failed in 0.11 seconds ==========================
```

발생시키고 있다는 것을 알려준다.
verse(1)을 실행하고 있으며 예상한

---

2   [옮긴이] 앞에서 test_verse()를 추가한 경우는 함수 내용만 위 내용으로 변경해 주면 된다.

이제 각 절의 나머지 가사를 완성하면 된다. 모든 절은 다음과 같이 시작한다.

```
On the {ordinal[day]} day of Christmas,
My true love gave to me,
```

다음은 각 절(날짜)별로 선물을 추가해야 한다.

1 A partridge in a pear tree 배나무 위에 있는 1마리의 자고새

2 Two turtle doves 2마리의 산비둘기

3 Three French hens 3마리의 프랑스 암탉

4 Four calling birds 4마리의 지저귀는 새

5 Five gold rings 5개의 금반지

6 Six geese a laying 6마리의 알 낳는 거위

7 Seven swans a swimming 7마리의 물 위의 백조

8 Eight maids a milking 8명의 우유 짜는 시녀

9 Nine ladies dancing 9명의 춤추는 숙녀

10 Ten lords a leaping 10명의 점프하는 영주

11 Eleven pipers piping 11명의 피리 부는 사나이

12 Twelve drummers drumming 12명의 북 치는 연주자

첫째 날 이후 가사부터는 마지막 줄이 'A partridge…'에서 'And a partridge…'로 바뀐다.

각 절은 주어진 날부터 거꾸로 세야 한다. 예를 들어, day가 3이라면 가사 리스트는 다음과 같다.

1 Three French hens

2 Two turtle doves

3 And a partridge in a pear tree

3장에서 리스트를 역순으로 만드는 법을 배웠다. list.reverse() 메서드를 사용하거나 reversed() 함수를 사용하면 된다. 이 아이디어는 11장에서 맥주병을 셀 때도 사용했으므로 낯설지 않을 것이다.

```
>>> day = 3
>>> for n in reversed(range(1, day + 1)):
...     print(n)
...
3
2
1
```

verse() 함수를 수정해서 처음 두 줄의 가사를 출력한 후 주어진 날부터 거꾸로 숫자를 세도록 만들어보자.

```
>>> print(verse(3))
On the third day of Christmas,
My true love gave to me,
3
2
1
```

다음은 3, 2, 1 대신에 실제 가사를 넣어보자.

```
>>> print(verse(3))
On the third day of Christmas,
My true love gave to me,
Three French hens,
Two turtle doves,
And a partridge in a pear tree.
```

여기까지 했다면 test_verse() 테스트를 통과할 것이다.

13.1.4 verse() 함수 사용하기

다음은 verse()를 호출해서 사용하는 방법을 생각해 보자. for 문을 사용하거나

```
verses = []
for day in range(1, args.num + 1):
    verses.append(verse(day))
```

가사 리스트를 만들어야 하니 리스트 내포를 사용하는 편이 나을 수도 있다.

```
verses = [verse(day) for day in range(1, args.num + 1)]
```

또는 map()을 사용할 수도 있다.

```
verses = map(verse, range(1, args.num + 1))
```

13.1.5 출력하기

모든 절의 가사가 준비됐다면, str.join()을 사용해서 결과물을 출력하면 된다. 기본 설정은 '표준 출력'(STDOUT)에 출력하는 것이지만, --outfile을 사용해서 출력할 파일명을 지정할 수도 있다. 5장에서 사용한 방법을 단순히 복사해서 사용해도 되지만, type=argparse. FileType('wt')를 사용해서 결과 파일을 어떻게 정의하는지 이해해 두면 나중에 도움이 될 것이다.

13.1.6 작성할 시간이다

여기서 설명한 방법을 그대로 따라 할 필요는 없다. '올바른' 답안은 여러분 스스로 이해하고 작성한 후 테스트를 통과하는 코드일 것이다. 내가 제시한 verse() 함수를 만들고 제공한 테스트 함수를 사용해서 테스트하는 방식이 마음에 든다면 그렇게 하면 된다. 다른 방법을 사용해도 괜찮다. 단, 가능한 한 문제를 작은 단위로 나누고 함수와 테스트도 이에 맞추어 작게 만들어 해결하려고 해보자.

테스트를 통과하는 데는 몇 시간이 걸릴 수도 있고 며칠이 걸릴 수도 있으니 여유를 갖고 진행하자. 가끔은 짧은 산책이나 낮잠이 문제 해결의 실마리를 줄 수도 있다. 해먹hammock[3]이 유혹하거나 한 잔의 차가 유혹을 한다면 거기에 응하자.

13.2 예시 답안

이 프로그램을 통해 200마리의 새를 선물로 받을 수도 있다. 다음은 map()을 사용한 답안이고, 뒤에서 for와 리스트 내포를 사용한 방법도 살펴보겠다.

---

[3]　인터넷에서 클로저(Clojure) 언어의 창시자인 리치 히키(Rich Hickey)의 '해먹 주도 개발(Hammock Driven Development)'을 검색해 보자.

```python
#!/usr/bin/env python3
"""Twelve Days of Christmas"""

import argparse
import sys


# --------------------------------------------------
def get_args():
    """Get command-line arguments"""

    parser = argparse.ArgumentParser(
        description='Twelve Days of Christmas',
        formatter_class=argparse.ArgumentDefaultsHelpFormatter)

    parser.add_argument('-n',          ◄──── --num 인수는 int 타입이며 기본값은 12다.
                        '--num',
                        help='Number of days to sing',
                        metavar='days',
                        type=int,
                        default=12)

    parser.add_argument('-o',     ◄──────┐
                        '--outfile',      │  --outfile은 type=argparse.FileType('wt')이며
                        help='Outfile',   │  기본값은 sys.stdout이다. 이 값을 지정한 경우에
                        metavar='FILE',   │  는 쓰기 가능한 파일이어야 한다. 즉, argparse가
                        type=argparse.FileType('wt'),  해당 파일을 열어서 기록할 수 있어야 한다.
                        default=sys.stdout)

    args = parser.parse_args()  ◄─────  명령줄 인수의 전달 결과를 args 변수에 저장한다.

    if args.num not in range(1, 13):  ◄─────  args.num이 1부터 12 사이의 값인지 확인한다.
        parser.error(f'--num "{args.num}" must be between 1 and 12')  ◄──┐
                                                                         │
                              args.num이 범위 내에 없으면 parser.error()를 사용해서
        return args            짧은 도움말과 오류 메시지를 STDERR에 출력한다.
                               그리고 오류 코드와 함께 프로그램을 종료한다. 오류 메시지에는
                               사용자를 위해 틀린 값과 옳은 값을 함께 표시하는 것이 좋다.

# --------------------------------------------------
def main():
    """Make a jazz noise here"""
                               명령줄 인수를 받는다. 모든 인수의 검증은 get_args()에서 끝난다. 따라서
    args = get_args()  ◄─────  이 함수의 호출이 문제없이 된다면 제대로 된 인수가 전달됐음을 의미한다.
    verses = map(verse, range(1, args.num + 1))  ◄─────  args.num의 날짜를 기준으로 가사를 생성한다.
    print('\n\n'.join(verses), file=args.outfile)  ◄──┐
                                                       │  각 절의 가사를 두 개의 줄바꿈 문자로
                                                          연결한 후 args.outfile(파일 또는
                                                          표준 출력)에 출력한다.

# --------------------------------------------------
def verse(day):  ◄─────  주어진 날(day)의 가사를 생성하는 함수다.
    """Create a verse"""

    ordinal = [  ◄─────  ordinal(서수) 값은 문자열로 구성된 리스트다.
        'first', 'second', 'third', 'fourth', 'fifth', 'sixth', 'seventh',
        'eighth', 'ninth', 'tenth', 'eleventh', 'twelfth'
```

```python
    ]

    gifts = [          ◄──── gifts는 문자열로 구성된 리스트다.
        'A partridge in a pear tree.',
        'Two turtle doves,',
        'Three French hens,',
        'Four calling birds,',
        'Five gold rings,',
        'Six geese a laying,',
        'Seven swans a swimming,',
        'Eight maids a milking,',
        'Nine ladies dancing,',
        'Ten lords a leaping,',
        'Eleven pipers piping,',
        'Twelve drummers drumming,',
    ]
                        ┌──── 각 절의 첫 두 줄은 모두 동일하게 시작된다.
                        │     서수만 날에 맞춰 바꿔주면 된다.
    lines = [  ◄────────┘
        f'On the {ordinal[day - 1]} day of Christmas,',
        'My true love gave to me,'
    ]
                                                     ┌──── list.extend()를 사용해서 날짜별 선물을 추가한다. 첫째 날
    lines.extend(reversed(gifts[:day]))  ◄───────────┘      부터 주어진 날까지의 선물을 추출한 후에 역으로 저장한다.

    if day > 1:   ◄──── 날(day)이 1보다 큰지 확인한다.
        lines[-1] = 'And ' + lines[-1].lower()  ◄───┐
                                                     │  마지막 줄의 가사를 소문자로 바꾼 후
                                                     └  가사 머리에 'And '를 붙인다.
    return '\n'.join(lines)  ◄───┐
                                 │  줄바꿈 문자로 연결한
                                 └  가사를 반환한다.

# --------------------------------------------------
def test_verse():  ◄──── verse() 함수용 단위 테스트 코드다.
    """Test verse"""

    assert verse(1) == '\n'.join([
        'On the first day of Christmas,', 'My true love gave to me,',
        'A partridge in a pear tree.'
    ])

    assert verse(2) == '\n'.join([
        'On the second day of Christmas,', 'My true love gave to me,',
        'Two turtle doves,', 'And a partridge in a pear tree.'
    ])


# --------------------------------------------------
if __name__ == '__main__':
    main()
```

13.3 해설

get_args()에는 새로운 내용이 없으니 간단히 보고 넘어가겠다. --num 옵션은 int 형이며 기본값은 12다. parser.error()는 사용자가 잘못된 값을 지정한 경우 프로그램을 종료시키기 위해 사용한다. --outfile 옵션은 설정 방법이 약간 다른데, type=argparse.FileType('wt')를 사용해서 정의하고 있다. 즉, argparse를 통해 얻는 값이 쓰기 가능한 파일임을 의미한다. 이 인수의 기본값은 sys.stdout으로 화면에 출력하는 것이지만, 표준 출력을 파일로 설정할 수도 있다. 결과적으로 argparse를 통해 두 가지 출력 모드를 설정할 수 있었고 이를 통해 많은 시간을 줄일 수 있었다.

13.3.1 한 절의 가사 만들기

verse()라는 함수를 만들어서 주어진 날(int 값)에 해당하는 가사를 생성하게 했다.

```python
def verse(day):
    """Create a verse"""
```

그리고 서수 값을 표현하기 위해 리스트를 사용하기로 결정했다.

```python
ordinal = [
    'first', 'second', 'third', 'fourth', 'fifth', 'sixth', 'seventh',
    'eighth', 'ninth', 'tenth', 'eleventh', 'twelfth'
]
```

날(day)은 1부터 세지만 파이썬에서는 리스트가 0부터 시작한다(그림 13.2 참고). 따라서 날에서 1을 빼야 한다.

```python
>>> day = 3
>>> ordinal[day - 1]
'third
```

```
                첨자    날
ordinal = [
    'first'      0     1
    'second'     1     2
    'third'      2     3
    'fourth'     3     4
    'fifth'      4     5
    'sixth'      5     6
    'seventh'    6     7
    'eighth'     7     8
    'ninth'      8     9
    'tenth'      9    10
    'eleventh'  10    11
    'twelfth'   11    12
]
```

그림 13.2 날은 1부터 세지만 파이썬의 첨자는
0부터 시작한다.

딕셔너리를 사용할 수도 있다.

```
ordinal = {
    1: 'first', 2: 'second', 3: 'third', 4: 'fourth',
    5: 'fifth', 6: 'sixth', 7: 'seventh', 8: 'eighth',
    9: 'ninth', 10: 'tenth', 11: 'eleventh', 12: 'twelfth',
}
```

이 경우에는 1을 빼지 않아도 된다. 어떤 방법이든 선호하는 방법을 사용하면 된다.

```
>>> ordinal[3]
'third'
```

선물(gifts)을 위해서도 리스트를 사용했다.

```
gifts = [
    'A partridge in a pear tree.',
    'Two turtle doves,',
    'Three French hens,',
    'Four calling birds,',
    'Five gold rings,',
    'Six geese a laying,',
    'Seven swans a swimming,',
    'Eight maids a milking,',
    'Nine ladies dancing,',
    'Ten lords a leaping,',
    'Eleven pipers piping,',
    'Twelve drummers drumming,',
]
```

이 경우 리스트를 사용하는 편이 낫다. 리스트 슬라이스를 사용해서 해당 날의 선물을 추출할 수 있기 때문이다(그림 13.3 참고).

```
>>> gifts[:3]
['A partridge in a pear tree.',
 'Two turtle doves,',
 'Three French hens,']
```

gifts[:3]

```
['A partridge in a pear tree.',    0
 'Two turtle doves,',              1
 'Three French hens,',             2
 'Four calling birds,',            3
 'Five gold rings,',               4
 'Six geese a laying,',            5
 'Seven swans a swimming,',        6
 'Eight maids a milking,',         7
 'Nine ladies dancing,',           8
 'Ten lords a leaping,',           9
 'Eleven pipers piping,',          10
 'Twelve drummers drumming,']      11
```

그림 13.3 날을 기준으로 오름차순으로 정렬된 선물 리스트

하지만 이 순서와는 반대로 된 리스트가 필요하다. 이를 위해 지연 함수인 reversed()를 사용했다. 값을 확인하려면 레플에서 list()를 사용해 강제로 출력해야 한다.

```
>>> list(reversed(gifts[:3]))
['Three French hens,',
 'Two turtle doves,',
 'A partridge in a pear tree.']
```

모든 절의 첫 두 줄은 동일하며, ordinal만 해당 날의 값으로 변경해 주면 된다.

```
lines = [
    f'On the {ordinal[day - 1]} day of Christmas,',
    'My true love gave to me,'
]
```

이 두 줄의 가사를 선물과 함께 연결해야 한다. 각 절은 줄 수가 다른 가사로 만들어지므로 리스트를 사용해서 전체 가사를 구성하는 것이 좋다.

gifts를 lines에 추가해야 하므로 list.extend() 메서드를 사용했다.

```
>>> lines.extend(reversed(gifts[:day]))
```

가사를 보면 5줄이 있음을 알 수 있다.

```
>>> lines
['On the third day of Christmas,',
 'My true love gave to me,',
 'Three French hens,',
 'Two turtle doves,',
 'A partridge in a pear tree.']
>>> assert len(lines) == 5
```

list.append() 메서드는 사용할 수 없으니 주의하자. list.extend()와 쉽게 혼동할 수 있지만, extend는 리스트를 인수로 받아서 해당 리스트의 모든 요소를 기존 리스트에 추가한다. 반면 append는 요소 '한 개'를 리스트에 추가한다. 예를 들어, append의 인수로 리스트를 지정하면 해당 리스트가 기존 리스트의 끝에 한 개의 요소로 추가된다.

다음은 reversed() 된 값(리스트)을 lines의 끝에 추가한다. 결과는 5개의 요소가 아니라 3개의 요소가 된다.

```
>>> lines.append(reversed(gifts[:day]))
>>> lines
['On the third day of Christmas,',
 'My true love gave to me,',
 <list_reverseiterator object at 0x105bc8588>]
```

세 번째 요소가 보이지 않으니(지연 함수이므로), list()를 사용해 강제적으로 표시하면 제대로 5개가 되는 것이 아니냐고 생각할 수도 있다. 여러분이 〈스타워즈〉의 제다이 같은 영감을 갖고 있다고 생각할 수도 있지만, 아쉽게도 결과는 같다.

```
>>> lines.append(list(reversed(gifts[:day])))
>>> lines
['On the third day of Christmas,',
 'My true love gave to me,',
 ['Three French hens,', 'Two turtle doves,', 'A partridge in a pear tree.']]
```

여전히 5줄이 아닌 3줄의 가사다.

```
>>> len(lines)
3
```

다음은 day가 1보다 큰지 확인해서 마지막 줄 가사의 'A'를 'And a'로 변경해야 한다.

```
if day > 1:
    lines[-1] = 'And ' + lines[-1].lower()
```

여기서 lines를 리스트로 사용하는 또 다른 이유를 알 수 있다. 바로 리스트가 **변경 가능한** 객체라는 것이다. lines를 문자열(str)로 표현할 수도 있었지만, 문자열은 **변경 불가능**해서 마지막 줄을 바꾸기가 훨씬 어렵다.

마지막은 가사를 결합해서 하나의 문자열값으로 반환하는 것이다. 이를 위해 lines를 줄바꿈 문자로 연결해서 반환하고 있다.

```
>>> print('\n'.join(lines))
On the third day of Christmas,
My true love gave to me,
Three French hens,
Two turtle doves,
A partridge in a pear tree.
```

함수가 연결된 가사를 반환하고 test_verse() 테스트를 통과할 것이다.

13.3.2 가사 생성하기

verse() 함수와 반복을 사용하면 1부터 --num까지 필요한 모든 절의 가사를 출력할 수 있다. 그리고 그 결과를 verses라는 리스트에 저장한다.

```
day = 3
verses = []
for n in range(1, day + 1):
    verses.append(verse(n))
```

맞는 수의 가사가 작성됐는지 테스트할 수 있다.

```
>>> assert len(verses) == day
```

빈 문자열이나 리스트를 만들고 거기에 for 문을 이용해서 요소를 추가하는 패턴을 본다면, for 문 대신 리스트 내포를 고려해 보자.

```
>>> verses = [verse(n) for n in range(1, day + 1)]
>>> assert len(verses) == day
```

개인적으로는 리스트 내포보다 map()을 좋아한다. 그림 13.4를 보고 세 가지 방식이 어떻게 서로 연결되는지 확인하자. map()은 지연 함수이므로 값을 확인하려면 레플에서 list()를 사용해야 한다(프로그램에서는 그럴 필요가 없다).

```
>>> verses = list(map(verse, range(1, day + 1)))
>>> assert len(verses) == day
```

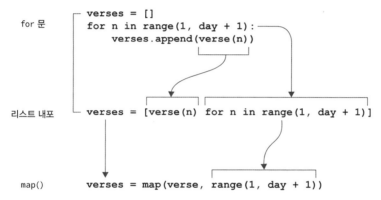

그림 13.4 for 문, 리스트 내포, map()을 사용해서 리스트 만들기

결과적으로는 세 가지 방식 모두 원하는 수의 가사를 만든다. 자신이 가장 이해하기 쉬운 방법을 선택하자.

13.3.3 가사 출력하기

11장의 '99개의 맥주병'처럼 각 절 사이에 한 줄의 공백을 두고 출력하게 했다. 이때 필요한 것이 str.join()이다.

```
>>> print('\n\n'.join(verses))
On the first day of Christmas,
My true love gave to me,
A partridge in a pear tree.
```

```
On the second day of Christmas,
My true love gave to me,
Two turtle doves,
And a partridge in a pear tree.

On the third day of Christmas,
My true love gave to me,
Three French hens,
Two turtle doves,
And a partridge in a pear tree.
```

print() 함수의 file 인수를 사용해서 텍스트를 파일에 기록할 수도 있다. args.outfile 값은 사용자가 지정한 파일이거나 sys.stdout이다.

```
print('\n\n'.join(verses), file=args.outfile)
```

또는 fh.write()를 사용할 수도 있지만, 줄 끝에 줄바꿈을 추가하는 것을 잊으면 안 된다(print()는 자동으로 줄바꿈을 추가해 준다).

```
args.outfile.write('\n\n'.join(verses) + '\n')
```

'99개의 맥주병'처럼 수백 가지의 방법으로 이 프로그램을 작성할 수 있다. 전혀 다른 방법으로 작성해서 테스트를 통과했다면 매우 잘한 일이다. 꼭 여러분의 코드를 나에게 공유해 주길 바란다. 이 장에서 강조하고 싶었던 것은 verse()라는 하나의 함수를 작성하고 테스트하고 사용하는 방법이었지만, 여러분이 다른 방법을 사용했다면 꼭 보고 싶다.

13.4 심화 학습

emoji 모듈을 설치(*https://pypi.org/project/emoji/*)[4]해서 선물을 단순한 텍스트가 아닌 다양한 이모티콘으로 출력해 보자. 예를 들어, ':bird:'를 사용해서 꿩이나 비둘기 같은 모든 새 대신

---

4   옮긴이 emoji 모듈은 다음과 같이 설치하면 된다.

```
$ pip install emoji --upgrade
```

에 💚를 출력할 수 있다. ':man:'이나 ':woman:', ':drum:'도 사용했지만 어떤 이모티콘을 사용할지는 여러분 자유다.

```
On the twelfth day of Christmas,
My true love gave to me,
Twelve 🥁s drumming,
Eleven 😮s piping,
Ten 👦s a leaping,
Nine 👩s dancing,
Eight 💀s a milking,
Seven 🦢s a swimming,

Six 🦢s a laying,
Five gold ♂s,
Four calling 🦢s,
Three French 🦢s,
Two turtle 🦢s,
And a 🦢 in a pear tree.
```

정리

- 반복적인 작업을 구성할 때 다양한 알고리즘을 고려할 수 있다. 여기서는 하나의 작업을 처리할 수 있는 함수와 테스트를 작성했고 입력값을 바꿔가며 전체 범위의 작업을 실행했다.

- range() 함수는 시작값, 종룟값 사이에 있는 정수(int)를 반환한다. 종룟값은 포함되지 않는다.

- reversed() 함수를 사용해서 range()가 반환한 값을 역순으로 바꿀 수 있다.

- type=argparse.FileType('wt')를 사용해서 인수를 정의하면, 파일을 열어서 텍스트를 기록할 수 있는 파일 핸들을 얻을 수 있다.

- sys.stdout의 파일 핸들은 항상 열려 있으며 쓰기 가능하다.

- gifts를 리스트로 구성하면 리스트 슬라이스를 사용해서 해당 날의 선물을 쉽게 추출할 수 있다. 그리고 reversed() 함수를 사용해서 슬라이스한 선물을 역순으로 정렬할 수 있다.

- 리스트는 변경 가능한 객체이므로 lines를 리스트로 구성했다. 이를 통해 day가 1보다 큰 경우 마지막 줄의 가사를 쉽게 변경할 수 있었다.

- 변수나 함수를 간섭shadowing한다는 것은 기존 변수명이나 함수명을 재사용한다는 뜻이다. 예를 들어, 이미 존재하는 함수명을 가지고 변수를 만들면 간섭에 의해 해당 함수는 숨겨진다. 파이린트 같은 툴을 사용하면 이런 간섭을 예방할 수 있으며, 일반적인 코딩 문제도 찾아낼 수 있다.

운율 생성기: 정규 표현식을 사용해서 운율 맞추기

영화 〈프린세스 브라이드The Princess Bride〉에서는 이니고와 페직이라는 캐릭터가 운율 게임을 즐겨 한다. 특히 그들의 잔혹한 보스인 비즈니가 고함을 칠 때 이 게임을 한다.

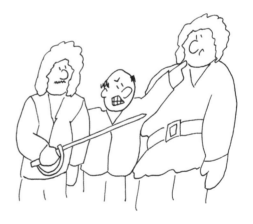

이니고: 비즈니가 한바탕 난리fuss를 치겠군.

페직: 우리us한테 고함지르는 걸 즐기는 것 같아.

이니고: 악의harm는 없을 거야.

페직: 정말 매력charm 없는 사람이야.

7장에서 사용된 샘플 데이터인 alternate.txt를 준비할 때, 'cyanide시안화합물' 같은 단어를 사용해서 운율을 만들어야 했다. 처음에는 알파벳의 자음으로 단어의 첫 글자를 바꾸려 했다. 'b'는 'byanide'라고 하고 'c'는 이미 있는 것이라 넘어가고, 'd'는 'dyanide'라고 하는 식이다. 이것을 일일이 변경하는 것은 번거롭기 때문에 프로그램을 작성하기로 했다.

이것은 또 다른 버전의 찾기-바꾸기Find-Replace 프로그램으로, 4장에서 본 문자열의 모든 숫자

바꾸기나 8장에서 본 모든 모음 바꾸기와 같다. 앞의 프로그램들은 **명령형**imperative 방식으로 매우 수동적이었다. 문자열의 각 글자를 읽어서 원하는 값과 비교하고, 가능한 경우 새 값을 반환하는 방식이다.

8장의 마지막 방법에서 '정규 표현식regular expression'('regexes'라고도 부른다. 'George'의 g 발음처럼 부드러운 '지' 발음을 사용해서 '리젝시스(또는 리젝스)'라고 읽는다.)에 대해 언급했었다. 정규 표현식은 **선언형**declarative 방식을 사용해서 텍스트의 패턴을 정의하는 것이다. 내용이 조금 어려울 수도 있지만, 정규 표현식으로 무엇을 할 수 있는지 소개해 주고 싶다.

이 장에서는 한 단어로 발음이 비슷한(비슷한 운율을 가진) 여러 단어를 만들어내게 한다. 예를 들어 'bake베이크'라는 단어가 주어지면 'cake케이크', 'make메이크', 'thrake스레이크' 같이 비슷한 운율의 단어를 만드는 것이다. 'thrake'는 사실 사전에 없는 단어로, 단순히 'bake'의 'b'를 'thr'로 변경한 것이다.

이 알고리즘은 단어의 시작 부분에 있는 자음과 나머지 단어를 분리하는 것부터 시작한다. 예를 들어, 'bake'는 'b'와 'ake'를 분리한다. 그리고 'b'를 알파벳에 있는 다른 자음이나 다음과 같은 자음들의 묶음으로 변경한다.

```
bl br ch cl cr dr fl fr gl gr pl pr sc sh sk sl sm sn sp st
sw th tr tw thw wh wr sch scr shr sph spl spr squ str thr
```

다음은 'cake'가 주어졌을 때 프로그램이 생성할 첫 세 단어다.

```
$ ./rhymer.py cake | head -3
bake
blake
brake
```

다음은 마지막 세 단어다.

```
$ ./rhymer.py cake | tail -3
xake
yake
zake
```

결과는 알파벳순으로 정렬되게 하자. 테스트할 때 중요한 요소다.

단어의 앞 자음을 리스트에 있는 다른 자음으로 변경해서 총 56개의 단어를 만들어낼 것이다.

```
$ ./rhymer.py cake | wc -l
      56
```

단순히 첫 글자(자음)만 변경하는 것이 아니라, 시작 부분의 '모든' 자음을 변경해야 한다. 예를 들어, 'chair'라면 'ch'를 다른 자음으로 변경해야 한다.

```
$ ./rhymer.py chair | tail -3
xair
yair
zair
```

'apple'처럼 단어가 자음으로 시작하지 않으면 자음 리스트에 있는 모든 소리를 단어 앞에 붙이게 한다. 예를 들면 'bapple', 'shrapple'과 같이 만드는 것이다.

```
$ ./rhymer.py apple | head -3
bapple
blapple
brapple
```

모음으로 시작하는 단어는 교체할 자음이 없으므로 57개의 단어를 생성한다.

```
$ ./rhymer.py apple | wc -l
      57
```

알고리즘을 쉽게 하기 위해 입력값이 대문자라도 항상 소문자로 단어를 출력하게 한다.

```
$ ./rhymer.py GUITAR | tail -3
xuitar
yuitar
zuitar
```

단어가 자음으로만 구성된 경우에는 해당 단어의 운율을 만들 수 없다는 메시지를 출력한다.

```
$ ./rhymer.py RDNZL
Cannot rhyme "RDNZL"
```

단어 시작 부분의 자음을 찾아내는 일은 정규 표
현식을 사용하면 아주 쉽게 할 수 있다.

이 장에서 다루는 내용은 다음과 같다.

- 정규 표현식 작성 및 사용하기

- 가드를 리스트 내포와 함께 사용하기

- 리스트 내포의 가드와 filter() 함수의 유사성

- 다양한 타입의 참/거짓 구분하는 방법

14.1 rhymer.py 작성하기

이 장의 프로그램은 하나의 위치 인수(운율을 생성할 문자열)를 받는다. 그림 14.1은 세련되고
snazzy, 화려하고jazzy, 엉뚱하고frazzy, 허황된thwazzy 입출력 다이어그램을 보여준다.

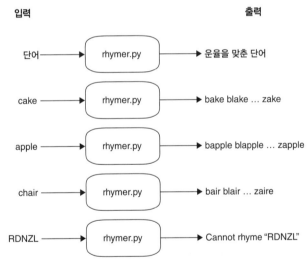

입력   출력

단어 → rhymer.py → 운율을 맞춘 단어

cake → rhymer.py → bake blake … zake

apple → rhymer.py → bapple blapple … zapple

chair → rhymer.py → bair blair … zaire

RDNZL → rhymer.py → Cannot rhyme "RDNZL"

그림 14.1 운율 생성기 프로그램의 입력값은 한 단어이고, 출력값은 운율을 맞춘 단어 목록 또는 오류 메시지다.

인수를 지정하지 않거나 -h, --help를 사용한 경우에는 다음과 같은 도움말을 표시해야 한다.

```
$ ./rhymer.py -h
usage: rhymer.py [-h] word

Make rhyming "words"

positional arguments:
  word          A word to rhyme

optional arguments:
  -h, --help  show this help message and exit
```

14.1.1 단어 쪼개기

이 프로그램의 핵심은 주어진 단어를 자음 부분과 나머지 부분으로 쪼개는 것이다(단어의 어간stem과 비슷한 개념이다).

먼저 stemmer()라는 함수를 정의하는 것부터 시작하겠다. 현재는 빈 함수다.

```
def stemmer():
    """Return leading consonants (if any), and 'stem' of word"""
    pass ◄──── pass 문은 아무런 처리를 하지 않는다. 현재 함수의 반환값이 없으므로 None을 반환한다.
```

다음은 test_stemmer()를 정의한다. 이 과정을 통해 stemmer 함수의 입출력에 대해 생각해 볼 수 있다. 'cake'나 'apple'처럼 처리 가능한 입력값뿐만 아니라 빈 문자열이나 숫자 등 처리 불가능한 값도 테스트할 필요가 있다.

```
def test_stemmer():
    """test the stemmer"""

    assert stemmer('') == ('', '')                    ❶
    assert stemmer('cake') == ('c', 'ake')            ❷
    assert stemmer('chair') == ('ch', 'air')          ❸
    assert stemmer('APPLE') == ('', 'apple')          ❹
    assert stemmer('RDNZL') == ('rdnzl', '')          ❺
    assert stemmer('123') == ('123', '')              ❻
```

이 테스트는 다음과 같이 좋고 나쁜 입력값을 모두 확인한다.

❶ 빈 문자열

❷ 한 글자의 자음으로 시작하는 단어

❸ 자음 모음(한 글자 이상의 자음)으로 시작하는 단어

❹ 대문자이면서 첫 글자가 자음이 아닌 단어. 이 경우는 소문자가 반환되는 것을 확인

❺ 모음이 없는 단어

❻ 단어가 아닌 것

stemmer() 함수가 항상 두 개의 요소로 구성된 튜플(단어의 (start, rest))을 반환하게 한다(물론 다른 방식으로 작성해도 된다. 테스트도 이에 맞추어 변경하는 것을 잊지 말자). 운율을 맞추는 부분은 튜플의 두 번째 요소인 rest다. 예를 들어 'cake'는 튜플 ('c', 'ake')를 생성하며, 'chair'는 ('ch', 'air')를 생성한다. 'APPLE'은 start가 없고 rest만 있으며 소문자여야 한다.

테스트를 작성할 때는 옳은 데이터와 틀린 데이터를 모두 준비해서 함수와 프로그램을 테스트한다. 위의 테스트 데이터 중 3개는 운율을 만들 수 없다. 빈 문자열(''), 모음이 없는 문자열('RDNZL'), 글자가 없는 문자열('123')이 대상 데이터다. 이 경우는 stemmer() 함수가 튜플을 반환할 때 첫 번째 요소는 소문자 단어이고, 두 번째 요소는 단어의 나머지 부분(rest)으로 빈 문자열이 된다. 운율을 갖지 않는 단어를 처리하는 것은 해당 단어를 호출하는 함수가 어떻게 처리하느냐에 달려 있다.

14.1.2 정규 표현식 사용하기

이 프로그램은 정규 표현식을 사용하지 않고서도 작성할 수 있지만, 사용하고 안 하고의 차이가 아주 크다는 사실을 알게 될 것이다.

정규 표현식을 사용하려면 먼저 re 모듈을 불러와야 한다.

```
>>> import re
```

help(re)를 사용해서 정규 표현식이 무엇을 할 수 있는지 확인해 보자. 사실 정규 표현식 자체가 깊이 있는 분야로 시중에 많은 책들이 나와 있으며, 이것만 전문적으로 연구하는 기관도 있다(제프리 프리들Jeffrey Friedl이 쓴 《Mastering Regular Expressions》(O'Reilly, 2006)를 추천한다). 그뿐 아니라 다양한 웹사이트들이 좋은 정보를 제공하고 있으며, *https://regexr.com/* 같은 웹사이트는 직접 작성해 볼 수 있는 환경을 제공한다. 이 장에서는 정규 표현식의 맛만 보고 지나갈 것이다.

이 프로그램의 목적은 정규 표현식을 써서 문자열의 자음을 찾아내는 것이다. 영어에서 자음은 모음을 제외한 부분('a', 'e', 'i', 'o', 'u' 이외의 모든 알파벳)을 의미한다. stemmer() 함수는 소

문자만 반환하므로 이 5개 모음을 제외한 21개의 자음만 정의하면 된다. 21개를 일일이 기입할 수도 있겠지만 짧은 코드를 사용해 만들어보자.

먼저 string.ascii_lowercase부터 시작해 보자.

```
>>> import string
>>> string.ascii_lowercase
'abcdefghijklmnopqrstuvwxyz'
```

다음은 리스트 내포를 '가드guard' 절과 함께 사용해서 모음을 걸러낸다. 자음만으로 구성된 (리스트가 아닌) 문자열이 필요하므로 str.join()을 사용해서 새 문자열을 만들면 된다.

```
>>> import string as s
>>> s.ascii_lowercase
'abcdefghijklmnopqrstuvwxyz'
>>> consonants = ''.join([c for c in s.ascii_lowercase if c not in 'aeiou'])
>>> consonants
'bcdfghjklmnpqrstvwxyz'
```

이것을 for 문과 if 문을 사용해 작성하면 다음과 같이 된다(그림 14.2 참고).

```
consonants = ''
for c in string.ascii_lowercase:
    if c not in 'aeiou':
        consonants += c
```

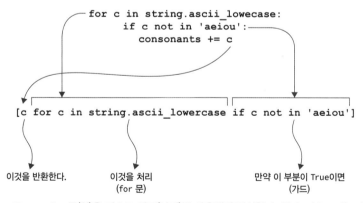

그림 14.2 for 문(위)은 리스트 내포(아래)를 사용해서 작성할 수 있다. 리스트 내포에 가드를 포함시켜서 자음만 선택할 수 있다. 이 가드는 위에 있는 if 문과 같다.

8장에서 문자 클래스를 만들어서 [] 안에 모음을 넣어 비교했었다([aeiou]처럼). 자음에 대해서도 동일한 방식을 사용할 수 있다.

```
>>> pattern = '[' + consonants + ']'
>>> pattern
'[bcdfghjklmnpqrstvwxyz]'
```

re 모듈은 검색과 비슷한 두 가지 기능을 제공한다. re.match()와 re.search()로 두 가지가 항상 헷갈린다. 둘 다 텍스트 형태의 패턴(첫 번째 인수)을 요구하지만, re.match()는 텍스트의 '처음부터' 비교하고 re.search()는 텍스트의 '모든' 부분을 비교한다.

따라서 문자열의 시작 부분에서 자음을 찾아야 하는 우리에겐 re.match()가 적합하다(그림 14.3 참고).

```
>>> text = 'chair'        ← 주어진 텍스트에서 주어진 패턴과 일치하는 부분이 있는지 찾는다.
>>> re.match(pattern, text) ← 찾으면 re.Match 객체를 반환하고, 그렇지 않으면 None을 반환한다.
<re.Match object; span=(0, 1), match='c'> ← 일치(match)한 부분이 있으므로 re.Match
                                            객체의 '문자열화'된 버전을 볼 수 있다.
```

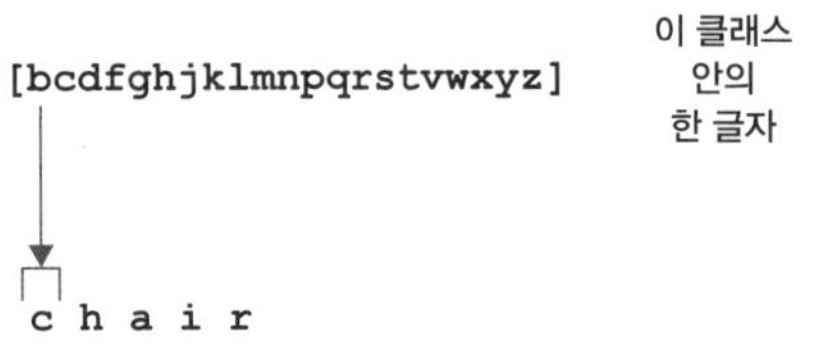

```
                              이 클래스
[bcdfghjklmnpqrstvwxyz]          안의
                              한 글자

                              그림 14.3 자음으로 구성된 문자 클래스는
c h a i r                     'chair'의 'c'와 일치한다.
```

match='c'는 정규 표현식이 문자열 'c'를 단어 시작 부분에서 찾았음을 의미한다. re.match()와 re.search()는 일치하는 부분을 찾은 경우 re.Match 객체를 반환한다. help(re.Match)를 통해 어떤 멋진 기능을 제공하는지 읽어보자.

```
>>> match = re.match(pattern, text)
>>> type(match)
<class 're.Match'>
```

정규 표현식이 'ch'를 찾으려면 어떻게 해야 할까? 문자 클래스 뒤에 '+' 기호를 붙여서 하나 이상의 글자가 일치하게 할 수 있다(그림 14.4 참고). nargs='+'가 하나 이상의 인수를 받는 것과 유사하다. 여기서는 패턴을 만들기 위해 f 문자열을 사용한다.[1]

---

1 [옮긴이] 참고로 f 문자열은 파이썬 3.6부터 사용할 수 있다.

```
>>> re.match(f'[{consonants}]+', 'chair')
<re.Match object; span=(0, 2), match='ch'>
```

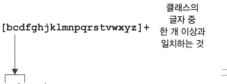

그림 14.4 '+' 기호를 클래스에 추가하면 한 글자
이상을 일치 대상으로 한다.

'apple'처럼 시작이 자음이 아닌 경우에는 어떤 결과를 줄까? 그림 14.5를 보자.

```
>>> re.match(f'[{consonants}]+', 'apple')
```

그림 14.5 자음으로 시작하지 않으므로
매칭에 실패한다.

아무런 반응이 없다. 반환값의 type()을 확인해 보자.

```
>>> type(re.match(f'[{consonants}]+', 'apple'))
<class 'NoneType'>
```

re.match()와 re.search()는 매칭에 실패한 경우 None을 반환해서 일치하는 텍스트가 없음을 알린다. 사실 자음으로 시작되는 단어가 많지 않으므로 놀랄 일도 아니다. 이런 경우는 선택적으로 일치하게 하는 방법이 있다. 다음 절에서 살펴보자.

14.1.3 캡처 그룹 사용하기

자음으로 시작하는(또는 시작하지 않는) 단어를 찾을 수 있게 됐다. 하지만 목표는 텍스트를 두 부분으로 나누는 것으로, 자음과 자음을 제외한 나머지 부분이다.

정규 표현식의 일부를 괄호로 감싸면 '캡처 그룹capture group'을 만들 수 있다. 정규식이 일치한 다면 일치하는 부분을 re.Match.groups()를 사용해서 확인할 수 있다(그림 14.6 참고).

```
>>> match = re.match(f'([{consonants}]+)', 'chair')
>>> match.groups()
('ch',)
```

([bcdfghjklmnpqrstvwxyz]+)
c h a i r
('ch',)

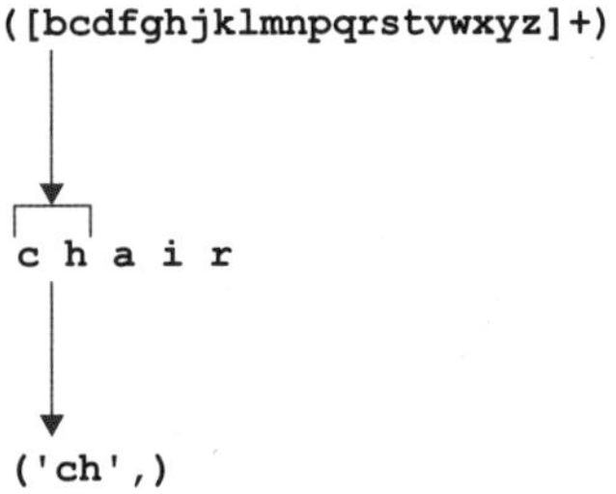

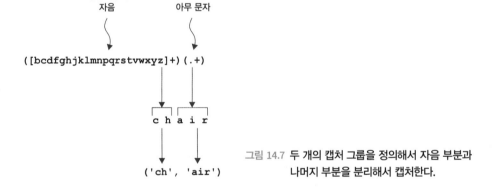

그림 14.6 패턴을 괄호로 감싸서 일치하는 텍스트를 캡처 그룹으로 가져올 수 있다.

consonants자음 뒤에 오는 부분을 캡처하려면 마침표(.)를 사용하면 되고, 플러스 기호(+)를 사용하면 하나 이상의 글자를 모두 캡처한다. 그리고 .+를 괄호로 감싸므로 별도의 캡처 그룹을 구성한다(그림 14.7 참고).

```
>>> match = re.match(f'([{consonants}]+)(.+)', 'chair')
>>> match.groups()
('ch', 'air')
```

하나 이상의 자음
하나 이상의 아무 문자
([bcdfghjklmnpqrstvwxyz]+)(.+)
c h a i r
('ch', 'air')

그림 14.7 두 개의 캡처 그룹을 정의해서 자음 부분과 나머지 부분을 분리해서 캡처한다.

'apple'에 이것을 적용하면 어떻게 될까? 첫 번째 그룹인 자음에 일치하는 것이 없으므로 **전체 캡처가 실패**하고 None을 반환한다(그림 14.8 참고).

```
>>> match = re.match(f'([{consonants}]+)(.+)', 'apple')
>>> match.groups()
Traceback (most recent call last):
  File "<stdin>", line 1, in <module>
AttributeError: 'NoneType' object has no attribute 'groups'
```

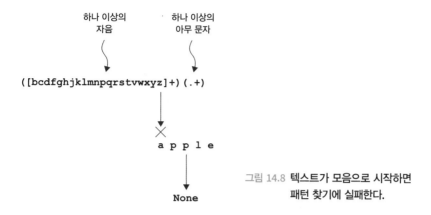

하나 이상의 자음

하나 이상의 아무 문자

```
([bcdfghjklmnpqrstvwxyz]+) (.+)
```

×

a p p l e

None

그림 14.8 **텍스트가 모음으로 시작하면 패턴 찾기에 실패한다.**

re.match()는 패턴을 찾지 못하면 None을 반환하다는 사실을 기억하자. 자음 찾는 것을 (필수가 아닌) 옵션으로 지정하려면 자음 패턴 뒤에 물음표(?)를 붙이면 된다(그림 14.9 참고).

```
>>> match = re.match(f'([{{consonants}}]+)?(.+)', 'apple')
>>> match.groups()
(None, 'apple')
```

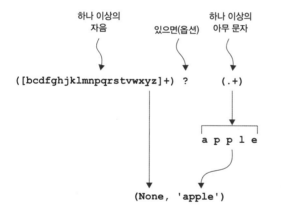

하나 이상의 자음

있으면(옵션)

하나 이상의 아무 문자

```
([bcdfghjklmnpqrstvwxyz]+)   ?   (.+)
```

a p p l e

(None, 'apple')

그림 14.9 **패턴 뒤에 물음표를 붙이면 해당 패턴을 옵션으로 지정한다.**

match.groups() 함수는 각 그룹(괄호 부분)에 일치하는 것을 튜플로 반환한다. 반면, match.group()('s'가 없다)은 그룹의 번호를 지정해서 해당 그룹에 일치하는 부분만 가져올 수 있다. 그룹 번호가 1부터 시작한다는 것에 유의하자.

```
>>> match.group(1)  ◀── 'apple'에는 첫 번째 그룹과 일치하는 것이 없으므로 None이 된다.
>>> match.group(2)  ◀── 두 번째 그룹은 단어 전체와 일치한다.
'apple'
```

프로그램이 항상 소문자만 출력하도록 돼 있어서 지금까지는 소문자만 신경 썼지만, 대문자 단어를 사용하면 어떻게 될지도 살펴보자.

```
>>> match = re.match(f'([{consonants}]+)?(.+)', 'CHAIR')
>>> match.groups()
(None, 'CHAIR')
```

당연하지만 패턴이 소문자만 사용하므로 일치하는 것을 찾지 못한다. 모든 대문자 모음을 패턴에 추가할 수도 있겠지만 좀 더 쉬운 방법이 있다. re.match()의 세 번째 인수를 설정해서 대소문자 구분 없이 찾도록 하는 것이다.

```
>>> match = re.match(f'([{consonants}]+)?(.+)', 'CHAIR', re.IGNORECASE)
>>> match.groups()
('CH', 'AIR')
```

또는 입력된 단어를 강제적으로 소문자로 바꾸는 방법도 있다.

```
>>> match = re.match(f'([{consonants}]+)?(.+)', 'CHAIR'.lower())
>>> match.groups()
('ch', 'air')
```

자음만 있는 텍스트를 사용하면 어떻게 될까?

```
>>> match = re.match(f'([{consonants}]+)?(.+)', 'rdnzl')
>>> match.groups()
('rdnz', 'l')
```

아마 첫 번째 그룹이 단어 전체를 캡처하고 두 번째 그룹은 빈 값을 반환하리라 기대했을 것이다. 'l'만 두 번째 그룹으로 분리된 것은 좀 이상하지만, 정규 표현식을 있는 그대로 해석할 필요가 있다(그림 14.10). 첫 번째 그룹은 하나 이상의 자음을 옵션으로 찾도록 지정했고, 그다음 그룹은 하나 이상의 아무 문자를 찾도록 지정했다(즉, 적어도 한 개를 찾아야 한다). 따라서 하나를 반환하기 위해 마지막 글자를 반환하는 것으로, 사실 우리가 요청한 대로다.

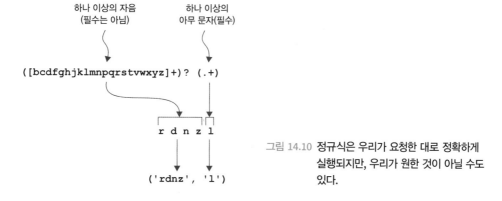

하나 이상의 자음
(필수는 아님)

하나 이상의
아무 문자(필수)

```
([bcdfghjklmnpqrstvwxyz]+)?  (.+)
```

r d n z l

('rdnz', 'l')

그림 14.10 정규식은 우리가 요청한 대로 정확하게 실행되지만, 우리가 원한 것이 아닐 수도 있다.

(.+)를 (.*)로 바꾸면 '0개 이상'을 찾으므로 우리가 원하는 값을 얻을 수 있다.

```
>>> match = re.match(f'([{consonants}]+)?(.*)', 'rdnzl')
>>> match.groups()
('rdnzl', '')
```

123 같은 숫자는 다루지 않으므로 우리가 사용한 정규식이 그렇게 복잡한 편은 아니다. 다른 의미로는 너무 포괄적이다. 사실 마침표(.)는 글자뿐만 아니라 숫자도 찾아낸다(우리가 원하는 결과가 아니다).

```
>>> re.match(f'([{consonants}]+)?(.*)?', '123')
<re.Match object; span=(0, 3), match='123'>
```

따라서 자음 뒤에는 '적어도 하나 이상의 모음'이 오고 그 뒤에 아무 문자(숫자)가 오도록 설정할 필요가 있다. 이를 위해선 문자 클래스를 하나 더 설정해서 모음을 지정하면 된다. 이 모음을 캡처해야 하므로 괄호 안에 넣으면 ([aeiou])가 된다. 마지막으로, 모음 뒤에 '0개 이상'의 아무 문자가 오도록 (.*)라고 지정한다(그림 14.11).

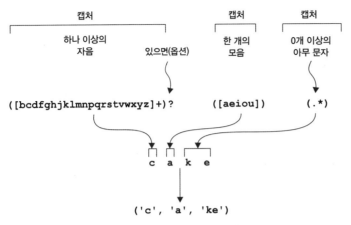

그림 14.11 정규 표현식이 이제 한 개의 모음을 찾는다.

이 식을 사용해서 앞에서 다룬 텍스트를 다시 실행해 보자.

```
>>> re.match(f'([{consonants}]+)?([aeiou])(.*)', 'cake').groups()
('c', 'a', 'ke')
>>> re.match(f'([{consonants}]+)?([aeiou])(.*)', 'chair').groups()
('ch', 'a', 'ir')
>>> re.match(f'([{consonants}]+)?([aeiou])(.*)', 'apple').groups()
(None, 'a', 'pple')
```

텍스트에 모음이 하나도 없거나 혹은 아무 문자도 없는 경우 매칭이 실패함을 확인할 수 있다.

```
>>> type(re.match(f'([{consonants}]+)?([aeiou])(.*)', 'rdnzl'))
<class 'NoneType'>
>>> type(re.match(f'([{consonants}]+)?([aeiou])(.*)', '123'))
<class 'NoneType'>
```

14.1.4 참/거짓

프로그램이 특정 단어에 대해서는 운율을 생성하지 못한다는 사실을 알고 있다. 이런 경우에는 stemmer() 함수가 어떤 식으로 처리해야 할까? 어떤 사람은 이런 경우에 예외exception를 사용하기도 한다. 앞에서도 리스트의 범위를 벗어나는 첨자를 지정하거나 딕셔너리에 없는 키를 지정하는 등 예외 상황이 발생했었다. 예외를 잘 처리하지 않으면 프로그램이 망가질 수도 있다.

개인적으로는 애당초 예외가 발생하지 않도록 코드를 작성한다. stemmer() 함수는 항상 (start, rest)로 구성된 튜플을 반환하며, 값이 없을 때는 None보다 빈 문자열 사용을 선호한다. 다음은 튜플을 반환하는 한 가지 방식이다.

```
if match:  ◀──────  정규식이 일치하지 않으면 결과는 None이 되며
                    (False로 분기), 일치하면 True로 분기한다.
    p1 = match.group(1) or ''  ◀──
    p2 = match.group(2) or ''       3개의 캡처 그룹을 각각의 변수에 할당한다. None 값을
    p3 = match.group(3) or ''       반환하지 않도록 or을 사용한다. or의 왼쪽은 True 분기이고
                                    오른쪽은 False 분기로 빈 문자열을 반환한다.
    return (p1, p2 + p3)  ◀──
else:                           단어의 앞부분(자음일 수 있음)과 나머지
                                (모음 + 아무 문자)를 튜플로 반환한다.
    return (word, '')  ◀──  match 결과가 None이면 word와 빈 문자열
                            (나머지(rest)가 없다는 의미)을 튜플로 반환한다.
```

or 연산자에 대해 자세히 살펴보자. or의 왼쪽과 오른쪽 중 하나를 선택해야 할 때 사용하는 연산자다. or은 첫 번째 참이 되는 값(불에서 True에 해당하는 것과 비슷하다)을 반환한다.

```
>>> True or False  ◀──  True와 False는 문자 그대로이므로 이해하기 쉽다.
True
>>> False or True  ◀──  순서와 상관없이 True 값을 택한다.
True
>>> 1 or 0  ◀──  불에서 0은 거짓이며 그 외의 값은 참이다.
1
>>> 0 or 1  ◀──  숫자도 불값(True/False)처럼 판단한다.
1
>>> 0.0 or 1.0  ◀──  실수도 정수처럼 취급한다. 0.0은 거짓이고 그 외의 값은 참이다.
1.0
>>> '0' or ''  ◀──  문자열에서는 빈 문자열은 거짓이고 그 외는 참이다. '0'을 반환해서
'0'               이상할 수도 있지만, 숫자가 아니라 0이라는 값을 나타내는 문자열이다.
>>> 0 or False  ◀──  참이 없으면 마지막 값을 반환한다.
False
>>> [] or ['foo']  ◀──  빈 리스트는 거짓이며 무언가 들어 있는 리스트는 참이다.
['foo']
>>> {} or dict(foo=1)  ◀──  빈 딕셔너리는 거짓이고 무언가 들어 있는 딕셔너리는 참이다.
{'foo': 1}
```

이 아이디어를 사용해서 stemmer() 함수가 test_stemmer() 함수를 통과하도록 작성할 수 있다. 두 가지 함수가 모두 rhymer.py 프로그램에 있다면 다음과 같이 test_ 함수를 실행할 수 있다.

```
$ pytest -xv rhymer.py
```

14.1.5 결과물 만들기

프로그램의 요구 사항을 다시 확인해 보자.

1 한 개의 문자열을 위치 인수로 받는다.

2 이 문자열을 두 개(단어 시작 부분의 자음과 나머지 부분)로 쪼갠다.

3 성공적으로 쪼갰다면, 나머지 부분(자음이 없으면 단어 전체가 될 수도 있다)을 다른 자음과 결합해서 새 단어를 만든다. 기존 자음이 포함돼서는 안 되고, 단어들을 순서대로 정렬해야 한다.

4 단어를 쪼갤 수 없으면 Cannot rhyme "<word>"라는 메시지를 출력한다.

이제 프로그램을 작성할 시간이다. 즐거운 시간이 되길 바란다.

14.2 예시 답안

예시 답안을 보자. 여러분이 작성한 것과 어떻게 다른가?

```python
#!/usr/bin/env python3
"""Make rhyming words"""

import argparse
import re          ◀──── re 모듈은 정규 표현식을 사용할 수 있게 해준다.
import string


# --------------------------------------------------
def get_args():
    """get command-line arguments"""

    parser = argparse.ArgumentParser(
        description='Make rhyming "words"',
        formatter_class=argparse.ArgumentDefaultsHelpFormatter)

    parser.add_argument('word', metavar='word', help='A word to rhyme')

    return parser.parse_args()


# --------------------------------------------------
def main():
    """Make a jazz noise here"""

    args = get_args()      ◀──── 명령줄의 인수를 받는다.
    prefixes = list('bcdfghjklmnpqrstvwxyz') + ( ◀──
        'bl br ch cl cr dr fl fr gl gr pl pr sc '
        'sh sk sl sm sn sp st sw th tr tw thw wh wr '
        'sch scr shr sph spl spr squ str thr').split()
```

단어의 운율을 만들기 위한 모든 접두어를 정의한다.

```
            start, rest = stemmer(args.word)  ◀──
            if rest:  ◀─── 운율을 만들 수 있는 부분이 있는지 확인한다.
        ──▶     print('\n'.join(sorted([p + rest for p in prefixes if p != start])))
            else:
                print(f'Cannot rhyme "{args.word}"')  ◀──
```

단어(word)를 두 개로 쪼갠다. stemmer() 함수가 항상 2튜플을 반환하므로 값을 두 개의 변수로 나누어 저장할 수 있다.

rest에 운율을 만들 수 있는 글자가 없다면 메시지로 표시해서 사용자가 알게 한다.

있으면 리스트 내포를 사용해서 모든 접두어를 하나씩 읽어서 단어의 어간에 추가한다. 가드를 사용해서 주어진 접두어가 원래 단어의 접두어와 다르게 한다. 모든 값을 정렬해서 출력하고 줄바꿈 문자로 결합한다.

```
# ---------------------------------------------------
def stemmer(word):
    """Return leading consonants (if any), and 'stem' of word"""

        word = word.lower()  ◀─── 단어를 소문자로 바꾼다.
        vowels = 'aeiou'  ◀─── 모음 세트는 자주 사용할 것이므로 미리 변수에 담아둔다.
        consonants = ''.join(  ◀──
            [c for c in string.ascii_lowercase if c not in vowels])
    ──▶ pattern = (
            '([' + consonants + ']+)?'  # 한 개 이상을 캡처(필수 아님)
            '([' + vowels     + '])'    # 적어도 한 개의 모음 캡처
            '(.*)'                      # 0개 이상의 아무것이나 캡처
        )
```

자음은 모음을 제외한 알파벳이다. 소문자만 대상으로 해서 패턴을 찾는다.

패턴은 연속된 문자열로 구성되며, 파이썬이 이 문자열들을 하나로 결합한다.
코드를 여러 줄에 걸쳐 기술하므로, 각 줄마다 주석을 작성할 수 있다.

```
        match = re.match(pattern, word)  ◀──
    ──▶ if match:
            p1 = match.group(1) or ''  ◀──
            p2 = match.group(2) or ''
            p3 = match.group(3) or ''
            return (p1, p2 + p3)  ◀──
        else:
            return (word, '')  ◀──
```

re.match() 함수를 사용해서 단어의 시작 부분이 패턴과 일치하는지 확인한다.

각 그룹을 변수에 저장한다. 이때 None이 아닌 빈 문자열을 사용하게 한다.

새 튜플을 반환한다. 단어의 시작 부분(가능하면 자음)과 나머지 부분(모음 + 아무 문자)이 튜플에 포함된다.

re.match() 함수가 일치하는 것을 못 찾으면 None을 반환한다.
match가 참인지(None이 아닌지)를 확인해서 처리를 분기한다.

일치하지 않으면 단어 전체와 빈 문자열을 나머지(rest) 부분으로 반환해서 운율이 없음을 나타낸다.

```
# ---------------------------------------------------
def test_stemmer():  ◀──
    """test the stemmer"""

    assert stemmer('') == ('', '')
    assert stemmer('cake') == ('c', 'ake')
    assert stemmer('chair') == ('ch', 'air')
    assert stemmer('APPLE') == ('', 'apple')
    assert stemmer('RDNZL') == ('rdnzl', '')
    assert stemmer('123') == ('123', '')


# ---------------------------------------------------
if __name__ == '__main__':
    main()
```

stemmer() 함수를 테스트하는 코드다. 필자는 대상 함수 바로 다음에 테스트 코드를 놓는 것을 선호한다.

14.3 해설

이 프로그램은 다양한 방법으로 작성할 수 있지만, 언제나처럼 문제를 작은 단위로 나누어서 작성하고 테스트하는 것이 좋다. 이를 위해 내가 한 일은 단어를 자음 부분과 나머지 부분으로 쪼개는 것이다. 이것이 되면 다양한 운율의 단어를 만들 수 있으며, 그렇지 않으면 사용자에게 알려줘야 한다.

14.3.1 단어 어간 분리하기

프로그램을 완성하려면 먼저 단어의 어간과 단어의 시작 부분(자음)을 분리해야 한다. 어간은 리스트 내포와 가드를 사용해서 모음이 아닌 글자들만 추출하면 된다.

```
>>> vowels = 'aeiou'
>>> consonants = ''.join([c for c in string.ascii_lowercase if c not in vowels])
```

여러 장에 걸쳐서 리스트 내포가 리스트를 생성하는 함축적 방법이며 for 문을 사용해서 리스트에 요소를 추가하는 방식보다 더 간단함을 확인했다. 여기서는 if 문을 리스트 내포에 추가해서 모음을 제외한 글자만 포함되게 했다. 이것을 **가드**guard문이라고 하며 참값으로 평가된 요소만 결과 리스트에 포함된다.

map()도 여러 번 보았으며, 다른 함수를 인수로 사용하는 **고차 함수**higher-order function, HOF라는 것도 설명했다. map()은 첫 번째 인수로 함수를 받고, **반복형** 객체(리스트처럼 반복할 수 있는 것)의 모든 요소를 이 함수에 적용한다. 여기서는 또 다른 HOF 함수인 filter()를 소개하겠다. 이 함수도 함수와 반복형 객체를 인수로 받는다(그림 14.12 참고). 리스트 내포와 가드처럼, 함수의 반환값이 참인 경우에만 그 값을 리스트에 저장한다.

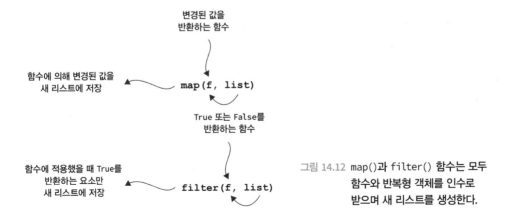

그림 14.12 map()과 filter() 함수는 모두 함수와 반복형 객체를 인수로 받으며 새 리스트를 생성한다.

다음은 filter()를 사용해서 리스트 내포를 작성한 것이다.

```
>>> consonants = ''.join(filter(lambda c: c not in vowels, string.ascii_lowercase))
```

map()처럼 lambda 키워드를 사용해서 **익명 함수**anonymous function를 만들고 있다. c는 인수를 받는 변수이며, 이 경우에는 string.ascii_lowercase의 각 글자가 된다. 함수 전체가 c가 모음이 아니라는 것을 평가하기 위한 것이다. 각 모음은 False를 반환한다.

```
>>> 'a' not in vowels
False
```

각 자음은 True를 반환한다.

```
>>> 'b' not in vowels
True
```

따라서 자음만 filter()를 통과한다. 8장에서 본 'blue' 자동차를 떠올려보자. filter()를 사용해서 'blue'로 시작하는 자동차만 추출하게 하는 것이다.

```
>>> cars = ['blue Honda', 'red Chevy', 'blue Ford']
>>> list(filter(lambda car: car.startswith('blue '), cars))
['blue Honda', 'blue Ford']
```

car 변수가 'red Chevy'라는 값을 갖고 있다면 lambda가 False를 반환하며, 해당 값은 새 리스트에 포함되지 않는다.

```
>>> car = 'red Chevy'
>>> car.startswith('blue ')
False
```

만약 모든 요소가 False로 제외되면, filter()는 빈 문자열([])을 생성한다. 예를 들어, 10보다 큰 수를 filter()로 추출한다고 해보자. 참고로, filter()도 지연 함수로 값을 확인하려면 레플에서 list 함수를 사용해야 한다.

```
>>> list(filter(lambda n: n > 10, range(0, 5)))
[]
```

리스트 내포도 빈 문자열을 반환한다.

```
>>> [n for n in range(0, 5) if n > 10]
[]
```

그림 14.13은 consonants라는 새 리스트를 만들기 위한 세 가지 방식을 비교한 것이다. for 문을 사용하는 방법과 리스트 내포를 가드와 함께 사용한 방법, 그리고 함수적 접근 방법인 filter()를 사용하는 방법이다. 세 가지 방식 모두 완벽한 방법이지만, 가장 파이썬스러운 방법은 리스트 내포다. for 문은 C나 자바Java 개발자가 익숙하게 사용하는 방식이며, filter()는 하스켈Haskell 개발자나 리습Lisp 유형의 언어를 사용한 개발자라면 바로 알아보는 방식이다. filter()는 리스트 내포보다 느릴 수 있으며, 반복형 객체의 크기가 큰 경우에는 특히 더 느리다. 여러분의 코딩 스타일과 애플리케이션 요구 사항에 적합한 것을 고려해서 선택하자.

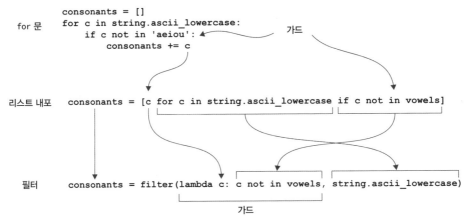

그림 14.13 자음 리스트를 만들기 위한 세 가지 방법: for 문과 if 문을 사용한 방법, 리스트 내포와 가드를 사용한 방법, filter()를 사용한 방법

14.3.2 정규 표현식의 형식 및 주석 지정하기

앞에서 이 프로그램에 필요한 정규 표현식에 대해 설명했었다. 여기서는 정규 표현식을 작성하는 방식을 잠시 살펴보겠다. 다음 예에서는 파이썬 해석기가 가진 재미있는 특성을 사용해서 암묵적으로 인접해 있는 문자열을 하나로 결합하고 있다. 4개의 문자열이 어떻게 하나가 되는지 보자.

```
>>> this_is_just_to_say = ('I have eaten '
... 'the plums '
... 'that were in '
... 'the icebox')
>>> this_is_just_to_say
'I have eaten the plums that were in the icebox'
```

각 문자열의 끝에 쉼표가 없음을 주목하자. 쉼표를 넣으면 문자열로 구성된 튜플이 된다.

```
>>> this_is_just_to_say = ('I have eaten ',
... 'the plums ',
... 'that were in ',
... 'the icebox')
>>> this_is_just_to_say
('I have eaten ', 'the plums ', 'that were in ', 'the icebox')
```

정규 표현식을 여러 줄로 나누어 작성하면 주석을 줄 단위로 작성할 수 있다는 이점이 있다.

```
pattern = (
    '([' + consonants + ']+)?' # 한 개 이상을 캡처(필수 아님)
    '([' + vowels + '])'       # 적어도 한 개의 모음 캡처
    '(.*)'                     # 0개 이상의 아무것이나 캡처
)
```

개별 문자열이 파이썬에 의해 하나의 문자열로 결합된다.

```
>>> pattern
'([bcdfghjklmnpqrstvwxyz]+)?([aeiou])(.*)'
```

정규 표현식 전체를 한 줄에 작성할 수도 있다. 하지만 어떤 버전이 해석하고 쉽고 관리하기 쉬운지 자신에게 물어보자. 방금 본 것이 나은지, 아니면 다음과 같이 한 줄로 작성한 것이 나은지.[2]

```
pattern = f'([{consonants}]+)?([{vowels}])(.*)'
```

---

2   "2주 전에 작성한 코드를 보면 마치 처음 보는 코드 같다." - 댄 허비츠(Dan Hurvitz)

14.3.3 stemmer() 함수를 프로그램 밖에서 사용하기

파이썬 코드의 매우 흥미로운 부분 중 하나는 rhymer.py 프로그램 자체가 마치 **모듈**module처럼 사용될 수 있다는 점이다. 즉, 재사용 가능한(테스트가 끝난) 함수로 정의하지 않았어도 재사용할 수 있다는 뜻이다. 이 함수를 심지어는 레플에서도 사용할 수 있다.

rhymer.py가 있는 디렉터리에서 레플(ipython이나 python3)을 실행해서 확인해 보자.

```
>>> from rhymer import stemmer
```

이제 stemmer() 함수를 수동으로 실행하고 테스트할 수 있다.

```
>>> stemmer('apple')
('', 'apple')
>>> stemmer('banana')
('b', 'anana')
>>> import string
>>> stemmer(string.punctuation)
('!"#$%&\'()*+,-./:;<=>?@[\\]^_`{|}~', '')
```

> **if __name__ == '__main__':의 진짜 의미**
>
> rhymer.py의 마지막 2줄을
>
> ```
> if __name__ == '__main__':
>     main()
> ```
>
> 다음과 같이 바꾸면 어떻게 될까?
>
> ```
> main()
> ```
>
> 그러면 main() 함수가 해당 모듈을 import 할 때 실행된다.
>
> ```
> >>> from rhymer import stemmer
> usage: [-h] str
> : error: the following arguments are required: str
> ```
>
> import rhymer가 rhymer.py 파일을 끝까지 실행해서 마지막 줄의 main() 함수를 호출하기 때문이다.
>
> rhymer.py가 프로그램으로서 실행될 때 __name__ 변수에 '__main__'이 저장된다. 즉, 이때만 main()이 호출되는 것이다. 모듈이 다른 모듈에 의해 import 될 때는 __name__ 변수에 rhymer라는 값이 저장된다.

함수를 명시적으로 import 하지 않은 경우에는 모듈명을 함수명 앞에 붙여서 사용할 수 있다.

```
>>> import rhymer
>>> rhymer.stemmer('cake')
('c', 'ake')
>>> rhymer.stemmer('chair')
('ch', 'air')
```

프로그램을 작은 함수들로 나누어 작성하면 길게 늘어진 코드로 작성할 때보다 많은 이점이 있다. 그중 하나는 작은 함수가 훨씬 작성하기 쉬울 뿐만 아니라 이해하고 테스트하기 쉽다는 것이다. 또 다른 이점은 테스트가 끝난 작은 함수를 모듈에 넣어서 다른 프로그램에서 재사용할 수 있다는 것이다.

프로그램을 작성하면 작성할수록, 같은 문제를 반복해서 해결하고 있는 자신을 발견하게 될 것이다. 재사용할 수 있는 코드를 모듈로 만드는 것이 코드 조각을 여기저기 복사해서 사용하는 것보다 훨씬 낫다. 이렇게 여러 프로그램이 사용하는 함수에서 버그가 발생할 경우, 해당 함수만 한 번 수정하면 함수를 사용하고 있는 모든 프로그램이 수정된다. 아니면 중복된 코드를 모든 프로그램에서 찾아서 일일이 수정해야 한다(코드는 보통 다른 코드들과 얽혀 있어서 이렇게 수동으로 수정하면 더 많은 문제를 초래할 수 있다).

14.3.4 운율 문자열 만들기

stemmer()가 항상 (start, rest)로 된 튜플을 반환하게 해서 반환된 두 값을 두 개의 변수에 각각 저장할 수 있다.

```
>>> start, rest = stemmer('cat')
>>> start
'c'
>>> rest
'at'
```

rest에 값이 있으면 모든 접두사를 단어 시작 부분에 붙일 수 있다.

```
>>> prefixes = list('bcdfghjklmnpqrstvwxyz') + (
...     'bl br ch cl cr dr fl fr gl gr pl pr sc '
```

```
...         'sh sk sl sm sn sp st sw th tr tw wh wr'
...         'sch scr shr sph spl spr squ str thr').split()
```

또 다른 리스트 내포를 가드와 함께 사용해서 start 단어와 같은 접두사는 건너뛰게 했다. 결과는 새 리스트이며, sorted()에 전달해서 알파벳순으로 정렬했다.

```
>>> sorted([p + rest for p in prefixes if p != start])
['bat', 'blat', 'brat', 'chat', 'clat', 'crat', 'dat', 'drat', 'fat',
 'flat', 'frat', 'gat', 'glat', 'grat', 'hat', 'jat', 'kat', 'lat',
 'mat', 'nat', 'pat', 'plat', 'prat', 'qat', 'rat', 'sat', 'scat',
 'schat', 'scrat', 'shat', 'shrat', 'skat', 'slat', 'smat', 'snat',
 'spat', 'sphat', 'splat', 'sprat', 'squat', 'stat', 'strat', 'swat',
 'tat', 'that', 'thrat', 'thwat', 'trat', 'twat', 'vat', 'wat',
 'what', 'wrat', 'xat', 'yat', 'zat']
```

다음은 결과 리스트를 줄바꿈 문자로 결합한 후에 출력한다. 주어진 단어에 rest 부분이 없다면 해당 단어로 운율을 만들 수 없다는 메시지를 출력한다.

```
if rest:
    print('\n'.join(sorted([p + rest for p in prefixes if p != start])))
else:
    print(f'Cannot rhyme "{args.word}"')
```

14.3.5 stemmer()를 정규 표현식 없이 작성하기

정규 표현식을 사용하지 않고서도 문제를 해결할 수 있다. 주어진 문자열에서 첫 모음의 위치를 찾는 것부터 시작해 보자. 모음 한 개가 있으면 리스트 슬라이스를 사용해서 해당 모음이 있는 위치까지의 문자열과 이후 문자열을 나누면 된다.

모음 'aeiou'가 단어에 있는지 찾은 후 현재 모음을 word.index로 매핑해서 위치(첨자)를 찾는다. 이 코드는 드문 방식으로 list()를 사용해서 강제로 지연 함수인 map()을 실행하고 있다. 왜냐하면 다음 if 문에서 구체적인 값을 요구하기 때문이다.

```
def stemmer(word):
    """Return leading consonants (if any), and 'stem' of word"""
    word = word.lower()     ◄── 대문자 처리를 방지하기 위해 주어진
                                단어를 소문자로 바꾼다.
    vowel_pos = list(map(word.index, filter(lambda v: v in word, 'aeiou'))) ◄──
                            단어에 모음이 있는지
                            확인한다.
    if vowel_pos:  ◄──                      첫 번째 모음의 첨자를 찾는다 min 함수를 사용해서 가장 작은
                                            수의 첨자를 찾음으로써 첫 번째 위치만 가져올 수 있다.
        first_vowel = min(vowel_pos) ◄──
        return (word[:first_vowel], word[first_vowel:]) ◄──   첫 번째 모음까지의 단어와 그 이후의
    else:  ◄── 모음이 단어에 없는 경우                              단어로 구성된 튜플을 반환한다.
        return (word, '')
                      └── 단어 전체와 빈 문자열로 구성된 튜플을 반환해서
                          운율을 만들 수 있는 부분이 없음을 알린다.
```

이 함수도 test_stemmer() 테스트를 통과한다. 이 하나의 함수를 위한 테스트를 작성해 두고 가능한 모든 값을 테스트해 둠으로써 기존 코드를 자유롭게 **리팩토링**할 수 있다. stemmer() 함수는 보이지 않는 블랙박스라고 간주한다. 함수를 호출해서 사용할 때는 이 함수에 어떤 코드가 들었는지 신경 쓰지 않아도 된다. 함수가 테스트를 통과하는 한, 사용해도 문제 없는 코드인 것이다(적어도 테스트한 값들에 대해서는 문제가 없다).

작은 함수와 이와 연계된 테스트들은 프로그램을 개선할 수 있는 자유를 준다. 처음에는 실행하는 것이 목적이지만, 나중에는 그것을 아름답게 만들어야 한다. 코드를 개선해도 테스트에 문제가 없으면 기존 기능들이 문제없이 동작한다는 것을 보장해 준다.

14.4 도전 과제

- --output 옵션을 추가해서 지정한 파일에 단어를 출력하게 해보자. 기본값은 STDOUT 이다.

- 입력 파일을 읽어서 파일 안에 있는 모든 단어에 대해 운율을 만들어보자. 6장에서 본 파일 읽기를 참고해서 단어를 분리하고, 각 단어의 운율을 만들어 다시 파일에 저장한다.

- 영어 단어 사전에 있는 모든 자음(중복 없이)을 찾는 프로그램을 작성해 보자(inputs 폴더에 words.txt.zip이라는 파일이 있다. 압축 파일이므로 압축 해제 후 inputs/words.txt라는 파일을 사용하자). 결과를 알파벳순으로 정렬하고, 이를 사용해서 우리 프로그램에서 사용한 자음 리스트를 확장해 보자.

- 프로그램을 수정해서 사전(inputs/words.txt 또는 다른 사전)에 존재하는 단어만 생성하게 해보자.

- 피그 라틴Pig Latin을 만드는 프로그램을 작성해 보자. 피그 라틴이란 앞의 자음을 단어 뒤로 보내고 그 뒤에 다시 '-ay'를 붙이는 것이다. 예를 들어, 'cat'은 'at-cay'가 된다. 단어가 모음으로 시작하는 경우는 끝에 '-yay'를 붙인다. 예를 들어, 'apple'은 'apple-yay'가 된다.

- 두음을 전환하는 프로그램을 작성해 보자. 연속된 두 단어에서 각 단어의 시작 부분이 자음이면 서로의 자음을 교환하는 것이다. 예를 들어, 'crushing blow'는 'blushing crow'가 된다.

정리

- 정규 표현식을 사용하면 원하는 패턴을 정의해서 찾을 수 있다. 정규 표현식 엔진이 이 패턴을 해석해서 일치하는 부분이 있는지 알려준다. 이를 **선언형**declarative 프로그래밍이라 하고, 반대는 **명령형**imperative으로 코드를 직접 작성해서 수동으로 패턴을 찾는 것이다.

- 패턴을 괄호로 감싸서 re.match() 또는 re.search()가 추출한 결과를 '캡처capture'하고 그룹으로 묶을 수 있다.

- 리스트 내포에 가드guard를 추가해서 반복형 객체에서 특정 요소를 제외시킬 수 있다.

- filter() 함수는 리스트 내포와 가드 조합을 작성하는 또 다른 방법이다. map()처럼 지연 함수이자 고차 함수로 다른 함수를 인수로 받아서 주어진 반복형 객체의 요소를 적용한다. 함수에 의해 참값이라고 여겨지는 요소만 반환한다.

- 파이썬 불 로직에서는 다양한 타입(문자열, 숫자, 리스트, 딕셔너리 등)을 사용해 참값을 평가할 수 있다. 즉, if 문에서 단순히 True, False만 사용하는 것이 아니다. 빈 문자열('')이나 정수 0, 실수 0.0, 빈 리스트([]), 빈 딕셔너리({}) 등은 모두 False로 간주되며 다른 값(값이 있는 문자열이나 리스트, 딕셔너리, 0이 아닌 숫자 등)은 모두 True로 간주된다.

- 긴 문자열 코드는 짧은 문자열로 나눌 수 있으며, 파이썬이 하나의 문자열로 결합해 준다. 긴 정규 표현식은 짧은 문자열로 나누고 각 줄마다 주석을 남기는 것이 좋다.

- 작은 단위의 함수와 테스트를 작성해서 모듈 형태로 공유하자. 모든 .py 파일은 모듈이 될 수 있으면 import를 통해서 함수를 불러올 수 있다. 작지만 테스트가 끝난 함수를 공유하는 것이 긴 프로그램을 작성해서 복사/붙여넣기 하는 것보다 낫다.

켄터키 수도사: 정규 표현식 더 배워보기

필자는 미국의 남부 끝에 있는 외진 곳에서 자랐다. ing로 끝나는 단어는 g 발음을 안 하는 곳으로, cooking(쿠킹)이라고 발음하지 않고 cookin'(쿠킨)이라고 발음했다. 또한, 두 명 이상을 가리킬 때는 y'all('you all'의 줄임말)이라고 하는데, 사실 표준 영어 사전에는 두 명 이상을 가리키는 단어가 없으므로 어찌 보면 의미가 있다. 이 장에서는 friar.py라는 프로그램을 작

성한다(편주: 저자가 왜 'friar'라고 했는지는 309쪽 하단의 역주 참고). 하나의 위치 인수를 받아서 2음절 단어이며 마지막이 ing로 끝나면 g를 작은따옴표(')로 변경한다. 그리고 you는 y'all로 변경한다. you가 첫 번째 사람을 가리키는지 두 번째 사람을 가리키는지 알 방법은 없지만 재미있는 도전이 될 것이다.

그림 15.1은 입출력 다이어그램을 보여준다. 인수 없이 실행한 경우나 -h 또는 --help로 실행한 경우 다음과 같은 도움말을 표시해야 한다.

```
$ ./friar.py -h
usage: friar.py [-h] text

Southern fry text

positional arguments:
  text         Input text or file

optional arguments:
  -h, --help   show this help message and exit
```

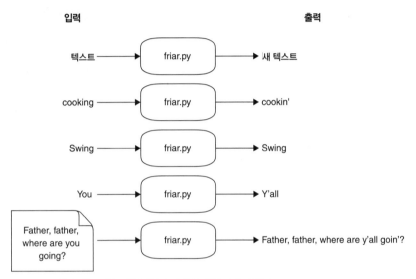

그림 15.1 입력 텍스트를 미국 남부 스타일의 사투리로 바꾼다.

2음절에 있는 ing만 변경한다. 예를 들어 cooking은 cookin'이 되지만, swing은 1음절이므로 그대로 유지된다. 2음절인지 확인하는 일반적인 방법은 ing 앞부분에 모음이 있는지 보는 것이다. cooking은 cook과 ing로 쪼갤 수 있으며 cook에 모음인 o가 있으므로 마지막 g를 버릴 수 있다.

```
$ ./friar.py Cooking
Cookin'
```

swing에서 ing를 제외하면 sw가 남으며 모음이 없다. 따라서 단어를 그대로 유지한다.

```
$ ./friar.py swing
swing
```

you를 y'all로 변경할 때는 y의 대소문자를 유지한다. 예를 들어, You는 Y'all이 된다.

```
$ ./friar.py you
y'all
$ ./friar.py You
Y'all
```

앞에서도 많이 했듯이, 입력값이 파일이 될 수도 있다. 이때는 해당 파일에서 텍스트를 읽어서 처리한다. 테스트를 통과하려면 입력값의 줄 구조를 유지해야 하므로, 줄 단위로 읽는 것이 좋다. 입력값이 다음과 같을 때는

```
$ head -2 inputs/banner.txt
O! Say, can you see, by the dawn's early light,
What so proudly we hailed at the twilight's last gleaming -
```

출력값도 동일한 형태(줄바꿈이 동일)를 유지해야 한다.

```
$ ./friar.py inputs/banner.txt | head -2
O! Say, can y'all see, by the dawn's early light,
What so proudly we hailed at the twilight's last gleamin' -
```

개인적으로는 이런 식으로 텍스트를 변경하는 것이 즐겁다(아마 내가 이상한 것일 수도 있다).

```
$ ./friar.py inputs/raven.txt
Presently my soul grew stronger; hesitatin' then no longer,
"Sir," said I, "or Madam, truly your forgiveness I implore;
But the fact is I was nappin', and so gently y'all came rappin',
And so faintly y'all came tappin', tappin' at my chamber door,
That I scarce was sure I heard y'all" - here I opened wide the door: -
```

이 장에서 다루는 내용은 다음과 같다.

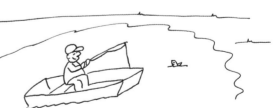

- 정규 표현식의 다른 사용법

- re.match()와 re.search()

  를 사용해서 문자열 시작 부분 또는 문자열의 아무 부분에서 패턴을 찾는 방법

- $ 기호를 사용해서 문자열 끝부분에서 패턴을 찾는 방법

- re.split()을 사용해서 문자열을 나누는 방법

- 2음절의 ing나 you를 수동으로 찾는 방법(정규 표현식을 사용하지 않고)

15.1 friar.py 작성하기

언제나처럼 new.py friar.py를 실행하거나 template/template.py를 15_friar/friar.py로 복사해서 프로그램을 생성한다. 프로그램은 항상 간단한 형태로 시작하는 것이 좋다. 명령줄의 입력값이 그대로 출력되도록 해보자.

```
$ ./friar.py cooking
cooking
```

또는 파일을 통해 읽은 값을 그대로 출력한다.

```
$ ./friar.py inputs/blake.txt
Father, father, where are you going?
 Oh do not walk so fast!
Speak, father, speak to your little boy,
 Or else I shall be lost
```

입력값을 한 줄씩 읽은 후 한 단어씩 처리한다. str.splitlines()를 사용하면 입력값을 줄 단위로 나눌 수 있으며, str.split()을 사용해서 각 줄을 공백을 기준으로 단어(와 유사한) 단위로 나눌 수 있다. 이렇게 작성한 것이 다음 코드다.

```
for line in args.text.splitlines():
    print(line.split())
```

결과는 다음과 같다.

```
$ ./friar.py tests/blake.txt
['Father,', 'father,', 'where', 'are', 'you', 'going?']
['Oh', 'do', 'not', 'walk', 'so', 'fast!']
['Speak,', 'father,', 'speak', 'to', 'your', 'little', 'boy,']
['Or', 'else', 'I', 'shall', 'be', 'lost.']
```

자세히 보면 'Father,'나 'going?'처럼 단어 안에 쉼표나 물음표 등이 섞여 있는 모습을 볼 수 있다. 텍스트를 공백을 기준으로 나누면 단어가 제대로 분리되지 않는다. 정규 표현식을 사용해서 단어를 제대로 나누는 방법을 알아보자.

15.1.1 정규 표현식을 사용해서 텍스트 나누기

14장에서 본 것처럼, import re로 정규 표현식 모듈을 불러온다.

```
>>> import re
```

여기서는 앞서 본 데이터의 첫 번째 줄만 text 변수에 저장하겠다.

```
>>> text = 'Father, father, where are you going?'
```

str.split()을 사용하면 공백을 기준으로 텍스트를 나눈다. split() 후의 결과에는 원본 텍스트가 포함되지 않으므로 공백도 보이지 않는다.

```
>>> text.split()
['Father,', 'father,', 'where', 'are', 'you', 'going?']
```

str.split()에 옵션 인수를 사용해서 텍스트를 나눌 때 사용할 문자열을 지정할 수 있다. 쉼표를 사용한다면 다음과 같이 6개가 아닌 3개의 단어로 나뉜다. 결과 리스트에는 쉼표가 없음을 주목하자(str.split()의 인수로 사용됐기 때문이다).

```
>>> text.split(',')
['Father', ' father', ' where are you going?']
```

re 모듈도 re.split()이라는 함수를 제공하며, str.split()과 비슷한 역할을 한다. 매우 강력하고 유용한 기능으로 help(re.split)으로 도움말을 읽어볼 것을 권한다. 14장에서 본 re.match()처럼 이 함수도 적어도 하나의 패턴과 문자열을 지정할 필요가 있다. str.split()과 같은 (쉼표가 제외된) 결과를 얻으려면, re.split()과 쉼표를 사용하면 된다.

```
>>> re.split(',', text)
['Father', ' father', ' where are you going?']
```

15.1.2 생략형 클래스

앞서 본 예에서는 'words,'처럼 실제 단어와는 다른 형태로 분리된 것이 있다. (쉼표처럼) 단어에 속하지 않는 것은 제외하고 분리할 필요가 있다. 앞에서 대괄호 [] 안에 문잣값을 넣은 **문자 클래스**character class라는 것을 사용했었다('[aeiou]'처럼). 문자 클래스를 만들어서 글자가 아닌 것을 추출하는 것은 어떨까? 다음과 같이 하면 된다.

```
>>> import string
>>> ''.join([c for c in string.printable if c not in string.ascii_letters])
'0123456789!"#$%&\'()*+,-./:;<=>?@[\\]^_`{|}~ \t\n\r\x0b\x0c'
```

이렇게 길게 작성하지 않아도 된다. 대부분의 정규 표현식 엔진이 생략형 문자 클래스를 제공하기 때문이다. 표 15.1이 가장 대표적인 생략형 클래스를 보여주고 있으며, 길게 작성한 클래스도 함께 보여준다.

표 15.1 **정규 표현식의 생략형 클래스**

문자 클래스	생략형	일반적인 클래스 작성법
숫자	\d	[0123456789], [0-9]
공백	\s	[\t\n\r\x0b\x0c], string.whitespace
단어 문자	\w	[a-zA-Z0-9_-]

 정규 표현식 구문 중에는 기본적으로 어떤 환경에서든 사용할 수 있는 것이 있다. 유닉스의 명령줄(예: awk)부터 펄이나 파이썬, 자바 같은 언어에서까지 적용되는 구문이다. 어떤 툴(환경)은 정규 표현식 구문을 확장하기도 하는데, 이 경우 다른 환경에서는 사용하지 못할 수도 있다. 예를 들면, 펄의 정규 표현식 엔진은 여러 기능을 추가했는데 결과적으로는 PCRE Perl-Compatible Regular Expression(펄에서만 적용되는 정규 표현식)가 되고 말았다. 어떤 툴이 정규 표현식을 이해한다고 해도 모든 구문을 이해할 수 있는 것은 아니다. 하지만 정규 표현식을 오랫동안 사용해 온 필자의 경험에 따르면, 이것이 크게 문제된 경우는 없었다.[1]

생략형 \d는 모든 **숫자**digit를 의미하며 '[0123456789]'와 같다. re.search()와 이 생략형 클래스를 사용해서 문자열 안에 있는 어떤 숫자든 추출할 수 있다. 다음 예에서는 문자열 'abc123!'에서 첫 번째 숫자인 '1'을 찾는다(그림 15.2 참고).

1 　**옮긴이**　개발에 사용되는 정규 표현식은 매우 일반적이면서 공통적인 것으로 한정된다. 그리고 이런 구문들은 보통은 어떤 환경에서든 적용되는 것들이다. 특정 환경이나 툴에 특화된 구문을 사용할 일은 드물기도 하다. 물론 개발 분야나 영역에 따라서는 정규 표현식을 전문적으로 사용해야 하는 곳도 있겠지만 말이다.

```
>>> re.search('\d', 'abc123!')
<re.Match object; span=(3, 4), match='1'>
```

```
   \d
    │
    │
    ▼
abc123!        그림 15.2 숫자 생략형은 한 자리 숫자를 찾아낸다.
```

이것은 다음과 같은 긴 버전의 문자 클래스를 사용한 것과 같다(그림 15.3 참고).

```
>>> re.search('[0123456789]', 'abc123!')
<re.Match object; span=(3, 4), match='1'>
```

```
[0123456789]
     │
     │
     ▼
  abc123!        그림 15.3 모든 숫자를 포함하고 있는 문자 클래스를 만들 수도 있다.
```

또한, 문자 범위를 사용한 버전도 동일한 결과를 준다.

```
>>> re.search('[0-9]', 'abc123!')
<re.Match object; span=(3, 4), match='1'>
```

```
 [0-9]
   │
   │
   ▼
abc123!        그림 15.4 문자 클래스는 0-9처럼 연속된 값을 사용할 수도 있다.
```

하나 이상의 연속된 숫자를 찾아내려면 +를 붙이면 된다(그림 15.5 참고).

```
>>> re.search('\d+', 'abc123!')
<re.Match object; span=(3, 6), match='123'>
```

그림 15.5 **+는 지정한 패턴에 일치하는 하나 이상의 대상을 찾는다는 의미다.**

\w는 '단어 같은 모든 문자'를 의미한다. 여기에는 숫자와 영어 알파벳, 하이픈('-'), 밑줄('_')이 포함된다. 주어진 문자열에서 처음으로 일치하는 것은 'a'다(그림 15.6 참고).

```
>>> re.search('\w', 'abc123!')
<re.Match object; span=(0, 1), match='a'>
```

그림 15.6 **단어 문자를 생략형으로 표현한 \w**

그림 15.7에 있는 것처럼 +를 추가하면 하나 이상의 연속된 단어 문자를 찾는다. 여기에는 abc123이 포함되며, 느낌표(!)는 포함되지 않는다.

```
>>> re.search('\w+', 'abc123!')
<re.Match object; span=(0, 6), match='abc123'>
```

그림 15.7 **하나 이상의 단어 글자를 찾으려면 +를 추가한다.**

15.1.3 부정 생략형 클래스

꺾쇠 기호(^)를 문자 클래스에 넣어서 문자 클래스를 보완하거나 '부정'할 수 있다(그림 15.8 참고). '[^0-9]+'는 하나 이상의 숫자가 아닌 것을 추출한다. 예에서는 'abc'가 일치한다.

```
>>> re.search('[^0-9]+', 'abc123!')
<re.Match object; span=(0, 3), match='abc'>
```

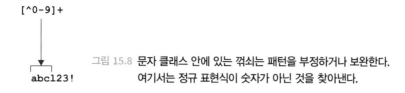

그림 15.8 문자 클래스 안에 있는 꺾쇠는 패턴을 부정하거나 보완한다.
여기서는 정규 표현식이 숫자가 아닌 것을 찾아낸다.

숫자가 아닌 것을 나타내는 [^0-9]+의 생략형 클래스는 \D+다(그림 15.9 참고).

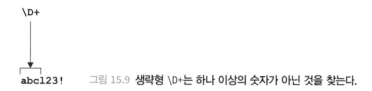

그림 15.9 **생략형** \D+**는 하나 이상의 숫자가 아닌 것을 찾는다.**

단어 문자가 아닌 것을 나타내는 것은 \W로, 예에서는 느낌표를 추출한다(그림 15.10 참고).

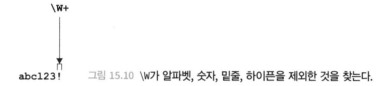

그림 15.10 \W**가 알파벳, 숫자, 밑줄, 하이픈을 제외한 것을 찾는다.**

표 15.2는 이 생략형 클래스들을 정리한 것으로, 일반형 클래스도 함께 보여준다.

표 15.2 **부정 생략형 클래스**

문자 클래스	생략형	일반적인 클래스 작성법
숫자가 아닌 것	\D	[^0123456789], [^0-9]
공백이 아닌 것	\S	[^ \t\n\r\x0b\x0c]
단어 문자가 아닌 것	\W	[^a-zA-Z0-9_-]

15.1.4 re.split()을 캡처와 함께 사용하기

\W를 re.split()의 인수로 사용할 수 있다.

```
>>> re.split('\W', 'abc123!')
['abc123', '']
```

\W를 정규 표현식으로 사용하면 파이린트가 다음과 같은 불만을 표한다. "Anomalous backslash in stirng: '\W'. String constant might be missing an r prefix.백슬래시가 비정상적으로 사용됐습니다. 문자열 상수에서 r 접두어가 누락됐을 수도 있습니다." r 접두어를 사용하면 '원본_{raw}' 문자열을 그대로 유지할 수 있다. 즉, r을 사용하지 않으면 \n은 줄바꿈으로, \r은 엔터로 해석되지만, r을 사용하면 그냥 일반 문자열로 인식되는 것이다. 이 시점부터는 r 문자열 구문을 사용해서 원본 문자열을 만들겠다.

하지만 문제가 있다. re.split()은 패턴과 일치하는 문자열은 반환값에서 제외하기 때문에 느낌표가 사라진다. help(re.split)을 잘 읽어보면 해결책을 찾을 수 있다.

"패턴에 캡처 괄호를 사용하면 패턴에 해당하는 모든 그룹의 텍스트가 결과 리스트의 일부로 반환된다."

14장에서 괄호를 사용해서 캡처 그룹을 만들었다. 특정 패턴을 정규식 엔진이 기억하게 하는 것이다. 예를 들면 자음이나 모음, 단어의 나머지 부분 등이다. 패턴에 일치하는 부분이 있으면 match.groups()를 사용해서 그룹으로 나누어 결과를 얻을 수 있다. 여기서는 re.split()의 패턴에 괄호를 사용해서 패턴에 일치하는 문자열들을 반환하게 한다.

```
>>> re.split(r'(\W)', 'abc123!')
['abc123', '!', '']
```

이것을 text에 적용하면 패턴에 일치하는 것과 일치하지 않는 것을 분리하여 리스트로 반환한다.

```
>>> re.split(r'(\W)', text)
['Father', ',', '', ' ', 'father', ',', '', ' ', 'where', ' ', 'are', ' ',
    'you', ' ', 'going', '?', '']
```

단어가 아닌 모든 것을 그룹으로 만들기 위해 +를 추가했다(그림 15.11 참고).

```
>>> re.split(r'(\W+)', text)
['Father', ', ', 'father', ', ', 'where', ' ', 'are', ' ', 'you', ' ', 'going',
    '?', '']
```

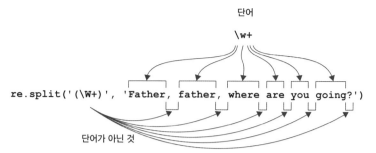

단어

\w+

re.split('(\W+)', 'Father, father, where are you going?')

단어가 아닌 것

그림 15.11 re.split()을 사용해서 패턴에 일치하는 것과 하지 않는 것을 추출할 수 있다.

매우 멋진 결과다. 이제 실제 단어와 단어 사이에 있는 것들을 처리할 수 있게 됐다.

15.1.5 fry() 함수 작성하기

다음은 '한 단어'를 변경할 수 있는 함수를 작성해 보겠다. 즉, 모든 텍스트를 한 번에 처리할 방법을 생각하는 것이 아니라 한 번에 한 단어를 처리할 방법에 집중하는 것이다. 대상 함수의 이름은 fry()로 한다.

이 함수의 처리 내용을 정의하기 위해 먼저 test_fry()라는 테스트 함수를 작성한다. fry() 함수에는 단일 명령인 pass만 작성해서 아무 처리를 하지 않는다는 사실을 파이썬에게 알려준다. 다음 코드를 프로그램에 복사하자.

```
def fry(word):        pass는 아무것도 하지 않기 위한 방법이다. '무처리(no-operation)'이나 'NO-OP'이라고 부르기도
    pass              하는데, 마치 'NOPE(아니)'라고 들리므로 이 단어를 떠올리면 기억하기 쉬울 것이다. fry() 함수를
                      빈 상태로 정의해 둔 후 이 함수를 위한 테스트를 작정할 수 있다.

                      test_fry() 함수는 단어가 예상한 대로 변경되거나 변경되지 않은 경우에
def test_fry():       성공한다. 모든 단어를 확인할 수는 없으므로 중요 케이스만 확인한다.
    assert fry('you') == "y'all"       you는 y'all로 변경돼야 한다.
    assert fry('You') == "Y'all"       대문자인 경우 변경된 것도 대문자여야 한다.
    assert fry('fishing') == "fishin'"   2음절의 ing로 끝나는 단어로, 마지막 g가 작은따옴표로 변경돼야 한다.
    assert fry('Aching') == "Achin'"     2음절의 ing로 끝나고 모음으로 시작하는 단어. 마찬가지로 변경된다.
    assert fry('swing') == "swing"       1음절의 ing로 끝나는 단어로, 변경돼서는 안 된다.
```

pytest friar.py를 실행해서 예상한 대로 테스트에 실패하는지 확인해 보자.

```
================================ FAILURES ================================
_____ test_fry _____

    def test_fry():
>       assert fry('you') == "y'all"        첫 번째 테스트가 실패한다.
E       assert None == "y'all""             fry('you')의 결과는 None으로 "y'all"과 일치하지 않는다.
```

```
E           + where None = fry('you')

friar.py:47: AssertionError
=========================== 1 failed in 0.08 seconds ===========================
```

fry() 함수를 수정해서 'you'를 변경해 보자.

```
def fry(word):
    if word == 'you':
        return "y'all"
```

다시 테스트를 실행한다.

```
================================ FAILURES ================================
_____ test_fry _____

    def test_fry():
        assert fry('you') == "y'all"  ◄──── 이제 첫 번째 테스트는 통과한다.
>       assert fry('You') == "Y'all"  ◄──── 'You'에 대문자가 있어서 이 테스트는 실패한다.
E       assert None == "Y'all"  ◄──── 함수가 None을 반환하지만, Y'all을 반환해야 한다.
E         + where None = fry('You')

friar.py:49: AssertionError
=========================== 1 failed in 0.16 seconds ===========================
```

이 문제를 해결해 보자.

```
def fry(word):
    if word == 'you':
        return "y'all"
    elif word == 'You':
        return "Y'all"
```

다시 테스트를 실행하면 첫 번째, 두 번째 테스트를 통과할 것이다. 하지만 만족스러운 방법이 아니다. 중복된 코드가 이미 만들어지고 있다. you와 You를 찾아서 대소문자를 반환하는 좀 더 고급스러운 방법은 없을까? 물론 있다.

```
def fry(word):
    if word.lower() == 'you':
        return word[0] + "'all"
```

이 방법도 괜찮지만 정규 표현식을 사용할 수도 있다. you와 You의 차이점은 y 또는 Y를 선택하는 것으로, 문자 클래스를 사용해서 [yY]라고 지정할 수 있다(그림 15.12 참고). 이를 사용해서 우선 소문자부터 확인해 보자.

```
>>> re.match('[yY]ou', 'you')
<re.Match object; span=(0, 3), match='you'>
```

y 또는 Y 중 하나

Y   Y   그림 15.12 **문자 클래스를 사용해서 소문자, 대문자 Y를 찾을 수 있다.**

대문자도 문제없이 찾는다(그림 15.13 참고).

```
>>> re.match('[yY]ou', 'You')
<re.Match object; span=(0, 3), match='You'>
```

y 또는 Y 중 하나   리터럴 문자
  [yY]   ou

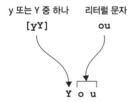

                     그림 15.13 **정규 표현식이 you와 You를 찾는다.**

이제 반환값에 있는 첫 번째 글자(y 또는 Y)를 사용해야 한다. 식을 괄호로 감싸서 값을 **캡처**capture하면 된다. fry() 함수를 수정해서 이 아이디어를 반영해 보자. 그리고 첫 번째, 두 번째 테스트를 통과하는지 다시 확인한 후 다음으로 넘어가자.

```
>>> match = re.match('([yY])ou', 'You')
>>> match.group(1) + "'all"
"Y'all"
```

다음은 fishing을 해결해 보자.

```
================================== FAILURES ==================================
_____ test_fry _____

    def test_fry():
        assert fry('you') == "y'all"
        assert fry('You') == "Y'all"
>       assert fry('fishing') == "fishin'"          ◀──── 세 번째 테스트가 실패한다.
E       assert None == "fishin'"    ◀────
E         + where None = fry('fishing')   │  fry('fishing')의 결과가 None이지만
                                          │  fishin'이 맞는 값이다.
friar.py:52: AssertionError
========================= 1 failed in 0.10 seconds =========================
```

단어가 ing로 끝나는지는 어떻게 알 수 있을까? str.endswith() 함수를 사용하는 방법이
있다.

```
>>> 'fishing'.endswith('ing')
True
```

정규 표현식을 사용하는 방법도 있다. 찾고자 하는 문자열 패턴 뒤에 달러 기호($)를 붙이면
해당 패턴을 문자열 끝에서 찾는다(그림 15.14 참고).

```
>>> re.search('ing$', 'fishing')
<re.Match object; span=(4, 7), match='ing'>
```

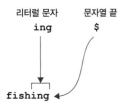

그림 15.14 **달러 기호는 단어의 끝부분을 가리킨다.**

다음은 그림 15.15에 있는 것처럼, 문자열 슬라이스를 사용해서 첨자 -1 위치까지의 모든 글
자를 가져온다. 그리고 여기에 작은따옴표를 붙이면 된다.

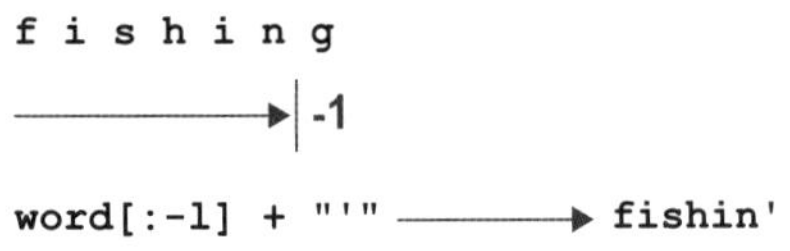

```
f i s h i n g
─────────────▶│-1

word[:-l] + "'" ───────▶ fishin'
```

그림 15.15 **문자열 슬라이스를 사용해서 마지막 글자
직전까지의 모든 글자를 가져오고 거기에
작은따옴표를 붙인다.**

이것을 fry() 함수에 추가한 후 몇 개의 테스트를 통과하는지 보자.

```python
if word.endswith('ing'):
    return word[:-1] + "'"
```

또는 캡처 그룹을 사용해서 단어의 첫 부분을 가져오는 방법도 있다(그림 15.16 참고).

```python
>>> match = re.search('(.+)ing$', 'fishing')
>>> match.group(1) + "in'"
"fishin'"
```

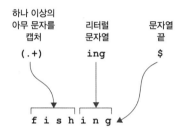

그림 15.16 **캡처 그룹을 사용해서 일치한 문자열을 가져올 수 있다.**

테스트를 실행하면 다음과 같은 결과를 볼 수 있다.

```
=============================== FAILURES ===============================
_____ test_fry _____

    def test_fry():
        assert fry('you') == "y'all"
        assert fry('You') == "Y'all"
        assert fry('fishing') == "fishin'"
        assert fry('Aching') == "Achin'"
>       assert fry('swing') == "swing"     ◄── 이 테스트가 실패한다.
E       assert "swin'" == 'swing'     ◄── fry('swing')의 결과가 swin'이지만, swing이 맞다.
E         - swin'   ◄──
E         ?     ^        테스트 결과가 실패 원인이 되는 곳을 정확하게 가리킬 때도 있다.
E         + swing       여기서는 작은따옴표(') 부분이 'g'여야 한다는 사실을 알려준다.
E         ?     ^

friar.py:59: AssertionError
========================= 1 failed in 0.10 seconds =========================
```

다음은 2음절 단어를 구분해야 한다. 앞에서 ing를 제외한 부분에 모음([aeiouy])이 있으면 2음절 단어라고 했었다(그림 15.17 참고). 이 문제도 정규 표현식을 사용해서 쉽게 해결할 수 있다.

여기서는 일치하는 값이 있다는 사실을 이미 알고 있으므로 match. group(1)을 사용해서 첫 번째 그룹(ing 바로 앞에 있는 아무 문자)을 캡처할 수 있다. 실제 코드에서는 None이 발생할 상황을 고려해서 작성하거나 예외 처리를 해주어야 한다.

(.+)는 ing 앞에 있는 하나 이상의 아무 문자를 캡처한다. re.search()는 패턴이 존재하면 re.Match 객체를 반환하고, 아니면 None을 반환한다.

```
>>> match = re.search('(.+)ing$', 'fishing')
>>> first = match.group(1)
>>> re.search('[aeiouy]', first)
<re.Match object; span=(1, 2), match='i'>
```

re.search()를 사용해서 문자열의 첫 부분 (first)에 모음이 있는지 확인한다.

re.search()의 결과가 re.Match이면 모음이 있다는 뜻이며, 해당 단어가 2음절임을 알 수 있다.

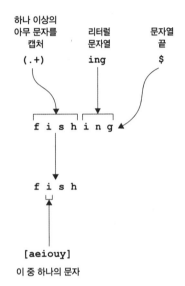

하나 이상의 아무 문자를 캡처

(.+)

리터럴 문자열

ing

문자열 끝

$

f i s h i n g

f i s h

[aeiouy]
이 중 하나의 문자

그림 15.17 ing로 끝나는 2음절의 단어를 찾는 한 가지 방법은 ing를 제외한 부분에서 모음이 있는지 찾는 것이다.

단어에 일치하는 부분이 있으면 단어 끝에 있는 g가 작은따옴표로 바뀐 값이 반환된다. 일치하는 것이 없으면 기존 단어를 그대로 반환한다. test_fry()를 통과할 때까지 다음으로 넘어가지 말자.

15.1.6 fry() 함수 사용하기

이제 여러분의 프로그램은 다음과 같은 일을 할 수 있다.

1 명령줄이나 파일로부터 데이터 읽기

2 입력값을 줄 단위로 읽기

3 각 줄을 단어와 단어가 아닌 것으로 분리하기

4 fry()를 사용해서 각 단어를 변경하기

다음 과정은 fry() 함수를 모든 단어에 적용하는 것이다. 함수에 리스트의 모든 요소를 적용하는 패턴은 이제 여러분에게 익숙한 기법이라 믿는다. for 문을 사용한 방법은 다음과 같다.

```
for line in args.text.splitlines(): ◀─── str.splitlines()를 사용해서 args.text가
                                         가진 줄 구조를 유지한다.
    words = [] ◀─── 변경된 단어들을 저장할 words 변수를 선언한다.
    for word in re.split(r'(\W+)', line.rstrip()): ◀─── 각 라인을 단어와 단어가 아닌 것으로 분리한다.
        words.append(fry(word)) ◀─── 변경한 단어를 단어 리스트에 추가한다.
    print(''.join(words)) ◀─── 단어를 모두 연결해서 새 문자열을 만들어 출력한다.
```

이것으로(또는 이와 비슷한 방법으로) 테스트를 통과할 수 있을 것이다. 테스트를 통과했다면, for 문 대신 리스트 내포나 map()을 사용해서 다시 작성해 보자.

이제 지금까지 설명한 것을 직접 작성해서 자신의 것으로 만들어보자.

15.2 예시 답안

이 프로그램은 로빈 후드의 한 장면을 생각나게 한다. 로빈 후드의 친구인 터크 수도사_{Tuck Friar}가 노팅엄에서 붙잡혀서 끓는 기름에 들어갈 처지에 놓였다. 이때 수도사가 외친 말이 있다. "나를 삶아 죽일 수는 없을 거야! 나는 수도사_{friar}야!"[2]

```
#!/usr/bin/env python3
"""Kentucky Friar"""

import argparse
import os
import re


# --------------------------------------------------
def get_args():
    """Get command-line arguments"""

    parser = argparse.ArgumentParser(
        description='Southern fry text',
        formatter_class=argparse.ArgumentDefaultsHelpFormatter)
```

2　**옮긴이** 수도사는 영어로 'friar'로, fry(튀기다)에 ar을 붙인 것이다. 즉, 수도사가 아닌 튀기는 사람이라는 뜻도 된다. 튀기는 사람이니까 삶아서는 죽이지 못한다는 단어 유희다. 참고로, 이 장의 제목인 켄터키 수도사도, 영어로는 켄터키 프라이어(Kentucky Friar)로 켄터키 프라이를 비슷하게 변경한 것이다. 켄터키는 미국 남부에 위치한 주이며, 프라이(fry)는 튀겨서 변형한다는 의미도 있다. 켄터키 프라이어는 남부 사투리를 쓰는 사람이라는 뜻도 있다.

```python
    parser.add_argument('text', metavar='text', help='Input text or file')

    args = parser.parse_args()

    if os.path.isfile(args.text):        # 인수가 파일이면 text 값을 파일 내용으로 변경한다.
        args.text = open(args.text).read()

    return args


# --------------------------------------------------
def main():
    """Make a jazz noise here"""

    args = get_args()        # 명령줄 인수를 받는다. 텍스트는 명령줄에서
                             #   입력한 값이거나 파일에서 읽어온 값이다.

                             # str.splitlines()를 사용해서 입력
                             #   텍스트의 줄 구조를 유지한다.
    for line in args.text.splitlines():
        print(''.join(map(fry, re.split(r'(\W+)', line.rstrip()))))

    # fry() 함수를 통해 정규 표현식으로 분리한 텍스트를 매핑한다. 이 매핑을 통해 변경된
    # 단어가 반환되며 str.join()을 사용해서 결과 리스트를 하나의 문자열로 변환한다.
# --------------------------------------------------
def fry(word):        # 한 단어를 인수로 받아 처리하는 fry() 함수를 정의한다.
    """Drop the `g` from `-ing` words, change `you` to `y'all`"""
                                              # 단어 끝의 ing를 찾고 ing를 제외한
                                              #   머리 부분을 캡처해서 그룹으로 저장한다.
    ing_word = re.search('(.+)ing$', word)
    you = re.match('([Yy])ou$', word)         # 단어 머리 부분에서 you 또는 You를 찾는다.
                                              #   [yY]를 그룹으로 캡처한다.

    if ing_word:        # ing를 찾았는지 확인한다.
        prefix = ing_word.group(1)        # group(1)에 있는 접두어(prefix, ing의 앞부분)를 가져온다.
        if re.search('[aeiouy]', prefix, re.IGNORECASE):        # 대소문자를 구분해서 모음(y
            return prefix + "in'"                                #   포함)을 접두어에서 찾는다. 찾지
    elif you:        # You를 찾았는지 확인한다.                       #   못하면 None을 반환하고
        return you.group(1) + "'all"        # 캡처한 첫 번째 그룹에    #   불에서 False로 처리된다.
                                            #   'all을 붙여서 반환한다.  #   찾으면 None이 아닌 값을 반환
    return word        # 아무것도 해당되지 않으면 입력된                #   하며 이것은 True로 처리된다.
    # 접두어에 in'을    #   단어를 그대로 반환한다.
    # 붙여서 반환한다.
# --------------------------------------------------
def test_fry():        # fry() 함수를 테스트하는 코드
    """Test fry"""

    assert fry('you') == "y'all"
    assert fry('You') == "Y'all"
    assert fry('your') == 'your'
    assert fry('fishing') == "fishin'"
    assert fry('Aching') == "Achin'"
    assert fry('swing') == "swing"


# --------------------------------------------------
if __name__ == '__main__':
    main()
```

15.3 해설

get_args()에는 새로운 내용이 없다. 바로 텍스트를 줄로 나누는 부분으로 넘어가자. 앞에서 파일을 읽어서 args.text에 저장하는 방법을 여러 번 보았다. 입력값이 파일로부터 올 때는 텍스트의 각 줄이 줄바꿈 문자를 갖고 있다. str.splitlines()를 사용해서 줄 단위로 나누고 이것을 for 문으로 읽어서 줄 단위로 처리하게 했다. 이렇게 하면 파일에 있는 줄바꿈 구조를 그대로 유지할 수 있다. 다음은 for 문을 사용해서 re.split()이 반환한 단어를 두 번째 for 문에서 처리하게 했다.

```
for line in args.text.splitlines():
    words = []
    for word in re.split(r'(\W+)', line.rstrip()):
        words.append(fry(word))
    print(''.join(words))
```

두 번째 for 문을 리스트 내포로 바꾸면 5줄의 코드를 단 2줄로 줄일 수 있다.

```
for line in args.text.splitlines():
    print(''.join([fry(w) for w in re.split(r'(\W+)', line.rstrip())]))
```

또는 map()을 사용해서 약간 더 짧게 만들 수도 있다.

```
for line in args.text.splitlines():
    print(''.join(map(fry, re.split(r'(\W+)', line.rstrip()))))
```

가독성을 높여주는 다른 방법도 있다. re.compile() 함수를 사용해서 정규 표현식을 컴파일하는 방법이다. re.split() 함수를 for 문 내에서 사용하면 각 반복 때마다 정규 표현식이 컴파일돼야 한다. 정규 표현식을 for 문 전에 작성해 두면 컴파일이 한 번만 발생해서 코드가 (약간은) 빨라진다. 성능보다 중요한 것은 코드의 가독성이 좋아진다는 것이다. 이 방식은 특히 정규 표현식이 복잡할수록 효과가 더 크다.

```
splitter = re.compile(r'(\W+)')
for line in args.text.splitlines():
    print(''.join(map(fry, splitter.split(line.rstrip()))))
```

15.3.1 fry() 함수를 수동으로 작성하기

fry() 함수 작성법은 앞에서 이미 보았다. 하지만 여러분이 자신만의 코드를 작성했으리라 믿는다(물론 테스트도 작성했을 것이다). 다음 버전은 앞에서 제안했던 것들을 거의 대부분 반영하고 있지만, 정규 표현식을 사용하지 않고 작성한 것이다.

```
def fry(word):
    """Drop the `g` from `-ing` words, change `you` to `y'all`"""
                                          단어를 소문자로 변환해서 you와
                                          일치하는지 확인한다.
    if word.lower() == 'you':  ◄
        return word[0] + "'all"  ◄       일치하면 첫 번째 글자(대소문자를 유지)와
                                          'all을 연결해서 반환한다.
    if word.endswith('ing'):  ◄        단어가 ing로 끝나는지 확인한다.
        if any(map(lambda c: c.lower() in 'aeiouy', word[:-3])):  ◄      ing를 제외한 단어 앞부분에
            ► return word[:-1] + "'"                                      모음이 있는지 확인한다.
        else:
            return word  ◄        없다면 단어를 변경하지 않고 그대로 반환한다.

    return word  ◄        주어진 단어에 ing나 you가 없으면 받은 단어를 변경하지 않고 그대로 반환한다.

있으면 마지막 글자를 작은따옴표로 변환해서 반환한다.
```

내가 좋아하는 함수 중 하나인 any()를 살펴보자. 여기서는 map()을 사용해서 'ing' 앞에 모음이 있는지를 확인하고 있다.

```
>>> word = "cooking"
>>> list(map(lambda c: (c, c.lower() in 'aeiouy'), word[:-3]))
[('c', False), ('o', True), ('o', True), ('k', False)]
```

cooking의 첫 번째 글자는 c이며 모음 리스트에 없다. 다음 글자인 o는 모음 리스트에 있지만 k는 없다. 이것을 True/False 값으로만 표현하게 해보자.

```
>>> list(map(lambda c: c.lower() in 'aeiouy', word[:-3]))
[False, True, True, False]
```

이때 any()를 사용해서 반환된 리스트 값 중 하나라도 True가 있는지 확인할 수 있다.

```
>>> any([False, True, True, False])
True
```

이것은 or을 사용해서 값을 연결_{join}하는 것과 같다.

```
>>> False or True or True or False
True
```

all() 함수는 '모든' 값이 True이면 True를 반환한다.

```
>>> all([False, True, True, False])
False
```

이것은 and를 사용해서 값을 연결한 것과 같다.

```
>>> False and True and True and False
False
```

단어의 첫 부분에 모음이 있는 것이 맞으면(True), 2음절이라고 판단해서 마지막 g를 작은따옴표로 변경한 단어를 반환한다. False이면 받은 단어를 그대로 반환한다.

```
if any(map(lambda c: c.lower() in 'aeiouy', word[:-3])):
    return word[:-1] + "'"
else:
    return word
```

이 방법도 문제는 없지만 패턴을 찾기 위해 꽤 많은 코드를 일일이 작성해야 하므로 매우 번거로운 일이다.

15.3.2 fry() 함수를 정규 표현식을 사용해 작성하기

정규 표현식을 사용해서 작성한 버전을 다시 살펴보자.

'(.+)ing$' 패턴은 ing 앞에 오는 하나 이상의 아무 문자를 찾는다. 달러 기호는 문자열의 끝부분을 의미하지만, 문자열이 단순히 ing만 갖고 있어서는 안 된다. 적어도 하나 이상의 문자가 ing 앞에 와야 하므로 괄호를 사용해서 캡처하고 있다.

```
def fry(word):
    """Drop the `g` from `-ing` words, change `you` to `y'all`"""

    ing_word = re.search('(.+)ing$', word)
    you = re.match('([Yy])ou$', word)

    if ing_word:
        prefix = ing_word.group(1)
```

re.match()는 주어진 단어의 시작 부분을 찾으며, 여기서는 대문자 또는 소문자 y로 시작하고 ou로 끝나는 것(달러 기호 사용)을 찾고 있다.

ing_word가 None이면 일치하는 것이 없다는 뜻이다. None이 아니라면(참이면) re.Match 객체를 사용할 수 있다는 뜻이다.

접두어(prefix)는 ing 앞부분으로 괄호를 사용해서 캡처한 것이다.
첫 번째 괄호이며 ing_word.group(1)로 추출할 수 있다.

re.search()를 사용해서 접두어의 모든 부분을 검색한다. 대소문자를 구분하지 않고
모음(y 포함)과 일치하는 부분이 있는지 검색하는 것이다. re.match()는 단어의 시작이
모음으로 시작하는지를 확인하는 것으로, 우리가 원하는 것과 다르다.

```
    ┌─► if re.search('[aeiouy]', prefix, re.IGNORECASE):
    │       return prefix + "in'"    ◄─── 접두어 + in'을 반환한다(여기서 g가 제거된다).
    ┌─► elif you:
    │       return you.group(1) + "'all"  ◄─
return word  ◄───  주어진 단어가 2음절도 아니고 you도
                    아니라면 변경하지 않고 그냥 반환한다.
```

대소문자를 구분해서 저장하기 위해 괄호를 사용해 첫 글자를 캡처했다. 이를 통해 단어가 You라면 Y'all을 반환할 수 있다. 여기서는 첫 번째 그룹 + 'all을 반환하고 한다.

re.match()가 'you' 패턴을 찾지 못하면 you 값이 None이 된다. None이 아니면
일치한 것을 찾았다는 의미로 re.Match 객체가 you에 저장된다.

필자는 정규 표현식을 20여 년 정도 사용했
다. 따라서 이 버전이 앞에서 본 수동 버전보
다 훨씬 쉽게 느껴진다. 정규 표현식이 처음
이라면 시간을 투자해서 배워 둘 가치가 있
다고 말해 주고 싶다. 정규 표현식 없이는 지
금 하는 일을 제대로 할 수 없었을 것이다.

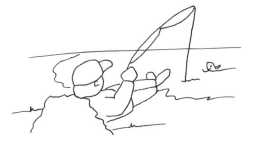

15.4 도전 과제

- your를 y'all's로 변경해 보자. 예를 들어 "Where are your britches?바지를 왜 안 입고 있어?"는
"Where are y'all's britches?"가 되는 것이다.

- getting ready준비하다 또는 preparing준비하다을 fixin'[3]으로 수정하자. 예를 들면, "I'm
getting ready to eat먹을 준비가 됐다"는 "I'm fixin' to eat"가 된다. 그리고 think를 reckon[4]
으로 변경해 보자. "I think this is funny이거 재미있다고 생각해"는 "I reckon this is funny"가
된다. thinking은 reckoning이라고 변경해야 하며, reckoning은 reckonin'이 돼야 한다.
즉, 두 개의 테스트를 만들어서 think와 thinking을 나누어 처리하거나 하나의 테스트
를 만들어서 두 가지를 모두 처리할 수도 있다.

- 다른 지역의 사투리로 변환하는 프로그램을 만들어보자. 보스턴에서 한동안 살았었
는데 very를 wicked라고 말하는 것이 재미있었다. 예를 들면, "IT'S WICKED COLD
OUT!밖은 정말 추워"라고 한다.

---

3   옮긴이 '준비하다'의 사투리

4   옮긴이 'think'와 비슷한 의미로, 미국 남부 지방에서 think 대신 자주 사용되는 단어

정리

- 정규 표현식은 텍스트에서 특정 패턴을 찾을 때 사용할 수 있다. 그룹화한 단어들 사이에서 단어가 아닌 문자들을 추출해야 할 때처럼 패턴이 복잡해지는 경우도 있다.

- re 모듈은 아주 편리한 함수들을 제공한다. 예를 들어, re.match()는 텍스트의 시작 부분에서 패턴을 찾을 수 있고, re.search()는 텍스트의 모든 부분에서 패턴을 찾는다. re.split()은 패턴으로 텍스트를 분리해 주고, re.compile()은 정규 표현식을 컴파일해서 쉽게 재사용할 수 있게 해준다.

- re.split()에서 캡처 그룹(괄호)을 사용해 패턴을 지정하면, 일치하는 부분이 분리돼서 반환된다. 이를 통해 정의한 패턴에 기반해서 원래 문자열을 재구성할 수 있다.

믹서기: 무작위로 단어의
중간 부분 재정렬하기

여로분의 뇌는 아주 훌륭한 하웨드어와 소트프웨어의
조으합로 만들어져 있다. 단오의 철자가 뒤죽박죽 잘못
돼 있어도 뇌가 이 문종을 이해할 수 있다. 단어의 첫
글자와 마지막 글자는 그대로 유지하고 있기 때문이다.
뇌는 사실 단어의 각 글자를 읽지 않고 단어 전체를 읽
는다. 단오의 철자가 틀리면 읽는 속더가 줄어들긴 하조
만, 그다렇고 실제 각 단어의 철자 순소를 전보 재정렬
하진 않는다(이 문단을 읽는 동안 실제 뇌가 그렇게 해석했을
것이다).[1]

이 장에서는 scrambler.py라는 프로그램을 작성해서 주어진 텍스트의 각 단어가 섞이게(스크
램블) 할 것이다. 단어를 섞는 것은 단어의 글자가 4글자 이상일 때만 하며 단어의 첫 글자와

---

1 `옮긴이` 이 단락은 일부러 틀린 맞춤법과 단어 조합을 사용하고 있다. 사실 영어에서는 'software'를 'softwaer'(e와 r
의 위치가 바뀌었다)라고 해도 글을 읽을 때 문제가 없다. 이것을 말하려 영어 원서에는 한 단락을 통으로 틀린 철
자를 사용해서 설명하고 있다. 한글은 영어와 달라 똑같은 문장을 구성할 수 없었다. 이해해 주기 바란다.

마지막 글자를 제외한 중간 글자들만 섞어야 한다. 또한, -s나 --seed를 지정해서(int 타입이며 기본값은 None) random.seed()를 사용할 수 있게 한다.

텍스트는 명령줄을 통해 전달하거나

```
$ ./scrambler.py --seed 1 "foobar bazquux"
faobor buuzaqx
```

파일을 통해 전달한다.

```
$ cat ../inputs/spiders.txt
Don't worry, spiders,
I keep house
casually.
$ ./scrambler.py ../inputs/spiders.txt
D'not wrory, sdireps,
I keep hsuoe
csalluay.
```

그림 16.1은 프로그램의 입출력 다이어그램을 보여준다. 참고하자.

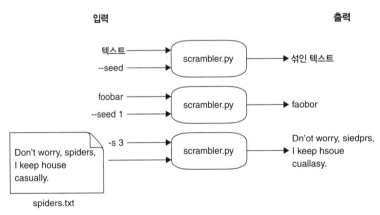

그림 16.1 **명령줄 또는 파일을 통해 텍스트를 입력값으로 받는다. 그리고 4글자 이상의 단어를 찾아서 글자순서를 섞는다.**

이 장에서 다루는 내용은 다음과 같다.

- 정규 표현식을 사용해서 텍스트를 단어로 나누기

- random.shuffle() 함수를 사용해서 리스트 섞기

- 첫 글자와 마지막 글자를 제외한 나머지 글자들을 섞어서 변형된 단어 만들기

16.1 scrambler.py 작성하기

new.py scrambler.py를 실행해서 프로그램을 생성하자. 또는 template/template.py를 16_scrambler/scrambler.py로 복사해서 사용해도 좋다. 텍스트나 파일을 위치 인수로 받는 방법에 대해서는 5장을 참고하자.

scrambler.py를 인수 없이 실행하거나 -h 또는 --help로 실행하면 다음과 같은 도움말을 표시해야 한다.

```
$ ./scrambler.py -h
usage: scrambler.py [-h] [-s seed] text

Scramble the letters of words

positional arguments:
  text                  Input text or fileoptional arguments:
  -h, --help            show this help message and exit
  -s seed, --seed seed  Random seed (default: None)
```

도움말이 제대로 표시된다면, main()을 다음과 같이 정의한다.

```
def main():
    args = get_args()
    print(args.text)
```

프로그램이 텍스트를 받아서 그대로 출력하는지 보자.

```
$ ./scrambler.py hello
hello
```

또는 파일을 사용해서 확인해 보자.

```
$ ./scrambler.py ../inputs/spiders.txt
Don't worry, spiders,
I keep house
casually.
```

16.1.1 텍스트를 줄 단위, 단어 단위로 쪼개기

15장에서 본 것처럼 str.splitlines()를 사용해서 입력 텍스트의 줄 구성을 유지해서 읽어들인다.

```
for line in args.text.splitlines():
    print(line)
```

spiders.txt 파일을 읽는다면 다음이 첫 번째 줄이 된다.

```
>>> line = "Don't worry, spiders,"
```

이 줄을 단어로 쪼개야 한다. 6장에서 str.split()을 사용했지만, 단어에 있는 마침표나 쉼표가 분리되지 않는다. worry와 spiders에 쉼표가 붙어 있음을 알 수 있다.

```
>>> line.split()
["Don't", 'worry,', 'spiders,']
```

15장에서는 re.split()을 정규 표현식 (\W+)와 같이 사용해서 단어와 단어가 아닌 것을 분리할 수 있었다.

```
>>> re.split('(\W+)', line)
['Don', "'", 't', ' ', 'worry', ', ', 'spiders', ',', '']
```

여기서는 이 방법이 통하지 않는다. Don't가 Don, ', t의 세 부분으로 쪼개지기 때문이다.

\b를 사용해서 **단어 경계**word boundary를 나누는 것이 좋을 수도 있다. 원본 문자열임을 알리기 위해 r''을 붙여서 r'\b'라고 하는 것을 잊지 말자.

하지만 이 방법도 제대로 동작하지 않는다. \b가 작은따옴표도 단어 경계로 인식하기 때문이다.

```
>>> re.split(r'\b', "Don't worry, spiders,")
['', 'Don', "'", 't', ' ', 'worry', ', ', 'spiders', ',']
```

인터넷으로 단어를 분리하기 위한 정규 표현식을 검색해 봤다. 한 자바 게시판에서 다음과 같은 패턴을 찾았고 **단어**와 **기호**를 깔끔하게 분리해 준다.[2]

```
>>> re.split("([a-zA-Z](?:[a-zA-Z']*[a-zA-Z])?)", "Don't worry, spiders,")
['', "Don't", ' ', 'worry', ', ', 'spiders', ',']
```

정규 표현식이 멋진 이유는 그 자체가 하나의 언어라서 다른 프로그래밍 언어(자바부터 펄, 하스켈까지)에서도 동일한 구문으로 사용할 수 있기 때문이다. 위 패턴을 자세하게 설명한 것이 그림 16.2다.

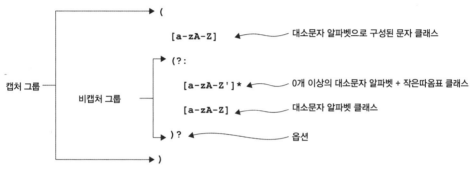

그림 16.2 **작은따옴표가 포함된 단어를 찾아주는 정규 표현식**

16.1.2 캡처, 비캡처, 옵션 그룹

그림 16.2에서는 그룹이 다른 그룹을 포함할 수 있음을 보여준다. 예를 들어, 다음 정규식은 'foobarbaz'라는 문자열 전체와 'bar'라는 문자열을 캡처할 수 있다.

```
>>> match = re.match('(foo(bar)baz)', 'foobarbaz')
```

캡처 그룹은 왼쪽 괄호를 기준으로 순서가 정해진다. 첫 괄호가 'f'에서 시작해서 'z'까지 포함하며 그룹 1이 된다.

```
>>> match.group(1)
'foobarbaz'
```

---

2   일하는 시간의 대부분은 가지고 있는 책이나 인터넷을 통해서 답을 찾는 데 소비한다.

두 번째 왼쪽 괄호는 'b'에서 시작해서 'r'까지 포함한다.

```
>>> match.group(2)
'bar'
```

(?:로 시작하는 그룹은 **비캡처**non-capturing 그룹이다. 이것을 두 번째 그룹에 사용하면 'bar'를 캡처하지 않는다.

```
>>> match = re.match('(foo(?:bar)baz)', 'foobarbaz')
>>> match.groups()
('foobarbaz',)
```

비캡처 그룹은 주로 특정 그룹을 선택적으로 사용하고 싶을 때 사용하는 것으로 괄호 다음에 ?를 붙인다. 예를 들어, 다음과 같이 'bar'를 선택적으로 찾게 하면 'foobarbaz'에 일치하고

```
>>> re.match('(foo(?:bar)?baz)', 'foobarbaz')
<re.Match object; span=(0, 9), match='foobarbaz'>
```

'foobaz'에도 일치한다.

```
>>> re.match('(foo(?:bar)?baz)', 'foobaz')
<re.Match object; span=(0, 6), match='foobaz'>
```

16.1.3 정규 표현식 컴파일하기

15장에서 설명한 re.compile()을 사용하면 정규 표현식을 한 번만 컴파일해서 자원 낭비를 줄일 수 있다. 사실 re.search()나 re.split() 등을 사용할 때마다 정규 표현식 엔진이 지정한 문자열을 이해할 수 있고 처리 가능한 형태로 변환한다(컴파일한다). 이런 변환 과정은 함수를 호출할 때 발생하는데, 정규 표현식을 컴파일해서 변수에 저장해 두면 함수 호출 전에 한 번만 하면 되며 성능 향상으로 이어진다.

특히 정규 표현식에 의미 있는 이름을 부여하거나 이후 여러 곳에서 재사용할 필요가 있을 때 re.compile()을 사용하면 좋다. 정규식은 길고 복잡하므로 변수에 저장해서 이름을 부여하면 나중에 코드를 해석하기도 수월하다. 다음은 splitter분할기라는 변수명에 정규식을 저장하고 있다.

```
>>> splitter = re.compile("([a-zA-Z](?:[a-zA-Z']*[a-zA-Z])?)")
>>> splitter.split("Don't worry, spiders,")
['', "Don't", ' ', 'worry', ', ', 'spiders', ',']
```

16.1.4 단어 섞기

지금까지 텍스트의 **줄**과 **단어**를 처리하는 방법을 알아봤
다. 이제는 어떻게 단어의 철자를 섞을 수 있을지 생각해
보자(일단은 단어 한 개만 고려한다). 테스트를 통과하려면 여
러분과 필자는 동일한 규칙을 사용해서 단어를 섞어야 한
다. 규칙은 다음과 같다.

- 단어가 세 글자 이하이면 변경하지 않고 그냥 반환
  한다.
- 문자열 슬라이스를 사용해서 첫 글자와 마지막 글자를 제외한 부분을 복사한다.
- random.shuffle()을 사용해서 중간에 있는 글자들을 섞는다.
- 첫 글자, 중간 글자, 마지막 글자를 결합해서 새 단어를 만든다.

scramble()이라는 함수를 만들어서 위에서 언급한 것을 모두 처리하게 하고 이 함수를 위한
테스트도 만들어보자. 다음 코드를 프로그램에 추가해도 좋다.

```
def scramble(word):        ◀───    pass는 no-op(no operation, 처리 없음)으로 이 함수는
    """Scramble a word"""          아무것도 하지 않는다. 이 함수는 단지 하나의 틀로,
    pass                           테스트를 작성해서 실패하는지 확인하기 위한 것이다.


def test_scramble():               다음 줄에 있는 random.seed()를 통해 발생하는 변경은 전역 변경
    """Test scramble"""            이다. 테스트가 끝난 후에는 이 상태를 복원해야 하므로 랜덤 모듈의
    state = random.getstate()  ◀── 현재 상태를 random.getstate()를 사용해서 저장해 둔다.
    random.seed(1)    ◀────  테스트를 위해 random.seed()를 알고 있는 값으로 설정한다.
    assert scramble("a") == "a"  ◀── 3글자 이하의 단어는 변경되지 않고 그대로 반환된다.
    assert scramble("ab") == "ab"
    assert scramble("abc") == "abc"        단어가 변경되지 않은 것처럼 보이지만, 시드 1의 무작위성이
    assert scramble("abcd") == "acbd"  ◀── 중간 글자를 변경하지 않았기 때문이다.
    assert scramble("abcde") == "acbde"  ◀──  이제 단어가 섞인 것을 볼 수 있다.
    assert scramble("abcdef") == "aecbdf"
    assert scramble("abcde'f") == "abcd'ef"
    random.setstate(state)  ◀──  상태를 이전 상태로 되돌린다.
```

scramble() 함수에서는 'worry' 같은 단어를 받았을 때 문자열 슬라이스를 사용해 각 글자를 쪼개야 한다. 파이썬은 숫자를 셀 때 0부터 시작하므로 1을 사용해서 '두 번째' 글자를 확인할 수 있다.

```
>>> word = 'worry'
>>> word[1]
'o'
```

어떤 문자열이든 마지막 첨자는 –1이다.

```
>>> word[-1]
'y'
```

문자열 슬라이스를 가져오려면, list[start:stop] 구문을 사용하면 된다. stop은 마지막 숫자를 포함하지 않으므로 다음과 같이 해서 중간 부분(middle)을 가져올 수 있다.

```
>>> middle = word[1:-1]
>>> middle
'orr'
```

import random을 통해 random.shuffle() 함수를 사용할 수 있다. 주의할 점은 list.sort()와 list.reverse()처럼 인수 자체를 변경하며 반환값은 None이라는 것이다. 즉, 다음과 같이 코드를 작성하고 싶겠지만

```
>>> import random
>>> x = [1, 2, 3]
>>> shuffled = random.shuffle(x)
```

shuffled의 값은 무엇일까? [3, 1, 2] 형태의 값, 아니면 None?

```
>>> type(shuffled)
<class 'NoneType'>
```

shuffled의 값은 None이 되었고, 리스트 x는 변경됐음을 알 수 있다(그림 16.3 참고).

```
>>> x
[2, 3, 1]
```

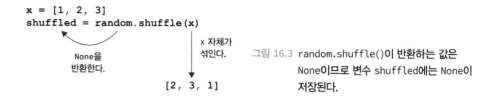

```
x = [1, 2, 3]
shuffled = random.shuffle(x)
```

None을
반환한다.

x 자체가
섞인다.

[2, 3, 1]

그림 16.3 random.shuffle()이 반환하는 값은
None이므로 변수 shuffled에는 None이
저장된다.

지금까지 과정을 잘 따라왔다면, middle을 이 방식으로 섞을 수 없다는 사실을 알 수 있다.

```
>>> random.shuffle(middle)
Traceback (most recent call last):
  File "<stdin>", line 1, in <module>
  File "/Users/kyclark/anaconda3/lib/python3.7/random.py", line 278, in shuffle
    x[i], x[j] = x[j], x[i]
TypeError: 'str' object does not support item assignment
```

middle 변수는 str이다.

```
>>> type(middle)
<class 'str'>
```

random.shuffle() 함수는 문자열값을 직접 변경하려고 하지만 파이썬에서는 문자열을 변경할 수 없다. 다른 방법은 word의 글자들을 새로운 리스트로 만들어서 middle에 저장하는 것이다.

```
>>> middle = list(word[1:-1])
>>> middle
['o', 'r', 'r']
```

이제 섞을 수 있다.

```
>>> random.shuffle(middle)
>>> middle
['r', 'o', 'r']
```

다음은 이것을 단어의 첫 글자, 마지막 글자와 결합해서 새 문자열을 만들면 된다. 이 작업은 여러분에게 맡기겠다.

여기까지 했으면 `pytest scrambler.py`로 `test_scramble()` 테스트를 실행해서 `scramble()` 함수가 제대로 실행되는지 확인해 보자. 이 명령은 프로그램을 변경할 때마다 실행해야 한다. 프로그램이 항상 컴파일되며 제대로 실행되는지 확인해야 한다. 한 번에 한 가지만 수정한 후 프로그램을 저장하고 테스트를 실행하는 것이다.

16.1.5 모든 단어를 섞기

이전과 마찬가지로 `scramble()` 함수를 모든 단어에 적용할 필요가 있다. 다음과 같이 낯익은 패턴을 사용할 수 있다.

```
splitter = re.compile("([a-zA-Z](?:[a-zA-Z']*[a-zA-Z])?)")
for line in args.text.splitlines():
    for word in splitter.split(line):
        # 여기에 올 것은?
```

함수를 리스트의 각 요소에 적용하는 방법은 이미 알고 있을 것이다. `for` 문이나 리스트 내포, `map()` 등을 사용하면 된다. 텍스트를 단어로 쪼개서 `scramble()` 함수에 전달한 후 그 결과를 다시 결합해서 새로운 텍스트로 만드는 방법을 생각해 보자.

이 방법은 단어와 기호(단어 사이에 있는 기호)를 모두 `scramble()` 함수에 전달한다는 것에 유의하자. 기호를 바꿀 필요는 없으므로 인수가 주어졌을 때 단어인지 아닌지를 구분할 필요가 있다. 정규 표현식을 사용하면 어떨까?

여기까지 필요한 정보는 모두 주었다. 자신만의 프로그램을 작성해 보고 제공한 테스트를 사용해서 제대로 실행되는지 확인하자.

16.2 예시 답안

프로그램에 필요한 핵심 기능은 단어를 적절하게 분리하는 것과 이를 처리할 수 있는 `scramble()` 함수를 만드는 것이다. 여기까지 되면 `scramble()` 함수를 사용해서 텍스트를 재구성하기만 하면 된다.

```
#!/usr/bin/env python3
"""Scramble the letters of words"""

import argparse
import os
import re
import random


# --------------------------------------------------
def get_args():
    """Get command-line arguments"""

    parser = argparse.ArgumentParser(
        description='Scramble the letters of words',          텍스트 인수는 명령줄상의
        formatter_class=argparse.ArgumentDefaultsHelpFormatter)   텍스트나 텍스트가 저장된
                                                              파일 이름이 될 수도 있다.
    parser.add_argument('text', metavar='text', help='Input text or file') ◄───┘

    parser.add_argument('-s',  ◄─────  시드 옵션은 int 형으로 기본값은 None이다.
                        '--seed',
                        help='Random seed',
                        metavar='seed',
                        type=int,
                        default=None)

    args = parser.parse_args()  ◄─────  인수를 받아서 텍스트값을 확인한다.

    if os.path.isfile(args.text):  ◄─────
        args.text = open(args.text).read().rstrip()          args.text가 존재하는 파일명이면,
                                                              args.text 값을 해당 파일에
    return args  ◄─────  인수를 호출자에게 반환한다.          저장된 텍스트값으로 대체한다.


# --------------------------------------------------
def main():
    """Make a jazz noise here"""

    args = get_args()  ◄─────  명령줄 인수를 받는다.
┌─► random.seed(args.seed)                                   컴파일된 정규 표현식을
│   splitter = re.compile("([a-zA-Z](?:[a-zA-Z']*[a-zA-Z])?)")  ◄───  변수에 저장한다.
│                                                 str.splitlines()를 사용해서 입력
│   for line in args.text.splitlines():  ◄─────   텍스트를 줄 단위로 나눈다.
│       print(''.join(map(scramble, splitter.split(line))))  ◄───
│  args.seed를 사용해서 random.seed() 값을 설정한다.                 splitter를 사용해 줄을 새 리스트로
└─ args.seed가 기본값인 None이면 시드를 설정하지 않은 것과 같다.        나누고, map()은 이를 scramble()
# --------------------------------------------------                함수로 매핑한다. 마지막으로 결과
def scramble(word):  ◄─────  단일 단어를 섞는 scramble() 함수를 정의한다.   리스트를 빈 문자열로 연결해서
    """For words over 3 characters, shuffle the letters in the middle"""   새 문자열을 만들고 이를 출력한다.

    if len(word) > 3 and re.match(r'\w+', word):  ◄─────
                                                  단어를 포함하며 4개 이상의
                                                  글자로 구성된 경우에만 섞는다.
```

```
              middle = list(word[1:-1])  ◄──── 단어의 두 번째 글자부터 마지막 글자까지만
        ┌──► random.shuffle(middle)             middle이라는 새 리스트에 저장한다.
        │     word = word[0] + ''.join(middle) + word[-1]  ◄──── 첫 번째 글자 + 중간 글자들
        └ 중간 글자들을 섞는다.                                        + 마지막 글자를 단어로
              return word  ◄──── 조건에 부합해서 변경한 단어만 반환한다.    설정한다.


# -------------------------------------------------
def test_scramble():  ◄──── scramble() 함수용 테스트
    """Test scramble"""

    state = random.getstate()
    random.seed(1)
    assert scramble("a") == "a"
    assert scramble("ab") == "ab"
    assert scramble("abc") == "abc"
    assert scramble("abcd") == "acbd"
    assert scramble("abcde") == "acbde"
    assert scramble("abcdef") == "aecbdf"
    assert scramble("abcde'f") == "abcd'ef"
    random.setstate(state)


# -------------------------------------------------
if __name__ == '__main__':
    main()
```

16.3 해설

get_args()에는 새로운 것이 없으므로 코드를 모두 이해했으리라 믿는다. args.text를 명령줄 또는 파일에서 읽는 방법을 알고 싶다면 5장을 참고하자.

16.3.1 텍스트 처리하기

이 장의 도입부에서도 설명했듯이 컴파일된 정규 표현식을 변수에 저장한다. 여기서는 splitter라는 변수를 사용하고 있다.

```
splitter = re.compile("([a-zA-Z](?:[a-zA-Z']*[a-zA-Z])?)")
```

re.compile()을 사용하는 다른 이유는 코드의 가독성을 높여주기 때문이다. 컴파일 없이 코드를 작성하면 다음과 같이 된다.

```
for line in args.text.splitlines():
    print(''.join(map(scramble, re.split("([a-zA-Z](?:[a-zA-Z']*[a-zAZ])?)",
    line))))
```

이 방식으로 86글자의 코드를 한 줄에 작성하게 된다. PEP 8의 스타일 가이드라인(*https://www.python.org/dev/peps/pep-0008/*)에서는 '한 줄에 최대 79글자까지'로 제한하도록 권장하고 있다. 다음 코드가 훨씬 읽기 쉽다는 사실을 알 수 있다.

```
splitter = re.compile("([a-zA-Z](?:[a-zA-Z']*[a-zA-Z])?)")
for line in args.text.splitlines():
    print(''.join(map(scramble, splitter.split(line))))
```

아직 코드가 어렵게 느껴질 수도 있다. 데이터 흐름을 보여주는 그림 16.4를 보자.

1 먼저 문자열 "Don't worry, spiders,"를 쪼갠다.

2 분할기splitter가 단어(정규식과 일치하는 단어)와 기호(단어 사이에 있는 기호)로 구성된 새 리스트를 만든다.

3 map() 함수가 scramble() 함수에 리스트의 각 요소를 적용한다.

4 map()의 결과는 scramble() 함수를 적용해서 만든 새 리스트다.

5 str.join()의 결과는 새 문자열로, print()의 인수로 사용된다.

그림 16.4 map() 함수의 데이터 흐름

for 문을 사용해서 더 길게 작성하면 다음과 같다.

```
for line in args.text.splitlines():  ◀──   str.splitlines()를 사용해서 원래의 줄 구성을 유지한다.
    words = []  ◀── 입력값의 각 줄을 읽어서 단어를 섞은 결과를 저장할 빈 리스트
    for word in splitter.split(line):  ◀──   분할기를 사용해서 각 라인을 단어로 쪼갠다.
        words.append(scramble(word))  ◀── scramble(word)의 결과를 단어 리스트에 추가한다.
    print(''.join(words))  ◀── 빈 문자열을 사용해 단어를 결합한 후 print()에 전달한다.
```

목적은 새 리스트를 만드는 것이므로 다음과 같이 리스트 내포를 사용하는 편이 낫다.

```
for line in args.text.splitlines():
    words = [scramble(word) for word in splitter.split(line)]
    print(''.join(words))
```

또는 반대로 접근해서 for 문을 모두 map()으로 변경할 수도 있다.

```
print('\n'.join(
    map(lambda line: ''.join(map(scramble, splitter.split(line))),
        args.text.splitlines())))
```

이 마지막 방법은 예전에 함께 일했던 프로그래머가 했던 말을 생각나게 한다. "작성하기 어려운 것은 읽기도 어렵다." 코드를 재배열해 보면 이것이 확연하게 보인다. 파이린트를 사용하면 lambda를 할당한다고 불만을 표하지만 개인적으로는 그 불만에 동의하지 않는다.

```
scrambler = lambda line: ''.join(map(scramble, splitter.split(line)))
print('\n'.join(map(scrambler, args.text.splitlines())))
```

제대로 된 코드를 작성하는 것, 테스트된 이해하기 쉬운 코드를 작성하는 것은 마치 예술 작품을 만드는 것과 같다. 자신뿐만 아니라 동료들도 이해하기 쉽다고 생각하는 코드를 작성하자.

16.3.2 단어 섞기

scramble() 함수를 자세히 살펴보자. map()과 쉽게 연계되도록 작성했다.

주어진 단어가 섞기 대상인지 확인한다. 먼저 3글자 이상인지를 확인하고, 하나 이상의 단어 글자를 갖고 있는지 확인한다. 함수가 '단어'와 '기호(비단어)' 문자열을 함수에 전달해야 하기 때문이다. 둘 중 하나라도 False이면 단어를 변경하지 않고 반환한다. r'\W+'는 원본 문자열을 만들기 위해 사용했다. 정규식은 원본 문자열이 있든 없든 잘 작동한다. 하지만 파이린트가 'invalid escape character(틀린 이스케이프 문자)'라고 불만을 표한다.

```
def scramble(word):
    """For words over 3 characters, shuffle the letters in the middle"""

    if len(word) > 3 and re.match(r'\w+', word):
        middle = list(word[1:-1])        ◄── 단어 중간 부분을 middle이라는 새 리스트에 추가한다.
        random.shuffle(middle)           ◄── middle을 섞는다. 함수는 None을 반환하니 유의하자.
        word = word[0] + ''.join(middle) + word[-1]   첫 글자와 중간 글자, 마지막 글자를
                                                      조합해서 새 단어를 만든다.
    return word   ◄── 단어를 반환한다(섞여 있을 수도 있고 아닐 수도 있다).
```

16.4 도전 과제

- scramble() 함수가 중간 글자들을 섞는 것이 아니라 알파벳순으로 정렬되게 만들어 보자.

- 단어를 섞는 것이 아니라 역순으로 재나열해 보자.

- 텍스트를 섞기 전으로 되돌려보자. 이를 위해서는 영어 사전이 필요하다(inputs/words. txt.zip을 사용하자). 섞인 텍스트들을 단어와 기호로 분리하고 각 '단어'를 딕셔너리에 있는 단어와 비교한다. 먼저 애너그램anagram 단어(알파벳의 배열만 다르고 표기 횟수는 같은 단어)를 찾아라. 그런 다음 첫 글자와 마지막 글자가 일치하는 단어를 찾으면 된다.

정리

- 텍스트를 단어로 나누기 위한 정규 표현식은 꽤 복잡하지만, 원하는 결과를 정확하게 찾아준다. 이를 사용하지 않고 프로그램을 작성하는 것이 훨씬 어렵다. 정규 표현식은 복잡하고 깊이 있는 분야이긴 하지만 폭넓게 사용할 수 있는 마법 같은 도구로, 프로그램의 유연성과 활용도를 크게 높여준다.

- random.shuffle() 함수는 리스트를 받으며 해당 리스트를 바로 변경한다.

- 리스트 내포와 map()은 코드를 더 짧게 만들어주기도 하지만, 너무 사용하면 가독성을 떨어뜨린다. 상황에 맞게 선택해서 사용하자.

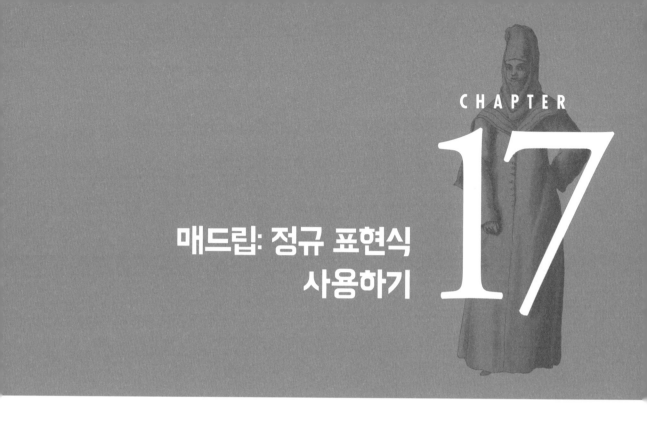

매드립: 정규 표현식 사용하기

내가 어렸을 때는 〈매드립Mad Libs〉이라는 게임을 몇 시간씩 하곤 했다. 컴퓨터가 존재하기 이전의 얘기이며 텔레비전이나 라디오도 없던 시절이다. 그 당시의 놀이는 〈매드립〉이 유일했고 매우 재미있었다. 이제 여러분이 이 게임을 즐겨야 한다.[1]

이 장에서는 mad.py라는 프로그램을 작성해서 위치 인수로 파일을 받을 것이다. 그리고 파일에서 <>로 돼 있는 영역을 모두 찾는다. 예를 들면 <verb동사>, <adjective형용사> 등이다. 각 영역을 채울 단어를 사용자가 입력하게 한다. 예를 들어, 'Give me a verb동사를 주세요'나 'Give me an adjective형용사

1 　옮긴이　1950년대에 나온 〈매드립〉은 명사, 형용사, 동사, 사람 이름, 음식 등의 단어를 임의로 적게 한 후 해당 단어들을 특정 스토리에 대입해서 재미있는 이야기를 만드는 게임이다.

를 주세요.' 하면 사용자가 입력하는 것이다(2장에서 했던 것처럼 맞는 관사를 사용해야 한다). 이렇게 입력받은 값은 텍스트의 지정 영역에 대입한다. 사용자가 동사verb로 'drive운전하다'를 입력된다면, 텍스트의 <verb>라는 영역을 모두 drive로 변경하는 것이다. 모든 영역이 사용자 입력값으로 변경되면 새롭게 만들어진 전체 텍스트를 출력한다.

17_mad_libs/inputs 디렉터리에 사용할 수 있는 예제 파일들이 있다. 가능하면 직접 텍스트(이야기)를 만들어보자. 다음은 fox.txt를 사용한 예다.

```
$ cd 17_mad_libs
$ cat inputs/fox.txt
The quick <adjective> <noun> jumps <preposition> the lazy <noun>.
(빠르고 <형용사> <명사>가 <전치사> 게으른 <명사>를 점프한다.)
```

이 텍스트 파일을 프로그램과 함께 실행하면 다음과 같이 각 영역에 들어갈 단어를 묻는다. 출력값은 재미있는 문장이 된다.

```
$ ./mad.py inputs/fox.txt
Give me an adjective: surly     (형용사를 주세요: 무례한)
Give me a noun: car             (명사를 주세요: 차)
Give me a preposition: under    (전치사를 주세요: 밑으로)
Give me a noun: bicycle         (명사를 주세요: 자전거)
The quick surly car jumps under the lazy bicycle.
(빠르고 무례한 차가 게으른 자전거 밑으로 점프한다.)
```

이 프로그램의 기본 설정은 input()을 사용해서 사용자가 값을 입력하게 하는 것이지만, 테스트를 위해 -i와 --inputs 옵션을 사용한다. 이 옵션은 지정한 값을 사용해 모든 질문의 답을 대신할 수 있게 해줘서, 테스트 코드가 input()을 호출하지 않고 테스트를 할 수 있다.

```
$ ./mad.py inputs/fox.txt -i surly car under bicycle
The quick surly car jumps under the lazy bicycle.
```

이 장에서 다루는 내용은 다음과 같다.

- sys.exit()를 사용해서 프로그램을 종료하고 오류 코드를 표시하는 방법
- 정규 표현식의 탐욕 수량자
- re.findall()을 사용해서 정규식과 일치하는 모든 것 찾기

- re.sub()를 사용해서 찾은 패턴을 새 텍스트로 변경하기
- 정규 표현식을 사용하지 않고 프로그램을 작성하는 방법

17.1 mad.py 작성하기

먼저 17_mad_libs 디렉터리에 mad.py 프로그램을 생성하자. new.py를 사용하거나 template/ template.py를 17_mad_libs/mad.py로 복사하면 된다. 다음은 위치 인수로 file을 정의하고 type=argparse.FileType('rt')를 지정해서 읽기 가능한 파일을 받는다. -i 또는 --inputs 는 nargs='*'를 사용해서 0개 이상의 요소(문자열)를 받는 리스트를 정의한다.

-h 또는 --help를 지정한 경우에는 다음과 같은 도움말을 표시해야 한다.

```
$ ./mad.py -h
usage: mad.py [-h] [-i [input [input ...]]] FILE

Mad Libs

positional arguments:
  FILE                 Input file

optional arguments:
  -h, --help           show this help message and exit
  -i [input [input ...]], --inputs [input [input ...]]
                       Inputs (for testing) (default: None)
```

인수로 지정한 file이 존재하지 않으면 다음과 같은 오류 메시지를 출력해야 한다.

```
$ ./mad.py blargh
usage: mad.py [-h] [-i [str [str ...]]] FILE
mad.py: error: argument FILE: can't open 'blargh': \
[Errno 2] No such file or directory: 'blargh'
```

파일 안에 <> 영역이 없다면 오류 메시지를 출력하고 오류 코드(0 이외의 값)와 함께 프로그램을 종료한다. 이 오류는 도움말을 표시하지 않아도 되므로 앞에서 본 parser.error()를 사용할 필요가 없다.

```
$ cat no_blanks.txt
This text has no placeholders.
$ ./mad.py no_blanks.txt
"no_blanks.txt" has no placeholders
```

그림 17.1은 프로그램의 입출력을 가시화해서 보여준다.

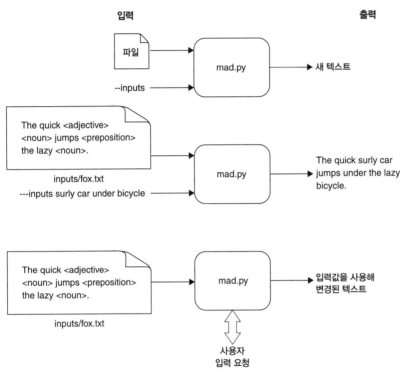

그림 17.1 **매드립 프로그램은 하나의 입력 파일을 필수로 받는다. 주어진 텍스트의 지정한 영역을 교체하기 위해 사용자가 입력한 값이나 문자열 리스트를 사용할 수 있다.**

17.1.1 정규 표현식을 사용해서 꺾쇠 괄호 찾기

파일 전체를 읽어 메모리에 넣는 것이 위험한 일임을 이전에 언급했지만 모든 <> 부분을 찾기 위해서는 어쩔 수 없이 텍스트 전체를 한 번에 읽어 들여야 한다. 이를 위해 다음과 같이 필요한 함수들을 연결하는 방법이 있다.

```
>>> text = open('inputs/fox.txt').read().rstrip()
>>> text
'The quick <adjective> <noun> jumps <preposition> the lazy <noun>.'
```

꺾쇠 괄호 안에 텍스트가 포함된 패턴을 찾아야 하므로 정규 표현식을 사용하자. < 기호는 다음과 같이 찾을 수 있다(그림 17.2 참고).

```
>>> import re
>>> re.search('<', text)
<re.Match object; span=(10, 11), match='<'>
```

The quick <adjective> <noun> jumps <preposition> the lazy <noun>.
빠르고 <형용사> <명사>가 <전치사> 게으른 <명사>를 점프한다.

그림 17.2 **< 기호 찾기**

다음은 닫는 괄호를 찾자. 정규 표현식에서 마침표(.)는 '아무 문자'를 의미한다. 마침표 뒤에 +를 붙이면 '한 개 이상의 아무 문자'를 의미한다. 이 패턴을 캡처해서 보기 쉽게 하겠다.

```
>>> match = re.search('(<.+>)', text)
>>> match.group(1)
'<adjective> <noun> jumps <preposition> the lazy <noun>'
```

그림 17.3에 있듯이, 이 패턴은 첫 번째 >에서 멈추지 않고 문자열 끝에 있는 >까지 추출한다. *나 +는 0개, 1개, 또는 그 이상을 찾는다는 의미이지만 정규 표현식 엔진은 '탐욕스러워서greedy' 그 이상을 선택한다. 패턴이 우리가 원하는 이상을 추출하지만, 실제로는 우리가 작성한 그대로 추출하는 것이다. 마침표(.)는 '아무 문자anything'라는 의미이고, 닫는 괄호 >는 이 '아무 문자'에 포함된다. 즉, 마지막 닫는 괄호를 찾기까지 가능한 한 많은 문자를 추출하는 것이다. 이런 패턴을 '탐욕'이라고 부르는 이유는 이 때문이다.

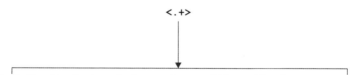

The quick <adjective> <noun> jumps <preposition> the lazy <noun>.

그림 17.3 패턴에 + 기호를 사용하여 한 개 이상의 대상을 추출하려 하면 기본적으로 '탐욕적'으로 동작하기 때문에 최대한 긴 결과를 만들게 된다.

탐욕 패턴을 '비탐욕non-greedy'으로 바꾸려면 +를 +?로 변경하면 된다. 이렇게 하면 가장 가까운 문자열만 추출한다(그림 17.4 참고).

```
>>> re.search('<.+?>', text)
<re.Match object; span=(10, 21), match='<adjective>'>
```

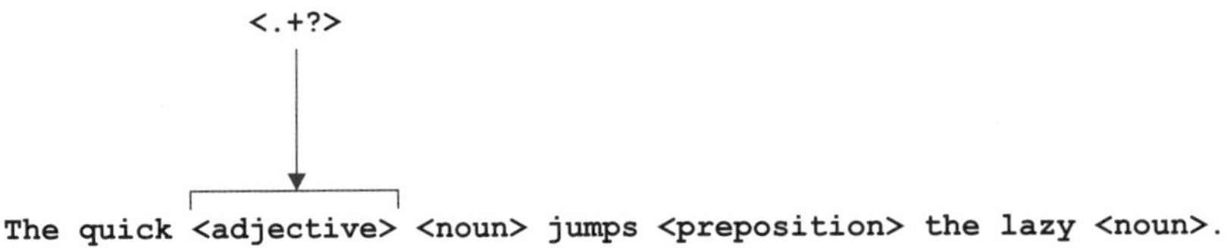

```
The quick <adjective> <noun> jumps <preposition> the lazy <noun>.
```
그림 17.4 물음표 기호(?)를 플러스 기호(+) 다음에 사용하면 가장 가까이 있는 것만 추출하고 멈춘다.

'아무 문자'를 표현하기 위해 마침표를 사용하는 것보다는 꺾쇠 괄호(<>)가 아닌 하나 이상의 아무 문자를 원한다고 지시해야 더 정확한 결과를 얻을 수 있다. 문자 클래스 [<>]는 꺾쇠 괄호와 일치한다. 이 클래스에 꺽쇠(^)를 첫 문자로 추가하면 패턴을 부정할 수 있다. 즉, [^<>]라고 정의하는 것이다(그림 17.5 참고). 이렇게 하면 <와 > 이외의 모든 것을 추출한다.

```
>>> re.search('<[^<>]+>', text)
<re.Match object; span=(10, 21), match='<adjective>'>
```

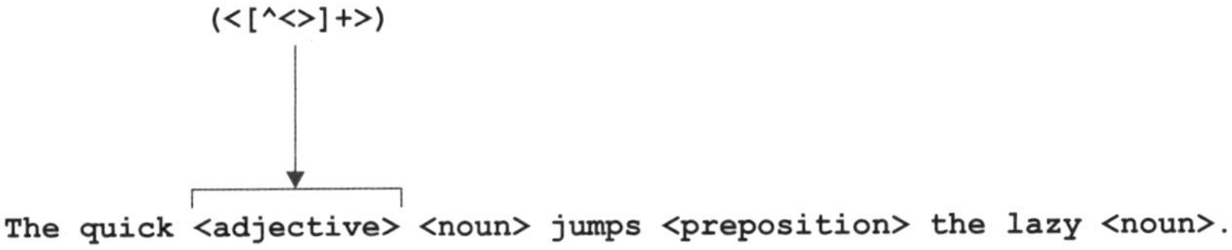

```
The quick <adjective> <noun> jumps <preposition> the lazy <noun>.
```
그림 17.5 부정 문자 클래스를 사용해서 꺾쇠 괄호 이외의 모든 것을 추출한다.

부정 클래스에 <와 >를 정의한 이유는 무엇일까? >만 있으면 충분하지 않을까? 사실 짝이 맞지 않는 괄호를 방지하고 있는 것이다. 오른쪽 괄호만 사용하면 결과가 다음과 같아진다(그림 17.6 참고).

```
>>> re.search('<[^>]+>', 'foo <<bar> baz')
<re.Match object; span=(4, 10), match='<<bar>'>
```

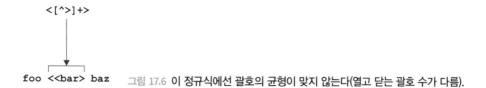

foo <<bar> baz　　　그림 17.6 이 정규식에선 괄호의 균형이 맞지 않는다(열고 닫는 괄호 수가 다름).

하지만 두 개의 괄호를 부정 표현식에 함께 넣어준 경우에는 여는 괄호와 닫는 괄호의 순서가
정확히 들어맞는 결과를 찾아준다(그림 17.7 참고).

```
>>> re.search('<[^<>]+>', 'foo <<bar> baz')
<re.Match object; span=(5, 10), match='<bar>'>
```

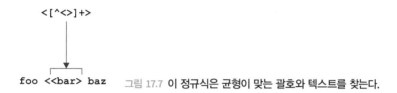

foo <<bar> baz　　　그림 17.7 이 정규식은 균형이 맞는 괄호와 텍스트를 찾는다.

두 개의 소괄호 ()를 더 추가한다. 첫 번째 것은 전체 영역 패턴(<>)을 저장하기 위한 것이다(그
림 17.8 참고).

```
>>> match = re.search('(<([^<>]+)>)', text)
>>> match.groups()
('<adjective>', 'adjective')
```

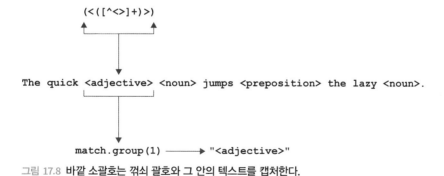

그림 17.8 바깥 소괄호는 꺾쇠 괄호와 그 안의 텍스트를 캡처한다.

두 번째 소괄호는 <> 안에 있는 문자열을 캡처하기 위한 것이다(그림 17.9 참고).

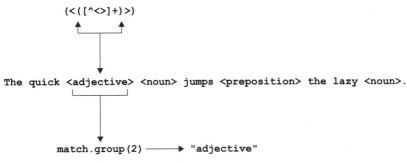

그림 17.9 안쪽 괄호는 텍스트만 캡처한다.

re.findall()이라는 매우 편리한 함수가 있다. 일치하는 모든 텍스트 그룹을 튜플 리스트로 반환하는 함수다.

```
>>> from pprint import pprint
>>> matches = re.findall('(<([^<>]+)>)', text)
>>> pprint(matches)
[('<adjective>', 'adjective'),
 ('<noun>', 'noun'),
 ('<preposition>', 'preposition'),
 ('<noun>', 'noun')]
```

캡처 그룹은 괄호 순서대로 결과를 반환한다. 따라서 전체 영역(<> 영역)이 튜플의 첫 번째 요소가 되고, 영역 내에 포함된 텍스트가 두 번째 요소가 된다. 이 리스트를 반복해서 튜플의 각 요소를 변수에 저장해 사용할 수 있다(그림 17.10 참고).

```
>>> for placeholder, name in matches:
...     print(f'Give me {name}')
...
Give me adjective
Give me noun
Give me preposition
Give me noun
```

```
for placeholder, name in [('<adjective>', 'adjective')]:
    print(f'Give me {name}')
```

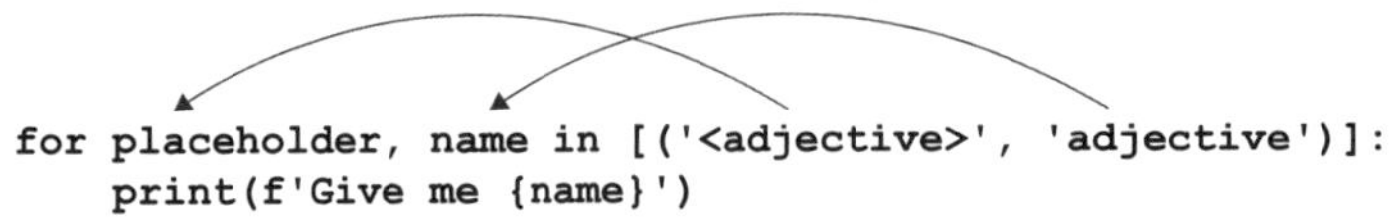

그림 17.10 리스트가 두 개의 튜플값을 갖고 있으므로 for 문을 사용해서 두 개의 변수에 저장할 수 있다.

사용자 입력을 요청하는 메시지(Give me a/an~)에는 적절한 관사('a' 또는 'an')를 사용해야 한다
(2장 참고).[2]

17.1.2 프로그램 종료 및 오류 메시지

텍스트 안에 <> 영역이 없으면 오류 메시지를 표시해야 한다. 오류는 STDERR(표준 오류)로 출
력하는 것이 일반적이며, print() 함수에 file 인수를 지정하면 된다. 9장에서 했던 것처럼
sys.stderr를 이용한다. 먼저 필요한 모듈을 불러와야 한다.

```
import sys
```

기억할지 모르겠지만, sys.stderr는 이미 파일 핸들을 연 상태이므로 open() 할 필요가
없다.

```
print('This is an error!', file=sys.stderr)
```

대상 영역이 존재하지 않으면 오룻값을 사용해서 프로그램 실행에 실패했다는 사실을 OS에
게 알리고 프로그램을 종료해야 한다. 프로그램의 일반적인 종룻값은 0이며, '오류가 0개'임을
의미한다. 따라서 오류가 있을 때는 0이 아닌 다른 값을 사용해야 하며 필자는 항상 1을 사용
한다.

```
sys.exit(1)
```

테스트 중 하나는 텍스트가 대상 영역을 갖고 있지 않은 경우 프로그램이 제대로 종료되는지
확인한다. sys.exit()를 문자열을 사용해서 호출하면 오류 메시지로 sys.stderr에 출력된
다. 이때 종룻값은 1이 된다.

```
sys.exit('This will kill your program and print an error message!')
```

---

2 옮긴이 'adjective(형용사)'를 요청할 때는 'an adjective'를, 'preposition(전치사)'을 요청할 때는 'a preposition'이라고
   표시해야 한다.

17.1.3 입력값 받기

텍스트의 괄호 부분을 바꾸려면 --inputs를 통해 입력된 값이나 사용자가 직접 입력한 값을 사용해야 한다. --inputs를 지정하지 않았다면 input() 함수를 사용해서 사용자가 대답한 값을 사용하면 된다.

input() 함수는 프롬프트상에서 문자열을 입력받는다.

```
>>> value = input('Give me an adjective: ')
Give me an adjective: blue (형용사를 주세요: 파란)
```

input() 함수는 사용자가 어떤 값을 입력하든지 문자열(str)값을 반환한다(입력 후 엔터 키를 눌러야 한다).

```
>>> value
'blue'
```

인수를 통해 입력값을 받았다면 input() 함수를 사용할 필요가 없다. 단, --inputs는 테스트를 위한 기능으로만 사용하자. 인수를 통해 지정한 입력값은 텍스트의 변경 대상 영역과 숫자가 같아야 한다(그림 17.11 참고).

그림 17.11 **명령줄을 통해 입력값이 주어졌다면 텍스트의 변경 대상 영역과 일치해야 한다.**

예를 들어, fox.txt의 텍스트를 사용하고 --inputs는 다음과 같은 값을 갖는다고 하자.

```
>>> inputs = ['surly', 'car', 'under', 'bicycle']
```

이 리스트(inputs)에서 첫 번째 문자열, 'surly'를 먼저 삭제한 후 반환해야 한다. list.pop() 을 사용하면 되지만, 이 메서드는 기본적으로는 마지막 요소를 반환한다.

```
>>> inputs.pop()
'bicycle'
```

list.pop() 함수에 요소의 위치를 인자로 넘겨주면 해당 요소를 바로 제거할 수 있다. 어떻게 하면 될까? 모르겠다면 help(list.pop)을 꼭 읽어보자.

17.1.4 텍스트 변경하기

각 영역의 값이 준비됐다면 텍스트에서 해당 부분을 실제로 변경해 주어야 한다. 이때 사용할 수 있는 것이 re.sub()(substitute교체)로, 주어진 정규 표현식과 일치하는 텍스트를 지정한 값으로 변경해 주는 함수다. help(re.sub)를 꼭 읽어보길 권한다.

```
sub(pattern, repl, string, count=0, flags=0)
    Return the string obtained by replacing the leftmost
    non-overlapping occurrences of the pattern in string by the
    replacement repl.
    (문자열(string)에서 지정한 패턴(pattern)을 찾아서(가장 왼쪽에 있는 중복되지 않은 패턴)
    repl로 변경한 후 변경한 전체 문자열을 반환한다.)
```

사용 방법을 알려줄 수는 없지만, 힌트를 주자면 <대상 영역>을 각 값으로 변경할 때 사용한 패턴을 활용하면 된다.

참고로, 반드시 re.sub() 함수를 사용해서 문제를 해결해야 하는 것은 아니다. 오히려 re 모듈을 전혀 사용하지 않고도 코드를 작성할 수 있는지 도전해 보길 바란다. 이제 프로그램을 작성할 시간이다. 테스트가 여러분을 안내해 줄 것이다.

17.2 예시 답안

정규 표현식이 어느 정도 익숙해졌는가? 복잡하다는 걸 필자도 안다. 하지만 잘 배워 두면 기대 이상의 효과를 얻을 수 있을 것이다.

```python
#!/usr/bin/env python3
"""Mad Libs"""

import argparse
import re
import sys


# --------------------------------------------------
def get_args():
    """Get command-line arguments"""
```

```
        parser = argparse.ArgumentParser(
            description='Mad Libs',
            formatter_class=argparse.ArgumentDefaultsHelpFormatter)

        parser.add_argument('file',  ◄──── 파일 인수는 읽기 가능한 파일이어야 한다.
                            metavar='FILE',
                            type=argparse.FileType('rt'),
                            help='Input file')

        parser.add_argument('-i',  ◄──── --inputs는 옵션 인수로 0개 이상을 받는다.
                            '--inputs',
                            help='Inputs (for testing)',
                            metavar='input',
                            type=str,
                            nargs='*')


        return parser.parse_args()


# --------------------------------------------------
def main():
    """Make a jazz noise here"""
    입력 파일을 열어서 읽는다.
    args = get_args()
    inputs = args.inputs
  ► text = args.file.read().rstrip()
    blanks = re.findall('(<([^<>]+)>)', text)  ◄

    if not blanks:  ◄──── 텍스트에 대상 영역이 있는지 확인한다.
        sys.exit(f'"{args.file.name}" has no placeholders.')  ◄

    tmpl = 'Give me {} {}: '  ◄──── 사용자 입력을 요청할 때 사용할 문자열 형식을 지정한다.
  ► for placeholder, pos in blanks:
        article = 'an' if pos.lower()[0] in 'aeiou' else 'a'  ◄
        answer = inputs.pop(0) if inputs else input(tmpl.format(article, pos))  ◄
        text = re.sub(placeholder, answer, text, count=1)  ◄

    print(text)  ◄──── 결과 텍스트를 STDOUT에 출력한다.


# --------------------------------------------------
if __name__ == '__main__':
    main()
```

< 기호로 시작해서 하나 이상의 아무 문자(꺾쇠 괄호가 아닌 것)가 나오고 > 기호로 끝나는 패턴을 찾는다. 두 개의 캡처 그룹을 사용해서 전체 정규식과 괄호 안의 텍스트를 캡처한다.

지정한 파일에 대상 영역이 없다는 사실을 메시지로 출력한다(STDERR로 출력). 그리고 0 이외의 값을 종료 값으로 반환해서 OS에게 오류 사실을 알린다.

추출한 대상 영역(blanks)을 반복하면서 각 튜플의 값을 변수에 저장한다.

입력값이 있으면 첫 번째 것을 대답(answer)에서 제외한다. 아니면 input()을 사용해서 사용자 입력을 요청한다.

단어의 첫 글자에 맞춰 관사를 선택한다. 모음으로 시작하면 'an'을, 아니면 'a'를 선택한다.

현재 영역 내에 있는 텍스트를 사용자가 대답한 것으로 변경한다. count=1은 첫 번째 값만 변경한다는 뜻이다. 텍스트의 기존 값을 덮어쓰기 하므로 반복이 끝날 때는 모든 영역이 변경된다.

17.3 해설

인수 정의부터 시작한다. 입력 파일(file)은 type=argparse.FileType('rt')를 사용해서 정의해야 한다. 이를 통해 인수가 읽기 가능한 파일임을 검증할 수 있다. --inputs는 옵션 인수로 nargs='*'를 사용해서 0개 이상의 문자열을 받게 한다. 입력값이 없으면 기본값으로 None을 사용하므로, 리스트가 있을 거라 가정하고 None에 리스트 처리를 적용해서는 안 된다.

17.3.1 정규 표현식을 사용해서 교체하기

re.sub()는 사실 자잘한 버그가 많다. 첫 번째 <adjective형용사>를 'blue'로 변경했다고 해보자.

```
>>> text = 'The quick blue <noun> jumps <preposition> the lazy <noun>.'
```

다음은 <noun명사>을 'dog'로 변경하고자 한다.

```
>>> text = re.sub('<noun>', 'dog', text)

>>> text
'The quick blue dog jumps <preposition> the lazy dog.'
```

<noun>이 두 개가 있으므로 모두 'dog'로 변경된다(그림 17.12 참고).

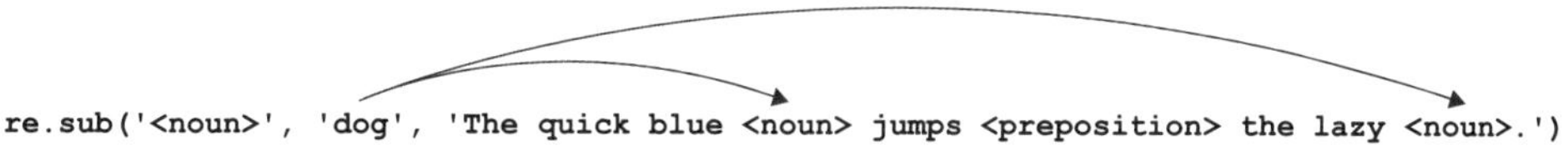

```
re.sub('<noun>', 'dog', 'The quick blue <noun> jumps <preposition> the lazy <noun>.')
```
그림 17.12 re.sub() 함수가 일치하는 모든 것을 변경한다.

첫 번째 것만 변경하려면 count=1을 설정해야 한다(그림 17.13 참고).

```
>>> text = 'The quick blue <noun> jumps <preposition> the lazy <noun>.'
>>> text = re.sub('<noun>', 'dog', text, count=1)
>>> text
'The quick blue dog jumps <preposition> the lazy <noun>.'
```

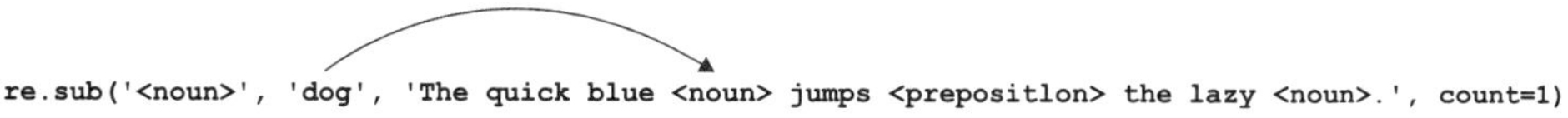

```
re.sub('<noun>', 'dog', 'The quick blue <noun> jumps <prepositlon> the lazy <noun>.', count=1)
```
그림 17.13 count를 사용해서 re.sub()가 찾는 대상을 한정한다.

이런 식으로 앞으로 진행해서 다른 영역을 변경한다.

17.3.2 정규 표현식을 사용하지 않고 대상 영역 찾기

앞에서 정규 표현식을 사용한 방법에 대해 충분히 설명했다. 어느 정도 우아한 기법이라고 생각하지만, 사실 정규 표현식을 사용하지 않고서도 문제를 해결할 수 있다. 이 방법을 알아 보자.

먼저 텍스트에서 <...> 부분을 찾아내야 하며, 이를 위한 함수가 필요하다. 테스트를 작성하 므로 작성할 함수가 어떤 값을 인수로 받고 어떤 값을 반환하는지 그리고 테스트를 위해 어떤 좋은 값과 나쁜 값을 사용할지도 생각해 볼 수 있다.

일치하는 패턴이 없으면 None을 반환하고, 있으면 (start, stop)이라는 튜플을 반환하기로 결정했다.

```
def test_find_brackets():
    """Test for finding angle brackets"""
    assert find_brackets('') is None ◄─── 텍스트가 없으므로 None을 반환해야 한다.
    assert find_brackets('<>') is None ◄─── 괄호는 있지만 안에 텍스트가 없으므로 None을 반환해야 한다.
    assert find_brackets('<x>') == (0, 2) ◄─── 패턴이 문자열 시작 부분에서 발견돼야 한다.
    assert find_brackets('foo <bar> baz') == (4, 8) ◄─── 패턴이 문자열 내에서 발견돼야 한다.
```

이제 이 테스트를 만족하는 코드를 작성해야 한다.

```
def find_brackets(text):
    """Find angle brackets"""                           원쪽 괄호의 첨자를 찾는다
    start = text.index('<') if '<' in text else -1 ◄─── (텍스트에 존재하면).
  ► stop = text.index('>') if start >= 0 and '>' in text[start + 2:] else -1
    return (start, stop) if start >= 0 and stop >= 0 else None ◄───
    오른쪽 괄호의 첨자를 찾는다(왼쪽에서부터              양쪽 괄호를 모두 찾았다면 두
    위치가 2인 곳부터 찾는다).                            괄호의 위치를 start, stop의
                                                        튜플로 반환한다.
```

이 함수는 주어진 테스트를 통과하기에 충분하지만 정확하지는 않다. 열고 닫는 괄호의 숫자 가 맞지 않으면 결과가 이상해진다.

```
>>> text = 'foo <<bar> baz'
>>> find_brackets(text)
[4, 9]
>>> text[4:10]
'<<bar>'
```

결과가 틀린 것처럼 보일 수도 있지만, 내가 꺾쇠 괄호를 선택한 이유는 <head>나 <img> 같은 HTML 태그를 연상해 보라는 이유 때문이다. HTML은 틀린 구조로 악명이 높다. 사람이 태그를 수동으로 작성해서 엉망으로 섞어서 사용했을 수도 있고, HTML 태그를 생성한 툴에 버그가 있을 수도 있다. 여기서 말하고자 하는 바는 웹 브라우저가 HTML 해석에 관대하다는 것이다. <head>가 아닌 <<head> 등이 와도 브라우저가 제대로 해석한다.

반면 정규 표현식은 [^<>] 등을 사용해서 구체적으로 잘못된 괄호(짝이 맞지 않는)를 걸러내야 한다. find_brackets()가 균형이 맞는 괄호만 선택하게 수정할 수도 있지만, 솔직히 그럴 만한 가치가 없다. 이 함수는 정규 표현식 엔진의 장점 중 하나를 보여주는 것으로, 부분 일치 (첫 왼쪽 괄호)를 찾아서 완전 일치가 아니라는 것을 확인하고, (다음 왼쪽 괄호부터) 다시 찾는다. 이것을 직접 작성하는 것은 번거로우면서도 지루한 작업이다.

어쨌든 이 함수는 여전히 모든 테스트 입력값을 잘 처리한다. 한 번에 한 영역(한 괄호 세트) 만 반환하는 것에 주목하자. 하나의 영역을 찾은 후에 해당 텍스트를 변경하고 다음 영역의 start, stop을 찾아서 변경하는 식이다. 즉, 한 번에 한 세트씩만 변경하기에 적절한 코드다.

이 함수를 main() 함수와 연계한 것이 다음 코드다.

```
def main():
    """Make a jazz noise here"""

    args = get_args()
    inputs = args.inputs
    text = args.file.read().rstrip()
    had_placeholders = False        ◀── 대상 영역이 있는지 추적하기 위한 변수다.
    tmpl = 'Give me {} {}: '         ◀── input() 입력의 형식을 지정한다.
                                          무한 반복을 시작한다. while 문은 참값일 동안 계속
    while True:     ◀──                   반복되며, 여기서는 항상 참값(True)이다.
        brackets = find_brackets(text)   ◀── find_brackets()를 텍스트의 현재 값을 사용해서 호출한다.
        if not brackets:     ◀──          반환값이 None이면 거짓이 된다.
            break     ◀──        괄호를 못 찾으면 while 문을 멈춘다.

        start, stop = brackets   ◀──    괄호를 찾았으니 start, stop 위치를 저장한다.
        placeholder = text[start:stop + 1]    │ 사용할 텍스트는 괄호보다 약간 안쪽에 위치한다.
        pos = placeholder[1:-1]               │ 즉, '<adjective>'에서 'adjective'를 추출한다.
        article = 'an' if pos.lower()[0] in 'aeiou' else 'a'   ◀── 알맞은 관사를 선택한다.
        answer = inputs.pop(0) if inputs else input(tmpl.format(article, pos))
        text = text[0:start] + answer + text[stop + 1:]
        had_placeholders = True     ◀──   영역이 있으므로 True로 변경한다.
                                          더 이상 처리할 영역이 없으면 while 문을
    if had_placeholders:     ◀──          빠져나간 후 대상 영역이 있었는지 확인한다.
        print(text)     ◀──    대상 영역이 있었으면 변경된 새 텍스트를 출력한다.
    else:
        sys.exit(f'"{args.file.name}" has no placeholders.')
```

start, stop 값을 문자열 슬라이스에 사용해서 전체 <대상 영역> 값을 찾는다. stop에 1을 더해서 마지막 첨자를 포함시킨다.

start 위치까지의 문자열 슬라이스와 대답(answer) 그리고 stop 이후의 나머지 부분을 결합해서 새 텍스트를 만들고 이를 text에 덮어쓰기 한다.

inputs 인수나 input() 함수로부터 알맞은 대답을 얻는다.

없으면 오류 메시지를 STDERR에 출력하고 0이 아닌 값을 사용해서 프로그램을 종료한다.

17.4 도전 과제

- 프로그램을 확장해서 모든 <...>와 </...> 안에 있는 모든 HTML 태그를 찾는다(인터넷에서 웹 페이지를 하나 다운로드해서 해보자).

- 짝이 맞지 않는 괄호를 찾는 프로그램을 만들어보자. 대상 괄호는 소괄호 (), 중괄호 {}. 대괄호 []이다. 짝이 맞는 괄호와 그렇지 않은 괄호가 포함된 텍스트를 파일로 만들자. 그리고 테스트를 작성해서 프로그램이 두 가지 경우를 모두 처리하는지 확인하자.

정리

- 정규 표현식은 찾고자 하는 패턴을 찾아주는 함수와 같다. 정규 표현식 엔진은 특정 텍스트에서 패턴 찾는 일을 하며, 불일치한 것을 처리하고 다시 패턴을 찾는다.

- *나 +로 시작하는 패턴은 '탐욕적' 패턴으로, 가능한 한 많은 문자와 일치한다. ?를 뒤에 붙이면 '비탐욕적'으로 바뀌어서 가능한 한 적은 문자와 일치한다.

- re.findall() 함수는 지정한 패턴에 일치하는 모든 문자열 또는 캡처 그룹을 반환한다.

- re.sub() 함수는 텍스트 내에 있는 패턴을 새 텍스트로 변경한다.

- sys.exit()를 사용하면 언제든 프로그램을 종료시킬 수 있다. 인수를 지정하지 않으면 기본 종룟값인 0(아무 문제 없음)이 사용된다. 오류가 있다는 사실을 알리고 싶다면, 0이 아닌 값(예를 들면, 1)을 사용해야 한다. 또는 STDERR로 문자열을 출력하면 자동으로 종룟값이 0 이외의 값이 된다.

18

게마트리아: 아스키값을 사용한 텍스트 수치화

게마트리아gematria는 단어를 숫자로 변환해서 암호화하는 방법으로, 단어의 각 글자를 숫자로 변환하고 이 숫자들을 합한다 (*https://namu.wiki/w/*게마트리아). 게마트리아의 표준 암호화 방식 (Mispar hechrechi)에서는 히브리어의 각 알파벳에 1부터 400까지의 숫자를 할당하며, 12가지 이상의 할당 방법이 있다. 단어를 암호화하려면 각 글자에 주어진 숫자를 더해서 하나로 만들어야한다. 요한계시록 13장 18절에는 다음과 같이 기록돼 있다. "총명한 자는 그 짐승의 수를 세어보라. 그것은 사람의 수이니 666이라." 어떤 학자들은 666이라는 숫자가 네로 황제의 이름과 직위를 게마트리아로 변환한 것으로 당시 로마 황제를 간접적으로 가리킨다고 해석한다.

이 장에서는 gematria.py라는 프로그램을 만들어서 주어진 단어를 숫자로 변환할 것이다. 게마트리아식으로 단어의 각 글자를 숫자로 변환한 후 더해서 암호화하는 것이다. 숫자를 할당하는 방법에는 여러 가지가 있다. 예를 들어 'a'는 1, 'b'는 2 식으로 차례로 할당하는 방법이 있지만, 우리는 아스키 표(*https://ko.wikipedia.org/wiki/ASCII*)를 사용해서 영어 알파벳에 해당하는 숫자를 추출한다. 영어 이외의 글자들은 유니코드를 사용할 수 있지만, 여기서는 아스키 코드에 해당하는 글자만 사용하겠다.

텍스트는 다음과 같이 명령줄을 통해 지정할 수도 있고

```
$ ./gematria.py 'foo bar baz'
324 309 317
```

다음과 같이 파일을 사용할 수도 있다.

```
$ ./gematria.py ../inputs/fox.txt
289 541 552 333 559 444 321 448 314
```

그림 18.1은 프로그램의 입출력 다이어그램을 보여준다.

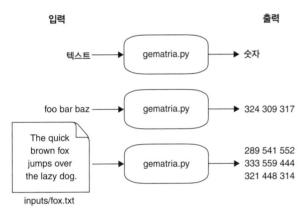

그림 18.1 게마트리아 프로그램은 텍스트를 입력값으로 받고 각 단어를 수치로 변환한 값을 출력한다.

이 장에서 다루는 내용은 다음과 같다.

- ord()와 chr() 함수
- 아스키 표에서 각 문자가 표기되는 방법
- 정규 표현식에서 사용되는 문자 범위
- re.sub() 함수 사용하기
- map()을 람다 없이 사용하는 방법

- sum() 함수의 사용법과 reduce()와의 연관성
- 대소문자를 구분해서 문자열을 정렬하는 방법

18.1 gematria.py 작성하기

정해진 코드를 매번 작성하느라 시간을 허비하지 말고 어느 정도 작성이 된 상태에서 시작하는 것이 좋다. 여기서는 template/template.py를 18_gematria/gematria.py로 복사하거나 new.py gematria.py를 18_gematria 디렉터리에서 실행해서 프로그램을 생성한다.

인수를 지정하지 않았거나 -h 또는 --help를 지정한 경우 프로그램이 다음과 같은 도움말을 표시하게 하자.

```
$ ./gematria.py -h
usage: gematria.py [-h] text

Gematria

positional arguments:
  text         Input text or file
optional arguments:
  -h, --help  show this help message and exit
```

앞의 예제들과 마찬가지로 입력값은 명령줄 또는 파일로부터 얻을 수 있다. 5장에서 사용한 코드를 그대로 사용해도 좋다. main() 함수는 다음과 같이 수정한다.

```
def main():
    args = get_args()
    print(args.text)
```

프로그램이 명령줄에서 받은 텍스트를 출력하는지 확인하자.

```
$ ./gematria.py 'Death smiles at us all, but all a man can do is smile back.'
Death smiles at us all, but all a man can do is smile back.
(죽음은 모든 사람에게 미소를 띄지만, 인간이 할 수 있는 일은 그저 죽음을 향해 미소 짓는 것뿐이다.)
```

파일을 사용해서도 확인하자.

```
$ ./gematria.py ../inputs/spiders.txt
Don't worry, spiders,
I keep house
casually
```

18.1.1 단어 정제하기

먼저 단어 하나를 암호화하는 방법을 생각해 보자. 아스키값만 다루기 위해 대소문자 알파벳과 숫자 0-9를 제외한 모든 문자를 제거하자. 이것은 정규 표현식 [A-Za-z0-9]를 사용해서 문자 클래스를 정의하면 된다.

17장에서 본 findall() 함수를 사용해서 이 클래스와 일치하는 글자들을 찾으면 된다. 예를 들어, Don't에서 작은따옴표를 제외한 모든 글자를 찾는다고 하면 다음과 같이 하면 된다(그림 18.2 참고).

```
>>> re.findall('[A-Za-z0-9]', "Don't")
['D', 'o', 'n', 't']
```

그림 18.2 **영어 알파벳과 숫자만 추출하는 문자 클래스**

꺾쇠(^)를 문자 클래스의 시작 부분에 추가하면([^A-Za-z0-9]), 글자에 해당하지 않는 모든 것을 찾는다. 예에서는 작은따옴표만 일치한다(그림 18.3 참고).

```
>>> import re
>>> re.findall('[^A-Za-z0-9]', "Don't")
["'"]
```

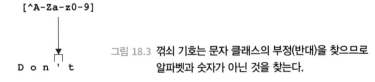

그림 18.3 **꺾쇠 기호는 문자 클래스의 부정(반대)을 찾으므로 알파벳과 숫자가 아닌 것을 찾는다.**

re.sub() 함수에서 두 번째 클래스로 빈 문자열을 사용하면 일치하는 패턴을 제거할 수 있다. 17장에서 배운 것처럼, count=n을 지정하지 않으면 일치하는 모든 부분을 변경한다.

```
>>> word = re.sub('[^A-Za-z0-9]', '', "Don't")
>>> word
'Dont'
```

이것을 암호화할 모든 단어에 적용해서 단어를 정제할 수 있다(그림 18.4 참고).

그림 18.4 re.sub()는 패턴과 일치하는 모든 텍스트를 지정한 값으로 변경한다.

18.1.2 서수 값과 범위

Dont 같은 단어를 글자 단위로 분리해서 숫자로 바꾼 후 이 숫자를 더한 값으로 암호화해야 한다. 따라서 각 글자를 숫자로 바꾸는 방법을 알아야 한다.

파이썬에는 ord()라는 함수가 있어서 문자를 서수ordinal로 변환해 준다. 모든 알파벳과 숫자는 정보 교환용 미국 표준 코드American Standard Code for Information Interchange, ASCII, 즉 아스키 표에 대응하는 서수가 순서대로 표기돼 있다. ord()는 이 표에 있는 서수 값을 반환해 준다.

```
>>> ord('D')
68
>>> ord('o')
111
```

chr() 함수는 ord()와 반대로 아스키 표의 서수에 해당하는 문자를 반환한다.

```
>>> chr(68)
'D'
>>> chr(111)
'o'
```

다음은 아스키 표의 일부다. 표를 단순화하기 위해 이 프로그램에서 사용하지 않는 것은 'NANot Available'로 표기하고 있다(0번부터 31번까지).

```
$ ./asciitbl.py
  0 NA      16 NA      32 SPACE   48 0     64 @     80 P     96 `     112 p
  1 NA      17 NA      33 !       49 1     65 A     81 Q     97 a     113 q
  2 NA      18 NA      34 "       50 2     66 B     82 R     98 b     114 r
  3 NA      19 NA      35 #       51 3     67 C     83 S     99 c     115 s
  4 NA      20 NA      36 $       52 4     68 D     84 T     100 d    116 t
  5 NA      21 NA      37 %       53 5     69 E     85 U     101 e    117 u
  6 NA      22 NA      38 &       54 6     70 F     86 V     102 f    118 v
  7 NA      23 NA      39 '       55 7     71 G     87 W     103 g    119 w
  8 NA      24 NA      40 (       56 8     72 H     88 X     104 h    120 x
  9 NA      25 NA      41 )       57 9     73 I     89 Y     105 i    121 y
 10 NA      26 NA      42 *       58 :     74 J     90 Z     106 j    122 z
 11 NA      27 NA      43 +       59 ;     75 K     91 [     107 k    123 {
 12 NA      28 NA      44 ,       60 <     76 L     92 \     108 l    124 |
 13 NA      29 NA      45 -       61 =     77 M     93 ]     109 m    125 }
 14 NA      30 NA      46 .       62 >     78 N     94 ^     110 n    126 ~
 15 NA      31 NA      47 /       63 ?     79 O     95 _     111 o    127 DEL
```

 참고 asciitbl.py라는 프로그램을 18_gematria 디렉터리에 준비해 두었다.

for 문을 사용해서 주어진 단어의 각 글자를 읽고 변환할 수 있다.

```
>>> word = "Dont"
>>> for char in word:
...     print(char, ord(char))
...
D 68
o 111
n 110
t 116
```

대문자와 소문자가 다른 ord() 값을 갖고 있음을 볼 수 있다. 서로 다른 글자이므로 코드가 다른 것도 이상하지 않다.

```
>>> ord('D')
68
>>> ord('d')
100
```

'a'부터 'z'까지 반복해 가며 해당하는 ord() 값을 확인할 수 있다.

```
>>> [chr(n) for n in range(ord('a'), ord('z') + 1)]
['a', 'b', 'c', 'd', 'e', 'f', 'g', 'h', 'i', 'j', 'k', 'l', 'm',
 'n', 'o', 'p', 'q', 'r', 's', 't', 'u', 'v', 'w', 'x', 'y', 'z']
```

앞의 아스키 표에서도 볼 수 있듯이, 'a'부터 'z'는 연속적으로 배치돼 있다. 'A'부터 'Z'도 그렇고 '0'부터 '9'도 마찬가지로 정규 표현식에서 [A-Za-z0-9]라고 정의할 수 있는 이유도 이 때문이다.

대문자는 소문자보다 아스키값이 작다는 것에 유의하자. 따라서 [a-Z]라고 정의할 수 없다. 레플에서 실행해 보면 오류가 발생한다.

```
>>> re.findall('[a-Z]', word)
```

오류 메시지의 마지막 줄은 다음과 같다.

```
re.error: bad character range a-Z at position 1
(re.error: 위치 1에 잘못된 문자 범위가 사용됐습니다.)
```

하지만 [A-z]라는 범위는 사용할 수 있다.

```
>>> re.findall('[A-z]', word)
['D', 'o', 'n', 't']
```

주의할 점은 'Z'와 'a'가 연속되지 않는다는 것이다.

```
>>> ord('Z'), ord('a')
(90, 97)
```

이 두 문자 사이에 다른 문자들이 존재한다.

```
>>> [chr(n) for n in range(ord('Z') + 1, ord('a'))]
['[', '\\', ']', '^', '_', '`']
```

이 범위([A-z])를 출력 가능한 printable 문자열에서 찾으면 글자가 아닌 것도 찾는 것을 알 수 있다.

```
>>> import string
>>> re.findall('[A-z]', string.printable)
['a', 'b', 'c', 'd', 'e', 'f', 'g', 'h', 'i', 'j', 'k', 'l', 'm',
 'n', 'o', 'p', 'q', 'r', 's', 't', 'u', 'v', 'w', 'x', 'y', 'z',
 'A', 'B', 'C', 'D', 'E', 'F', 'G', 'H', 'I', 'J', 'K', 'L', 'M',
 'N', 'O', 'P', 'Q', 'R', 'S', 'T', 'U', 'V', 'W', 'X', 'Y', 'Z',
 '[', '\\', ']', '^', '_', '`']
```

이 때문에 세 개의 범위([A-Za-z0-9], A부터 Z까지, a부터 z까지, 0부터 9까지)로 나누어 클래스를 정의한 것이다(그래야 원하는 글자만 가져올 수 있다). 또한, 대소문자에 따라 범위가 다르다는 사실을 알고 있으므로 두 가지 범위(a(A)부터 z(Z)까지)를 구분하고 있다.

18.1.3 더해서 줄이기

다시 한번 프로그램의 목적을 상기해 보자. 단어의 모든 글자를 숫자로 변환한 후 더하는 것이다. 파이썬에는 sum()이라는 편리한 함수가 있어서 숫자 리스트를 쉽게 더할 수 있다.

```
>>> sum([1, 2, 3])
6
```

Dont의 각 글자를 일일이 변환해서 그 결과를 리스트로 sum()에 전달할 수도 있다.

```
>>> sum([ord('D'), ord('o'), ord('n'), ord('t')])
405
```

하나의 문자열 안에 있는 모든 글자를 ord() 함수에 적용해서 그 결과(리스트)를 sum()에 전달하려면 어떻게 해야 할까? 이제 많이 사용해서 익숙해진 방식으로 가장 먼저 시도할 방식도 정해져 있을 것이다. 사용하기 쉬운 for 문부터 먼저 보자.

```
>>> word = 'Dont'
>>> vals = []
>>> for char in word:
...     vals.append(ord(char))
...
>>> vals
[68, 111, 110, 116]
```

리스트 내포를 사용해서 한 줄로 만들 수 있겠는가?

```
>>> vals = [ord(char) for char in word]
>>> vals
[68, 111, 110, 116]
```

이제 map()으로 옮겨갈 차례다.

```
>>> vals = map(lambda char: ord(char), word)
>>> list(vals)
[68, 111, 110, 116]
```

ord() 함수가 한 가지 값만 필요로 하므로 lambda 선언을 하지 않고도 map()을 작성할 수
있다. map() 함수 자체가 함수 하나에 값 하나를 적용하는 방식이기 때문이다. 다음과 같이
하면 더 간단한 코드가 된다.

```
>>> vals = map(ord, word)
>>> list(vals)
[68, 111, 110, 116]
```

정말 아름다운 코드다(적어도 필자 눈에는).

다음은 sum()을 사용해서 단어의 최종 암홋값을 구한다.

```
>>> sum(map(ord, word))
405
```

맞는 값인지 보자.

```
>>> sum([68, 111, 110, 116])
405
```

18.1.4 functools.reduce 사용하기

sum() 함수가 있으니 product() 함수(곱하기 함수)가 있다고 의심할 수도 있다. 아쉽게도 내
장 함수로는 존재하지 않는다. 하지만 비슷한 접근법(리스트의 값들을 어떤 연산을 통해 하나의 값
으로 줄이는 것)을 가진 함수를 사용하면 곱하기 연산을 할 수 있다.

functools 모듈의 reduce()라는 함수가 리스트를 줄여준다. 사용법을 확인해 보자.

```
>>> from functools import reduce
>>> help(reduce)
reduce(...)
```

```
reduce(function, sequence[, initial]) -> value

Apply a function of two arguments cumulatively to the items of a sequence,
from left to right, so as to reduce the sequence to a single value.
For example, reduce(lambda x, y: x+y, [1, 2, 3, 4, 5]) calculates
(((((1+2)+3)+4)+5). If initial is present, it is placed before the items
of the sequence in the calculation, and serves as a default when the
sequence is empty.
```
(시퀀스의 값을 두 개씩 누적해서(왼쪽에서 오른쪽 순으로) 함수에 적용한다. 그 결과 시퀀스가 단일 값으로 줄어든다.
예를 들어, reduce(lambda x, y: x+y, [1, 2, 3, 4, 5])는 (((((1+2)+3)+4)+5)를 계산한다.
initial(초깃값)을 설정하면 계산할 때 이 값이 리스트의 첫 아이템 앞에 놓이며, 리스트가 비어 있으면 이 값이
기본값으로 사용된다.)

이것도 map()이나 filter()처럼 고차 함수이며, 첫 인수로 또 다른 함수를 사용한다. 도움말
에는 sum() 함수를 직접 구성하는 방법이 나와 있다.

```
>>> reduce(lambda x, y: x + y, [1, 2, 3, 4, 5])
15
```

+를 * 연산자로 바꾸면 곱하기 함수가 된다.

```
>>> reduce(lambda x, y: x * y, [1, 2, 3, 4, 5])
120
```

이것을 이용해서 다음과 같이 함수를 정의할 수 있다.

```
def product(vals):
    return reduce(lambda x, y: x * y, vals)
```

다음과 같이 호출하면 된다.

```
>>> product(range(1,6))
120
```

reduce 안에 람다를 작성하는 대신, 두 개의 인수를 받는 아무 함수나 사용할 수도 있다. 이
경우 operator.mul() 함수를 사용하면 곱하기 계산을 할 수 있다.

```
>>> import operator
>>> help(operator.mul)
```

```
mul(a, b, /)
    Same as a * b.
```

따라서 다음과 같이 작성하면 더 간단해진다.

```
def product(vals):
    return reduce(operator.mul, vals)
```

math 모듈도 prod() 함수를 제공한다.

```
>>> import math
>>> math.prod(range(1,6))
120
```

str.join() 메서드도 사실 문자열 리스트를 단일 문자열로 줄이는_{reduce} 것이다. 따라서 reduce()를 사용해서 다음과 같이 직접 join() 함수를 정의할 수 있다.

```
def join(sep, vals):
    return reduce(lambda x, y: x + sep + y, vals)
```

str.join()보다 이렇게 만든 join() 함수를 훨씬 선호하는 편이다.

```
>>> join(', ', ['Hey', 'Nonny', 'Nonny'])
'Hey, Nonny, Nonny'
```

어떤 형태의 리스트든 리스트의 값을 모두 결합해서 하나의 값으로 변경해야(계산해야) 할 때는 reduce() 함수를 사용하자.

18.1.5 단어 암호화하기

각 글자의 서수 값을 더하기 위한 다양한 방법을 살펴봤다. 재미있지 않은가? 이제 다시 원래 가던 길로 돌아갈 시간이다.

이제 각 글자의 서수 값을 합해서 단어를 숫자로 암호화하는 함수를 만들 수 있을 것이다. 이 함수 이름을 word2num()이라고 하고 테스트 코드를 작성해 보았다.

```
def test_word2num():
    """Test word2num"""
    assert word2num("a") == "97"
    assert word2num("abc") == "294"
    assert word2num("ab'c") == "294"
    assert word2num("4a-b'c,") == "346"
```

word2num() 함수가 int가 아닌 str을 반환하는 것에 주목하자. str.join()을 사용해서 결과를 출력하기 위해서다(str.join은 str 값만 사용할 수 있다). 따라서 결과는 405가 아닌 '405'가 된다.

```
>>> from gematria import word2num
>>> word2num("Don't")
'405'
```

정리하자면 word2num() 함수는 한 개의 단어를 인수로 받고 불필요한 문자를 제거한 후 나머지 문자들을 ord() 값으로 변환한다. 그리고 이 값들을 sum() 해서 str로 반환한다.

18.1.6 텍스트 쪼개기

숫자로 변환된 결과물이 원본 텍스트와 동일하게 줄바꿈을 유지하고 있는지 확인하는 테스트가 있다. 따라서 다른 실습처럼 str.splitlines()를 사용할 것을 권한다. 15장과 16장에서 각 줄을 '단어'로 쪼개기 위해 정규 표현식을 사용했었다. 이런 처리를 '토큰화tokenization'라고도 하며, 자연어 처리Natural Language Processing, NLP의 일부다. 단, word2num() 함수가 앞서 보여준 테스트를 통과하게 하려면 str.split()을 사용해도 된다. 단순히 공백을 기준으로 단어를 분리해도 word2num() 함수가 단어와 숫자 이외에는 모두 무시하기 때문이다. 물론 줄을 단어로 쪼개는 다른 방법이 있다면 그 방법을 사용하는 것도 좋다.

다음 코드는 원본 텍스트의 줄 구조를 유지한다. word2num()을 추가해서 그림 18.5에 있는 것처럼 암호화된 숫자를 출력하게 해보자.

```
def main():
    args = get_args()
    for line in args.text.splitlines():
        for word in line.split():
            # 여기에 들어갈 것은?
            print(' '.join(line.split()))
```

```
The quick brown fox jumps over the lazy dog.

289   541   552   333   559   444   321   448   314
```

그림 18.5 텍스트의 각 단어가 정제돼서 숫자로 암호화된다.

결과는 각 단어를 하나의 숫자로 표현한 값이다.

```
$ ./gematria.py ../inputs/fox.txt
289 541 552 333 559 444 321 448 314
```

이제 프로그램 작성을 마무리할 시간이다. 테스트를 사용해서 확인하는 것을 잊지 말자.

18.2 예시 답안

필자는 암호학이나 메시지 변환 기술을 좋아한다. 이 프로그램도 입력 텍스트를 (비슷하게) 암호화하지만 암호화한 것을 원래 값으로 복원할 수는 없다. 하지만 텍스트를 처리하거나 다른 값으로 변형하는 다양한 방법을 생각하는 것은 여전히 즐거운 일이다.

```python
#!/usr/bin/env python3
"""Gematria"""

import argparse
import os
import re


# --------------------------------------------------
def get_args():
    """Get command-line arguments"""

    parser = argparse.ArgumentParser(
        description='Gematria',
        formatter_class=argparse.ArgumentDefaultsHelpFormatter)
                                          # text 인수는 문자열이며 파일이 올 수도 있다.
    parser.add_argument('text', metavar='text', help='Input text or file')  ◀

    args = parser.parse_args()  ◀── 명령줄 인수를 받는다.

    if os.path.isfile(args.text):  ◀── text 인수가 존재하는 파일인지 확인한다.
        args.text = open(args.text).read().rstrip()  ◀── args.text를 파일 내용으로 덮어쓰기 한다.

    return args  ◀── 인수를 반환한다.
```

```
# ----------------------------------------------------
def main():
    """Make a jazz noise here"""

    args = get_args()  ◄──── 전달된 인수를 받는다.

    for line in args.text.splitlines():  ◄──── args.text를 줄 단위로 나눠서 기존 줄 구성을 유지한다.
        ► print(' '.join(map(word2num, line.split())))
        각 줄의 텍스트를 공백을 기준으로 나누고 word2num()과 map()을 사용해서
        단어를 변환한다. 그 결과를 공백 문자를 사용해 연결해서 출력한다.
# ----------------------------------------------------
def word2num(word):  ◄──── 단어를 숫자로 변환하는 함수를 정의한다.
    """Sum the ordinal values of all the characters"""

    ► return str(sum(map(ord, re.sub('[^A-Za-z0-9]', '', word))))
    re.sub()를 사용해서 알파벳과 숫자가 아닌 것을 제외한다. ord() 함수를 사용해 문자열을
    매핑하고 각 서수 값을 더한다. 마지막으로, 더한 결과를 문자열로 반환한다.
# ----------------------------------------------------
def test_word2num():  ◄──── word2num()을 테스트하는 함수를 정의한다.
    """Test word2num"""

    assert word2num("a") == "97"
    assert word2num("abc") == "294"
    assert word2num("ab'c") == "294"
    assert word2num("4a-b'c,") == "346"


# ----------------------------------------------------
if __name__ == '__main__':
    main()
```

18.3 해설

get_args()는 동일한 코드를 몇 번이고 계속 사용하고 있어서 이해하는 데 어려움이 없으리라 본다. word2num() 함수로 바로 넘어가자.

18.3.1 word2num() 작성하기

답안에 있는 코드 대신 다음과 같은 함수를 작성할 수도 있다.

```
def word2num(word):
    vals = []  ◄──── 서수 값을 받기 위한 리스트를 빈 문자열로 초기화한다.
    for char in re.sub('[^A-Za-z0-9]', '', word):  ◄──── re.sub()가 반환한 모든 글자를 하나씩 읽는다.
        vals.append(ord(char))  ◄──── 모든 글자를 서수 값으로 변환하고 리스트에 추가한다.

    return str(sum(vals))  ◄──── 값들을 모두 더해서 문자열로 반환한다.
```

이 4줄짜리 코드 대신에 리스트 내포를 사용하면 4줄을 2줄로 줄일 수 있다.

```python
def word2num(word):
    vals = [ord(char) for char in re.sub('[^A-Za-z0-9]', '', word)]
    return str(sum(vals))
```

그리고 이 2줄짜리 코드도 한 줄로 줄일 수 있지만, 읽기 쉬운 코드는 아니다.

```python
def word2num(word):
    return str(sum([ord(char) for char in re.sub('[^A-Za-z0-9]', '', word)]))
```

여전히 가장 가독성이 좋으면서 함축적인 코드는 map()을 사용한 버전이다.

```python
def word2num(word):
    return str(sum(map(ord, re.sub('[^A-Za-z0-9]', '', word))))
```

그림 18.6은 이 세 가지 방법 간의 연관성을 보여준다.

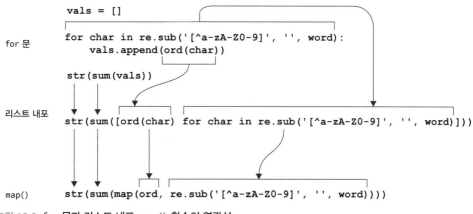

그림 18.6 for 문과 리스트 내포, map() 함수의 연관성

그림 18.7은 Don't가 map()을 사용한 코드에서 어떻게 처리되는지 흐름을 보여준다.

1   re.sub() 함수로 문자 클래스에 없는 모든 문자를 찾아서 빈 문자열로 변경한다(즉, 찾은 문자열을 제거한다). Don't는 Dont로 변경된다(작은따옴표가 제거됐다).

2   map() 함수가 반복형 객체의 각 요소에 ord() 함수를 적용해 준다. 여기서는 각 단어의 글자가 사용된다.

3 map()의 결과는 새 리스트로, Dont의 각 글자가 ord() 함수에 의해 처리된 결과다.

4 ord()의 결과는 int 값으로 구성된 리스트로, 각 글자가 숫자로 변환된 것이다.

5 sum() 함수가 리스트의 숫자들을 더해서 하나의 숫자로 줄인다.

6 함수의 최종 결과는 문자열로, str() 함수를 사용해서 sum()의 결과(숫자)를 문자열로 변환한 값이다.

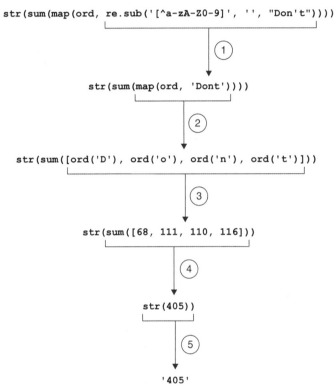

그림 18.7 word2num() 함수의 처리 순서

18.3.2 정렬하기

이번 실습에서 중요한 것은 ord()나 chr()가 아니라 정규 표현식의 사용법과 함수를 인자로 전달하여 적용하는 방법, 그리고 문자가 프로그래밍 언어에서 처리되는 방법을 이해하는 것이다.

예를 들어, 문자열 정렬은 각 글자의 ord() 값이 상대적인 순서를 가지므로 대소문자를 구분해야 한다(아스키 표에서 대문자가 소문자보다 앞에 정의돼 있기 때문이다). 대문자로 시작하는 단어가 소문자보다 앞에 정렬된다는 사실을 기억하자.

```
>>> words = 'banana Apple Cherry anchovies cabbage Beets'
>>> sorted(words)
['Apple', 'Beets', 'Cherry', 'anchovies', 'banana', 'cabbage']
```

모든 대문자의 서수 값이 소문자의 서수 값보다 작기 때문이다. 문자열을 대소문자를 구분하지 않고 정렬하려면 key=str.casefold를 사용하면 된다. str.casefold() 함수는 대소문자 상관없이 문자열을 비교해서 순서를 정한다. 여기서는 str.casefold처럼 괄호 없이 사용하고 있는데, 함수 자체를 key의 인수로 전달하기 때문이다.

```
>>> sorted(words, key=str.casefold)
['anchovies', 'Apple', 'banana', 'Beets', 'cabbage', 'Cherry']
```

괄호를 붙이면 예외가 발생한다. map()이나 filter()에 함수를 전달할 때와 같다.

```
>>> sorted(words, key=str.casefold())
Traceback (most recent call last):
  File "<stdin>", line 1, in <module>
TypeError: descriptor 'casefold' of 'str' object needs an argument
```

리스트를 바로 정렬해야 할 때는 list.sort()에 동일한 옵션을 지정하면 된다.

```
>>> words.sort(key=str.casefold)
>>> words
['anchovies', 'Apple', 'banana', 'Beets', 'cabbage', 'Cherry']
```

sort 같은 명령줄 프로그램도 대소문자를 구분하지 않고 정렬한다. 위에서 사용한 단어들을 파일에 넣어보자.

```
$ cat words.txt
banana
Apple
Cherry
anchovies
cabbage
Beets
```

맥Mac[1]에서 sort 프로그램을 실행하면 대문자 단어를 정렬한 후 소문자 단어를 정렬한다.

```
$ sort words
Apple
Beets
Cherry
anchovies
banana
cabbage
```

man sort 명령을 사용해서 sort 매뉴얼을 확인하니, -f를 사용하면 대소문자를 구분하지 않고 정렬한다는 사실을 알아냈다.[2]

```
$ sort -f words
anchovies
Apple
banana
Beets
cabbage
Cherry
```

18.3.3 테스트하기

필자가 얼마나 자주 테스트 코드를 사용하는지 언급하고 넘어가고자 한다. 함수나 프로그램을 수정할 때마다 습관적으로 테스트를 실행해서 버그가 발생하지는 않는지 확인한다. 테스트 코드가 있다는 사실은 프로그램을 광범위하게 수정해도 된다는 자유와 자신감을 준다. 필자가 작업한 결과를 바로 확인할 수 있다는 사실을 알고 있기 때문이다. 만약 버그를 발견하면 이 버그를 검증할 수 있는 테스트를 추가한다. 그리고서 버그를 수정하고 제대로 수정됐는지 확인한다. 그 버그를 실수로 다시 만들어낼 수도 있지만, 테스트가 바로 잡아내기 때문에 문제가 없다.

---

1   GNU coreutils 8.30 버전을 가진 리눅스에서는 대소문자를 구분하지 않고 정렬하도록 기본 설정돼 있다. 여러분의 PC에서는 어떤가?

2   옮긴이 윈도우에서도 sort 명령을 사용할 수 있다. 다음과 같이 words.txt 파일이 있는 18_gematria로 가서 실행해 보자. 윈도우에서는 기본적으로 대소문자를 구분하지 않고 정렬한다.

```
C:\code\18_gematria>sort words.txt
```

이 책에서는 가능한 한 100줄 이상의 프로그램은 작성하지 않으려 했다. 실제 프로그램을 만들 때는 몇천 줄의 코드로 늘어나는 것은 금방이며 수십 개의 모듈로 만들어지기도 한다. 아주 작은 프로그램이라도 테스트 프로그램을 작성해서 실행하는 것부터 시작하기를 바란다. 시작 단계부터 몸에 익혀야 할 습관으로 긴 코드를 작성하게 되면서부터 위력을 발휘할 것이다.

18.4 도전 과제

- 텍스트 파일 안에서 변환한 값(더한 값)이 666이 되는 단어를 찾아보자. 발견된 단어들이 무서운 단어일까?

- word2num()을 사용해서 변환한 값 중 가장 자주 등장하는 값을 찾고 해당 값으로 변환되는 모든 단어를 찾자.

- 각 글자를 자신이 정의한 숫자를 사용해서 변환해 보자. 예를 들면, 알파벳 순서로 숫자를 부여하는 것이다. 'A'와 'a'는 1, 'B'와 'b'는 2로 매칭시키는 것이다. 또는 자음인 경우 1, 모음인 경우 –1을 각 글자마다 부여하는 방법도 있다. 자신만의 표를 만들고 테스트를 작성해서 프로그램이 예상한 대로 실행되는지 확인하자.

정리

- ord() 함수는 각 문자의 유니코드를 반환한다. 대소문자와 숫잣값은 아스키 표에 있는 서수 값을 사용했다.

- chr() 함수는 서수 값에 해당하는 문자를 반환한다.

- 각 문자의 서수 값이 연속된 경우(아스키 표처럼)에는 a-z 같은 문자 범위를 정규 표현식으로 사용할 수 있다.

- re.sub() 함수는 텍스트에서 일치하는 패턴을 새 값으로 변경한다. 공백이나 구두점 등을 제거해야 할 때는 모든 기호 문자를 빈 문자열로 교체하면 된다.

- map()에서 함수가 하나의 위치 인수를 사용할 때는 람다 대신에 함수 참조(함수명)를 사용하면 된다.

- sum() 함수는 리스트의 숫자들을 더해서 하나의 숫자로 줄인다. functools.reduce() 함수를 사용해서 수동으로 sum() 함수를 구현할 수 있다.

- 대소문자 구분 없이 정렬하려면 key=str.casefold를 sorted()나 list.sort() 함수의 인수로 지정하면 된다.

오늘의 운동:
CSV 파일 사용하기와
텍스트 테이블 만들기

몇 년 전에 운동 모임에 참여한 적이 있다. 매일같이 코치 집 근처의 울퉁불퉁한 길가에 모여 함께 운동을 했다. 무거운 것을 들었다 놨다 했고 죽어라 주변을 달렸다. 힘이 센 것도 아니고 건강한 것도 아니었지만 운동하기 좋은 방법이었고 친구들과 만나는 것도 좋았다. 내가 가장 좋아했던 것은 '오늘의 운동Workout of the Day, WOD'이었다. 칠판 위에 그날 할 운동을  적어놓는 것이다. 무엇이 적히든 해야 했다. 푸시업 200개면 아무리 시간이 오래 걸려도 그날 200개를 끝냈다.[1] 이런 정신으로 wod.py라는 프로그램을 만들어보자. 일별 운동 계획을 무작위로 작성해 주는 프로그램이다.

---

1 배리 슈워츠(Barry Schwartz)는 "선택의 폭이 넓은 것이 항상 좋지만은 않다."라고 말했다(https://hbr.org/2006/06/more-isnt-always-better). 사람들은 선택지를 늘리면 어떤 선택을 하든 더 고통스러워하고 불만족스러워한다는 것이다. 아이스크림 가게에 세 가지 맛의 아이스크림만 있다고 해보자. 초콜릿, 바닐라, 딸기 맛이다. 초콜릿 맛을 선택한다면 이 선택에 만족할 것이다. 이제 아이스크림 가게에 60가지 맛이 있다고 생각해 보자. 20가지 과일 아이스크림과 셔벗이 있고 12가지 초콜릿 종류가 있다. 이때 초콜릿 맛 하나를 골랐다고 하면 고르지 못한 다른 11가지 초콜릿 아이스크림 때문에 자책감을 느끼게 된다. 때로는 선택할 것이 아무것도 없는 편이 나을 때가 있는데, 이것을 체념이나 운명론이라고 한다.

```
$ ./wod.py
Exerice(운동)                                  Reps(횟수)
-----------------------------------------    ------------
Pushups(팔굽혀펴기)                                  40
Plank(플랭크)                                        38
situps(윗몸일으키기)                                  99
Hand-stand  pushups(물구나무서서 팔굽혀펴기)             5
```

 프로그램을 실행할 때마다 모든 운동을 바로 해야 한다. 운동 리스트를 읽기만 했어도 운동을 해야 한다. 지금이다! 기분 나빴다면 미안하다. 규칙을 강요할 수는 없으니, 나부터 윗몸일으키기를 하겠다.

특정 구분자를 사용해서 **정의된 텍스트 파일**에서 운동 리스트를 선택할 것이다. 우리가 사용할 구분자는 쉼표로 각 필드의 값을 구분한다. 쉼표를 구분자로 사용하는 데이터 파일을 **CSV**comma-separated values 파일이라고 한다. 파일의 첫 번째 줄은 보통 항목명이고, 이후의 줄부터는 테이블의 레코드로 구성된다.

```
$ head -3 inputs/exercises.csv²
exercise,reps
Burpees,20-50
Situps,40-100
```

이 장에서 다루는 내용은 다음과 같다.

- csv 모듈을 사용해서 구분자가 있는 텍스트 파일 처리하기

- 텍스트값을 숫자로 강제 변환하기

- tabulate 모듈을 사용해서 테이블 데이터 출력하기

- 누락됐거나 잘못된 형식의 데이터 처리하기

이 장과 다음 장은 여러분을 자극해서 실력을 한 단계 끌어올려 줄 것이다. 앞에서 배운 다양한 기법을 적용하게 되니 마음의 준비를 하자.

---

2   옮긴이 윈도우에서는 more를 사용해 파일 내용 전체를 확인할 수 있다.

```
C:\code\19_wod>more inputs\exercises.csv
```

19.1 wod.py 작성하기

19_wod 디렉터리에 wod.py라는 프로그램을 생성한다. -h나 --help를 지정했을 때 표시되는 도움말부터 살펴보겠다. 다음과 같은 도움말을 표시할 때까지 프로그램의 인수 처리 부분을 수정하자.

```
$ ./wod.py -h
usage: wod.py [-h] [-f FILE] [-s seed] [-n exercises] [-e]

Create Workout Of (the) Day (WOD)

optional arguments:
  -h, --help            show this help message and exit
  -f FILE, --file FILE  CSV input file of exercises (default:
                        inputs/exercises.csv)
  -s seed, --seed seed  Random seed (default: None)
  -n exercises, --num exercises
                        Number of exercises (default: 4)
  -e, --easy            Halve the reps (default: False)
```

프로그램은 -f 또는 --file(읽기 가능한 파일)을 통해 입력값을 읽어야 한다(기본값: inputs/exercises.csv). 출력값은 -n 또는 --num 으로 지정한 숫자만큼의 운동의 종류다(기본값: 4). -e 또는 --easy는 각 운동의 반복 횟수를 반으로 줄이라는 뜻이다. 또한, random 모듈을 사용해서 운동 종류를 선택하므로 -s 또는 --seed를 지정할 수 있어야 한다(int 타입이며 기본값은 None이다). 테스트 시에 random.seed()를 사용해서 값을 제어할 수 있다.

19.1.1 구분자 텍스트 파일 읽기

csv 모듈을 사용해서 입력 파일을 읽을 것이다. 시스템에 기본 내장돼 있는 모듈로, python3 나 ipython의 레플을 통해 해당 모듈이 있는지 확인할 수 있다. 다음과 같이 csv 모듈을 불러와서 문제가 없으면 준비가 된 것이다.

```
>>> import csv
```

이 외에도 두 가지 모듈이 더 사용된다(추가 설치가 필요할 수도 있다).

- 명령줄에서 입력 파일의 내용을 확인해 주는 csvkit 모듈
- 출력 테이블의 형식을 지정할 때 사용하는 tabulate 모듈

다음 명령을 사용해서 이 모듈들을 설치하자.

```
$ python3 -m pip install csvkit tabulate
```

프로그램의 종속성dependency을 설정할 때 사용하는 requirements.txt 파일을 수정해서 설치할 수도 있다. 앞에서 사용한 명령 대신에 다음과 같이 설치할 수도 있다(필요한 모듈을 기입한 requirements.txt 파일이 19장 디렉터리에 준비돼 있다).

```
$ python3 -m pip install -r requirements.txt
```

csvkit 모듈은 이름에 csv가 있지만 csv 외에도 다양한 구분자를 사용할 수 있다. 예를 들어, 탭tab(\t) 같이 자주 사용되는 구분자도 처리할 수 있다. 이 모듈은 매뉴얼에서도 확인할 수 있듯이 많은 기능을 제공한다(*https://csvkit.readthedocs.io/en/1.0.5/*). 테스트할 수 있도록 여러 형태의 텍스트 파일을 19_wod/inputs 디렉터리에 저장해 두었다.

csvkit을 설치했다면 csvlook을 사용해서 inputs/exercises.csv 파일을 읽고 테이블 형태로 출력할 수 있다.

```
$ csvlook --max-rows 3 inputs/exercises.csv
| exercise | reps   |
| -------- | ------ |
| Burpees  | 20-50  |
| Situps   | 40-100 |
| Pushups  | 25-75  |
| ...      | ...    |
```

입력 파일의 reps 컬럼에는 대시(-)로 연결한 두 개의 숫자가 표시된다. 10-20은 '최소 10회부터 최대 20회까지 반복하라'는 의미다. 이 범위 사이에 있는 횟수를 선택하려면 random.randint() 함수를 사용하면 된다. 최솟값과 최댓값 사이에 있는 값을 임의로 선택하는 함수다. 시드를 설정해서 실행하면 다음과 동일한 결과를 얻어야 한다.

```
$ ./wod.py --seed 1 --num 3
Exercise       Reps
```

```
---------- ------
Pushups        32
Situps         71
Crunches       27
```

--easy를 지정했다면 reps(반복 횟수)가 반이 돼야 한다.

```
$ ./wod.py --seed 1 --num 3 --easy
Exercise      Reps
---------- ------
Pushups        16
Situps         35
Crunches       13
```

--file의 기본값은 inputs/exercises.csv 파일이며, 다른 값을 지정할 수도 있다.

```
$ ./wod.py --file inputs/silly-exercises.csv
Exercise           Reps
----------------- ------
Hanging Chads        46
Squatting Chinups    46
Rock Squats          38
Red Barchettas       32
```

그림 19.1은 믿음직스러운 입출력 다이어그램으로, 프로그램을 이해하는 데 도움을 줄 것이다.

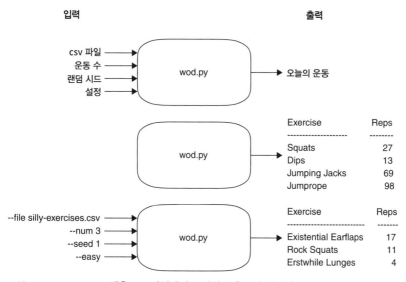

그림 19.1 WOD 프로그램은 csv 파일에서 무작위로 운동과 반복 횟수를 선택하고 일일 운동 스케줄을 표로 만든다.

19.1.2 CSV 파일 수동으로 읽기

먼저 CSV 파일의 각 레코드를 수동으로 읽어서 딕셔너리 리스트에 넣는 방법을 소개하고, csv 모듈을 사용해서 같은 작업을 얼마나 빨리 처리할 수 있는지 살펴보겠다. 각 레코드(각 줄)를 딕셔너리로 만드는 이유는 각 운동 종류와 횟수를 얻기 위해서다(reps는 repetitions를 줄인 것으로, 반복 횟수다). 파일을 읽었으면 reps 값을 최솟값과 최댓값으로 분리해서 범위를 만들고 이 범위 내에서 임의의 값을 선택해야 한다. 마지막으로, 그날 할 운동과 횟수를 무작위로 선택할 것이다. 휴, 설명하는 것만으로도 운동이 된 듯하다.

reps는 최솟값과 최댓값을 대시로 연결한 범위로 주어진다는 것에 유의하자.

```
$ head -3 inputs/exercises.csv³
exercise,reps
Burpees,20-50
Situps,40-100
```

이 파일을 딕셔너리로 구성된 리스트로 읽으면 사용하기 편하다. 다음과 같이 컬럼명과 각 줄의 데이터가 연결되기 때문이다.

```
$ ./manual1.py
[{'exercise': 'Burpees', 'reps': '20-50'},
 {'exercise': 'Situps', 'reps': '40-100'},
 {'exercise': 'Pushups', 'reps': '25-75'},
 {'exercise': 'Squats', 'reps': '20-50'},
 {'exercise': 'Pullups', 'reps': '10-30'},
 {'exercise': 'Hand-stand pushups', 'reps': '5-20'},
 {'exercise': 'Lunges', 'reps': '20-40'},
 {'exercise': 'Plank', 'reps': '30-60'},
 {'exercise': 'Crunches', 'reps': '20-30'}]
```

컬럼이 두 개밖에 없는 데이터를 위해 딕셔너리를 쓰는 것은 과할 수도 있지만, 수십 개에서 수백 개의 컬럼을 다룰 때도 있으며 이때는 컬럼명이 필수다. 딕셔너리는 구분자로 된 텍스트를 효율적으로 처리할 수 있는 구조로, 작은 예제 데이터를 사용해서 사용법을 이해해 두면 도움이 될 것이다.

3　(옮긴이) 윈도우에서는 more를 사용해 파일 내용 전체를 확인할 수 있다.

```
C:\code\19_wod>more inputs\exercises.csv
```

그러면 manual1.py의 코드를 보고 어떻게 딕셔너리로 만드는지 알아보자.

```
#!/usr/bin/env python3

from pprint import pprint ◄──── pretty-print 모듈을 사용해서 데이터 구조를 출력한다.
                                 with로 파일을 열어 fh 변수에 저장한다. with의 장점은 해당
                                 블록의 처리가 끝나면 파일 핸들이 자동으로 닫힌다는 것이다.
with open('inputs/exercises.csv') as fh: ◄──┘
    headers = fh.readline().rstrip().split(',') ◄──── fh.readline()을 사용해서 파일의 첫 번째 줄만 읽는다. 오른쪽
    records = [] ◄──── 레코드(records)를 빈                끝의 공백을 제거한 후(str.rstrip()), str.split()을 사용해 쉼표
  ► for line in fh:        리스트로 초기화한다.          단위로 읽어온 줄을 다시 쪼개어 headers에 리스트로 저장한다.
        rec = dict(zip(headers, line.rstrip().split(','))) ◄── 각 텍스트 줄을 개별 값으로 나눈다.
        records.append(rec) ◄──── 생성된 딕셔너리를 레코드에 추가한다.   zip()을 사용해서 헤더(컬럼명)와 값을
  for 문을 사용해서 fh의 나머지 줄을 읽는다.                             한 쌍으로 하는 튜플을 만들고 dict()를
    pprint(records) ◄──── 전체 레코드를 pretty-print로 출력한다.          사용해서 이것을 딕셔너리로 만든다.
```

좀 더 자세히 살펴보자. 먼저 open()을 사용해서 파일을 열고 첫 번째 줄을 읽는다.

```
>>> fh = open('exercises.csv')
>>> fh.readline()
'exercise,reps\n'
```

데이터에 아직 줄바꿈 문자가 있으므로 str. rstrip()을 사용해서 제거한다.

```
>>> fh = open('exercises.csv')
>>> fh.readline().rstrip()
'exercise,reps'
```

 설명을 위해 파일을 다시 열고 있다. 이렇게 하지 않으면 fh.readline()이 텍스트의 다음 줄을 읽는다.

다음은 str.split()을 사용해서 각 줄에 있는 텍스트를 쉼표(,)를 기준으로 나눈다(결과는 문자열 리스트가 된다).

```
>>> fh = open('exercises.csv')
>>> headers = fh.readline().rstrip().split(',')
>>> headers
['exercise', 'reps']
```

동일한 방법으로 다음 줄을 읽어서 각 컬럼에 해당하는 값을 읽는다.

```
>>> line = fh.readline().rstrip().split(',')
>>> line
['Burpees', '20-50']
```

다음은 zip()을 사용해서 두 개의 리스트를 하나로 병합한다. 두 리스트 내의 동일한 위치에 있는 요소들끼리 짝을 이루는 것이다. 복잡할 수도 있지만, 결혼식에서 신랑과 신부가 하객을 향해 서서 퇴장 준비를 하는 장면을 떠올려보자. 보통 손을 잡고 복도를 따라 걷기 시작하고 마지막에는 식장을 나간다. 이때 세 쌍의 신랑 들러리groomsmen('G')와 신부 들러리bridesmaids('B')가 있다면 각각 맞은편에서 서로를 마주 보고 서 있다가 식장 가운데로 나와서 만난다.

```
>>> groomsmen = 'G' * 3
>>> bridesmaids = 'B' * 3
```

두 줄이 각각 세 명씩을 갖고 있다면, 두 줄을 묶어서 세 쌍으로 만들면 한 줄이 된다.

```
>>> pairs = list(zip(groomsmen, bridesmaids))
>>> pairs
[('G', 'B'), ('G', 'B'), ('G', 'B')]
>>> len(pairs)
3
```

또는 주차장 출구에서 차선이 하나로 합쳐지는 경우를 생각해 보자. A 차선에 있는 차가 한 대 지나가면 다음은 B 차선에 있는 차가 갈 수 있게 양보하는 것이 일반적이다. 차들이 A, B 순으로 마치 지퍼를 올릴 때처럼 맞물려서 이동한다.

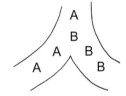

zip() 함수는 리스트들의 요소를 튜플로 묶는 것으로, 동일 위치(첨자가 같은)에 있는 것끼리 묶는다. 즉, 그림 19.2에 있는 것처럼 1번 요소는 1번 요소끼리, 2번 요소는 2번 요소끼리 묶는다. zip()은 **지연** 함수로, 레플에서 값을 확인하려면 list를 사용해야 한다.

```
>>> list(zip('abc', '123'))
[('a', '1'), ('b', '2'), ('c', '3')]
```

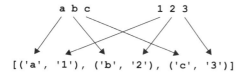

그림 19.2 **두 리스트를 지핑(지퍼를 올리는 것처럼)해서 각 요소의 쌍으로 이루어진 새 리스트를 만든다.**

zip() 함수는 두 개 이상의 리스트를 처리할 수 있으며 가장 짧은 리스트를 기준으로 만든다. 다음 예에서는 1번 리스트와 2번 리스트는 4개의 요소('abcd'와 '1234')를 갖고 있고, 3번 리스트는 3개의 요소('xyz')를 갖고 있다. 따라서 3개의 튜플만 만들어진다.

```
>>> list(zip('abcd', '1234', 'xyz'))
[('a', '1', 'x'), ('b', '2', 'y'), ('c', '3', 'z')]
```

예제 데이터(exercises.cvs)를 zip() 하면 헤더인 'exercise'와 값인 'burpees', 헤더인 'reps'와 값인 '20-50'이 쌍을 이룬다(그림 19.3 참고).

```
>>> list(zip(headers, line))
[('exercise', 'Burpees'), ('reps', '20-50')]
```

```
zip(['exercise', 'reps'], ['Burpees', '20-50'])
```



```
[('exercise', 'Burpees'), ('reps', '20-50')]
```

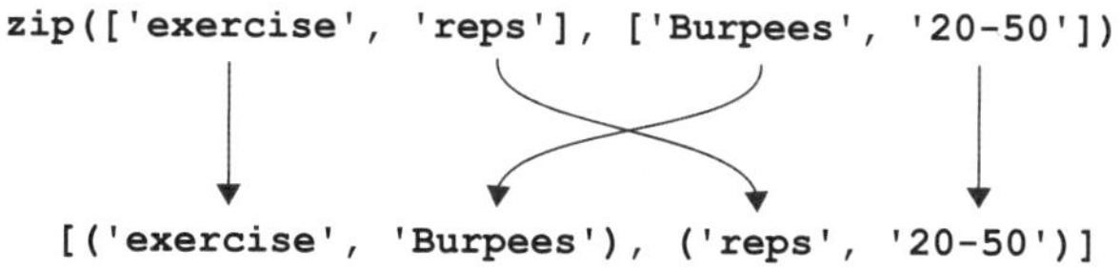

그림 19.3 **헤더와 값을 함께 묶어서 튜플로 이루어진 리스트를 만든다.**

이렇게 튜플 리스트를 생성했다. list() 대신에 dict()를 사용해서 딕셔너리를 만들 수도 있다.

```
>>> rec = dict(zip(headers, line))
>>> rec
{'exercise': 'Burpees', 'reps': '20-50'}
```

dict.items()는 하나의 딕셔너리를 튜플(키-값 조합) 리스트로 변환한다고 설명했었다. 따라서 리스트와 딕셔너리는 상호 간에 변환하기 쉬운 데이터 구조라고 볼 수 있다.

```
>>> rec.items()
dict_items([('exercise', 'Burpees'), ('reps', '20-50')])
```

for 문을 리스트 내포로 바꾸면 코드를 훨씬 짧게 단축할 수 있다.

```
with open('inputs/exercises.csv') as fh:
    headers = fh.readline().rstrip().split(',')  ◄── 첫 번째 줄을 먼저 읽어서 헤더
    records = [dict(zip(headers, line.rstrip().split(','))) for line in fh]  ◄──
    pprint(records)                          3줄의 for 문을 한 줄의 리스트 내포로 변환했다.
```
(컬럼명)를 읽어야 한다.

map()을 사용해서 작성할 수도 있다.

```
with open('inputs/exercises.csv') as fh:
    headers = fh.readline().rstrip().split(',')
    mk_rec = lambda line: dict(zip(headers, line.rstrip().split(',')))  ◄──
    records = map(mk_rec, fh)          플레이크8은 이 람다식 코드가 잘못됐다고 경고한다.
    pprint(list(records))             필자는 경고 메시지를 가능하면 해결하려고 하지만
                                      이번 메시지는 동의할 수 없다. 람다식을 변수에
                                      할당해서 한 줄로 코드를 작성할 수 있기 때문이다.
```

다음 절에서는 csv 모듈을 사용해서 지금까지 다룬 내용을 작성할 것이다. 이것을 보면 왜 이렇게 많은 지면을 할애해서 설명했는지 의아해할 수도 있다. 불행히도 형식이 엉망인 데이터를 처리해야 할 경우가 발생한다. 첫 번째 줄이 헤더가 아니라든가, 헤더와 데이터 줄 사이에 관련 없는 정보가 존재한다든가 하는 식이다. 엑셀 파일에서도 형식이 엉망인 데이터를 많이 봤을 것이다. 이런 때는 여기서 설명한 것처럼 수동으로 데이터를 일일이 처리해야 한다.

19.1.3 csv 모듈을 사용해서 데이터 처리하기

구분자를 사용한 텍스트 파일 처리는 매우 빈번하게 발생하며, 이때마다 코드를 직접 작성해서 처리하는 것은 좋은 생각이 아니다. 다행히 csv 모듈은 파이썬에 기본적으로 내장돼 있어, 이 모든 것을 우아한 방식으로 처리해 준다.

csv.DictReader()를 사용하면 코드가 어떻게 바뀌는지 보자(using_csv1.py를 참고하라).

```
#!/usr/bin/env python3

import csv  ◄── csv 모듈을 불러온다.
from pprint import pprint

with open('inputs/exercises.csv') as fh:
```

```
    reader = csv.DictReader(fh, delimiter=',')  ◄
  ► records = []                                      for 문을 사용해서 reader가
    for rec in reader:  ◄                             반환한 각 레코드(줄)를 읽는다.
      ► records.append(rec)
        레코드는 딕셔너리로, 레코드 리스트에 추가한다.
    pprint(records)
  레코드를 저장할 리스트를 빈 리스트로 초기화한다.
```

csv.DictReader()를 만들어 파일의 각 레코드(줄)를 딕셔너리로 만든다. 첫 번째 줄의 헤더와 두 번째 줄 이후의 데이터값을 한 쌍으로 묶는다. 구분자를 지정해서 컬럼을 어떻게 나눌지 정할 수 있다.

다음 코드는 딕셔너리 리스트를 동일하게 만들지만, 앞에서 본 수동 방식보다 훨씬 적은 코드를 사용한다. 각 레코드가 OrderedDict[4]로 표시되는 것을 볼 수 있다. 이것은 딕셔너리의 한 타입으로, 데이터가 추가된 순서대로 키가 유지되는 타입이다.

```
$ ./using_csv1.py
[OrderedDict([('exercise', 'Burpees'), ('reps', '20-50')]),
 OrderedDict([('exercise', 'Situps'), ('reps', '40-100')]),
 OrderedDict([('exercise', 'Pushups'), ('reps', '25-75')]),
 OrderedDict([('exercise', 'Squats'), ('reps', '20-50')]),
 OrderedDict([('exercise', 'Pullups'), ('reps', '10-30')]),
 OrderedDict([('exercise', 'Hand-stand pushups'), ('reps', '5-20')]),
 OrderedDict([('exercise', 'Lunges'), ('reps', '20-40')]),
 OrderedDict([('exercise', 'Plank'), ('reps', '30-60')]),
 OrderedDict([('exercise', 'Crunches'), ('reps', '20-30')])]
```

for 문을 전부 지우고 list()를 사용해서 reader를 리스트에 저장할 수 있다. 다음 코드 (using_csv2.py)는 같은 결과를 출력한다.

```
with open('inputs/exercises.csv') as fh:  ◄——— 파일 열기
    reader = csv.DictReader(fh, delimiter=',')  ◄
    records = list(reader)  ◄                           csv.DictReader()를 만들어서 fh를 읽는다.
  ► pprint(records)              list() 함수를 사용해서 reader의   구분자로 쉼표를 사용한다.
  pretty-print를 사용해서 레코드를 출력한다.   모든 값을 리스트로 변환한다.
```

---

4 [옮긴이] 파이썬 3.7부터는 일반 딕셔너리(dict)도 데이터 추가 순서를 유지하기 때문에 실행 환경이 항상 3.7 이상이라면 OrderedDict를 사용하지 않아도 된다.
https://docs.python.org/3.7/library/stdtypes.html#typesmapping

19.1.4 CSV 파일을 읽기 위한 함수 만들기

데이터를 읽기 위한 함수인 read_csv()라는 함수를 만든다고 하고, 함수와 테스트를 어떻게 구성하면 좋을지 생각해 보자. 먼저 함수 틀을 만들고 test_read_csv()를 정의해 보자.

```
def read_csv(fh):
    """Read the CSV input"""
    pass                          io.StringIO()를 사용해서 파일에서 읽어올 데이터와 유사한 데이터를
                                  만든다. \n은 줄바꿈 문자로, 입력 데이터의 각 줄 끝에 와서 줄을
                                  바꾸는 역할을 한다. 각 줄은 쉼표를 사용해서 컬럼을 나눈다.
def test_read_csv():              io.StringIO()는 5장에서 저사양 프로그램을 만들 때 사용했다.
    """Test read_csv"""
    text = io.StringIO('exercise,reps\nBurpees,20-50\nSitups,40-100')
    assert read_csv(text) == [('Burpees', 20, 50), ('Situps', 40, 100)]
```

지금부터 만들 read_csv()가 텍스트를 운동명과 반복 횟수(최솟값, 최댓값)로 구성된 튜플 리스트로 변환해 줄 것이다. 최댓값, 최솟값이 정수 타입으로 변경된 것에 유의하자.

방금 전까지 딕셔너리를 요소로 갖는 리스트를 처리하는 방법을 다뤘는데, 왜 여기서는 튜플을 요소로 갖는 리스트를 사용하고 있는 것일까? 뒤에 나올 tabulate 모듈(출력 모듈)을 위해서이니 믿고 따라와 주기 바란다. 제대로 된 방향으로 가고 있는 것이다.

다시 csv.DictReader()로 돌아가자. CSV 파일을 읽을 때 reps 값을 정수형 최솟값, 최댓값으로 구분하는 방법을 생각해 보자.

```
reader = csv.DictReader(fh, delimiter=',')
exercises = []
for rec in reader:
    name, reps = rec['exercise'], rec['reps']
    low, high = 0, 0 # what goes here?
    exercises.append((name, low, high))
```

몇 가지 방법이 있다. reps가 다음과 같다고 하면,

```
>>> reps = '20-50'
```

str.split()을 사용해서 두 개의 문자열인 '20'과 '50'으로 나눌 수 있다.

```
>>> reps.split('-')
['20', '50']
```

각 문자열값을 정수로 변환하려면 어떻게 해야 할까?

또 다른 방법은 정규 표현식을 사용하는 것이다. \d는 숫자를 찾으며, \d+는 한 자리 이상의 숫자를 찾는다(기억을 상기하기 위해 15장을 참고하자. \d는 숫자를 나타내는 문자 클래스의 생략형 버전이다). 이 정규식을 괄호 안에 넣으면 최솟값(low), 최댓값(high)을 캡처할 수 있다.

```
>>> match = re.match('(\d+)-(\d+)', reps)
>>> match.groups()
('20', '50')
```

이제 test_read_csv()를 통과하는 read_csv() 함수를 만들 수 있겠는가?

19.1.5 운동 선택하기

여기까지 왔으면 get_args()를 이미 끝냈고 read_csv()도 테스트를 통과했을 것이다. 이제 main()을 수정해서 결과를 출력해야 한다.

```
def main():
    args = get_args()  ◀──── 명령줄의 인수를 받는다.
    random.seed(args.seed)  ◀──── random.seed()를 args.seed 값으로 설정한다.
 ▶  pprint(read_csv(args.file))

    args.file(파일 열기 핸들)을 read_csv()를 사용해서 읽고 그 결과를
    출력한다. 설명을 위해 pprint() 함수를 import 했다.
```

이 코드를 실행하면 다음과 같은 결과가 나올 것이다.

```
$ ./wod.py
[('Burpees', 20, 50),
 ('Situps', 40, 100),
 ('Pushups', 25, 75),
 ('Squats', 20, 50),
 ('Pullups', 10, 30),
 ('Hand-stand pushups', 5, 20),
 ('Lunges', 20, 40),
 ('Plank', 30, 60),
 ('Crunches', 20, 30)]
```

random.sample()을 사용해서 --num에 지정한 운동 수만큼 임의의 운동을 선택한다. import random을 프로그램에 추가하고 main을 다음과 같이 수정한다.

```
def main():
    args = get_args()
    random.seed(args.seed) ◄─── 랜덤 함수를 호출하기 전에 항상 시드를 설정한다.
    exercises = read_csv(args.file) ◄─── 입력 파일을 읽는다.
    pprint(random.sample(exercises, k=args.num)) ◄─── 주어진 운동 수만큼 운동 종류를 무작위로 선택한다.
```

이제 모든 종류의 운동을 출력하지 않고 지정한 수만큼의 운동만 무작위로 골라서 출력한다.
또한, random.seed()를 동일한 값으로 설정하면 다음과 같은 결과를 볼 수 있다.

```
$ ./wod.py -s 1
[('Pushups', 25, 75),
 ('Situps', 40, 100),
 ('Crunches', 20, 30),
 ('Burpees', 20, 50)]
```

이제 선택된 각 운동을 반복해 가면서 하나의 reps 값을 선택해야 한다. 이때 사용할 수 있는
것이 random.randint() 함수다. 예에서 첫 번째 운동은 팔굽혀펴기이며 범위는 25부터 75
까지다. 이 범윗값을 넣어서 함수를 실행해 보자.

```
>>> import random
>>> random.seed(1)
>>> random.randint(25, 75)
```

args.easy가 True이면 이 값을 반으로 줄여야 한다. reps 값을 반으로 나누었을 때 소수점
이 있어서는 안 된다(횟수에는 0.5번이 없기 때문이다).

```
>>> 33/2
16.5
```

int()를 사용하면 소수점 이하를 버리고 정수로 만들어준다.

```
>>> int(33/2)
16
```

19.1.6 출력 형식 지정하기

프로그램이 다음과 같은 결과를 출력할 때까지 수정하자.

```
$ ./wod.py -s 1
[('Pushups', 56), ('Situps', 88), ('Crunches', 27), ('Burpees', 35)]
```

tabulate 모듈이 제공하는 tabulate() 함수를 사용해서 위 튜플 리스트를 텍스트 테이블 형식으로 출력할 수 있다.

```
>>> from tabulate import tabulate
>>> wod = [('Pushups', 56), ('Situps', 88), ('Crunches', 27), ('Burpees', 35)]
>>> print(tabulate(wod))
--------  --
Pushups   56
Situps    88
Crunches  27
Burpees   35
--------  --
```

help(tabulate)로 도움말을 읽어보면 headers라는 옵션이 있어서 헤더로 사용할 문자열 리스트를 지정할 수 있음을 알 수 있다.

```
>>> print(tabulate(wod, headers=('Exercise', 'Reps')))
Exercise    Reps
----------  ------
Pushups       56
Situps        88
Crunches      27
Burpees       35
```

이 모든 아이디어를 잘 조합하면 테스트를 통과할 수 있을 것이다.

19.1.7 틀린 데이터 처리하기

제공한 테스트는 틀린 데이터를 주고 프로그램을 확인하진 않는다. 하지만 참고할 수 있도록 19_wod/inputs 디렉터리에 여러 가지 패턴의 '틀린' CSV 파일들을 넣어두었다. 이 파일들을 보고 해결책을 생각해 보는 것도 재미있을 것이다.

- bad-headers-only.csv 파일은 형식은 맞지만 데이터가 없다. 헤더만 있는 것이다.
- bad-empty.csv는 빈 파일이다. 즉, 길이가 0인(아무런 내용이 없는 파일) 파일로, touch bad-empty.csv 명령으로 파일만 생성했다.

- bad-headers.csv는 헤더가 있지만 대문자다. 즉, 'exercise'가 아니라 'Exercise', 'reps'가 아니라 'Reps'가 헤더명이다.
- bad-delimiter.tab은 구분자로 쉼표 대신에 탭 문자(\t)를 사용해서 만든 파일이다.
- bad-reps.csv는 x-y 형태가 아닌 reps 숫자를 포함하고 있다. 숫자가 아니거나 정수가 아닌 값도 포함하고 있다.

프로그램이 앞서 제공한 테스트를 모두 통과한다면, 다음은 '틀린' 파일이 여러분의 프로그램을 어떻게 망치는지 보자. 사용할 수 있는 데이터가 없다면 프로그램이 어떻게 반응해야 할까? 틀린 값이나 누락된 값이 있을 때는 오류 메시지를 출력해야 할까? 아니면 조용히 오류를 무시하고 사용 가능한 데이터만 출력해야 할까? 이 모든 경우는 실제 업무에서 겪게 되는 문제들로, 프로그램이 어떻게 반응할지는 여러분이 정해야 한다. 예시 답안 설명 이후에 이런 파일을 어떻게 처리해야 하는지 알아보겠다.

19.1.8 작성할 시간이다

서론이 너무 길었다. 프로그램을 작성할 시간이다. 버그를 발견할 때마다 팔굽혀펴기 10개를 해야 한다!

다음은 도움이 될 몇 가지 힌트다.

- csv.DictReader()를 사용해서 CSV 파일을 읽는다.
- reps 컬럼을 '-' 문자를 기준으로 나누고 최솟값, 최댓값을 정수로 변환한다. 마지막으로, random.randint()를 사용해서 해당 범위에 있는 한 가지 값을 무작위로 선택한다.
- random.sample()을 사용해서 지정한 수만큼의 운동을 선택한다.
- tabulate 모듈을 사용해서 텍스트 테이블에 맞추어 출력한다.

19.2 예시 답안

잘 작성했는가? 틀린 파일도 모두 우아하게 해결할 수 있도록 프로그램을 수정했는가?

```
#!/usr/bin/env python3
"""Create Workout Of (the) Day (WOD)"""

import argparse
import csv
```

```
import io
import random
from tabulate import tabulate ◄─── tabulate 함수를 불러와서 출력 테이블의 형식 지정에 사용한다.


# --------------------------------------------------
def get_args():
    """Get command-line arguments"""

    parser = argparse.ArgumentParser(
        description='Create Workout Of (the) Day (WOD)',
        formatter_class=argparse.ArgumentDefaultsHelpFormatter)

    parser.add_argument('-f',
                        '--file',
                        help='CSV input file of exercises',
                        metavar='FILE',
                        type=argparse.FileType('rt'),  ◄─┐ --file은 옵션 인수로, 읽기 가능한
                        default='inputs/exercises.csv')  └ 파일을 지정해야 한다.

    parser.add_argument('-s',
                        '--seed',
                        help='Random seed',
                        metavar='seed',
                        type=int,
                        default=None)

    parser.add_argument('-n',
                        '--num',
                        help='Number of exercises',
                        metavar='exercises',
                        type=int,
                        default=4)

    parser.add_argument('-e',
                        '--easy',
                        help='Halve the reps',
                        action='store_true')

    args = parser.parse_args()

    if args.num < 1:  ◄─── args.num이 양수인지 확인한다.
        parser.error(f'--num "{args.num}" must be greater than 0')

    return args


# --------------------------------------------------
def main():
    """Make a jazz noise here"""

    args = get_args()
```

```
    random.seed(args.seed)
    wod = []  ◀──── wod를 빈 리스트로 초기화한다.
    exercises = read_csv(args.file)  ◀──── 입력 파일을 읽어서 exercises 리스트에 저장한다.

    for name, low, high in random.sample(exercises, k=args.num):
        reps = random.randint(low, high)  ◀──── 주어진 범위 내에서 무작위로 값 하나를 선택한다.
        if args.easy:  ◀──── args.easy가 참이면 reps 값을 반으로 줄인다.
            reps = int(reps / 2)
        wod.append((name, reps))  ◀──── 운동명과 횟수로 구성된 튜플을 wod 리스트에 추가한다.

    print(tabulate(wod, headers=('Exercise', 'Reps')))  ◀────  tabulate() 함수와 헤더를 사용해서 wod의
    주어진 수만큼 무작위로 운동을 선택한다. 결과는 튜플 리스트이며 세 가지          형식을 텍스트 테이블로 변경한다.
    값을 갖는다. 각각의 값은 변수 name, low, high에 저장된다.
# -------------------------------------------------
def read_csv(fh):  ◀──── CSV 파일 핸들을 열어서 읽는 함수를 정의한다.
    """Read the CSV input"""
                                                        csv.DictReader()를 사용해서 파일 핸들을 반복
    exercises = []  ◀──── exercises를 빈 리스트로 초기화한다.      해 읽는다. 첫 번째 줄에 있는 컬럼명과 나머지 줄
    for row in csv.DictReader(fh, delimiter=','):  ◀────      에 있는 데이터값을 결합해서 딕셔너리를 만든다.
        low, high = map(int, row['reps'].split('-'))  ◀────  구분자로 쉼표를 사용하고 있다.
    ▶ exercises.append((row['exercise'], low, high))      'reps'를 대시로 나눈 후 값을 정수로
        운동명, 최솟값, 최댓값으로 구성된 튜플을 추가한다.          변환해서 low와 high 변수에 저장한다.
    return exercises  ◀──── 운동 리스트를 반환한다.


# -------------------------------------------------
def test_read_csv():  ◀──── read_csv() 함수를 테스트할 파이테스트 함수를 정의한다.
    """Test read_csv"""
                                            파일과 유사한 형식의 샘플 데이터를 지정한다.
    text = io.StringIO('exercise,reps\nBurpees,20-50\nSitups,40-100')  ◀────
  ▶ assert read_csv(text) == [('Burpees', 20, 50), ('Situps', 40, 100)]
    read_csv() 데이터를 제대로 처리하는지 테스트한다.

# -------------------------------------------------
if __name__ == '__main__':
    main()
```

19.3 해설

거의 반 정도의 코드가 get_args() 함수에 있다. 새로운 내용은 없지만 입력값 검증, 기본값
설정, 도움말 작성 등 얼마나 많은 작업이 이 함수 내에서 이루어지고 있는지 강조하고 싶다.
이제 프로그램 내부를 살펴보자. read_csv() 함수부터 시작하겠다.

19.3.1 CSV 파일 읽기

이 장의 도입부에서 reps의 값을 분리해서 정수로 바꿔야 한다고 했었다. 다음은 한 가지 방법을 보여준다.

```python
def read_csv(fh):
    exercises = []
    for row in csv.DictReader(fh, delimiter=','):
        low, high = map(int, row['reps'].split('-'))
        exercises.append((row['exercise'], low, high))

    return exercises
```

> reps 컬럼을 대시로 나누고 int() 함수를 사용해서 값을 매핑하고 low, high 변수에 저장한다.

다음과 같이 잘 실행됨을 알 수 있다. reps 값이 다음과 같다고 하면,

```python
>>> '20-50'.split('-')
['20', '50']
```

각각을 int 값으로 변환해야 하므로 int() 함수를 사용하며, 리스트 내포로 표현하면 다음과 같다.

```python
>>> [int(x) for x in '20-50'.split('-')]
[20, 50]
```

하지만 map()이 훨씬 짧고 이해하기 쉽다(내 의견이지만).

```python
>>> list(map(int, '20-50'.split('-')))
[20, 50]
```

정확하게 두 값을 만들어내므로 두 개의 변수에 각각 저장할 수 있다.

```python
>>> low, high = map(int, '20-50'.split('-'))
>>> low, high
(20, 50)
```

19.3.2 발생 가능한 런타임 오류

이 코드는 많은 부분이 가정에 근거하고 있어서 데이터가 예상한 것과 다르면 오류가 발생할 수 있다. 예를 들어, reps 데이터에 대시(-)가 없다면 어떻게 될까? 한 가지 값만 생성할 것이다.

```
>>> list(map(int, '20'.split('-')))
[20]
```

이것은 다음 코드에서 **런타임**runtime 오류를 발생시킨다. 한 개의 값을 두 개의 변수에 저장하려고 하기 때문이다.

```
>>> low, high = map(int, '20'.split('-'))
Traceback (most recent call last):
  File "<stdin>", line 1, in <module>
ValueError: not enough values to unpack (expected 2, got 1)
```

또는 두 개의 값 중 int로 변환할 수 없는 값이 있다면 어떻게 될까? 다시 오류가 발생한다. 이런 오류는 이런 틀린 데이터를 사용하기 전까지는 발견할 수 없다.

```
>>> list(map(int, 'twenty-thirty'.split('-')))
Traceback (most recent call last):
  File "<stdin>", line 1, in <module>
ValueError: invalid literal for int() with base 10: 'twenty'
```

레코드에 reps 컬럼이 없으면 어떻게 될까? 예를 들면, 컬럼명이 대문자여서 'reps'가 아닌 'Reps'인 경우다.

```
>>> rec = {'Exercise': 'Pushups', 'Reps': '20-50'}
```

rec['reps']를 사용해서 딕셔너리값을 가져오려고 하면 오류가 발생한다.

```
>>> list(map(int, rec['reps'].split('-')))
Traceback (most recent call last):
  File "<stdin>", line 1, in <module>
KeyError: 'reps'
```

read_csv() 함수는 형식에 맞는 데이터가 오면 아무런 문제 없이 잘 동작하지만 실제 업무에서는 깨끗한 데이터만 주어지진 않는다. 불행히도 내 일의 대부분이 사실은 이런 데이터 오류를 찾아서 수정하는 것이다.

이 장의 도입부에서 low, high 값을 reps 컬럼에서 추출하기 위해 정규 표현식을 사용해 보라고 권했었다. 정규 표현식의 이점은 컬럼 전체를 확인한다는 것으로, 정확한 결과를 보장한다. 다음은 read_csv()를 정규 표현식을 사용해 개선한 버전이다.

```
def read_csv(fh):
    exercises = []
    for row in csv.DictReader(fh, delimiter=','):
        name, reps = row.get('exercise'), row.get('reps')
        if name and reps:
            match = re.match(r'(\d+)-(\d+)', reps)
            if match:
                low, high = map(int, match.groups())
                exercises.append((name, low, high))
    return exercises
```

패턴에 일치하는 것이 있는지 확인한다. re.match()는 일치하는 것이 없으면 None을 반환함을 기억하자.

exercises를 빈 리스트로 초기화한다.

데이터를 줄 단위로 읽는다.

dict.get() 함수는 'exercise'와 'reps'의 값을 추출한다.

운동명과 reps에 값이 있는지 확인한다.

정규식을 사용해서 하나 이상의 숫자와 대시 그리고 그 뒤에 다시 하나 이상의 숫자가 나오는 패턴을 찾는다.

운동명과 low, high 값으로 구성된 튜플을 exercises에 추가한다.

exercises를 호출자에게 반환한다. 유효한 데이터가 없으면 빈 리스트를 반환한다.

두 개의 캡처 그룹에서 얻은 값을 int로 변환한 후에 low, high 변수에 저장한다. 숫자인지(정수로 변환할 수 있는지)를 정규식으로 확인하므로 안전하다.

19.3.3 pandas.read_csv()를 사용해서 파일 읽기

통계나 데이터 과학을 다루는 사람이라면 파이썬의 pandas 모듈을 알고 있을 것이다. R 프로그래밍 언어가 가진 다양한 기능을 파이썬에서도 사용할 수 있게 해주는 모듈이다. 여기서는 pandas의 read_csv()라는 함수를 사용하겠다. R의 내장 함수인 read.csv와 유사하며, 실제 이 함수를 모델로 해서 만든 것이 pandas.read_csv() 함수다. R과 pandas 모두 CSV(또는 다른 구분자) 데이터를 '데이터 프레임data frame'으로 처리한다. 데이터 프레임이란 데이터를 2차원 객체로 표현한 것으로, 컬럼과 데이터로 구성된다.

using_pandas.py를 실행하려면 다음과 같이 pandas를 설치해야 한다.

```
$ python3 -m pip install pandas
```

이제 프로그램을 실행할 수 있다.

```
import pandas as pd

df = pd.read_csv('inputs/exercises.csv')
print(df)
```

출력값은 다음과 같다.[5]

```
$ ./using_pandas.py
             exercise      reps
0              Burpees     20-50
1               Situps    40-100
2              Pushups     25-75
3               Squats     20-50
4              Pullups     10-30
5   Hand-stand pushups      5-20
6               Lunges     20-40
7                Plank     30-60
8             Crunches     20-30
```

pandas 사용 방법은 이 책의 주제를 많이 벗어난다. 여기서는 pandas가 제공하는 함수를 사용해서 CSV 파일을 처리할 수 있으며 이 방법이 꽤 인기 있는 방법이라는 사실을 알려주고 싶었다. 특히 여러 항목(컬럼)을 갖고 있는 데이터를 통계적으로 분석해야 할 때 유용하다.

19.3.4 테이블 형식 지정하기

예시 답안의 main() 함수를 살펴보자. 런타임 오류가 발생할 수 있는 상태라는 걸 눈치챈 사람도 있을 것이다.

```
def main():
    """Make a jazz noise here"""

    args = get_args()
    random.seed(args.seed)
    wod = []
    exercises = read_csv(args.file)

    for name, low, high in random.sample(exercises, k=args.num):  ◀
        reps = random.randint(low, high)
        if args.easy:
```

> args.num이 exercises 리스트가 가진 요소 수보다 크면 오류가 발생한다. 예를 들면, read_csv()가 None이나 빈 리스트를 반환하는 경우다.

---

5   올긴이 윈도우 사용자는 다음과 같이 실행하면 된다.

    C:\code\19_wod>using_pandas.py

```
            reps = int(reps / 2)
        wod.append((name, reps))

    print(tabulate(wod, headers=('Exercise', 'Reps')))
```

예시 답안의 코드를 bad-headers-only.csv를 사용해서 실행하면 다음과 같은 오류가 표시된다.

```
$ ./wod.py -f inputs/bad-headers-only.csv
Traceback (most recent call last):
  File "./wod.py", line 93, in <module>
    main()
  File "./wod.py", line 62, in main
    for name, low, high in random.sample(exercises, k=args.num):
  File "/Library/Frameworks/Python.framework/Versions/3.8/lib/python3.8/random.py",
    line 363, in sample
    raise ValueError("Sample larger than population or is negative")
ValueError: Sample larger than population or is negative
```

이것을 안전하게 처리하려면 read_csv()가 충분한 데이터를 random.sample()에 전달하는지 확인해야 한다. 이 외에도 다음과 같은 오류가 발생할 수 있다.

- 입력 파일에 사용할 수 있는 데이터가 없다.
- 파일에서 너무 많은 샘플 데이터를 추출하려고 한다.

이 문제들을 해결한 것이 다음 코드다. sys.exit()를 문자열과 함께 호출하면 오류 메시지를 sys.stderr에 출력하고 종룻값 1(오룻값)과 함께 프로그램을 종료한다.

```
def main():
    """Make a jazz noise here"""

    args = get_args()
    random.seed(args.seed)
    exercises = read_csv(args.file)  ◄──  입력 파일을 읽어서 exercises에 저장한다. 함수는
                                          리스트만 반환해야 하며 빈 리스트가 올 수도 있다.

    if not exercises:  ◄──  exercises가 거짓인지(빈 리스트인지) 확인한다.
        sys.exit(f'No usable data in --file "{args.file.name}"')

    num_exercises = len(exercises)
    if args.num > num_exercises:  ◄──  너무 많은 레코드를 추출하고 있는 건 아닌지 확인한다.
        sys.exit(f'--num "{args.num}" > exercises "{num_exercises}"')

    wod = []  ◄──  유효한 데이터가 충분히 있는지 확인하고서 다음 코드로 넘어간다.
    for name, low, high in random.sample(exercises, k=args.num):
        reps = random.randint(low, high)
```

```
        if args.easy:
            reps = int(reps / 2)
        wod.append((name, reps))

    print(tabulate(wod, headers=('Exercise', 'Reps')))
```

solution2.py에 이 변경 내용이 반영돼 있으며, 모든 틀린 파일을 훌륭하게 처리해 준다. test_read_csv()를 unit.py 파일로 옮긴 것에 유의하자. 여러 가지 틀린 데이터를 테스트하다 보니 코드가 길어져서 별도의 파일로 분리했다.

pytest -xv unit.py를 실행해서 테스트를 진행할 수 있다. 더 엄격한 테스트를 하고 있는 unit.py의 내용을 보자.

```
import io
from wod import read_csv ◀───  여러분이 작성한 모듈과 함수를 다른 프로그램에서 불러올 수
                               있다. 여기서는 read_csv() 함수를 불러오고 있다. import
                               wod라고 한 경우에는 wod.read_csv()라고 호출할 수 있다.
# -------------------------------------------------
def test_read_csv():
    """Test read_csv"""

    good = io.StringIO('exercise,reps\nBurpees,20-50\nSitups,40-100') ◀── 기존의 유효한 입력값
    assert read_csv(good) == [('Burpees', 20, 50), ('Situps', 40, 100)]

    no_data = io.StringIO('') ◀─── 데이터가 전혀 없는 상태를 테스트한다.
    assert read_csv(no_data) == []

    headers_only = io.StringIO('exercise,reps\n') ◀─  형식은 맞지만(헤더와 구분자가 맞게
    assert read_csv(headers_only) == []              정의됐지만) 데이터가 없는 경우

    bad_headers = io.StringIO('Exercise,Reps\nBurpees,20-50\nSitups,40-100') ◀─
    assert read_csv(bad_headers) == []         헤더가 대문자로 표기됐지만 소문자가 와야 한다.

    bad_numbers = io.StringIO('exercise,reps\nBurpees,20-50\nSitups,forty-100') ◀─
    assert read_csv(bad_numbers) == [('Burpees', 20, 50)]   문자열 'forty'는 int()를 사용
                                                            해서 정수로 변환할 수 없다.
    no_dash = io.StringIO('exercise,reps\nBurpees,20\nSitups,40-100') ◀─
    assert read_csv(no_dash) == [('Situps', 40, 100)]       reps의 값 20에
                                                            대시가 없다.
    tabs = io.StringIO('exercise\treps\nBurpees\t20-50\nSitups\t40-100') ◀─
    assert read_csv(tabs) == []       헤더와 데이터의 형식은 맞지만 탭 구분자를 사용하고 있다.
```

19.4 도전 과제

- 옵션 인수를 추가해서 다른 구분자를 사용할 수 있게 한다. 또는 파일의 확장자가 (bad-delimiter.tab 파일처럼) '.tab'인 경우에는 탭 구분자를 사용한다.

- tabulate 모듈은 다양한 테이블 형식을 지원한다. 일반plain, 심플simple, 그리드grid, 파이프pipe, **orgtbl**, **rst**, 미디어위키media-wiki, 라텍스latex, 라텍스 로latex_raw, 라텍스 북탭latex_booktabs 등을 사용할 수 있다. 옵션 인수를 추가해서 테이블 종류를 선택할 수 있게 하고, 합리적인 기본값(기본 테이블)도 지정하자.

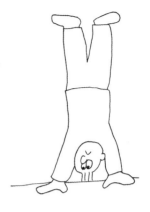

정리

- csv 모듈은 CSV나 탭 구분자 파일(TSV라고도 한다) 등을 처리할 때 유용하다.

- 숫자를 나타내는 텍스트값은 프로그램에서 사용할 수 있도록 int()나 float()를 사용해 숫자로 변환할 수 있어야 한다.

- tabulate 모듈은 결과를 텍스트 테이블 형태로 출력하도록 도와준다. 틀린 데이터와 누락된 데이터를 예상하고 처리하기 위해 세심한 주의를 기울여야 한다.

패스워드 강도: 안전하고 기억하기 쉬운 패스워드 생성하기

추측하기 어려우면서 기억하기 쉬운 패스워드를 만들기는 쉽지 않다. XKCD라는 웹툰에서는 '네 가지 무작위 단어'를 조합해서 패스워드를 만들면 안전하고 기억하기 쉬운 패스워드가 된다는 사실을 보여준다(*https://xkcd.com/936/*). 예를 들어 이 웹툰에서는 'correct', 'horse', 'battery', 'staple'이라는 단어를 조합한 패스워드를 제안하고 있다. 이렇게 만든 패스워드는 '44비트의 엔트로피'를 갖고 있어서 550년 동안 컴퓨터가 계산해야지 해독할 수 있다고 한다(초당 1000개를 추측하는 경우).

이 장에서는 password.py라는 프로그램을 만들어서 입력 파일에 있는 무작위 단어를 조합해 패스워드를 만들 것이다. 많은 컴퓨터가 수천 개의 영어 단어를 파일로 저장하고 있다. 내 컴퓨터의 경우 usr/share/dict/words에 이 파일이 있으며, 235,000개 이상의 단어를 갖고 있다. 파일이 시스템에 따라 다를 수도 있으므로 여러분과 내가 공통으로 사용할 수 있는 파일을 리포지터리에 넣어두었다. 이 파일은 크기가 다소 크므로 inputs/words.txt.zip이라는 파일명으로 압축해 두었다. 다음과 같이 압축을 해제해서 사용하자.

```
$ unzip inputs/words.txt.zip
```

동일한 데이터를 갖고 있으므로 다음과 같이 실행하면 역시 동일한 결과가 나올 것이다.

```
$ ./password.py ../inputs/words.txt --seed 14
CrotalLeavesMeeredLogy
NatalBurrelTizzyOddman
UnbornSignerShodDehort
```

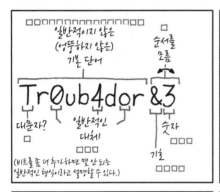 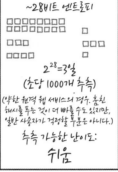 

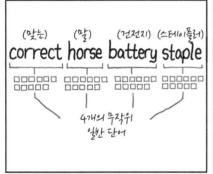 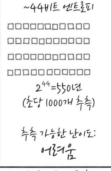 

20년 동안 노력해서 모든 사람을 성공적으로 훈련시켰다.
사람이 기억하기 어렵지만 컴퓨터가 쉽게 추측할 수 있는 패스워드를 사용하도록.

출처: xkcd.com

기억하기 쉬운 패스워드처럼 보이진 않는다. 아마 단어를 추출하는 기준을 좀 더 신중하게 생각해야 할 듯하다. 20만 개 이상의 단어집에서 추출하고 있지만 사실 일반 사람들이 사용하는 단어는 2만 개에서 4만 개 사이라고 한다.

기억하기 쉬운 패스워드를 만들려면 실제 사용하는 영어 문장을 대상으로 하는 것이 좋다. 예를 들면, 미국 헌법을 사용할 수 있다. 입력 텍스트를 이런 형태로 사용할 때는 앞에서 본 것처럼 구두점(기호 등)을 제거하는 것이 좋다.

```
$ ./password.py --seed 8 ../inputs/const.txt
DulyHasHeadsCases
DebtSevenAnswerBest
ChosenEmitTitleMost
```

기억하기 쉬운 패스워드를 만들어내는 또 다른 전략은 말할 때 사용하는 단어로 대상을 제한하는 것이다. 예를 들어, 소설이나 시에서 가져온 명사나 동사, 형용사 등이다. 20_password 디렉터리에 harvest.py라는 프로그램을 준비해 두었다. 이것은 spaCy(*https://spacy.io*) 파이썬의 자연어 처리 라이브러리를 사용해서 이런 단어들만 추출해서 파일로 만들어준다. 이 프로그램을 사용하고 싶다면 다음과 같이 모듈을 설치해야 한다.

```
$ python3 -m pip install spacy
```

harvest.py를 몇몇 텍스트 파일에 적용했고 그 결과를 20_password 디렉터리에 저장해 두었다. 예를 들어, 다음은 미국 헌법에서 추출한 명사를 사용해 패스워드를 만든 것이다.

```
$ ./password.py --seed 5 const/nouns.txt
TaxFourthYearList
TrialYearThingPerson
AidOrdainFifthThing
```

그리고 다음은 너새니얼 호손Nathaniel Hawthorne의 소설 《주홍글씨The Scarlet Letter》에서 동사만 추출해서 만든 패스워드다.

```
$ ./password.py --seed 1 scarlet/verbs.txt
CrySpeakBringHold
CouldSeeReplyRun
WearMeanGazeCast
```

다음은 윌리엄 셰익스피어William Shakespeare의 소네트sonnets에서 형용사만 추출해서 만든 것이다.

```
$ ./password.py --seed 2 sonnets/adjs.txt
BoldCostlyColdPale
FineMaskedKeenGreen
BarrenWiltFemaleSeldom
```

패스워드가 약한 경우에는 --l33t를 사용해서 텍스트의 복잡도를 올려준다.

1 생성된 패스워드를 12장에서 본 ransom.py 알고리즘을 사용해서 변환한다.

2 4장의 jump_the_five.py에서 한 것처럼 주어진 테이블을 참고로 여러 개의 글자를 변경한다.

3 무작위로 선택된 기호를 생성된 패스워드 끝에 추가한다.

이 방식을 사용해서 세익스피어의 패스워드를 재생성하면 다음과 같다.

```
$ ./password.py --seed 2 sonnets/adjs.txt --l33t
B0LDco5TLYColdp@l3,
f1n3M45K3dK3eNGR33N[
B4rReNW1LTFeM4l3seldoM/
```

이 장에서 다루는 내용은 다음과 같다.

- 하나 이상의 입력 파일을 위치 인수로 받기
- 정규 표현식을 사용해 기호 문자 제거하기
- 최소 길이를 정의해서 단어 필터하기
- set을 사용해서 중복 없는 리스트 만들기
- 지정한 수만큼 무작위로 단어를 조합해서 지정한 수만큼의 패스워드 만들기
- 이전에 사용했던 알고리즘들을 조합해서 선택적으로 텍스트를 암호화하기

20.1 password.py 작성하기

프로그램 이름은 password.py이며 20_password 디렉터리에 만들 것이다. --num(기본값: 3) 수만큼의 패스워드를 만들며, --num_words(기본값: 4) 수만큼의 중복되지 않은 단어를 조합한다. 대상 단어는 하나 이상의 입력 파일에서 추출한다. random 모듈을 사용하므로 --seed를 인수로 받으며, 기본값은 None이고 정수여야 한다. 입력 파일에서 추출하는 단어는 --min_word_len에서 지정한 최소 길이 이상의 단어여야 하며(기본값: 3), --max_word_len에서 지정한 최대 길이 이하여야 한다(기본값: 6). 이 길이는 기호를 제외한 값이다.

언제나처럼 가장 먼저 해야 하는 일은 입력 인수를 정리하는 것이다. -h나 --help를 지정했을 때 다음과 같은 도움말을 표시해야 하며, 완료하기 전까지는 다음 단계로 넘어가지 말자. 이 과정을 마치면 8개의 테스트를 통과할 수 있다.

```
$ ./password.py -h
usage: solution.py [-h] [-n num_passwords] [-w num_words] [-m minimum] [-x maximum]
                   [-s seed] [-l]
                   FILE [FILE ...]

Password maker

positional arguments:
  FILE                  Input file(s)

optional arguments:
  -h, --help            show this help message and exit
  -n num_passwords, --num num_passwords
                        Number of passwords to generate (default: 3)
  -w num_words, --num_words num_words
                        Number of words to use for password (default: 4)
  -m minimum, --min_word_len minimum
                        Minimum word length (default: 3)
  -x maximum, --max_word_len maximum
                        Maximum word length (default: 6)
  -s seed, --seed seed  Random seed (default: None)
  -l, --l33t            Obfuscate letters (default: False)
```

입력 파일에서 추출되는 단어들은 첫 글자만 대문자이고 나머지는 소문자여야 한다. `str.title()`이라는 메서드를 사용하면 이런 형식의 단어를 만들어준다. 앞 글자를 대문자로 표기하면 출력된 각 단어를 보기 쉽고 기억하기도 쉽다. 각 패스워드에 포함되는 단어 수와 생성할 패스워드의 수는 지정한 인수에 따라 달라진다는 사실을 기억하자.

```
$ ./password.py --num 2 --num_words 3 --seed 9 sonnets/*
QueenThenceMasked
GullDeemdEven
```

`--min_word_len` 인수는 너무 짧거나 재미없는 단어들('a', 'I', 'an', 'of' 등)을 제외시켜주며, 반면 `--max_word_len` 인수는 패스워드가 너무 길어지는 것을 방지해 준다. 이 값을 증가시키면 패스워드가 너무 길어진다.

```
$ ./password.py -n 2 -w 3 -s 9 -m 10 -x 20 sonnets/*
PerspectiveSuccessionIntelligence
DistillationConscienceCountenance
```

--l33t 인수는 리트 언어[leet-speak][1]를 모방한 것으로, 알파벳을 특정 숫자에 매칭시켜서 변환하는 것이다. 리트[leet]는 엘리트[elite]에서 유래됐다. 예를 들어, 'ELITE HACKER[엘리트 해커]'는 31337 H4X0R로 변환된다. 이 인수를 지정하면 두 가지 방법으로 암호화한다. 첫 번째는 12장에서 본 것처럼 ransom() 알고리즘을 돌린다.

```
$ ./ransom.py MessengerRevolutionImportune
MesSENGeRReVolUtIonImpoRtune
```

두 번째는 4장에서 한 것처럼 아래에 있는 변환 표를 사용해서 글자를 변경하는 것이다.

```
a => @
A => 4
O => 0
t => +
E => 3
I => 1
S => 5
```

마지막으로, random.choice()를 사용해서 string.punctuation으로부터 하나의 기호를 무작위로 추출해 각 단어 끝에 붙인다.

```
$ ./password.py --num 2 --num_words 3 --seed 9 --min_word_len 10 --max_word_len
    20 sonnets/* --l33t
p3RsPeC+1Vesucces5i0niN+3lL1Genc3$
D1s+iLl@+ioNconsc1eNc3coun+eN@Nce^
```

그림 20.1은 지금까지 설명한 내용을 정리해서 보여주는 입출력 다이어그램이다.

---

[1] 'Leet'의 위키피디아 페이지를 참고하거나(*https://en.wikipedia.org/wiki/Leet*), 크립티(Cryptii) 통역기를 참고하자(*https://cryptii.com/*).

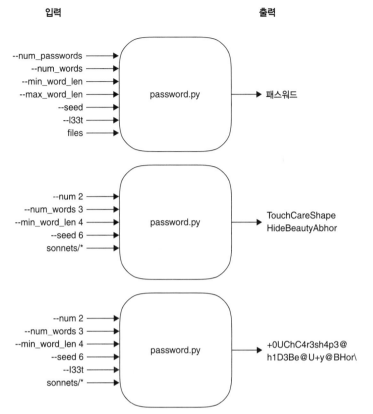

입력   출력

그림 20.1 프로그램은 여러 개의 옵션 인수를 가지며 하나 이상의 입력 파일을 받는다. 결과물은 사실상 해킹이 불가능한 복잡한 패스워드다.

20.1.1 중복 없는 단어 리스트 만들기

각 입력 파일의 파일명 출력하기부터 시작해 보자.

```
def main():
    args = get_args()
    random.seed(args.seed)  ◀── 항상 random.seed()를 먼저 설정한다.
                                random 모듈이 모든 처리에 영향을 끼치기 때문이다.
    for fh in args.file:  ◀── 파일 인수를 읽어서 반복한다.
        print(fh.name)  ◀── 파일 이름을 출력한다.
```

words.txt 파일을 사용해서 테스트해 보자.

```
$ ./password.py ../inputs/words.txt
../inputs/words.txt
```

다음은 다른 입력 파일을 사용해 보자.

```
$ ./password.py scarlet/*
scarlet/adjs.txt
scarlet/nouns.txt
scarlet/verbs.txt
```

첫 번째 목표는 샘플링(무작위 선택)에 사용할 중복 없는 단어 리스트를 만드는 것이다. 지금까지 문자열이나 숫자 등을 저장하기 위해 리스트를 사용했고, 각 요소는 중복돼도 문제가 없었다. 키-값 쌍을 저장하기 위해 딕셔너리도 사용했는데, 딕셔너리는 키의 중복을 허용하지 않지만 값이 동일한지 여부는 상관하지 않는다. 따라서 여기서는 단순히 1이라는 값을 각 단어(키)에 할당한다.

```
def main():
    args = get_args()
    random.seed(args.seed)
    words = {}  ◄──── 단어를 중복 없이 저장하기 위해 빈 딕셔너리를 만든다.

    for fh in args.file:  ◄──── 파일을 하나씩 읽으며 반복한다.
        for line in fh:  ◄──── 파일의 각 줄을 읽으며 반복한다.
            for word in line.lower().split():  ◄──── 각 줄을 소문자로 바꾼 후 공백을
                words[word] = 1                      기준으로 단어를 쪼갠다.
    print(words)
                    words[word] = 1로 설정해서 해당 단어를 저장했음을 가리킨다. 우리가
                    필요한 값은 딕셔너리의 키(단어)이므로 값은 아무 값이나 설정해도 된다.
```

미국 헌법 전문을 대상으로 프로그램을 실행하면 꽤 많은 단어를 포함하고 있는 딕셔너리를 볼 수 있다(지면상의 이유로 출력값 일부를 생략했다).

```
$ ./password.py ../inputs/const.txt
{'we': 1, 'the': 1, 'people': 1, 'of': 1, 'united': 1, 'states,': 1, ...}
```

한 가지 문제를 'states,'에서 발견했다. 단어에 쉼표가 아직 붙어 있다. 레플에서 헌법 데이터의 일부만 실행해 보면 이 문제를 볼 수 있다.

```
>>> 'We the People of the United States,'.lower().split()
['we', 'the', 'people', 'of', 'the', 'united', 'states,']
```

이런 기호 문자들은 어떻게 제거할 수 있을까?

20.1.2 텍스트 정제하기

공백을 사용해서 단어를 쪼개면 구두점(또는 기호)이 포함되고, 기호를 사용해서 쪼개면 Don't 같은 경우 두 단어로 분리되는 문제를 여러 번 보았다. 이를 해결하기 위해 clean()이라는 함수를 만들어서 단어를 정리하겠다.

먼저 테스트부터 생각해 보자. 이번 장의 실습에서는 모든 단위 테스트를 unit.py라는 별도의 파일에 작성하며, `pytest -xv unit.py`로 실행한다.

다음은 clean() 함수를 테스트하기 위한 코드다.

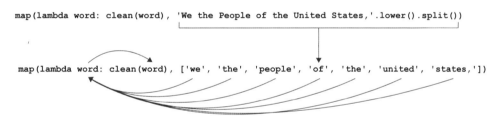

이 clean() 함수를 각 줄을 쪼개서 생성된 모든 단어에 적용하고 싶다. 이때 필요한 것이 map()으로, 그림 20.2에 있는 것처럼 lambda를 map()과 함께 사용했었다.

```
map(lambda word: clean(word), 'We the People of the United States,'.lower().split())


map(lambda word: clean(word), ['we', 'the', 'people', 'of', 'the', 'united', 'states,'])
```

그림 20.2 lambda를 사용해서 map() 작성하기. 문자열을 단어로 쪼개고 그 단어를 map이 처리한다.

clean() 함수가 단일 인수를 받으므로 사실 lambda를 map() 안에 작성할 필요가 없다(그림 20.3 참고).

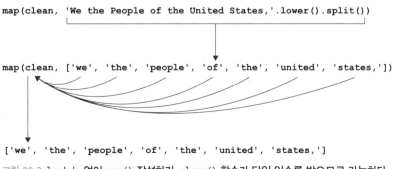

그림 20.3 lambda 없이 map() 작성하기. clean() 함수가 단일 인수를 받으므로 가능하다.

이것을 코드에 반영해 보자.

```
def main():
    args = get_args()
    random.seed(args.seed)
    words = {}

    for fh in args.file:
        for line in fh:
            for word in map(clean, line.lower().split()):
                words[word] = 1
    print(words
```

map()을 사용해서 clean() 함수를 공백을 사용해 나눈 각 줄에 적용한다. clean()이 단일 인수를 받으므로 람다를 사용하지 않았다.

미국 헌법 데이터를 가지고 실행해 보면 'states'가 수정됐음을 알 수 있다.

```
$ ./password.py ../inputs/const.txt
{'we': 1, 'the': 1, 'people': 1, 'of': 1, 'united': 1, 'states': 1, ...}
```

clean() 코드 작성은 여러분에게 맡기겠다. 작성해서 테스트를 통과하는지 확인하자. 리스트 내포나 filter() 또는 정규 표현식을 사용할 수도 있다. 테스트를 통과하는 한, 어떤 방법을 선택하든 상관없다.

20.1.3 세트 사용하기

딕셔너리(dict) 말고 우리 목적에 더 적합한 데이터 구조가 있다. 세트(set)라는 구조로, 중복 없는 리스트나 키만 있는 딕셔너리라고 생각하면 된다. 다음은 세트를 사용해서 수정한 코드로, 단어를 중복 없이 사용하게 해준다.

```
def main():
    args = get_args()
    random.seed(args.seed)
    words = set()

    for fh in args.file:
        for line in fh:
            for word in map(clean, line.lower().split()):
                words.add(word)
    print(words)
```

set() 함수를 사용해서 빈 세트를 만든다.

set.add()를 사용해서 세트에 값을 추가한다.

이 코드를 실행하면 약간 다른 결과를 보게 된다. 데이터 구조는 딕셔너리와 같은 {} 괄호를 사용해서 보여주지만, 내용물은 리스트와 비슷하다(그림 20.4 참고).

```
$ ./password.py ../inputs/const.txt
{'', 'impartial', 'imposed', 'jared', 'levying', ...}
```

아이템은 리스트처럼 연속적으로 배열돼 있다.

```
{'', 'impartial', 'imposed', ...}
```

괄호는 딕셔너리처럼 중괄호 {}를
사용하고 있다.

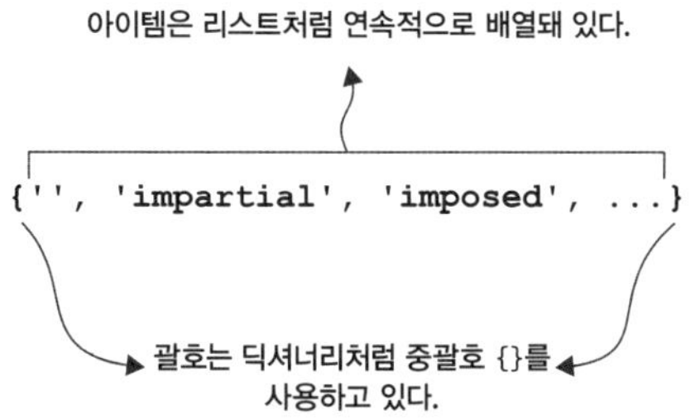

그림 20.4 세트는 딕셔너리와 리스트를 섞어놓은 것 같다.

여기서는 고유한 단어 리스트를 만들기 위해 세트를 사용하고 있지만, 사실 더 강력한 기능이 있는 함수다. 예를 들어, set.intersection()을 사용하면 두 리스트가 공통으로 지니고 있는 값을 찾을 수 있다.

```
>>> nums1 = set(range(1, 10))
>>> nums2 = set(range(5, 15))
>>> nums1.intersection(nums2)
{5, 6, 7, 8, 9}
```

레플에서 help(set)를 입력하거나 온라인 도움말을 통해 세트가 가진 놀라운 기능들을 확인해 보자.

20.1.4 단어 필터링하기

출력값을 다시 보면 첫 번째 요소가 빈 문자열임을 알 수 있다.

```
$ ./password.py ../inputs/const.txt
{'', 'impartial', 'imposed', 'jared', 'levying', ...}
```

이처럼 불필요한 값(문자열이 너무 짧은 경우 등)을 필터링할 수 있는 기능이 필요하다. 14장에서 filter()라는 함수를 살펴봤는데, 두 개의 인수를 받는 고차 함수다.

- 함수: 한 개의 인수를 받으며, 해당 인수를 유지해야 하면 True를, 제외시켜야 하면 False를 반환한다.
- 반복형 객체(list 또는 map()): 필터링해야 할 연속된 요소를 가진 것

단어를 추출할 때 단어 길이가 --min_word_len 인수보다 같거나 커야 하며, --max_word_len보다 같거나 작아야 한다. 레플에서 람다를 사용해 익명 함수를 만들고 한 개의 단어를 받아서 길이를 비교하게 할 수 있다. 비교 결과는 True 또는 False가 된다. 다음 예에서는 단어 길이가 3~6인 것만 허용해서 너무 짧거나 길어서 재미없는 단어는 제외시키고 있다. filter()는 지연 함수임을 기억하자. 레플에서 값을 확인하려면 list를 사용해서 강제로 변환해 줘야 한다.

```
>>> shorter = ['', 'a', 'an', 'the', 'this']
>>> min_word_len = 3
>>> max_word_len = 6
>>> list(filter(lambda word: min_word_len <= len(word) <= max_word_len, shorter))
['the', 'this']
```

이 filter()는 긴 단어도 제외해서 전체 패스워드 길이가 지나치게 길어지는 것을 막아준다.

```
>>> longer = ['that', 'other', 'egalitarian', 'disequilibrium']
>>> list(filter(lambda word: min_word_len <= len(word) <= max_word_len, longer))
['that', 'other']
```

filter()를 우리 프로그램과 결합하려면 word_len()이라는 함수를 만들어서 람다식을 그 안에 포함시키는 것이 좋다. 다음과 같이 클로저를 만들기 위해 main() 안에 word_len() 함수를 만들었다. 이렇게 하면 args.min_word_len과 args.max_word_len의 값을 함수 안에서 바로 참조할 수 있다.

```
def main():
    args = get_args()
    random.seed(args.seed)
    words = set()

    def word_len(word):        ◄──── 단어의 길이가 지정한 범위에 있으면 True를 반환한다.
        return args.min_word_len <= len(word) <= args.max_word_len

    for fh in args.file:                              word_len(괄호 없이)을 filter()의
        for line in fh:                                    인수로 사용할 수 있다.
            for word in filter(word_len, map(clean, line.lower().split())):  ◄──┐
                words.add(word)                                                  │

    print(words)
```

프로그램을 다시 실행해서 어떤 결과가 출력되는지 보자.

```
$ ./password.py ../inputs/const.txt
{'measures', 'richard', 'deprived', 'equal', ...}
```

여러 개의 입력 파일(《주홍글씨》의 명사, 형용사, 동사 파일 등)을 사용 해서 실행해 보자.

```
$ ./password.py scarlet/*
{'walk', 'lose', 'could', 'law', ...}
```

20.1.5 단어의 첫 글자만 대문자화하기

line.lower()를 사용해서 모든 입력값을 소문자로 만들었지만, 생성할 패스워드의 각 단어 첫 글자는 대문자여야 한다. 다음과 같이 출력하려면 프로그램을 어떻게 수정해야 할까?

```
$ ./password.py scarlet/*
{'Dark', 'Sinful', 'Life', 'Native', ...}
```

여기까지 끝났으면, 여러 개의 파일을 사용해서 중복되지 않은 단어 목록을 만들 수 있다. 그리고 이 단어들의 첫 글자는 대문자이고 기호가 포함돼 있지 않으며 길이도 너무 짧거나 길지 않다. 이 모든 것이 단 몇 줄의 코드로 완성됐다.

20.1.6 샘플링해서 패스워드 만들기

random.sample()을 사용해서 무작위로 --num에서 지정한 숫자만큼 단어를 추출하고(세트로부터) 해킹할 수 없지만 이해하기 쉬운 패스워드를 만들어보자. '무작위' 선택을 할 때 랜덤 시드가 중요한 이유를 앞에서 설명했었다. 테스트를 하기 위해선 동일한 값을 재현해야 하기 때문이다. 또한, 단순히 같은 항목만 선택하는 것이 아니라 선택하는 순서도 같아야 한다. sorted()라는 함수를 세트에 적용하면 정렬된 리스트를 얻을 수 있으며, random.sample() 과 함께 사용하면 우리가 원하는 결과를 얻을 수 있다.

다음과 같이 코드를 수정해 보자.

```
words = sorted(words)
print(random.sample(words, args.num_words))
```

이제 《주홍글씨》 파일을 가지고 실행하면 재미있는 패스워드를 만들 수 있는 단어 목록이 생성된다.

```
$ ./password.py scarlet/*
['Lose', 'Figure', 'Heart', 'Bad']
```

random.sample()의 결과는 리스트로, 빈 문자열을 사용해서 연결하면 패스워드가 만들어진다.

```
>>> ''.join(random.sample(words, num_words))
'TokenBeholdMarketBegin'
```

9장에서 험담문을 만든 것처럼 사용자가 지정한 수만큼의 패스워드를 생성해야 한다. 어떻게 하는지 알겠는가?

20.1.7 l33t화하기

프로그램을 완성할 마지막 조각은 l33t() 함수를 만드는 것으로, 패스워드의 복잡성을 높이는 것이다. 먼저 ransom.py 알고리즘을 사용해서 패스워드를 변환한다. ransom()이라는 함수를 만들어야 하므로 먼저 테스트를 unit.py에 작성한다.

```
def test_ransom():
    state = random.getstate()  ◀──── 현재의 전역 상태를 저장한다.
    random.seed(1)  ◀──── random.seed()를 알고 있는 값으로 설정한다.
    assert ransom('Money') == 'moNeY'
    assert ransom('Dollars') == 'DOLlaRs'
    random.setstate(state)  ◀──── 상태를 복원한다.
```

이 테스트를 만족하는 함수를 만들어야 한다. 나머지는 여러분에게 맡기겠다.

 pytest -xv unit.py를 실행해서 테스트를 시작할 수 있다. unit.py 프로그램은 여러 함수를 여러분의 password.py에서 불러와 사용한다. unit.py를 열어서 어떻게 import 하고 있는지 보자.

이제 다음과 같은 변환 표를 기준으로 글자들을 변경한다. 4장을 다시 보고 어떻게 했는지 떠올려보자.

```
a => @
A => 4
O => 0
t => +
E => 3
I => 1
S => 5
```

l33t() 함수를 작성해서 ransom()과 앞서 변경한 값을 합친 후 random.choice(string.punctuation)으로 구두점을 추가했다. 여러분이 만든 l33t() 함수를 테스트할 수 있도록 test_l33t()를 준비해 두었다. 앞서 만든 테스트와 거의 동일하므로 설명은 생략하겠다.

```
def test_l33t():
    state = random.getstate()
    random.seed(1)
    assert l33t('Money') == 'moNeY{'
    assert l33t('Dollars') == 'D0ll4r5`'
    random.setstate(state)
```

20.1.8 모든 것을 조합해서 완성하기

설명을 마무리하기 전에, 꼭 강조해 두고 싶은 것이 있다. 랜덤 모듈을 사용할 때는 처리 순서를 아주 조심스럽게 정해야 한다는 것이다. 내가 처음 작성한 버전의 코드는 시드를 사용해서 실행해도 --l33t를 지정한 경우에는 출력되는 패스워드가 달랐다. 다음은 복잡도를 올리지 않고(--l33t를 사용하지 않고) 실행한 결과다.

```
$ ./password.py -s 1 -w 2 sonnets/*
EagerCarcanet
LilyDial
WantTempest
```

--l33t를 사용하면 동일한 패스워드에 단지 변환 로직만 적용된 결과가 출력되리라 기대했었다. 다음은 --l33t를 지정한 후의 결과다.

```
$ ./password.py -s 1 -w 2 sonnets/* --l33t
3@G3RC@rC@N3+{
m4dnes5iNcoN5+4n+|
MouTh45s15T4nCe^
```

첫 번째 패스워드는 맞는 것 같다(동일한 단어를 사용한 것 같다). 하지만 나머지 둘은 이상하다. 코드를 수정해서 원래 패스워드와 l33t를 적용한 패스워드를 동시에 표시하게 했다.

```
$ ./password.py -s 1 -w 2 sonnets/* --l33t
3@G3RC@rC@N3+{ (EagerCarcanet)
m4dnes5iNcoN5+4n+| (MadnessInconstant)
MouTh45s15T4nCe^ (MouthAssistance)
```

랜덤 모듈은 전역 상태를 사용해서 랜덤이 실행될 때마다 다른 선택을 한다. 필자는 l33t() 함수를 사용해 첫 번째 패스워드를 변경한 후 바로 전역 상태를 변경했다. l33t() 함수도 랜덤 함수를 사용하므로 다음번 패스워드를 생성할 때는 상태가 바뀌는 것이다. 이 문제를 해결하기 위해, 지정한 수의 패스워드를 모두 생성한 후에 l33t() 함수를 사용해 패스워드를 변환했다.

이것도 여러분이 작성할 프로그램에 포함돼야 한다. 함수를 검증할 단위 테스트와 프로그램이 전체적으로 잘 작동하는지 확인할 수 있는 통합 테스트도 활용해 보자.

20.2 예시 답안

이 프로그램을 사용해서 여러분이 실제로 사용할 패스워드를 만들어보길 바란다. 여러분이 즐겨 사용하는 쇼핑 사이트나 은행 계좌에도 사용할 수 있을 것이다.

```python
#!/usr/bin/env python3
"""Password maker, https://xkcd.com/936/"""

import argparse
import random
import re
import string


# --------------------------------------------------
def get_args():
    """Get command-line arguments"""

    parser = argparse.ArgumentParser(
        description='Password maker',
        formatter_class=argparse.ArgumentDefaultsHelpFormatter)

    parser.add_argument('file',
                        metavar='FILE',
```

```
                                type=argparse.FileType('rt'),
                                nargs='+',
                                help='Input file(s)')

        parser.add_argument('-n',
                             '--num',
                             metavar='num_passwords',
                             type=int,
                             default=3,
                             help='Number of passwords to generate')

        parser.add_argument('-w',
                             '--num_words',
                             metavar='num_words',
                             type=int,
                             default=4,
                             help='Number of words to use for password')

        parser.add_argument('-m',
                             '--min_word_len',
                             metavar='minimum',
                             type=int,
                             default=3,
                             help='Minimum word length')

        parser.add_argument('-x',
                             '--max_word_len',
                             metavar='maximum',
                             type=int,
                             default=6,
                             help='Maximum word length')

        parser.add_argument('-s',
                             '--seed',
                             metavar='seed',
                             type=int,
                             help='Random seed')

        parser.add_argument('-l',
                             '--l33t',
                             action='store_true',
                             help='Obfuscate letters')

        return parser.parse_args()


# --------------------------------------------------
def main():
    args = get_args()
    random.seed(args.seed)    ◄──── random.seed()를 주어진 값으로 설정한다. 기본값인
                                     None을 사용하면 시드를 설정하지 않는 것과 같다.
    words = set()    ◄──── 파일에서 추출한 단어를 중복 없이
                            저장하기 위한 세트를 초기화한다.
```

```python
    def word_len(word):
        return args.min_word_len <= len(word) <= args.max_word_len

    for fh in args.file:
        for line in fh:
            for word in filter(word_len, map(clean, line.lower().split())):
                words.add(word.title())

    words = sorted(words)
    passwords = [
        ''.join(random.sample(words, args.num_words)) for _ in range(args.num)
    ]

    if args.l33t:
        passwords = map(l33t, passwords)

    print('\n'.join(passwords))
```

각 파일을 하나씩 읽는다.

파일의 각 줄을 한 줄씩 읽는다.

소문자로 바꾼 각 줄을 공백으로 나누어 단어를 분리한다. clean() 함수를 사용해서 기호를 제거하고 지정한 길이의 단어만 추출한다.

세트에 추가하기 전에 각 단어의 첫 글자를 대문자로 변경한다.

sorted()를 사용해서 단어를 정렬하고 리스트에 저장한다.

리스트 내포를 range와 함께 사용해서 지정한 수의 패스워드를 만든다. range의 실젯값을 사용할 필요는 없으므로 '_'을 사용해서 값을 무시한다.

args.l33t가 True인지 확인한다.

map()을 사용해 모든 패스워드를 l33t() 함수를 통해 변환하고 그 결과를 리스트로 저장한다. l33t() 함수는 여기서 호출하는 것이 안전하다. 리스트 내포에서 사용하면 랜덤 모듈의 전역 상태를 바꾸며 이후 패스워드도 달라진다.

패스워드를 줄바꿈 문자로 연결해서 출력한다.

```python
# --------------------------------------------------
def clean(word):
    """Remove non-word characters from word"""

    return re.sub('[^a-zA-Z]', '', word)
```

단어를 정리해 주는 clean() 함수를 정의한다.

정규 표현식을 사용해서 영어 알파벳이 아닌 것은 공백 문자로 교체한다(즉, 지운다).

```python
# --------------------------------------------------
def l33t(text):
    """l33t"""

    text = ransom(text)
    xform = str.maketrans({
        'a': '@', 'A': '4', 'O': '0', 't': '+', 'E': '3', 'I': '1', 'S': '5'
    })
    return text.translate(xform) + random.choice(string.punctuation)
```

l33t()를 정의해서 패스워드 강도를 높인다.

ransom()을 사용해서 무작위로 대문자로 변환한다.

변환 표(딕셔너리)를 만든다.

str.translate()를 사용해서 문자를 교체한 후 마지막에 기호 문자를 추가한다.

```python
# --------------------------------------------------
def ransom(text):
    """Randomly choose an upper or lowercase letter to return"""

    return ''.join(
        map(lambda c: c.upper() if random.choice([0, 1]) else c.lower(), text))
```

12장에서 본 랜섬 알고리즘을 ransom() 함수에 정의한다.

단어의 글자들을 무작위로 대,소문자로 변환해서 새 문자열로 반환한다.

```python
# --------------------------------------------------
if __name__ == '__main__':
    main()
```

20.3 해설

이번 실습이 도전적이며 흥미로웠기를 바란다. get_args()에는 새로운 내용이 없으며, 전체 코드의 반 정도가 이 함수에 포함돼 있다. 프로그램의 입력값을 정의하고 검증하는 일이 얼마나 중요한지를 보여주기도 한다.

이제 나머지 함수들을 살펴보자.

20.3.1 텍스트 정제하기

영어 대문자, 소문자 알파벳 외에는 제외시키기 위해 정규 표현식을 사용하고 있다.

```
def clean(word):
    """Remove non-word characters from word"""
    return re.sub('[^a-zA-Z]', '', word)
```

re.sub() 함수가 패턴(첫 번째 인수)과 일치하는 모든 텍스트를 대상 텍스트(세 번째 인수)에서 찾아서 두 번째 인수에 있는 값으로 교체한다.

18장에서 문자 클래스 [a-zA-Z]를 사용해서 아스키 표의 두 범위에 속하는 문자들을 정의할 수 있었다. 이 클래스에 ^를 **첫 번째 문자**로 추가하면 패턴을 **부정**할 수 있다. 예를 들어 [^a-zA-Z]는 'a부터 z까지, 그리고 A부터 Z까지를 제외한 모든 문자'라고 해석할 수 있다.

레플에서 이 동작을 확인하는 것이 이해하기 쉬울 수도 있다. 다음 예에서는 'A1b*C!d4'에서 'AbCd'만 남는다.

```
>>> import re
>>> re.sub('[^a-zA-Z]', '', 'A1b*C!d4')
'AbCd'
```

아스키 문자를 찾는 것이 목적이라면 string.ascii_letters를 사용하면 된다.

```
>>> import string
>>> text = 'A1b*C!d4'
>>> [c for c in text if c in string.ascii_letters]
['A', 'b', 'C', 'd']
```

또한, 리스트 내포와 가드는 filter()를 사용해서 작성할 수도 있다.

```
>>> list(filter(lambda c: c in string.ascii_letters, text))
['A', 'b', 'C', 'd']
```

이 정규 표현식을 사용하지 않은 버전들은 번거롭게 느껴진다. 특히, 숫자나 몇몇 기호를 허용하도록 함수를 변경해야 할 때는 정규식을 사용하는 편이 훨씬 작성하기 쉽고 관리하기도 쉽다.

20.3.2 왕의 랜섬

ransom() 함수는 12장의 ransom.py 프로그램에 있던 것을 그대로 사용한 것으로, 특별히 설명할 부분이 없다(12장을 지나 벌써 20장까지 왔다는 사실 외에는). 당시에는 한 장을 모두 할애해서 설명했지만, 이제는 더 복잡하고 긴 프로그램 내부에서 한 줄짜리 코드에 불과하다.

```
def ransom(text):
    """Randomly choose an upper or lowercase letter to return"""
    return ''.join( ◀─── map()의 결과 리스트를 빈 문자열로 연결해서 새 문자열을 만들고 있다.
      ▶ map(lambda c: c.upper() if random.choice([0, 1]) else c.lower(), text))
```

    map() 텍스트의 각 글자를 읽어서 '동전 던지기' 방식으로 대문자 또는 소문자로 변환한다.
    동전 던지기는 random.choice()를 사용해서 참값(1)과 거짓값(0) 중 하나를 선택하는 방식이다.

20.3.3 l33t() 하는 방법

l33t() 함수는 ransom()과 4장에서 본 텍스트 교체 방법을 사용하고 있다. str.translate()를 좋아해서 여기서도 사용하고 있다.

```
def l33t(text):
    """l33t"""
    text = ransom(text) ◀─── 무작위로 텍스트를 대문자화한다.
  ▶ xform = str.maketrans({
        'a': '@', 'A': '4', 'O': '0', 't': '+', 'E': '3', 'I': '1', 'S': '5'
    })
    return text.translate(xform) + random.choice(string.punctuation) ◀─
```

str.translate() 메서드를 사용해서 모든 글자를 교체한다. random.choice()는 string.punctuation에서 추가로 기호 하나를 추출해서 텍스트 끝에 추가한다.

딕셔너리를 사용해 변환 표를 만들고, 이를 기반으로 각 글자를 변환한다. 딕셔너리의 키로 존재하지 않는 글자는 무시한다.

20.3.4 파일 처리하기

이 함수들을 사용하려면 입력 파일에서 단어를 추출해서 중복되지 않은 단어 세트를 만들어야 한다. 성능과 스타일을 고려해서 다음과 같이 코드를 작성했다.

```
words = set()
for fh in args.file:  ◄——— 파일 열기 핸들을 반복해서 읽는다.
  ┌─► for line in fh:
  │       for word in filter(word_len, map(clean, line.lower().split())):  ◄—
  │           words.add(word.title())  ◄——— 세트에 추가하기 전에 첫 글자를 대문자로 변환한다.
  파일 핸들을 줄 단위로 읽는다(fh.read()로
  읽으면 파일 전체를 한 번에 읽는다).
```

이 코드는 해석하려면 뒤에서부터 읽는
것이 좋다. line.lower()를 공백을 기준
으로 쪼개는 부분이다. str.split()으로
쪼갠 단어는 clean()으로 가며 그 결과가
filter() 함수로 전달된다.

그림 20.5는 for 문의 다이어그램을 보여준다.

1 line.lower()는 line을 소문자로 변환한 것을 반환한다.

2 str.split() 메서드는 텍스트를 공백을 기준으로 쪼개서 단어의 리스트를 반환한다.

3 각 단어는 clean() 함수를 통과하며, 이때 알파벳이 아닌 문자들이 제거된다.

4 정제된 단어는 word_len() 함수에 의해 필터링된다.

5 최종 단어는 변환 및 정제, 필터링된 상태다.

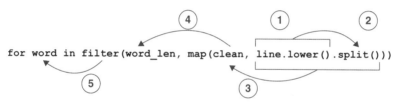

그림 20.5 **여러 함수의 처리 순서 가시화**

map()과 filter()를 좋아하지 않는다면, 다음과 같이 재작성할 수도 있다.

```
words = set()
for fh in args.file:  ◄——— 파일 열기 핸들을 반복해서 읽는다.
    for line in fh:  ◄——— 파일 핸들을 줄 단위로 읽는다.
  ┌─► for word in line.lower().split():
  │       word = map(clean)  ◄——— 불필요한 문자들을 제거한다.
  │       if args.min_word_len <= len(word) <= args.max_word_len:  ◄—
  │           words.add(word.title())  ◄——— 첫 글자만 대문자화해서 세트에 추가한다.
소문자로 된 단어를
공백으로 쪼개서 각
단어를 읽는다.
```

단어의 길이가
허용된 범위인지
확인한다.

파일을 처리하는 방법은 여러분이 선택하는 것이다. 어떤 방법을 선택하든 여기까지 오면 완벽한 단어 세트가 준비된다. 단어 간 중복이 없으며, 첫 글자가 대문자인 단어 세트다.

20.3.5 샘플링해서 패스워드 생성하기

앞에서 보았듯이, 테스트를 위해선 단어의 순서가 정렬돼 있어야 한다. 이를 통해 여러분과 내가 만든 프로그램이 일관성 있는 결과를 생성할 수 있다. 무작위 선택만 필요하고 테스트를 고려하지 않는다면 정렬을 신경 쓰지 않아도 된다. 하지만 테스트를 하지 않는 것은 도덕적으로 결핍된 판단이다. 다시 생각하자. 정렬을 위해 여기서는 sorted() 함수를 사용하고 있다. 세트를 정렬하기 위한 다른 방법이 없기 때문이다.

```
words = sorted(words) ◀──   set.sort() 함수는 존재하지 않는다. 세트는 파이썬에 의해 내부적으로
                            정렬된다. sorted()를 세트에 적용하면 정렬된 새 리스트를 만든다.
```

주어진 수만큼의 패스워드를 만들어야 하며, for와 range()를 사용하는 가장 쉬운 방법이라 생각했다. 9장에서도 본 for _ in range(...)를 사용했는데, 반복 시마다 값을 확인할 필요가 없기 때문이다. 밑줄(_)은 값을 무시한다는 것을 나타내는 쉬운 방법이다. for i in range(...)라고 해도 되지만, 린터linter(코드를 검증하는 툴)가 정의한 변수가 한 번도 사용되지 않는다고 불만을 표할 수 있다. 경우에 따라서는 버그로 인식될 수도 있으므로 _을 사용해서 값을 무시한다고 알리는 것이 좋다.

다음은 앞에서 본 버그가 발생했던 첫 번째 버전의 코드다. 동일한 랜덤 시드를 사용해도 다른 패스워드가 생성되는 버그다. 어디가 버그인지 알 수 있겠는가?

```
  각 패스워드는 단어 목록에 있는 단어들을 무작위로 샘플링해서 만들어진다.
  args.num_words에서 지정한 수만큼 단어가 선택된다. random.sample()
  함수는 단어 리스트를 반환하며, str.join()을 사용해서 새 문자열을 생성한다.
  for _ in range(args.num): ◀── args.num만큼 반복해서 패스워드를 생성한다.
▶     password = ''.join(random.sample(words, args.num_words))
▶     print(l33t(password) if args.l33t else password)

  args.l33t가 True이면 l33t 처리를 한 패스워드를 생성한다. False이면 기존 패스워드를
  그대로 출력한다. 이 부분이 버그다. l33t()를 호출하면 랜덤 모듈에 의해 전역 상태가
  변경되며, 다음번에 random.sample()을 호출할 때는 결과가 달라진다.
```

해결책은 패스워드의 생성과 변환을 분리하는 것이다.

```
passwords = [ ◀── 리스트 내포와 range(args.num)을 사용해서 지정한 수의 패스워드를 생성한다.
    ''.join(random.sample(words, args.num_words)) for _ in range(args.num)
]

if args.l33t: ◀── args.l33t가 True이면 l33t()를 사용해서 패스워드를 변환한다.
    passwords = map(l33t, passwords)

print('\n'.join(passwords)) ◀── 줄바꿈으로 패스워드를 결합해서 출력한다.
```

20.4 도전 과제

- l33t() 함수는 모든 문자를 변경해서 패스워드를 기억하기 어렵게 만든다. 10장의 전화 번호 실습에서 했던 것처럼 10%만 변환하는 것이 나을 수도 있다.

- 지금까지 배운 기술들을 조합해서 프로그램을 만들어보자. 예를 들면, 가사 생성기를 만들어서 좋아하는 밴드의 곡 가사가 있는 파일을 읽어서 무작위로 줄을 선택하고 15장에서 배운 것처럼 텍스트를 암호화한다. 그리고 모든 모음을 8장에서 한 것처럼 한 가지 모음으로 변경한다. 마지막으로, 생성한 가사를 5장에서 한 것처럼 외치는 것이다SHOUTS IT OUT.

정리

- 세트(set)는 고유한 값의 집합이다. 세트는 다른 세트와 함께 상호작용할 수 있어서 세트 간 차집합이나 공집합을 구할 수 있다(이 외에도 더 많은 기능을 제공한다).

- 랜덤 모듈을 사용할 때 처리 순서를 바꾸면 프로그램의 결과도 달라질 수 있다. 랜덤 모듈의 전역 상태가 영향을 받기 때문이다.

- 짧고 테스트가 완료된 함수들을 조합해서 더 복잡한 프로그램을 만들 수 있다. 이 장에서는 앞에서 배운 다양한 아이디어를 함축적이며 강력한 식을 사용해서 적용할 수 있었다.

틱택토 게임:
상태 확인하기

1983년에 상영된 〈위험한 게임War Games〉은 내가 좋아하는 영화 중 하나로, 매튜 브로데릭Matthew Broderick이 주연을 맡았다. 매튜가 연기한 주인공 데이빗은 젊은 해커로, 학교 성적 조작은 물론 미 국방부의 서버를 해킹해서 대륙 간 탄도 미사일을 발사하려고도 한다. 줄거리의 중심에는 틱택토Tic-Tac-Toe라는 게임이 있다. 아주 간단한 게임으로, 영화에서는 두 명의 플레이어가 보통 무승부로 끝난다.

데이빗은 팰켄 교수가 개발한 '조슈아'라는 라는 인공지능과 친해진다. 이 인공지능은 체스를 포함한 다양한 게임을 할 수 있는 능력이 있다. 나중에는 글로벌 핵전쟁이라는 게임을 조슈아와 하게 되며, 조슈아는 이 게임을 이용해서 미국이 소련을 향해 실제 핵폭탄을 발사하도록 시도한다. 두 나라 간의 상호확증파괴mutually assured destruction(적이 핵 공격을 하면 상대편도 전멸시킨다는 전략) 협약이 있다는 사실을 안 데이빗은 조슈아를 설득하려 한다. 이때 사용한 것이 틱택토 게임으로, 조슈아가 이 게임을 스스로 플레이하게 함으로써 게임의 무해성을 알리고자 했다. 조슈아는 게임을 할 때마다 항상 무승부로 끝나고(자기 자신과의 대전이므로) 결국에는 '이기는 유일한 방법은 게임을 플레이하지 않는 것이다'라는 결론에 이른다. 마지막에는 지구를 파괴하려는 계획을 멈추고 데이빗과 체스 게임을 즐기면서 영화가 마무리된다.

틱택토 게임을 이미 알고 있겠지만, 어릴 적 이 게임을 즐겨보지 못한 독자들을 위해 간단히 설명하고 넘어가겠다. 이 게임은 3행 3열로 된 사각형 표에서 시작한다. 두 명이 게임을 하며 한 명은 X를, 다른 한 명은 O를 번갈아 가며 채워나간다. 가로, 세로, 또는 대각선 방향으로 3칸을 연속으로 먼저 채운 사람이 이긴다. 일반적으로는 3칸을 채우기 전에 상대방이 칸을 채워서 방어하므로 쉽게 이기지 못한다.

이 책의 마지막 두 장은 틱택토 게임을 만들기 위해 할애하고 있다. 프로그램의 **상태**state를 표현하고 추적하는 방법을 배운다. 상태란 시간의 흐름에 따라 변화하는 프로그램 정보를 의미한다. 예를 들어, 게임을 시작할 때는 보드가 비어 있는 상태이며 X 플레이어가 먼저 게임을 시작한다. X와 O 플레이어가 번갈아 가며 칸을 채우며, 한 번 차례가 끝나면 보드의 두 칸이 채워진다. 이런 상태를 계속 추적해야지 언제든 게임의 현재 상태를 알 수 있다.

20장에서 random 모듈의 숨겨진 상태가 문제가 될 수 있음을 보았다. 랜덤을 사용한 순서에 따라 결과가 달라지는 문제였다. 이번 실습에서는 게임의 상태를 만드는 방법을 고민해 보고, 상태를 명시적으로 변경하는 방법을 생각해 본다.

이 장에서는 한 번만 칸을 채울 수 있게 게임을 만들고, 다음 장에서 이 게임을 확장해 전체 게임을 즐길 수 있게 만든다. 여기서는 특정 시점의 게임 진행 상태(보드의 상태)를 문자열로 프로그램에 전달한다. 게임이 시작될 때의 기본 상태는 비어 있는 보드로, 어떤 플레이어도 칸을 채우지 않은 상태다. 한 번의 움직임을 인수로 전달할 수 있으며 이 움직임에 따라 보드의 상태도 바뀐다. 마지막으로, 보드의 상태를 그림 형태로 표기하고 움직인 후에 승자가 있으면 메시지로 표기한다.

이 프로그램은 두 가지 상태를 추적할 필요가 있다.

- 보드: 어떤 플레이어가 어떤 칸을 채웠는지 보여줌
- 승자: 이긴 사람이 있는 경우

다음 장에서는 대화형으로 게임을 진행할 수 있게 만들며, 게임 전체에 걸쳐 다양한 상태를 추적하고 변경해야 한다.

이 장에서 다루는 내용은 다음과 같다.

- 문자열이나 리스트의 요소를 사용해서 게임 상태를 표현하는 방법

- 게임 규칙을 코드로 작성하기(예를 들면, 이미 채워진 칸은 다시 채울 수 없게 해야 함)

- 정규 표현식을 사용해서 보드의 초기 상태를 검증하기

- and와 or을 사용해서 불Boolean값 조합을 단일 값으로 줄이기

- 리스트의 리스트를 사용해서 승자의 보드 찾기

- enumerate() 함수를 사용해서 첨자와 값으로 리스트 반복하기

21.1 tictactoe.py 작성하기

21_tictactoe 디렉터리에 tictactoe.py라는 프로그램을 만든다. 언제나처럼 new.py나 template. py를 사용하자. 준비됐으면 프로그램의 인수에 대해 논의해 보자.

보드의 초기 상태는 -b 또는 --board 인수를 사용해서 지정한다. 이 인수는 어떤 플레이어가 어떤 칸을 채웠는지를 설정하기 위한 것이다. 전체 9칸이 있으므로 길이가 9인 문자열을 사용하며, 여기에는 X 또는 0가 포함된다. 칸이 비어 있으면 마침표(.)를 사용해서 표현하며, 따라서 보드의 기본 상태는 9개의 마침표로 이루어진 문자열로 표현할 수 있다. 보드를 표시할 때는 플레이어 기호(X 또는 0)를 칸에 표시하거나 숫자를 표시한다. 다음 장에서는 이 숫자를 이용해서 플레이어가 칸을 선택할 수 있게 된다. 기본 보드에는 승자가 없으므로 'No winner'라고 표시한다.

```
$ ./tictactoe.py
-------------
| 1 | 2 | 3 |
-------------
| 4 | 5 | 6 |
-------------
| 7 | 8 | 9 |
-------------
No winner.
```

--board는 어떤 칸을 어떤 플레이어가 채웠는지를 지정하기 위한
것이다. 문자열의 각 위치는 각 칸의 위치를 의미하며, 범위는 1부터
9까지다. 예를 들어 X.O..O..X에서는 X가 위치 1과 9를 채웠으며,
O가 3과 6을 채웠다는 뜻이다(그림 21.1 참고).

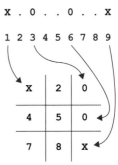

그림 21.1 **보드는 9개의
문자로 표현되며, 각
문자는 각 칸의 상태를
의미한다.**

이것을 화면에 그리면 다음과 같다.

```
$ ./tictactoe.py -b X.O..O..X
-------------
| X | 2 | O |
-------------
| 4 | 5 | O |
-------------
| 7 | 8 | X |
-------------
No winner.
```

주어진 보드(--board)를 변경할 수도 있다. -c 또는 --cell을 이용해서 1부터 9까지의 칸 위
치를 지정하고 -p 또는 --player를 이용해서 'X' 또는 'O'를 지정할 수 있게 하는 것이다. 예
를 들어, 첫 번째 칸을 'X'가 채운다고 하면

```
$ ./tictactoe.py --cell 1 --player X
-------------
| X | 2 | 3 |
-------------
| 4 | 5 | 6 |
-------------
| 7 | 8 | 9 |
-------------
No winner.
```

승자가 있다면 뜨겁게 축하해 주자.

```
$ ./tictactoe.py -b XXXOO....
-------------
| X | X | X |
-------------
| O | O | 6 |
-------------
| 7 | 8 | 9 |
-------------
X has won!
(X가 이겼습니다!)
```

테스트를 준비해서 프로그램이 제대로 실행되는지 확인하는 것도 잊지 말자. 그림 21.2는 입출력 다이어그램을 보여준다.

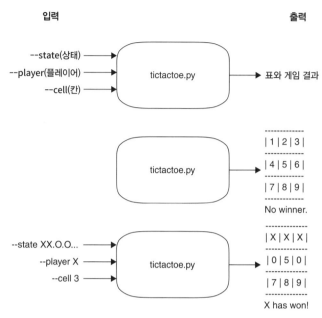

그림 21.2 이 틱택토 프로그램에서는 보드와 플레이어, 칸을 지정해서 게임의 한 턴만 진행한다. 출력값으로 보드와 승자를 표시해야 한다.

21.1.1 입력값 검증하기

이번에는 꽤 많은 검증 로직이 필요하다. --board는 인수가 정확하게 9글자인 것과 X, O, 마침표만 구성돼야 한다.

```
$ ./tictactoe.py --board XXXOOO..
usage: tictactoe.py [-h] [-b board] [-p player] [-c cell]
tictactoe.py: error: --board "XXXOOO.." must be 9 characters of ., X, O
```

마찬가지로, --player는 X 아니면 O만 받을 수 있다.

```
$ ./tictactoe.py --player A --cell 1
usage: tictactoe.py [-h] [-b board] [-p player] [-c cell]
tictactoe.py: error: argument -p/--player: \
invalid choice: 'A' (choose from 'X', 'O')
```

--cell은 1부터 9까지의 정수만 받는다.

```
$ ./tictactoe.py --player X --cell 10
usage: tictactoe.py [-h] [-b board] [-p player] [-c cell]
tictactoe.py: error: argument -c/--cell: \
invalid choice: 10 (choose from 1, 2, 3, 4, 5, 6, 7, 8, 9)
```

--player와 --cell은 양쪽 모두 지정하거나, 지정하지 않거나 해야 한다.

```
$ ./tictactoe.py --player X
usage: tictactoe.py [-h] [-b board] [-p player] [-c cell]
tictactoe.py: error: Must provide both --player and --cell
```

마지막으로, --cell이 X 또는 0로 이미 채워진 칸을 지정한 경우 오류를 표시해야 한다.

```
$ ./tictactoe.py --player X --cell 1 --board X..O.....
usage: tictactoe.py [-h] [-b board] [-p player] [-c cell]
tictactoe.py: error: --cell "1" already taken
```

이 모든 오류 확인 코드는 get_args()에 넣는 것이 좋다. parser.error()를 사용해서 오류와 함께 프로그램을 종료시킬 수 있기 때문이다.

21.1.2 보드 변경하기

검증이 끝난 초기 보드는 어떤 칸이 어떤 플레이어에 의해 채워졌는지를 보여준다. 이 보드는 --player와 --cell 인수를 추가해서 변경할 수 있다. --board를 사용해서 변경된 보드를 전달하는 편이 나을 수도 있지만, 다음 장에서 만들 대화형 버전의 기반이 되는 기능으로 미리 만들어두는 것이다.

보드가 'XX.O.O..X'처럼 문자열로 표현돼 있는 상태에서 3번 칸을 X로 바꾸려면 어떻게 하면 될까? 한 가지 주의할 점은 3번 칸의 **첨자**가 3이 아니라는 것이다. 첨자는 칸 번호보다 하나가 작다. 또 다른 문제는 문자열을 변경할 수 없다는 점이다. 10장의 전화 프로그램에서 한 것처럼, 보드값 중 하나를 변경할 방법을 찾아야 한다.

21.1.3 보드 출력하기

보드가 준비됐으면, 아스키 문자를 사용해서 표 모양을 만들어야 한다. borad 문자열을 인수

로 받는 `format_board()`라는 함수를 만들어보자. 반환값은 표를 만들기 위한 문자열로 대시(-)와 파이프 문자(|)로 구성된다. unit.py에 이 함수를 테스트할 수 있는 코드를 추가해 두었다. 아무것도 채워지지 않은 기본 보드를 테스트한다.

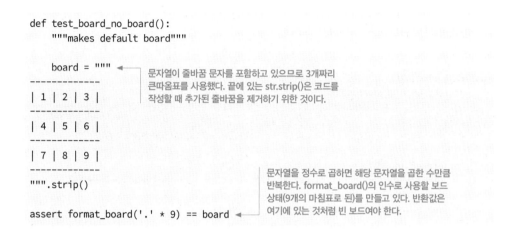

```
def test_board_no_board():
    """makes default board"""

    board = """
-------------
| 1 | 2 | 3 |
-------------
| 4 | 5 | 6 |
-------------
| 7 | 8 | 9 |
-------------
""".strip()

    assert format_board('.' * 9) == board
```

문자열이 줄바꿈 문자를 포함하고 있으므로 3개짜리 큰따옴표를 사용했다. 끝에 있는 str.strip()은 코드를 작성할 때 추가된 줄바꿈을 제거하기 위한 것이다.

문자열을 정수로 곱하면 해당 문자열을 곱한 수만큼 반복한다. format_board()의 인수로 사용할 보드 상태(9개의 마침표로 된)를 만들고 있다. 반환값은 여기에 있는 것처럼 빈 보드여야 한다.

다른 조합의 보드도 출력할 필요가 있다. 다음은 이것을 테스트하기 위해 만든 코드로, 물론 여러분이 직접 작성한 코드를 사용해도 좋다.

```
def test_board_with_board():
    """makes board"""

    board = """
-------------
| 1 | 2 | 3 |
-------------
| O | X | X |
-------------
| 7 | 8 | 9 |
-------------
""".strip()

    assert format_board('...OXX...') == board
```

이 보드는 첫 번째와 세 번째 줄은 비어 있고, 두 번째 줄은 'OXX'로 채워져 있다.

보드의 가능한 모든 조합을 테스트하는 것은 실용적이지 못하다. 테스트를 작성할 때는 중요한 처리를 파악해서 그것을 대상으로 해야 한다. 여기서는 빈 보드와 값이 있는 보드를 나누어 확인하고 있다. 이 두 가지 조합을 처리할 수 있다면, 다른 것도 처리할 수 있다고 가정할 수 있기 때문이다.

21.1.4 승자 정하기

입력값과 출력된 보드를 검증했다면, 마지막 작업은 승자를 찾는 것이다. find_winner()라는 함수를 만들어서 X 또는 O를 승자로 반환하고, 승자가 없으면 None을 반환하게 한다. 이를 테스트하기 위해 가능한 모든 상황을 코드로 작성했으며, 각 플레이어가 이기는 상황을 모두 고려하고 있다. 필요하다면 사용해도 좋다.

```python
def test_winning():
    """test winning boards"""
    # 보드 첨자의 리스트다. 한 명의 플레이어가 이길 수 있는 모든 경우의 수다.
    wins = [('PPP......'), ('...PPP...'), ('......PPP'), ('P..P..P..'),
            ('.P..P..P.'), ('..P..P..P'), ('P...P...P'), ('..P.P.P..')]

    for player in 'XO':    # X와 O 플레이어를 모두 확인한다.
        other_player = 'O' if player == 'X' else 'X'    # 누가 상대편인지를 구분한다.

        for board in wins:    # 승리 조합을 하나씩 읽는다.
            board = board.replace('P', player)    # P('player'를 의미)를 대상 플레이어로 변경한다.
            dots = [i for i in range(len(board)) if board[i] == '.']    # 빈칸(마침표로 된)의 첨자를 찾는다.
            mut = random.sample(dots, k=2)
            test_board = ''.join([    # 선택한 두 개의 칸에 상대편 마크를 채운다.
                other_player if i in mut else board[i]
                for i in range(len(board))
            ])
            assert find_winner(test_board) == player    # find_winner()가 지정한 플레이어와 보드에서 승자가 있는지 확인한다.
```

> 두 개의 빈칸을 무작위로 선택한다. 나중에 변경할 것이므로 mut('mutable'의 줄임말. 변경 가능하다는 의미)라고 했다.

잘못된 판단을 해서 지고 있는 보드를 이겼다고 하면 안 된다. 따라서 다음 테스트를 통해 승자가 없으면 None을 반환하게 했다.

```python
def test_losing():
    """test losing boards"""
    # 보드가 어떻게 정렬되든지 승자가 나올 수 없다.
    # 각 플레이어가 두 개의 마크만 채웠기 때문이다.
    losing_board = list('XXOO.....')

    for _ in range(10):    # 10번의 테스트를 실시한다.
        random.shuffle(losing_board)    # 지는 보드를 무작위로 섞는다.
        assert find_winner(''.join(losing_board)) is None
```

> 보드가 어떤 식으로 정렬돼도 승자가 나오지 않는다는 것을 검증한다.

내가 제안한 대로 함수를 작성했다면 pytest -xv unit.py로 테스트를 실행할 수 있다. 다른 함수를 작성하고 싶다면 tictactoe.py 또는 다른 이름의 파일에 단위 테스트를 추가하면 된다.

보드를 출력한 다음에 결과에 따라 '{Winner} has won!' 또는 'No winner'라고 출력하는 것을 잊지 말자. 이제 모든 준비가 끝났으니 직접 작성해 보자.

21.2 예시 답안

다음 장에서 완전한 대화형 게임을 만들기 위한 초석을 마련할 것이다. 지금은 한 번의 턴을 플레이하기 위한 기반 개념을 확실하게 이해하는 것이 중요하다. 어려운 프로그램을 만들 때는 단계별로 반복하는 것이 좋다. 가능한 한 간단한 프로그램을 만들고 거기에 기능을 하나씩 천천히 추가해서 더 복잡한 아이디어를 구현하는 것이다.

```
!/usr/bin/env python3
"""Tic-Tac-Toe"""

import argparse
import re


# --------------------------------------------------
def get_args():
    """Get command-line arguments"""

    parser = argparse.ArgumentParser(
        description='Tic-Tac-Toe',
        formatter_class=argparse.ArgumentDefaultsHelpFormatter)

    parser.add_argument('-b',
                        '--board',
                        help='The state of the board',
                        metavar='board',
                        type=str,
                        default='.' * 9)

    parser.add_argument('-p',
                        '--player',
                        help='Player',
                        choices='XO',
                        metavar='player',
                        type=str,
                        default=None)

    parser.add_argument('-c',
                        '--cell',
                        help='Cell 1-9',
                        metavar='cell',
                        type=int,
                        choices=range(1, 10),
```

--board의 기본값은 9개의 마침표다. 곱셈 연산자(*)를 사용해 문자열과 숫자를 조합하면, 해당 수만큼의 문자열이 만들어진다. 따라서 '.' * 9는 '.........'이 된다.

--player는 X 또는 O 중 하나여야 한다. choices를 사용해서 검증할 수 있다.

--cell은 1부터 9 사이의 정수여야 한다. type=int와 choices=range(1, 10)으로 검증할 수 있다. range에서 마지막 값(10)은 포함되지 않는다는 사실을 기억하자.

```python
    args = parser.parse_args()
```
any()와 all()을 조합하면 두 개의 인수를 모두 지정했는지 또는 모두 지정하지 않았는지를 확인할 수 있다.

```python
    if any([args.player, args.cell]) and not all([args.player, args.cell]):
        parser.error('Must provide both --player and --cell')
```
정규 표현식을 사용해서 --board가 정확히 9개 글자로 구성됐는지 확인한다.

```python
    if not re.search('^[.XO]{9}$', args.board):
        parser.error(f'--board "{args.board}" must be 9 characters of ., X, O')

    if args.player and args.cell and args.board[args.cell - 1] in 'XO':
        parser.error(f'--cell "{args.cell}" already taken')

    return args
```
--player와 --cell이 둘 다 있고 유효하다면, 지정한 칸이 보드에서 비어 있는지 확인한다.

```python
# --------------------------------------------------
def main():
    """Make a jazz noise here"""
```
보드를 변경해야 하므로 리스트로 변환하는 것이 좋다.

cell과 player를 지정했다면 보드를 변경한다. get_args()에서 검증됐으므로 여기서 안전하게 사용할 수 있다. 즉, cell 값을 이미 검증했으므로 실수로 범위 밖의 첨자를 사용할 일은 없다.

```python
    args = get_args()
    board = list(args.board)

    if args.player and args.cell:
        board[args.cell - 1] = args.player
```
칸(cell)의 숫자가 1부터 시작하므로 보드를 수정하기 위해 첨자를 지정할 때는 1을 빼야 한다.

```python
    print(format_board(board))
```
보드를 출력한다.
```python
    winner = find_winner(board)
```
해당 보드에서 승자가 있는지 확인한다.
```python
    print(f'{winner} has won!' if winner else 'No winner.')
```
게임 결과를 출력한다. 승자가 있으면 find_winner()가 X 또는 O를 반환한다. 승자가 없으면 None을 반환한다.

```python
# --------------------------------------------------
def format_board(board):
    """Format the board"""
```
보드를 출력하기 위한 함수를 정의한다. 테스트가 어려우므로 이 함수 자체가 보드를 출력하진 않는다. 출력 또는 테스트할 수 있는 문자열을 반환한다.

```python
    cells = [str(i) if c == '.' else c for i, c in enumerate(board, start=1)]
    bar = '-------------'
    cells_tmpl = '| {} | {} | {} |'
    return '\n'.join([
        bar,
        cells_tmpl.format(*cells[:3]), bar,
        cells_tmpl.format(*cells[3:6]), bar,
        cells_tmpl.format(*cells[6:]), bar
    ])
```
보드의 각 칸을 읽어서 채워져 있으면 마크를 저장하고, 그렇지 않으면 숫자를 저장한다.

함수의 반환값은 새 문자열로 표의 각 줄을 줄바꿈 문자로 연결한 것이다.

승자를 반환하거나 승자가 없으면 None을 반환하는 함수를 정의한다. 함수 자체는 승자를 출력하지 않으며, 테스트 및 출력이 가능한 문자열을 반환한다.

8개의 승리 조합을 가진 보드를 동일한 플레이어로 마크돼야 할 8개의 리스트로 정의했다. 주목할 점은 첨자를 1부터가 아닌 0부터 시작하도록 설정했다는 것이다.

```python
# --------------------------------------------------
def find_winner(board):
    """Return the winner"""

    winning = [[0, 1, 2], [3, 4, 5], [6, 7, 8], [0, 3, 6], [1, 4, 7],
               [2, 5, 8], [0, 4, 8], [2, 4, 6]]
```

```
    for player in ['X', 'O']: ◄────── 양쪽 플레이어(X, O)를 반복한다.
        for i, j, k in winning: ◄───── 승리 조합을 변수 i, j, k로 풀어서 저장한다.
            combo = [board[i], board[j], board[k]] ◄──── 각 i, j, k의 보드값으로 조합된 콤보를 만든다.
            if combo == [player, player, player]: ┐ 콤보가 동일 플레이어에 의해
            └► return player                      ┘ 채워졌는지 확인한다.
            │ True이면 플레이어를 반환한다. 어떤 조합에서도 True가 나오지 않으면
            │ 값을 반환하지 않고 함수를 나간다. 즉, None이 반환된다.
# ----------------------------------------------
if __name__ == '__main__':
    main()
```

21.2.1 인수 검증 및 보드 변경

대부분의 검증은 argparse가 효율적으로 처리해 준다. --player와 --cell은 choices를 사용해서 검증한다. 여기서 잠시 any()와 all()의 편리성에 대해 설명하고 넘어가겠다.

```
if any([args.player, args.cell]) and not all([args.player, args.cell]):
    arser.error('Must provide both --player and --cell')
```

이것을 레플에서 다음과 같이 표현할 수도 있다. any() 함수는 불값 사이에 or을 사용한 것과 같다.

```
>>> True or False or True
True
```

주어진 리스트의 아이템 중 하나라도 '참'이면 전체 식이 True로 평가된다.

```
>>> any([True, False, True])
True
```

cell이 0이 아니고 player가 빈 문자열이 아니라면 둘 다 참이다.

```
>>> cell = 1
>>> player = 'X'
>>> any([cell, player])
True
```

all() 함수는 리스트의 모든 요소를 and로 연결한 것과 같다. 즉, 전체 식이 True가 되려면 전체 아이템이 참이어야 한다.

```
>>> cell and player
'X'
```

반환값 X는 무엇을 의미할까? 마지막 '참'값을 반환하는 것으로 player의 값에 해당한다. 즉, cell을 뒤에 오게 하면 cell 값을 얻는다.

```
>>> player and cell
1
```

all()을 사용하면 and 조건이 참인지를 판단해서 True를 반환한다.

```
>>> all([cell, player])
True
```

사용자가 --player나 --cell 중 하나만 인수를 지정했는지를 알아내야 한다. 지정한 경우에는 둘 다 필요하기 때문이다. cell이 None(기본값)이고 player가 X인 경우를 가정해 보자. any()를 사용하면 한쪽만 참이어도 True가 된다.

```
>>> cell = None
>>> player = 'X'
>>> any([cell, player])
True
```

all()에서는 False가 된다.

```
>>> all([cell, player])
False
```

따라서 이 두 식을 and로 엮으면 False가 된다.

```
>>> any([cell, player]) and all([cell, player])
False
```

다음과 같기 때문이다.

```
>>> True and False
False
```

--board의 기본값은 9개의 마침표이며, 정규 표현식을 사용해서 검증할 수 있다.

```
>>> board = '.' * 9
>>> import re
>>> re.search('^[.XO]{9}$', board)
<re.Match object; span=(0, 9), match='.........'>
```

이 정규 표현식은 마침표와 'X', 'O'로 구성된 문자 클래스 [.XO]를 사용하고 있다. {9}는 글자가 정확히 9개임을 가리키며, ^와 $는 각각 문자열의 시작과 끝을 가리킨다(그림 21.3 참고).

그림 21.3 **정규 표현식을 사용해서**
--board를 검증할 수 있다.

이것은 all() 마법을 사용해서 수동으로 검증할 수도 있다.

- board가 정확하게 9글자인가?

- 각 글자는 허용된 것만 포함됐는가?

다음과 같이 작성할 수 있다.

```
>>> board = '...XXXOOO'
>>> len(board) == 9 and all([c in '.XO' for c in board])
True
```

all() 부분만 다시 보자.

```
>>> [c in '.XO' for c in board]
[True, True, True, True, True, True, True, True, True]
```

보드 안의 각 글자 c('cell')가 허용된 글자이므로 모든 비교 결과가 True가 된다. 글자 중 하나를 변경하면 False가 된다.

```
>>> board = '...XXXOOA'
>>> [c in '.XO' for c in board]
[True, True, True, True, True, True, True, True, False]
```

all()에 False가 하나라도 있으면 전체 식이 False를 반환한다.

```
>>> all([c in '.XO' for c in board])
False
```

마지막 부분은 지정한 --cell이 --player에 의해 이미 채워졌는지를 검증하는 것이다.

```
if args.player and args.cell and args.board[args.cell - 1] in 'XO':
    parser.error(f'--cell "{args.cell}" already taken')
```

--cell은 0이 아닌 1부터 시작하므로 --board 값의 첨자로 사용할 때는 1을 빼야 한다. 첫 번째 칸_cell이 이미 X로 채워져 있는데 O가 채우려고 하면

```
>>> board = 'X........'
>>> cell = 1
>>> player = 'O'
```

주어진 board의 cell - 1 칸이 이미 채워졌는지 확인할 수 있다.

```
>>> board[cell - 1] in 'XO'
True
```

또는 해당 위치가 마침표가 아닌지 확인하는 방법도 있다.

```
>>> boards[cell - 1] != '.'
True
```

모든 입력값을 검증하는 것이 지치는 작업이긴 하지만, 게임이 제대로 실행됨을 보장해 주는 유일한 방법이다.

main() 함수에서는 cell과 player를 지정한 경우 board를 변경해야 한다. board를 리스트로 만든 이유는 이런 변경 처리를 고려해서다.

```
if player and cell:
    board[cell - 1] = player
```

21.2.2 보드 출력 형식

이제 표를 만들 차례다. 문자열을 반환하는 함수를 만들어주면 테스트가 가능하다(바로 출력하게 하면 테스트하기가 어렵다). 함수를 보자.

```
def format_board(board):
    """Format the board"""

    cells = [str(i) if c == '.' else c for i, c in enumerate(board, start=1)]
    bar = '-------------'
    cells_tmpl = '| {} | {} | {} |'
    return '\n'.join([
        bar,
        cells_tmpl.format(*cells[:3]), bar,
        cells_tmpl.format(*cells[3:6]), bar,
        cells_tmpl.format(*cells[6:]), bar
    ])
```

리스트 내포를 사용해서 각 위치를 확인하며, enumerate() 함수를 사용해서 보드의 각 글자를 읽는다. 첨자를 0이 아니라 1부터 시작하기 위해 start=1이라고 지정했다. 글자가 마침표이면 해당 위치를 숫자로 표시하고, 아니면 X 또는 O를 표시한다.

* 기호(스플랫(splat)이라고도 함)는 슬라이스가 반환한 리스트를 요소 단위로 펼쳐서 str.format() 함수의 위치 인수로 사용할 수 있도록 변환해 준다.

*cell[:3]에 사용된 '스플랫' 구문은 다음과 같은 코드를 생략형으로 작성한 것과 같다.

```
return '\n'.join([
    bar,
    cells_tmpl.format(cells[0], cells[1], cells[2]), bar,
    cells_tmpl.format(cells[3], cells[4], cells[5]), bar,
    cells_tmpl.format(cells[6], cells[7], cells[8]), bar
])
```

enumerate() 함수는 튜플 리스트를 반환하며 이 리스트에는 리스트 요소의 첨자와 값이 포함된다(그림 21.4 참고). 지연 함수이므로 값을 레플에서 보려면 list() 함수를 사용해야 한다.

```
>>> board = 'XX.O.O...'
>>> list(enumerate(board))
[(0, 'X'), (1, 'X'), (2, '.'), (3, 'O'), (4, '.'), (5, 'O'), (6, '.'), (7, '.'),
(8, '.')]
```

여기서 첨자를 1부터 시작하게 하려면 start=1을 지정하면 된다.

```
>>> list(enumerate(board, start=1))
[(1, 'X'), (2, 'X'), (3, '.'), (4, '0'), (5, '.'), (6, '0'), (7, '.'), (8, '.'),
 (9, '.')]
```

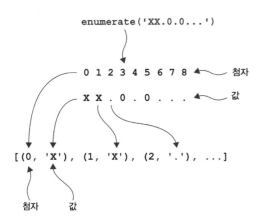

그림 21.4 enumerate() 함수는 각 요소를 첨자와 값으로 반환한다. 기본 설정에선 첨자가 0부터 시작된다.

리스트 내포는 for 문을 사용해서도 작성할 수 있다.

빈 리스트 칸의 정보를 담을
cells 리스트를 초기화한다.

첨자(1부터 시작)와 값으로 이루어진 튜플을 각각
변수 i('integer'를 의미)와 char에 저장한다.

```
cells = []
for i, char in enumerate(board, start=1):
    cells.append(str(i) if char == '.' else char)
```

char가 마침표이면 i 값을 문자열로 바꾼 값을 사용하며,
그렇지 않으면 char 값을 그대로 사용한다.

그림 21.5는 enumerate()가 반환한 튜플을 i와 char로 전개하는 것을 보여준다.

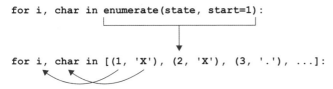

그림 21.5 enumerate()가 반환한 첨자와 값으로 이루어진 튜플을 for 문의 두 변수에 할당한다.

이 버전의 format_board()는 unit.py에 있는 모든 테스트를 통과한다.

21.2.3 승자 찾기

이 프로그램의 마지막 퍼즐은 어느 쪽 플레이어가 이겼는지 결정하는 것이다. 이기기 위해선 한쪽 플레이어가 가로, 세로 또는 대각선으로 3칸 모두를 채워야 한다.

```python
def find_winner(board):
    """Return the winner"""

    winning = [[0, 1, 2], [3, 4, 5], [6, 7, 8], [0, 3, 6], [1, 4, 7],
               [2, 5, 8], [0, 4, 8], [2, 4, 6]]

    for player in ['X', 'O']:
        for i, j, k in winning:
            combo = [board[i], board[j], board[k]]
            if combo == [player, player, player]:
                return player
```

8가지 승리 조합이 있다. 3개의 가로 줄과 3개의 세로 줄 그리고 2개의 대각선이다. 따라서 리스트를 만들고 그 안에 다시 리스트를 넣어서 이기는 조합을 저장했다.

i를 변수명으로 사용하는 것은 일반적이다(i는 'integer'를 의미한다). 특히 변수가 사용되는 범위가 여기처럼 짧을 때 자주 사용한다. j, k, l도 비슷한 의미로 사용된다. cell1, cell2, cell3 같은 이름을 사용할 수도 있지만, 이해하기는 쉬운 반면 타이핑하기가 번거롭다. 각 칸의 값을 전개하는 방법은 앞에서 본 enumerate() 코드에서 튜플을 전개하는 방법과 같다.

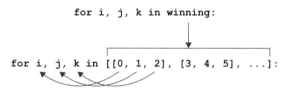

그림 21.6 enumerate()의 튜플을 전개해서 for 문의 3개 변수에 할당한다.

나머지 코드는 X 또는 O가 3개의 위치에 있는 유일한 글자인지 확인하기 위한 것이다. 이 코드를 작성하기 위해 여러 가지 방법을 시도했지만 여기서는 한 가지 방법만 소개하겠다. 내가 좋아하는 all()과 map()을 사용한 버전이다.

```python
for combo in winning:
    group = list(map(lambda i: board[i], combo))
    for player in ['X', 'O']
        if all(x == player for x in group):
            return player
```

winning의 셀 조합을 반복해서 읽는다.

map()을 사용해서 조합의 각 위치를 보드에서 읽는다.

각 플레이어의 X, O를 확인한다.

그러면 해당 플레이어를 반환한다.

그룹의 모든 값이 주어진 플레이어와 일치하는지 확인한다.[1]

---

1 **옮긴이** all() 함수의 인자로 실제 리스트가 아닌 제너레이터(generator) 형식의 반복형 객체를 전달할 수도 있다.

함수가 return을 명시하지 않거나 return이 실행되지 않으면(여기서는 승자가 없는 경우다), 파이썬이 None을 기본 반환값으로 사용한다. 게임의 결과를 출력할 때 이 None을 승자가 없다는 뜻으로 해석할 수 있다.

```
winner = find_winner(board)
print(f'{winner} has won!' if winner else 'No winner.')
```

이것으로 한 턴만 진행할 수 있는 틱택토 게임의 모든 것을 다뤘다. 다음 장에서는 아이디어를 확장해서 대화형으로 게임을 만들어보겠다. 즉, 빈 보드 상태에서 게임을 시작하고 사용자 입력에 따라 동적으로 게임을 진행해 가는 방식이다.

21.3 도전 과제

- 블랙잭(또는 21이라고 불리는 카드 게임)처럼 단판으로 끝나는 게임을 만들어보자.

정리

- 이 프로그램은 문자열값을 사용해서 틱택토 보드를 표현한다. 문자열에는 X, O, .가 포함되며 각 칸이 채워졌는지 비었는지를 나타낸다. 이것을 리스트로 바꾸면 수정하기가 쉽다.
- 정규 표현식은 초기 보드 상태를 쉽게 검증할 수 있는 방법 중 하나다. X, O, .로 표현되는 9글자의 문자열이라고 정확하게 선언할 수 있다.
- any() 함수는 여러 개의 불값을 or로 연결한 것과 같다. 연결된 값 중 하나라도 참이면 True를 반환한다.
- all() 함수는 여러 개의 불값을 and로 연결한 것과 같다. 연결된 값이 모두 참일 때만 True를 반환한다.
- enumerate() 함수는 (리스트처럼) 반복형 객체 안에 있는 각 요소를 첨자와 값의 튜플로 반환한다.

돌아온 틱택토 게임: 타입 힌트를 사용한 대화형 버전

이 마지막 장에서는 앞 장에서 본 틱택토 게임을 수정할 것이다. 앞 장에서는 먼저 --board 값을 받아서 최초의 보드 상태를 설정한 다음 이후 입력되는 --player나 --cell 값에 따라 현재 보드의 상태를 갱신했다. 그리고 한 개의 보드와 한 명의 승자를 표기했었다. 이를 확장해서 항상 빈 보드에서 게임을 시작하고 승자가 나오거나 비길 때까지 계속 게임을 진행하도록 만든다.

이 프로그램은 이 책에 있는 다른 프로그램들과는 달리 명령줄 인수를 받지 않는다. 게임은 항상 빈 '보드'로 시작하며 X 플레이어가 먼저 시작한다. input() 함수를 사용해서 각 사용자의 입력을 물으며 X 다음 O 플레이어가 칸을 채운다. 이미 채워진 칸을 선택하거나 존재하지 않는 칸을 선택하면 입력한 것이 거절당한다. 마지막 차례에서는 승자가 있는지 또는 비겼는지를 판단해서 게임을 중단할지 정한다.

이 장에서 다루는 내용은 다음과 같다.

- 무한 반복의 사용 및 중단

- 코드에 타입 힌트 추가하기

- 튜플과 명명된 튜플, 타입 딕셔너리 배우기

- mypy를 사용해서 코드의 오류, 특히 잘못 사용된 타입 분석하기

22.1 itictactoe.py 작성하기

이 프로그램은 통합 테스트를 제공하지 않는다. 인수를 받지 않고 사용자 입력이 동적으로 실행되는 프로그램으로, 테스트 작성이 쉽지 않기 때문이다. 이 프로그램은 입출력 다이어그램을 정의하기도 힘들다. 프로그램 결과가 플레이어의 결정에 따라 달라지기 때문이다. 그림 22.1은 이 다이어그램을 단순화해서 보여준다. 프로그램이 입력 인수 없이 시작되며, 어떤 결과가 나올 때까지 반복되거나 플레이어가 중단할 때까지 반복된다.

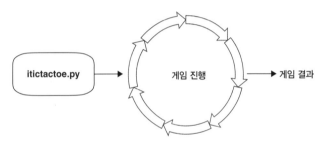

그림 22.1 틱택토는 인수를 받지 않으며 무한 반복(infinite loop) 내에서 게임이 진행된다. 이 무한 반복은 누군가가 승리하거나, 비기거나, 포기하면 중단된다.

solution1.py 프로그램을 실행해서 실제로 게임을 해보길 권한다. 실행하면 화면에 있는 모든 텍스트를 삭제한 후 빈 보드를 보여주는 것부터 시작한다. 그리고 X 플레이어의 입력을 기다린다. 1을 입력하고 엔터 키를 누른다.

```
-------------
| 1 | 2 | 3 |
-------------
| 4 | 5 | 6 |
-------------
| 7 | 8 | 9 |
-------------
Player X, what is your move? [q to quit]: 1
(X 플레이어, 어디를 선택할 건가요? [마치려면 q]: 1)
```

그러면 칸 1이 X로 채워지고 O 플레이어로 차례가 넘어간다.

```
-------------
| X | 2 | 3 |
-------------
| 4 | 5 | 6 |
-------------
| 7 | 8 | 9 |
-------------
Player O, what is your move? [q to quit]:
(O 플레이어, 어디를 선택할 건가요? [마치려면 q]:)
```

1을 다시 선택하면 해당 칸이 이미 채워져 있다고 알려준다.

```
-------------
| X | 2 | 3 |
-------------
| 4 | 5 | 6 |
-------------
| 7 | 8 | 9 |
-------------
Cell "1" already taken. (칸 1이 이미 채워져 있습니다.)
Player O, what is your move? [q to quit]: (O 플레이어, 어디를 선택할 건가요? [마치려면 q]:)
```

플레이어는 아직 O인 것에 주목하자. 이전 선택이 무효였기 때문이다. 만약 정수로 변환되지 않는 어떤 값을 넣어도 입력한 것이 무시된다.

```
-------------
| X | 2 | 3 |
-------------
| 4 | 5 | 6 |
-------------
| 7 | 8 | 9 |
-------------
Invalid cell "biscuit", please use 1-9 ("biscuit"는 유효한 칸 번호가 아닙니다. 1-9를 사용하세요.)
Player O, what is your move? [q to quit]: (O 플레이어, 어디를 선택할 건가요? [마치려면 q]:)
```

범위 밖의 숫자를 입력해도 동일한 오류가 발생한다.

```
-------------
| X | 2 | 3 |
-------------
| 4 | 5 | 6 |
-------------
```

```
| 7 | 8 | 9 |
-------------
Invalid cell "10", please use 1-9 ("10"은 유효한 칸 번호가 아닙니다. 1-9를 사용하세요.)
Player 0, what is your move? [q to quit]: (0 플레이어, 어디를 선택할 건가요? [마치려면 q]:)
```

21장에서 사용자 입력을 검증하기 위해 사용했던 코드를 재사용할 수 있을 것이다.

둘 중 한 명이 세 칸으로 연속해서 모두 채우면 누가 이겼는지 출력한 후 게임이 종료된다.

```
-------------
| X | 0 | 3 |
-------------
| 4 | X | 6 |
-------------
| 7 | 0 | X |
-------------
X has won!
(X가 이겼습니다!)
```

22.1.1 튜플 사용하기

우리는 대화형 게임을 만들 것이다. 이 게임은 항상 빈 그리드로 시작하며 한쪽이 승리하거나 비길 때까지 계속 반복한다. 앞서 본 게임 예에서는 오직 한 가지 '상태state'만 저장했었다. 즉, 어떤 플레이어가 어떤 칸을 채웠냐는 정보다. 이번 버전에서는 게임의 여러 상태를 저장하기 위해 여러 개의 변수를 사용할 것이다.

- 보드의 칸: ..X0..X.0
- 현재 플레이어: X 또는 0
- 모든 오류: 플레이어가 이미 채워진 칸을 선택하거나 존재하지 않는 칸을 선택한 경우, 또는 입력한 값이 숫자가 아닌 경우
- 사용자가 게임을 중단하길 원하는지
- 게임이 무승부인지: 그리드의 모든 칸이 채워졌지만 승부가 나지 않았을 때
- 누가 승자인지: 승자가 있다면 게임이 끝났다는 뜻이다.

위에 언급한 모든 상태를 저장하도록 프로그램을 작성할 필요는 없지만, 가능하면 많은 아이템을 저장해야 한다는 사실을 깨닫게 될 것이다. 딕셔너리가 이 목적에 적합한 데이터 구조이지만, 여기서는 '명명된 튜플named tuple'이라는 새로운 구조를 소개하겠다. 이 구조는 파이썬의 타입 힌트와 잘 어울려서 이후 프로그램에 자주 등장할 것이다.

앞의 실습들에서는 튜플을 많이 사용했다. 예를 들어, match.groups()에서는 정규 표현식이 그룹을 캡처할 때 반환값으로 튜플을 사용했다(14장, 17장). 그리고 zip을 사용해서 두 리스트를 결합할 때(19장) enumerate()를 사용해서 리스트의 첨자를 얻거나 요소를 얻을 때도 사용했다. 튜플은 변경 불가능한 리스트로, 이런 성질이 어떻게 프로그램의 자잘한 버그로부터 보호해 주는지 살펴보자.

값 사이에 쉼표가 있으면 튜플이 만들어진다.

```
>>> cell, player
(1, 'X')
```

괄호를 사용하면 일반적으로 좀 더 명시적으로 보여준다.

```
>>> (cell, player)
(1, 'X')
```

이것을 state라는 변수에 저장할 수 있다.

```
>>> state = (cell, player)
>>> type(state)
<class 'tuple'>
```

리스트의 첨자 값을 사용해서 튜플의 각 요소에 접근한다.

```
>>> state[0]
1
>>> state[1]
'X'
```

리스트와 달리 튜플 안에 있는 값은 변경할 수 없다.

```
>>> state[1] = 'O'
Traceback (most recent call last):
  File "<stdin>", line 1, in <module>
TypeError: 'tuple' object does not support item assignment
```

첫 번째 인수가 cell칸이고 두 번째 인수가 player플레이어라는 걸 기억하기가 쉽지 않다. 특히 다른 필드들을 추가해서 필드 수가 늘어나면 상황은 더 악화된다. 딕셔너리를 바꾸면 문자열 (키)을 사용해서 state의 값에 접근할 수 있지만, 딕셔너리는 변경 가능한 객체이며 키 이름도 사실 틀릴 수 있다.

22.1.2 명명된 튜플

변경 불가능한 튜플의 안정성과 이름이 있는 필드를 결합할 수 있다면 좋을 것 같다. 이것을 모두 만족시켜 주는 것이 namedtuple() 함수다. 이 함수를 사용하려면 먼저 collections 라는 모듈을 불러와야 한다.

```
>>> from collections import namedtuple
```

namedtuple() 함수에 인자를 전달하는 것만으로 새로운 클래스를 만들어낼 수 있다. 예를 들어, 어떤 상태(State)를 묘사하는 클래스를 만들고 싶다고 해보자. 클래스는 변수와 데이터, 함수의 집합으로 특정 아이디어를 표현할 때 사용된다. 예를 들어, 파이썬 언어도 str이라는 클래스를 갖고 있다. 이 클래스는 문자들의 집합이라는 아이디어를 표현한 것으로, 변수에 저장할 수 있고 len(length길이)을 갖고 있으며 str.upper()로 대문자로 변경할 수 있다. 또한, for 문을 사용해서 한 문자씩 읽을 수도 있다. 이 모든 아이디어를 str이라는 클래스로 묶은 것으로, help(str)을 통해 레플에서 해당 클래스에 대한 정보를 볼 수 있다.

namedtuple()의 첫 번째 인수는 클래스명이고, 두 번째 인수는 클래스의 필드명 리스트다. 클래스명은 첫 글자를 대문자로 사용하는 것이 일반적이다.

```
>>> State = namedtuple('State', ['cell', 'player'])
```

State라고 하는 새로운 타입을 만들었다.

```
>>> type(State)
<class 'type'>
```

리스트 타입을 만들기 위한 list()라는 함수가 있듯이, State() 함수를 사용해서 State 타입의 명명된 튜플을 만들 수 있다. 이 튜플은 cell과 player라는 이름의 필드 두 개를 갖는다.

```
>>> state = State(1, 'X')
>>> type(state)
<class '__main__.State'>
```

각 필드는 다른 리스트나 튜플처럼 첨자를 사용해서 접근할 수도 있다.

```
>>> state[0]
1
>>> state[1]
'X'
```

이름을 사용해 접근하는 것이 훨씬 좋은 방법이다. 끝에 괄호가 없음을 주목하자. 메서드가 아닌 필드를 사용하기 때문이다.

```
>>> state.cell
1
>>> state.player
'X'
```

state가 튜플이므로 한번 생성된 후에는 수정할 수 없다.

```
>>> state.cell = 1
Traceback (most recent call last):
  File "<stdin>", line 1, in <module>
AttributeError: can't set attribute
```

수정할 수 없는 것이 오히려 많은 상황에서 더 안전하다. 프로그램이 시작된 후에 데이터값을 수정하는 것은 위험할 수 있다. 리스트나 딕셔너리를 사용해야 할 때는 가능하면 튜플이나 명명된 튜플을 사용하는 편이 좋다. 튜플은 변경 불가능하기 때문이다.

하지만 튜플에도 문제가 하나 있다. state를 초기화할 때 필드 순서를 틀리거나 틀린 타입(cell은 int여야 하고, player는 str이어야 한다)을 지정할 수도 있는데 이것을 막을 방법이 없다는 것이다.

```
>>> state2 = State('O', 2)
>>> state2
State(cell='O', player=2)
```

이를 방지하려면 필드명을 사용하면 된다. 이렇게 하면 더 이상 순서를 신경 쓰지 않아도 된다.

```
>>> state2 = State(player='O', cell=2)
>>> state2
State(cell=2, player='O')
```

이제 형태는 딕셔너리 같지만 변경 불가능한(그래서 안전한) 튜플을 사용할 수 있게 됐다.

22.1.3 타입 힌트 추가하기

아직 큰 문제가 남아 있다. cell에 str을 할당할 수 있다는 점이다(cell은 int여야 한다). 또한, player는 str이어야 하지만 int를 지정할 수도 있다.

```
>>> state3 = State(player=3, cell='X')
>>> state3
State(cell='X', player=3)
```

파이썬 3.6부터는 typing 모듈을 사용해서 각 변수의 데이터 타입을 설명해 주는 **타입 힌트** type hints를 추가할 수 있다. 자세한 사항은 PEP 484(*https://www.python.org/dev/peps/pep-0484/*)를 읽어보자. 기본적인 개념은 이 모듈을 사용해서 변수의 타입과 함수의 타입 시그니처를 명시할 수 있다는 것이다.

이제 State 클래스를 개선해 보자. typing 모듈이 제공하는 NamedTuple 클래스를 상속하면 해당 클래스가 제공하는 유용한 기능을 이용할 수 있는데 그러기 위해서는 먼저 typing 모듈로부터 NamedTuple, List, Optional 클래스를 불러와야(import) 한다.

```
from typing import List, NamedTuple, Optional
```

이제 State 클래스에 명명된 필드와 타입을 지정할 수 있고, 심지어 게임의 초기 상태를 나타내는 기본값도 지정할 수 있다(모든 칸이 점으로 표기되고 X 플레이어가 먼저 시작하는 상태). 참고로, 보드(board)를 문자열(str)이 아니라 문자 리스트에 저장하기로 한다.

```
class State(NamedTuple):
    board: List[str] = list('.' * 9)
    player: str = 'X'
    quit: bool = False
    draw: bool = False
```

```
error: Optional[str] = None
winner: Optional[str] = None
```

State() 함수를 사용해서 초기 상태를 설정하기 위한 새 값을 만들 수 있다.

```
>>> state = State()
>>> state.board
['.', '.', '.', '.', '.', '.', '.', '.', '.']
>>> state.player
'X'
```

필드명과 값을 사용해서 기본값을 덮어쓰기 할 수 있다. 예를 들어, O 플레이어가 먼저 플레이하게 하고 싶다면 player='O'라고 지정하면 된다. 특정 값을 지정하지 않은 경우에는 모든 필드가 기본값을 사용한다.

```
>>> state = State(player='O')
>>> state.board
['.', '.', '.', '.', '.', '.', '.', '.', '.']
>>> state.player
'O'
```

필드명을 틀려서 player가 아닌 playre라고 하면 다음과 같은 오류 메시지가 표시된다.

```
>>> state = State(playre='O')
Traceback (most recent call last):
  File "<stdin>", line 1, in <module>
TypeError: __new__() got an unexpected keyword argument 'playre'
```

22.1.4 Mypy를 사용한 타입 검증

파이썬은 틀린 타입을 할당해도 런타임 오류를 발생시키지 않는다. 예를 들어, quit에 bool 값 True가 아닌 문자열 'True'를 할당해도 아무런 오류가 발생하지 않는다.

```
>>> state = State(quit='True')
>>> state.quit
'True'
```

타입 힌트는 Mypy 같은 프로그램을 사용해서 코드를 체크할 때 그 힘을 발휘한다. 다음 코드를 typehints.py라는 이름으로 22_tictactoe 디렉터리에 저장해 보자.

```
#!/usr/bin/env python3
""" Demonstrating type hints """

from typing import List, NamedTuple, Optional

class State(NamedTuple):
    board: List[str] = list('.' * 9)
    player: str = 'X'
    quit: bool = False    ◄──── quit은 bool로 정의됐으므로 True
    draw: bool = False          또는 False 값만 허용해야 한다.
    error: Optional[str] = None
    winner: Optional[str] = None

state = State(quit='True')    ◄──── 불값 대신에 문자열 'True'를 할당하고 있으며,
                                     특히 규모가 큰 프로그램이라면 쉽게 실수할 수 있다.
print(state)                         이런 종류의 오류를 감지할 수 있게 해야 한다.
```

이 프로그램은 오류 없이 실행된다.

```
$ ./typehints.py
State(board=['.', '.', '.', '.', '.', '.', '.', '.', '.'], player='X', \
quit='False', draw=False, error=None, winner=None)
```

하지만 Mypy 프로그램을 사용하면 이런 오류를 찾아낸다.

```
$ mypy typehints.py
typehints.py:16: error: Argument "quit" to "State" has incompatible type
"str"; expected "bool"
Found 1 error in 1 file (checked 1 source file)
```

오류 메시지가 지적한 것을 수정하면

```
#!/usr/bin/env python3
""" Demonstrating type hints """

from typing import List, NamedTuple, Optional

class State(NamedTuple):
    board: List[str] = list('.' * 9)
    player: str = 'X'
    quit: bool = False    ◄──── 다시 말하지만 quit은 불값을 받는다.
    draw: bool = False
    error: Optional[str] = None
    winner: Optional[str] = None
```

```
state = State(quit=True)  ◄──── 실제 불값을 할당해서 Mypy의 시험을 통과한다.

print(state)
```

이제 Mypy가 만족할 것이다.

```
$ mypy typehints2.py
Success: no issues found in 1 source file
```

22.1.5 변경 불가능한 구조 업데이트하기

NamedTuples의 장점 중 하나가 **불변성**immutability이라고 했다. 그렇다면 프로그램의 상태를 어떻게 추적할 수 있을까? 게임의 초기 상태는 빈 그리드와 X 플레이어가 먼저 시작한다는 것이다.

```
>>> state = State()
```

X가 칸 1을 선택하면 보드의 상태를 X.......로 변경하고 player를 O로 변경해야 한다. 하지만 state를 직접 수정할 수는 없다.

```
>>> state.board=list('X.........')
Traceback (most recent call last):
  File "<stdin>", line 1, in <module>
AttributeError: can't set attribute
```

State() 함수를 사용해서 기존 state를 새 값으로 덮어쓰기 하는 방법이 있다. 즉, state 변수 안의 어떤 값도 변경할 수 없으므로 state가 완전히 새로운 값을 참조하게 하는 것이다. 이것은 8장의 방법 2에서 한 것으로, 문자열(str)값을 변경하려고 했었다. 파이썬에선 문자열도 변경 불가능한 객체이기 때문이다.

state의 값을 덮어쓰려면 변경되지 않은 현재 값들을 복사한 후 변경된 값과 결합하면 된다.

```
>>> state = State(board=list('X.........'), player='O', quit=state.quit, \
    draw=state.draw, error=state.error, winner=state.winner)
```

namedtuple._replace()가 이보다 더 쉬운 방법을 제공한다.

```
>>> state = state._replace(board=list('X.........'), player='O')
```

state 변수를 state._replace()가 반환한 값으로 덮어쓰기 하는 것이다. 이 방법은 문자열 변수를 새 값으로 변경할 때 자주 사용했던 방법이다.

```
>>> state
State(board=['X', '.', '.', '.', '.', '.', '.', '.', '.', '.'], player='O', \
      quit=False, draw=False, error=None, winner=None)
```

모든 필드값을 명시하는 것보다 훨씬 쉽다. 변경된 필드만 언급하면 되는 것이다. 또한, 실수로 다른 필드를 변경하는 것을 방지할 수 있으며, 틀린 타입을 지정하거나, 필드명을 틀리는 것, 필드를 누락하는 것 등도 방지할 수 있다.

22.1.6 타입 힌트를 함수 정의에 추가하기

타입 힌트를 함수 정의에 추가하는 방법을 알아보자. 예를 들어, format_board() 함수의 인수로 List[str]을 추가하면 board라는 인수가 문자열 리스트를 받는다고 정의할 수 있다. 또한, 이 함수는 str 값을 반환하므로 def의 콜론 앞에 ->str을 추가해서 반환값 정보를 명시할 수 있다(그림 22.2 참고).

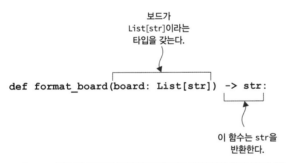

그림 22.2 **인수의 타입과 반환값의 타입을 명시하기 위해 타입 힌트를 추가한다.**

main() 함수 뒤에 추가된 반환값 정보를 통해 None이 반환된다는 것을 쉽게 알 수 있다(그림 22.3 참고).

함수가 인수를
받지 않는다.

```
def main() -> None:
```

함수가 None을
반환한다.

그림 22.3 main() 함수는 인수를 받지 않으며
None을 반환한다.

더 흥미로운 점은 State 타입의 값을 사용하도록 함수를 정의할 수 있으며 Mypy가 이런 값들이 전달되는지 확인해 준다는 것이다(그림 22.4 참고).

게임을 실제로 플레이해 보고 비슷하게 동작하는 여러분만의 프로그램을 만들어보자. 또한, 필자가 어떤 식으로 데이터 불변성과 타입 안정성을 이 대화형 버전의 게임에 적용하고 있는지도 살펴보자.

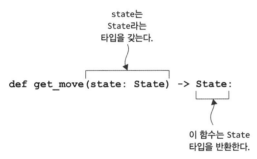

state는
State라는
타입을 갖는다.

```
def get_move(state: State) -> State:
```

이 함수는 State
타입을 반환한다.

그림 22.4 타입 힌트에는 커스텀 타입도 사용할 수 있다. 이 함수는 State 타입의 값을 받아서 State 타입으로 반환한다.

22.2 예시 답안

이것은 이 책의 마지막 프로그램이다. 앞 장에서 본 간단한 버전의 게임이 어느 정도 아이디어를 주었으리라 생각한다. 앞에서 다룬 타입 힌트와 단위 테스트도 프로그램 작성 시에 도움이 됐길 바란다.

```
#!/usr/bin/env python3
""" Interactive Tic-Tac-Toe using NamedTuple """

from typing import List, NamedTuple, Optional

class State(NamedTuple):
```

typing 모듈에서 필요한
클래스를 불러온다.

NamedTuple에 기반한 클래스를 선언한다.
필드명과 타입, 클래스의 기본값 등을 정의한다.

```python
    board: List[str] = list('.' * 9)
    player: str = 'X'
    quit: bool = False
    draw: bool = False
    error: Optional[str] = None
    winner: Optional[str] = None


# --------------------------------------------------
def main() -> None:
    """Make a jazz noise here"""

    state = State()   ◄──── 빈 그리드와 첫 번째 플레이어를 X로 초기 상태로 해서 인스턴스를 만든다.

    while True:   ◄──── 무한 반복을 시작한다. 멈춰야 할 이유가 있을 때 반복을 중단한다.
    ┌─► print("\033[H\033[J")
    │   print(format_board(state.board))   ◄──── 보드의 현재 상태를 출력한다.
   특수 기호를 출력한다. 대부분의 터미널에서 화면의 내용을 지워주는 역할을 한다.
        if state.error:   ◄──── 사용자가 잘못된 칸을 선택하는 등 오류가 발생하면 표시한다.
            print(state.error)
        elif state.winner:   ◄──── 승자가 있다면 출력한 후에 반복을 중단한다.
            print(f'{state.winner} has won!')
            break

                              get_move() 함수는 State 타입의 인수를 받아서 State 타입으로
                              반환한다. 기존 상태 변수를 반복 시마다 덮어쓰기 한다.
        state = get_move(state)   ◄──
                              사용자가 게임을 중단하길 원하면
                              험담을 출력한 후 반복을 멈춘다.
        if state.quit:   ◄──
            print('You lose, loser!')
            break
                              모든 칸이 채워졌지만 승자가 없으면
                              무승부를 선언하고 반복을 중단한다.
        elif state.draw:   ◄──
            print("All right, we'll call it a draw.")
            break


# --------------------------------------------------
def get_move(state: State) -> State:   ◄──── State 타입을 받아서 반환하는 get_move() 함수를 정의한다.
    """Get the player's move"""

    player = state.player   ◄──── 플레이어 상태를 여러 번 확인해야 하므로 변수에 저장해 둔다.
    cell = input(f'Player {player}, what is your move? [q to quit]: ')   ◄──
   중단하길 원하는지 먼저 확인한다.                input()을 사용해서 플레이어의 다음 수를 묻는다. 또한, 게임을
    ┌─► if cell == 'q':                           중단하는 방법도 알려줘서 Ctrl+C로 중단하지 않게 한다.
    │       return state._replace(quit=True)   ◄──
                                              그렇다면 상태의 quit 값을 True로 변경한 후 새 상태를 반환한다.
                                              state 안의 값에는 아무런 변화가 없다는 것에 유의하자.
    ┌─► if not (cell.isdigit() and int(cell) in range(1, 10)):
str.isdigit()을    return state._replace(error=f'Invalid cell "{cell}", please use 1-9')   ◄──
사용해서 숫자로            칸이 유효한 정숫값을 갖고 있음을            그렇지 않으면, 업데이트된 상태(오류가 있는)를 반환한다.
변환할 수 있는            검증한 후에 정수로 변환한다.                현재 상태와 플레이어는 변하지 않으며 새 플레이어가 같은
값을 입력했는지                                                보드를 가지고 재도전할 수 있다(유효한 값을 입력할 때까지).
확인한다. 또한,    cell_num = int(cell)   ◄──
숫잣값이 유효한    if state.board[cell_num - 1] in 'XO':   ◄──── 지정한 칸이 비었는지 확인한다.
범위에 있는지      ┌─► return state._replace(error=f'Cell "{cell}" already taken')
확인한다.          비어 있지 않으면 업데이트된 상태를 오류와 함께 반환한다. 상태가
                  바뀐 것 말고는 변한 것이 없다. 동일 플레이어와 상태로 재도전한다.
```

```
                                  현재 보드를 복사한다. 수정해야 하지만 state.board가
         board = state.board ◀──── 변경 불가능하기 때문이다.
       ┌▶ board[cell_num - 1] = player
칸값을 사용해서 │ return state._replace(board=board,
현재 플레이어와 │            player='O' if player == 'X' else 'X',
함께 보드를     │            winner=find_winner(board),
업데이트한다.    │            draw='.' not in board,
         ┌──────────── error=None)
         │ 새 보드값과 함께
         │ 새 상탯값을 반환한다.
         │ 현재 플레이어는 다른
         │ 플레이어로 변경되며,
         │ 게임이 종료됐는지
         │ 확인한다.

    # -------------------------------------------------
    def format_board(board: List[str]) -> str: ◀─┐
        """Format the board"""              앞 장과 다른 유일한 부분은 타입 힌트다.
                                            이 함수는 문자열 리스트(현재 보드)와
        cells = [str(i) if c == '.' else c for i, c in enumerate(board, 1)]
        bar = '-------------'
        cells_tmpl = '| {} | {} | {} |'
        return '\n'.join([
            bar,
            cells_tmpl.format(*cells[:3]), bar,
            cells_tmpl.format(*cells[3:6]), bar,
            cells_tmpl.format(*cells[6:]), bar
        ])

                                            이것도 타입 힌트를 제외하곤 앞 장에서
                                            본 것과 같다. 이 함수는 문자열
    # ---------------------------------------------    리스트를 받아서 선택적 문자열로 반환
    def find_winner(board: List[str]) -> Optional[str]: ◀─  한다(반환값은 None이 될 수도 있다).
        """Return the winner"""

        winning = [[0, 1, 2], [3, 4, 5], [6, 7, 8], [0, 3, 6], [1, 4, 7],
                   [2, 5, 8], [0, 4, 8], [2, 4, 6]]

        for player in ['X', 'O']:
            for i, j, k in winning:
                combo = [board[i], board[j], board[k]]
                if combo == [player, player, player]:
                    return player

        return None


    # -------------------------------------------------
    if __name__ == '__main__':
        main()
```

22.2.1 TypedDict를 사용한 버전

파이썬 3.8부터 TypedDict 클래스가 제공되고 있다. NamedTuple과 매우 비슷하다. 이것을 기반 클래스로 사용해서 프로그램을 어떻게 수정할 수 있는지 살펴보자. NamedTuple과의 큰 차이점은 필드의 기본값을 설정할 수 없다는 것이다.

```
#!/usr/bin/env python3
""" Interactive Tic-Tac-Toe using TypedDict """

from typing import List, Optional, TypedDict  ◄──── NamedTuple 대신 TypedDict를 불러온다.

class State(TypedDict):  ◄──── TypedDict 타입의 기본 상태
    board: str
    player: str
    quit: bool
    draw: bool
    error: Optional[str]
    winner: Optional[str]
```

새로운 상태(state)를 만들 때는 기본값을 설정해야 한다.

```
def main() -> None:
    """Make a jazz noise here"""

    state = State(board='.' * 9,
            player='X',
            quit=False,
            draw=False,
            error=None,
            winner=None)
```

필자는 딕셔너리를 사용해 state['board']라고 접근하는 것보다 state.board라고 작성하
는 것을 선호한다.

```
while True:
    print("\033[H\033[J")
    print(format_board(state['board']))

    if state['error']:
        print(state['error'])
    elif state['winner']:
        print(f"{state['winner']} has won!")
        break

    state = get_move(state)
    if state['quit']:
        print('You lose, loser!')
        break
    elif state['draw']:
        print('No winner.')
        break
```

필드에 접근하는 방법 외에도 NamedTuple이 가진 읽기 전용 속성이 TypedDict의 쓰기 가능한 속성보다 낫다고 본다. get_move() 함수에서 어떻게 상태를 바꾸는지 보자.

```python
def get_move(state: State) -> State:
    """Get the player's move"""

    player = state['player']
    cell = input(f'Player {player}, what is your move? [q to quit]: ')

    if cell == 'q':
        state['quit'] = True          ◄──┐ 여기서는 TypedDict를 바로 수정하지만 NamedTuple 코드에선
        return state                     │ state._replace()를 사용해서 전체 상태를 반환한다.

    if not (cell.isdigit() and int(cell) in range(1, 10)):
        state['error'] = f'Invalid cell "{cell}", please use 1-9'  ◄──┐ 상태를 바로 수정할
        return state                                                 │ 수 있는 다른 코드.
                                                                     │ 이 방법을 선호할
    cell_num = int(cell)                                             │ 수도 있다.
    if state['board'][cell_num - 1] in 'XO':
        state['error'] = f'Cell "{cell}" already taken'
        return state

    board = list(state['board'])
    board[cell_num - 1] = player

    return State(
        board=''.join(board),
        player='O' if player == 'X' else 'X',
        winner=find_winner(board),
        draw='.' not in board,
        error=None,
        quit=False,
    )
```

개인적으로는 NamedTuple이 쉬운 구문과 기본값을 사용할 수 있고 변경 불가능한 구조를 갖고 있어서 선호하는 편이다. 무엇을 선택하든 중요한 건, 프로그램의 상태와 그것을 변경하는 방법, 시점 등을 분명하게 명시하는 것이다.

22.2.2 상태에 대해 생각해 보기

프로그램 상태라는 개념은 시간이 지나면서 그에 따른 변수의 변화를 프로그램이 기록할 수 있다는 것을 말한다. 앞 장에서는 --board와 --cell, --player를 인수로 받아서 보드를 출력했었다. 이 장에서는 보드가 항상 비어 있는 상태의 그리드로 시작되며, 각 플레이어의 차례마다 바뀐다. 이때 사용한 것이 무한 반복이다.

프로그래머가 **전역 변수**global variable를 사용하는 것은 일반적인 기법으로, 프로그램의 최상단 (모든 함수의 바깥쪽)에 두어서 어디서든 보이는(접근할 수 있는) 변수다. 일반적이긴 하지만 좋은 방식은 아니어서 다른 방법이 없는 경우를 제외하곤 사용을 자제하라고 권하고 싶다. 대신에 작은 함수를 만들어서 모든 필요한 값을 인수로 받고 단일 값(타입)으로 반환하는 것이 좋다. 또한, 타입 딕셔너리나 명명된 튜플 등의 데이터 구조를 사용해서 프로그램의 상태를 표현하는 것이 좋으며, 상태 변경은 아주 신중하게 하도록 안전 장치를 두어야 한다.

22.3 도전 과제

- 게임을 중단할 때 사용하는 험담을 더 심한 험담으로 바꿔보자. 셰익스피어의 험담 제조기를 사용하는 것도 좋다.
- 게임을 중단하거나 재시작하지 않고 새 게임을 할 수 있도록 변경해 보자.
- 〈행맨Hangman〉 같은 게임을 만들어보자.[1]

정리

- 타입 힌트는 변수뿐만 아니라 함수 인수 및 반환값에 타입을 명시할 수 있게 해준다.
- 파이썬은 런타임 시에 타입 힌트를 무시하지만, Mypy는 타입 힌트를 사용해서 프로그램 실행 전에 타입과 연관된 오류를 찾아준다.
- NamedTuple은 딕셔너리와 비슷하지만 객체처럼 튜플의 변경 불가능한 성질을 지닌다.
- NamedTuple과 TypedDict는 정의된 필드와 타입을 사용해 새로운 타입을 만들 수 있다. 또한, 이 타입을 함수의 타입 힌트로 사용할 수 있다.
- NamedTuple을 사용해서 만든 프로그램은 복잡한 데이터 구조를 사용해 프로그램의 상태를 표현한다. 상태는 현재 보드나 플레이어, 오류, 승자 등의 다양한 변수를 지니며 각각은 타입 힌트를 사용해서 작성된다.
- 대화형 프로그램에서는 통합 테스트를 작성하는 것이 어렵지만, 프로그램을 작은 단위의 함수로 나누면(format_board()나 get_winner()처럼) 단위 테스트를 작성해서 테스트할 수 있다.

---

1 [옮긴이] 〈행맨〉은 주어진 단어의 일부만 보고 나머지를 추측해서 맞추는 게임이다. 정해진 횟수 내에 맞춰야 한다.

마치며

이것으로 모두 끝났다. 2장의 배 위의 망대 프로그램부터 시작해서 22장의 대화형 틱택토 게임까지 먼 길을 왔다. 마지막 장에서는 명명된 튜플과 타입 힌트를 사용해서 클래스를 만들 수 있었다. 자신을 돌아보면 파이썬의 문자열, 리스트, 튜플, 딕셔너리, 세트, 함수 등을 사용해서 얼마나 많은 일을 할 수 있게 됐는지 알 것이다. 무엇보다 프로그램을 작성할 때는 항상 다음을 유의해야 한다는 사실을 알았으면 좋겠다.

- **유연성:** 명령줄 인수를 사용할 것
- **문서화:** argparse 등을 사용해서 인수와 해당 인수의 도움말을 기록할 것
- **테스트:** 함수를 위한 단위 테스트를 작성하고, 프로그램 전체를 위한 통합 테스트를 작성할 것

여러분이 작성한 프로그램을 사용하는 사람들은 사용법을 쉽게 알 수 있고 처리를 쉽게 변경할 수 있다는 것에 감사하게 될 것이다. 또한, 프로그램이 제대로 실행되도록 시간을 내서 검증한 것에 감사할 것이다. 하지만 솔직해져 보자. 여러분의 프로그램을 가장 많이 사용하고 수정할 사람은 여러분 자신일 것이다. '문서화는 미래의 나에게 보내는 선물'이라는 얘기가 있다. 이처럼 좋은 프로그램이 만들어지도록 쏟은 모든 노력은 시간이 지난 후 다시 코드를 볼

때 보상받게 될 것이다.

모든 실습을 마쳤으며 작성한 테스트를 사용하는 방법도 배웠다. 이제는 첫 번째 장으로 다시 돌아가서 test.py 프로그램을 읽어보라고 권하고 싶다. 테스트 주도 개발을 실행하고 싶다면, 이 책에서 사용한 많은 아이디어와 기법이 도움이 될 것이다.

또한, 각 장의 도전 과제를 통해 아이디어와 프로그램을 확장할 수 있게 했다. 다시 처음으로 돌아가서 책의 후반부에서 배운 내용을 활용해 초기 버전의 프로그램을 개선하거나 확장해 보자. 다음은 이를 도와줄 몇 가지 아이디어다.

- 1장(인사하기): 옵션 인수를 추가해서 'Hello' 대신 'Hello', 'Hola', 'Salut', 'Ciao'가 있는 리스트에서 무작위로 인사를 고를 수 있게 해보자.

- 3장(소풍 가기): 하나 이상의 옵션 인수를 받아서 옥스퍼드 쉼표로 각 아이템을 연결하고 맞는 관사를 붙이도록 수정해 보자.

- 7장(산산조각 난 꼬마들): 프로젝트 구텐베르크Project Gutenberg에서 앰브로즈 비어스Ambrose Bierce가 만든 **악마의 사전**The Devil's Dictionary을 다운로드하자. 그리고 텍스트에 단어가 있으면 사전에서 그 뜻을 찾아보자.

- 16장(믹서기): 섞인 텍스트를 암호화 메시지의 기반으로 사용하자. 섞인 단어를 대문자로 변경하고 모든 기호와 공백을 제거한 후 다섯 글자의 단어로 만든다. 각 단어를 공백으로 구분하고 한 줄당 5개의 단어만 표시할 수 있다. 오른쪽 끝을 패딩padding해서 마지막 줄을 꽉 채우게 한다. 어떤 결과가 출력될지 그릴 수 있겠는가?

- new.py: 초보 펄Perl 해커였을 때는 새 프로그램을 만들 때 프로그램부터 바로 시작했었다. new-pl 프로그램을 작성할 때는 윌리엄 블레이크William Blake의 시에서 무작위로 문장을 가져와서 인용했었다(정말이다. 브론테스Brontes나 디킨슨Dickinson의 구절도 사용했다). new.py 프로그램을 수정해서 무작위로 인용구나 농담을 추가해 보자. 또는 new.py가 아닌 생성된 프로그램 자체를 수정해도 좋다.

내가 프로그램을 만들고 가르쳤던 때처럼 여러분도 프로그램 작성을 즐겼기를 바란다. 이 책에 있는 다양한 프로그램과 테스트 아이디어, 그리고 함수를 가져다가 더 복잡한 프로그램 만드는 곳에 쓸 수도 있을 것이다.

여러분의 코딩 모험을 응원하겠다!

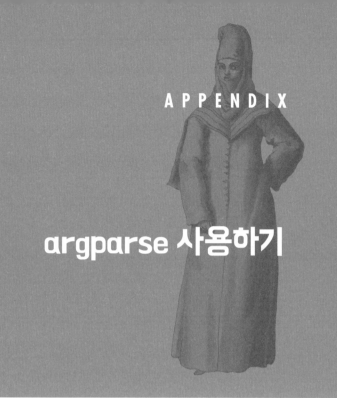

argparse 사용하기

때로는 프로그램에 필요한 데이터를 찾기가 정말 어려울 때가 있다. argparse 모듈은 사용자가 입력한 것을 검증하는 과정을 매우 쉽게 만들어주며, 틀린 값이 입력됐을 때 유용한 오류 메시지를 표시하게 도와준다. 마치 프로그램을 지키는 경비원과 같아서, 맞는 값만 프로그램에 입력되도록 허락한다. argparse를 사용해서 적합한 인수를 정의하  는 것도 이 책에 나오는 프로그램을 만들 때 거쳐야 할 아주 중요한 과정이다.

예를 들어, 1장에서는 'World'나 'Universe'처럼 선택적으로 인수를 받아서 따뜻한 인사를 하는 유연한 프로그램에 대해 다뤘다.

```
$ ./hello.py  ◄── 입력값이 주어지지 않으면 'World'를 인사 대상으로 사용한다.
Hello, World!
$ ./hello.py --name Universe  ◄── --name이라는 옵션 인수를 받아서 기본값을 대체할 수 있다.
Hello, Universe!
```

이 프로그램은 -h와 --help에도 반응해서 유용한 도움말을 표시한다.

```
$ ./hello.py -h  ◄── 프로그램의 인수는 -h로, 도움말을 표시할 때 사용하는 '짧은' 버전의 인수다.
usage: hello.py [-h] [-n str]  ◄──── 프로그램이 받는 모든 인수의 요약 정보다.
Say hello  ◄── 이 프로그램의 설명이다.      [] 괄호는 해당 인수가 선택형이라는 의미다.

optional arguments:                                       짧은 형태인 -h나 긴 형태의 --help를
    -h, --help              show this help message and exit  ◄── 사용해서 프로그램 도움말을 표시한다.
 ► -n str, --name str  The name to greet (default: World)
```

옵션 인수인 name도 -n과 --name을
짧은 형태와 긴 형태로 제공한다.

이 모든 것은 다음과 같은 단 두 줄의 코드를 hello.py 프로그램에 추가하면 실현된다.

argparse가 인수를 전달해 준다. 잘못된 수의 인수나 모르는
인수를 전달하면 프로그램이 도움말과 함께 종료된다.

```
► parser = argparse.ArgumentParser(description='Say hello')
► parser.add_argument('-n', '--name', default='World', help='Name to greet')
```

이 프로그램의 유일한 인수는 선택형인 --name 값이다.

 –h나 --help를 정의할 필요는 없다. argparse가 자동으로 생성해 주기 때문이다. 사실 이 인수들
에 다른 값을 설정하려고 해서는 안 된다. 만국 공통의 옵션 인수로, 대부분의 사용자는 이 인수가
존재한다고 믿기 때문이다.

argparse 모듈은 인수를 정의할 수 있게 도와주며 도움말을 생성하고 작업 시간을 단축해
준다. 또한, 프로그램을 더 고급 프로그램처럼 보이게 해준다. 이 책에 나오는 모든 프로그램
은 여러 가지 입력 데이터로 테스트를 한 것으로, argparse 모듈이 어떻게 동작하는지 잘 이
해할 수 있을 것이다. argparse의 문서(*https://docs.python.org/ko/3/library/argparse.html*)를 읽어
보면 많은 도움이 될 것이다.

여기서는 이 모듈이 무엇을 할 수 있는지 더 깊이 있게 살펴보겠다. 부록에서 다루는 내용은
다음과 같다.

- argparse를 사용해서 위치 인수, 옵션 인수, 플래그를 처리하는 방법

- 옵션 인수의 기본값 설정하기

- type을 사용해서 사용자가 숫자나 파일 같은 정해진 형식의 데이터를 제공하게 하기

- choices를 사용해서 옵션 인수의 값 제한하기

A.1 인수의 종류

명령줄 인수는 다음과 같이 분류할 수 있다.

- **위치 인수**_{positional argument}: 인수의 순서와 숫자가 그 의미를 결정한다. 예를 들어, 어떤 프로그램은 파일명을 첫 번째 인수로 받고 출력 디렉터리를 두 번째 인수로 받는다. 위치 인수는 일반적으로 요구되는 (옵션이 아닌) 인수다. 이것을 옵션 인수로 만드는 것은 어렵다. 두 번째나 세 번째 인수가 독립적이고 옵션이면 프로그램이 어떻게 두 개 또는 세 개의 인수를 받게 하겠는가? 1장에서 본 첫 번째 버전의 hello.py에서는 인사의 대상을 위치 인수로 설정했었다.

- **명명된 옵션 인수**_{named option}: 대부분의 명령줄 프로그램은 -n처럼(대시 하나와 글자 하나를 조합한) **축약형**과 --name(대시 두 개와 단어) 같은 **일반형** 인수를 정의하고 그 뒤에 값을 지정하게 한다. hello.py 프로그램의 name이 그렇다. 명명된 옵션 인수는 순서와 상관없이 지정할 수 있다(**위치**는 관련이 없다). 따라서 사용자가 인수를 제공하지 않아도 될 때 적용하면 된다(결국에는 **옵션**이다). 옵션 인수에는 기본값을 설정하는 것이 좋다. hello.py에서 위치 인수인 name을 옵션 인수인 --name으로 변경했을 때 'World'를 기본값으로 설정했었다. 이렇게 하면 사용자 입력이 없어도 프로그램이 실행된다. 자바 같은 언어에서는 (-jar처럼) 한 개의 대시를 사용해서 긴 인수명을 지정하기도 하니 유의하자.

- **플래그**_{flag}: yes/no나 True/False 같은 불값은 명명된 인수와 비슷한 형태로 지정하지만 뒤에 값을 별도로 지정하지 않아도 된다는 것을 가리킨다. 예를 들어, -d 또는 --debug 플래그는 디버깅 모드를 킨다. 일반적으로 플래그가 있으면 True의 값을 의미하며, 해당 플래그가 없으면 False를 의미한다. 따라서 --debug는 디버깅 모드를 켠다는 의미이며, 이 플래그가 없으면 끈다는 의미가 된다.

A.2 새로운 프로그램을 만들 때 템플릿 사용하기

argparse를 사용해서 인수를 정의할 때 모든 구문을 외우기란 쉽지 않다. 따라서 인수 정의 부분과 기본적인 프로그램 구조(프로그램을 읽기 쉽고 실행하기 쉽게 만든 구조)를 갖춘 템플릿을 새 프로그램으로 사용하게 했다.

새 프로그램을 시작하는 한 가지 방법은 new.py 프로그램을 사용하는 것이다. 리포지터리의 루트 디렉터리에서 다음 명령을 실행할 수 있다.[1]

```
$ bin/new.py foo.py
```

또는 템플릿 프로그램을 복사해서 사용할 수도 있다.[2]

```
$ cp template/template.py foo.py
```

이 두 가지 방식의 결과 파일은 어떤 식으로 만들든지 동일하며, 앞 절에서 본 인수 타입들을 선언할 수 있도록 샘플 코드를 포함하고 있다. 또한, argparse를 사용해서 입력값을 검증할 수도 있다. 예를 들면, 한 인수는 숫자만 받고 다른 인수는 파일만 받도록 제한하는 것이다.

새 프로그램이 생성하는 기본 도움말을 보자.

```
$ ./foo.py -h      ◀── 모든 프로그램이 -h와 --help에 반응해서 도움말을 표시한다.
usage: foo.py [-h] [-a str] [-i int] [-f FILE] [-o] str  ◀──   인수들에 대한 요약 정보를
                                                               보여준다. 자세한 내용은
Rock the Casbah   ◀── 전체 프로그램에 대한 설명이다.              아래에 표기된다.

positional arguments:  ◀──                         이 프로그램은 한 개의 위치 인수를
  str                  A positional argument        정의하고 있지만, 더 많은 인수를
                                                    추가할 수 있다. 뒤에서 살펴볼 것이다.
optional arguments:  ◀──  옵션 인수는 생략해도 되므로 적절한 기본값을 설정해야 한다.
▶ -h, --help           show this help message and exit
```

-h나 --help는 argparse를 사용하면 자동으로
설정된다. 즉, 별도로 정의할 필요가 없다.

---

1   (옮긴이) 윈도우의 경우

    `C:\code\bin\new.py foo.py`

2   (옮긴이) 윈도우의 경우

    `C:\code>copy template\template.py foo.py`

```
    -a str, --arg str     A named string argument (default: )
    -i int, --int int     A named integer argument (default: 0)
    -f FILE, --file FILE   A readable file (default: None)
    -o, --on              A boolean flag (default: False)
```

-a 또는 --arg는 텍스트를 받는다. 이런 텍스트를 문자열이라고 부르기도 한다.

-i 또는 --int는 정숫값이어야 한다. 사용자가 'one' 또는 '4.2'를 입력하면 거절해야 한다.

-f 또는 --file은 읽기 가능한 파일이어야 한다.

-o 또는 --on은 플래그다. -f FILE에서 -f 다음에 FILE이 와야 한다고 구체적으로 지정하고 있다. 반면 플래그에서는 뒤에 값이 오지 않으며 존재하면 True, 그렇지 않으면 False가 된다.

A.3 argparse 사용하기

앞서 본 도움말은 get_args() 함수에 의해 만들어진다. 다음이 함수 내용이다.

```python
def get_args():
    """Get command-line arguments"""

    parser = argparse.ArgumentParser(
        description='Rock the Casbah',
        formatter_class=argparse.ArgumentDefaultsHelpFormatter)

    parser.add_argument('positional',
                        metavar='str',
                        help='A positional argument')

    parser.add_argument('-a',
                        '--arg',
                        help='A named string argument',
                        metavar='str',
                        type=str,
                        default='')

    parser.add_argument('-i',
                        '--int',
                        help='A named integer argument',
                        metavar='int',
                        type=int,
                        default=0)

    parser.add_argument('-f',
                        '--file',
                        help='A readable file',
                        metavar='FILE',
                        type=argparse.FileType('r'),
                        default=None)

    parser.add_argument('-o',
                        '--on',
                        help='A boolean flag',
```

```
                    action='store_true')

    return parser.parse_args()
```

이 코드는 여러분이 원하는 곳 어디든 가져다 사용해도 좋다. 인수를 정의하고 검증하는 코드는 때에 따라서는 길어지므로 코드를 별도로 빼내서 함수를 만들었다(get_agrs()). 그리고 이 함수는 항상 프로그램 시작 부분에 둬서 코드를 읽을 때 바로 보고서 확인할 수 있다.

get_args() 함수는 다음과 같이 정의했다.

def 키워드가 새 함수를 정의하며 인수가 필요하면 괄호 안에 정의하면 된다. get_args()는 인수를 사용하지 않지만 괄호는 여전히 필요하다.

```
def get_args():
    """Get command-line arguments"""
```

def 다음에 오는 3개의 따옴표는 함수의 문서 정보(docstring)로 사용된다. 문서 정보는 필수는 아니지만 작성하는 것이 좋은 습관이다. 파이린트는 문서 정보가 없으면 불만을 표한다.

A.3.1 파서 만들기

다음 코드는 명령줄 인수를 처리할 파서(parser)를 만든다. '파스parse'란 인수로 전달된 텍스트의 구조와 순서로부터 특정 의미를 추출하는 처리이며, 이 처리를 해주는 것이 파서다.

```
parser = argparse.ArgumentParser(    argparse.ArgumentParser()를 호출해서 파서를 만든다.
    description='Argparse Python script',    프로그램의 용도를 간단히 설명한 것
    formatter_class=argparse.ArgumentDefaultsHelpFormatter)
```

formatter_class 인수는 기본값을 도움말에 표시한다.

argparse의 문서를 읽어서 parser를 정의할 때 사용할 수 있는 항목이나 설정 등을 확인하자. 레플에서는 help(argparse)라고 입력하면 도움말을 볼 수 있으며, 인터넷에 있는 다음 문서를 확인해도 좋다. *https://docs.python.org/ko/3/library/argparse.html*

A.3.2 위치 인수 만들기

다음 코드는 새 위치 인수를 만든다.

앞에 대시(-)가 없으면 위치 인수를 의미한다.
이름이 'positional'(위치)인 것과는 관련이 없다.

```
parser.add_argument('positional',
                    metavar='str',
                    help='A positional argument')    인수에 대한 간단한 설명이다.
```

데이터 타입에 대한 힌트를 준다.
모든 인수의 기본값은 문자열이다.

이름이 'positional'이라서 위치 인수가 되는 것이 아니니 주의하자. 단지 해당 인수가 위치 인수라는 사실을 상기시키기 위해 이름을 그렇게 지었을 뿐이다. argparse는 이름 앞에 대시가 없으므로 'positional'을 위치 인수로 해석하는 것이다.

A.3.3 문자열 옵션 인수 만들기

다음 코드는 -a(축약형)와 --arg(일반형)라는 옵션 인수를 만든다. 타입이 문자열이면서 기본 값이 ''(빈 문자열)인 인수를 만든다.

```
parser.add_argument('-a',    ◄──── 축약형
                    '--arg',    ◄──── 일반형
                    help='A named string argument',    ◄──── 도움말에 표시할 간단한 설명
                    metavar='str',    ◄──── 도움말에 표시할 타입 힌트
                    type=str,    ◄──── 실제 파이썬의 데이터 타입(따옴표가 없음을 유의하자.)
                    default='')    ◄──── 기본값
```

 축약형과 일반형은 둘 중 하나만 정의해도 되지만, 둘 다 제공하는 것이 좋은 매너다. 이 책에 있는 대부분의 테스트는 두 가지 명칭을 사용해서 프로그램을 테스트한다.

이 인수를 필수 인수(명명된 인수)로 바꾸려면 default를 제거하고 required=True를 추가하면 된다.

A.3.4 숫자 옵션 인수 만들기

다음 코드는 -i 또는 --int라는 옵션 인수를 만들어서 정수$_{integer}$를 받으며 기본값은 0이다. 정수로 해석할 수 없는 값을 입력한 경우에는 argparse 모듈이 해당 인수 처리를 중단하고 오류 메시지와 짧은 도움말을 표시한다.

```
parser.add_argument('-i',    ◄──── 축약형
                    '--int',    ◄──── 일반형
                    help='A named integer argument',    ◄──── 도움말에 표시할 간단한 설명
                    metavar='int',    ◄──── 도움말에 표시할 타입 힌트
                  ▶ type=int,
                    default=0)    ◄──── 기본값
```
파이썬 데이터 타입. 문자열일 경우 정수로 변환할 수 있어야 한다.
실수(예를 들면, 3.14처럼 소수점이 있는 값)를 사용하면 float라고 지정하면 된다.

이처럼 숫자 인수를 정의하는 가장 큰 목적은 argparse가 입력값을 알아서 적절한 타입으로 변환해 주기 때문이다. 명령줄에서 전달되는 모든 값은 문자열이며 이 값을 실제 숫자로 변환하는 것은 프로그램의 역할이다. argparse에게 해당 타입이 type=int라고 알리면, 해당 값의 파서를 요청한 시점에 이미 int로 변환한다.

입력값을 int로 변환할 수 없다면 해당 값은 거부된다. 참고로 type=float라고 하면 입력값을 받아서 실수로 변환할 수 있다. argparse의 이런 기능을 활용하면 많은 시간과 노력을 줄일 수 있다.

A.3.5 파일 옵션 인수 만들기

다음 코드는 -f 또는 --file이라고 하는 옵션 인수를 만들어서 읽기 가능한 유효한 파일을 받는다. 이 인수 하나만으로도 argparse를 사용할 가치가 있다. 입력 파일을 검증하는 데 드는 시간을 많이 줄여주기 때문이다. 입력 파일을 사용하는 대부분의 예제에는 틀린 파일을 사용한 테스트가 포함돼 있다. 프로그램이 틀린 파일을 오류로 처리하는지 확인하기 위해서다.

```
parser.add_argument('-f',  ◀── 축약형
                '--file', ◀── 일반형
                help='A readable file',  ◀── 간단한 설명
                metavar='FILE',  ◀── 타입 힌트
                type=argparse.FileType('r'),  ◀── 인수가 읽기 가능한('r') 파일이어야 한다.
                default=None) ◀── 기본값
```

프로그램을 실행하는 사람이 파일 위치를 제공해야 한다. 예를 들어, foo.py 프로그램을 예제 코드 리포지터리의 루트 디렉터리(README.md 파일이 있는 곳)에 만들었다고 하자. README.md 파일을 입력값(물론 유효한 파일이어야 한다)으로 사용하려면 다음과 같이 하면 된다.

```
$ ./foo.py -f README.md foo
str_arg = ""
int_arg = "0"
file_arg = "README.md"
flag_arg = "False"
positional = "foo"
```

--file 인수로 파일 이름이 아닌 다른 값을 지정하면(예를 들면, 'blargh' 같은 의미 없는 소리) 오류 메시지가 표시된다.

```
$ ./foo.py -f blargh foo
usage: foo.py [-h] [-a str] [-i int] [-f FILE] [-o] str
foo.py: error: argument -f/--file: can't open 'blargh': \
[Errno 2] No such file or directory: 'blargh'
```

A.3.6 플래그 만들기

플래그는 문자열이나 정수 등의 값을 취하지 않는다는 점에서 다른 인수들과 약간 다르다. 플래그는 존재하느냐 하지 않느냐에 따라 True, False로 인식된다.

-h와 --help를 보았을 것이다. 인수 뒤에 별도의 값을 취하지 않으며, 둘 중 하나를 지정한 경우에는 도움말이 표시된다. 이 책의 모든 예제에서는 플래그가 있으면 True로 간주하고, 그렇지 않으면 False로 간주한다(즉, action='store_true'를 의미한다).

예를 들어, new.py에서는 -o 또는 --on이 이런 처리를 한다.

```
parser.add_argument('-o',  ←——— 축약형
                    '--on',  ←——— 일반형
                    help='A boolean flag',  ←——— 간단한 설명
              →  action='store_true')
```
이 플래그가 있을 때 해야 할 처리. 플래그가 있으면 True라는 값을
사용하고, 플래그가 없으면 기본값인 False를 사용한다.

플래그가 있을 때 항상 True를 사용해야만 하는 것은 아니다. 경우에 따라서는 action='store_false'라고 지정해서 플래그가 있으면 False, 없으면 True(기본값)라고 해석해야 할 수도 있다. 또한, 하나 이상의 다른 상숫값(변하지 않는 값)을 사용해서 플래그가 있는 경우 처리해야 할 때도 있다.

argparse 문서를 통해 action에 지정할 수 있는 여러 값들을 확인해 보자. 이 책에서는 어떤 기능을 켜야 할 때('on' 해야 할 때)만 플래그를 사용하고 있다.

A.3.7 get_args()를 통해 반환하기

get_agrs()에 있는 마지막 구문은 return으로, parser 객체가 인수를 처리한 결과다. 즉, get_args()를 호출하는 코드는 다음 식의 결과를 받는 것이다.

```
return parser.parse_args()
```

이 식은 사용자가 잘못 입력한 경우(float를 입력해야 하는데 문자열을 입력하거나, 틀린 파일명을 입력한 경우 등) 처리에 실패한다. 반면 인수 처리가 성공한다면 사용자가 입력한 모든 값을 프로그램 내에서 사용할 수 있다.

또한, 인수의 값은 우리가 지정한 타입으로 전달된다. --int 인수는 int로 타입을 지정했으므로 args.int로 값을 가져올 때는 이미 int 형이다. 파일 인수를 지정한다면 파일 열기 핸들open file handle을 받게 된다. 지금은 그다지 와 닿지 않을 수도 있지만, 정말 큰 도움을 주는 기능이다.

foo.py 프로그램을 보면, main() 함수가 get_args()를 호출하고 get_args()의 결과가 main()으로 반환되는 것을 볼 수 있다. 그리고 이 반환값을 통해 위치 인수의 이름이나, 옵션 인수의 긴 이름을 사용해서 모든 값에 접근할 수 있다.

```
def main():
    args = get_args()
    str_arg = args.arg
    int_arg = args.int
    file_arg = args.file
    flag_arg = args.on
    pos_arg = args.positional
```

A.4 argparse 사용 예

이 책에서 다루는 많은 테스트 코드는 argparse를 사용해서 효과적으로 인수를 검증하는 방법에 의존하고 있다. 명령줄은 프로그램의 울타리로, 프로그램에 무엇을 들여보낼지는 신중하게 정해야 한다. 이를 위해선 모든 인수가 틀린 값을 받는 상황을 가정하고 이를 방지해야 한다.[3] 1장에서 다룬 hello.py 프로그램은 단일 위치 인수와 단일 옵션 인수를 받는 예를 보여준다. 이 예를 통해 argparse를 활용하는 방법을 좀 더 살펴보자.

A.4.1 단일 위치 인수

다음은 1장에서 다룬 hello.py 프로그램의 초기 버전이다. 인사할 대상의 이름을 단일 인수로 받는다.

---

3   필자는 항상 아이들이 모든 인수에 '방구'라고 입력하는 상황을 생각한다.

```
#!/usr/bin/env python3
"""A single positional argument"""

import argparse

# -------------------------------------------------
def get_args():
    """Get command-line arguments"""

    parser = argparse.ArgumentParser(
        description='A single positional argument',
        formatter_class=argparse.ArgumentDefaultsHelpFormatter)

parser.add_argument('name', metavar='name', help='The name to greet')
```
name 인수는 대시로 시작하지 않으므로 위치 인수다.
metavar는 이 인수에 대한 정보를 도움말에 표시한다.

```
return parser.parse_args()


# -------------------------------------------------
def main():
    """Make a jazz noise here"""

    args = get_args()
    print('Hello, ' + args.name + '!')
```
첫 번째 인수로 어떤 값이 주어지든지
args.name을 통해 사용할 수 있다.

```
# -------------------------------------------------
if __name__ == '__main__':
    main()
```

이 프로그램은 입력한 인수가 하나가 아니면 'Hello' 메시지를 출력하지 않는다. 인수가 없으면 간단한 도움말을 표시한다.

```
$ ./one_arg.py
usage: one_arg.py [-h] name
one_arg.py: error: the following arguments are required: name
```

하나 이상의 인수를 입력하면 오류가 발생한다. 다음과 같이 'Emily'와 'Bronte'를 입력하면 공백으로 분리돼 있어서 두 개의 인수로 인식된다. 이 경우 프로그램이 두 번째 인수가 정의되지 않았다고 불만을 표한다.

```
$ ./one_arg.py Emily Bronte
usage: one_arg.py [-h] name
one_arg.py: error: unrecognized arguments: Bronte
```

한 개의 인수를 지정한 경우에만 프로그램이 실행된다.

```
$ ./one_arg.py "Emily Bronte"
Hello, Emily Bronte!
```

이런 간단한 프로그램에 argparse를 사용하는 것이 지나치다고 생각할 수도 있지만, 다양한 오류 확인과 인수 검증을 간단하게 해준다는 사실을 알 수 있을 것이다.

A.4.2 두 개의 다른 위치 인수

두 개의 위치 인수가 필요하다고 생각해 보자. 색상color과 사이즈size를 순서대로 지정하는 프로그램이다. 색상은 문자열이고 사이즈는 정수여야 한다. 이 둘을 위치 인수로 정의할 때 코드상에 정의한 순서가 사용자가 입력해야 할 순서가 된다. 여기서는 color를 먼저 정의한 후 size를 정의한다.

```
#!/usr/bin/env python3
"""Two positional arguments"""

import argparse


# --------------------------------------------------
def get_args():
    """get args"""

    parser = argparse.ArgumentParser(
        description='Two positional arguments',
        formatter_class=argparse.ArgumentDefaultsHelpFormatter)

    parser.add_argument('color',       ◄──── 처음 정의했으므로 첫 번째 위치 인수가 된다. metavar를
                        metavar='color',     'str'이 아닌 'color'로 설정해서 인수가 받는 값이 어떤 의미
                        type=str,            인지 이해하기가 쉽다. help에도 인수의 목적을 명시했다.
                        help='The color of the garment')

    parser.add_argument('size',        ◄──── 두 번째 위치 인수가 된다. metavar='size'로 설정해서
                        metavar='size',      알기는 쉽지만 4 같은 숫자를 원하는지 'small'(작은)
                        type=int,            같은 문자열을 원하는지 애매하다.
                        help='The size of the garment')

    return parser.parse_args()


# --------------------------------------------------
def main():
```

```
    """main"""

    args = get_args()
    print('color =', args.color)  ◄─── 'color' 인수는 color라는 이름을 사용해서 확인할 수 있다.
    print('size =', args.size)  ◄─┐ 'size' 인수는 size라는 이름을
                                  └ 사용해서 확인할 수 있다.

# ------------------------------------------------
if __name__ == '__main__':
    main()
```

다시 한번 말하지만 사용자는 정확히 두 개의 인수를 제공해야 한다. 인수를 지정하지 않으면
짧은 도움말이 표시된다.

```
$ ./two_args.py
usage: two_args.py [-h] color size
two_args.py: error: the following arguments are required: color, size
```

하나의 인수만 입력하면 역시 오류 메시지가 표시된다. 'size'가 없다는 메시지를 볼 수 있다.

```
$ ./two_args.py blue
usage: two_args.py [-h] color size
two_args.py: error: the following arguments are required: size
```

두 개의 문자열을 제공하면 어떻게 될까? 색상으로 'blue'를 지정하고 사이즈로 'small'을 지정
해 보자.

```
$ ./two_args.py blue small
usage: two_args.py [-h] color size
two_args.py: error: argument size: invalid int value: 'small'
```

두 개의 인수를 지정하고 이번에는 두 번째 인수로 정수를 사용하
면 잘 동작하는 것을 볼 수 있다.

```
$ ./two_args.py blue 4
color = blue
size = 4
```

명령줄에서 오는 모든 인수는 문자열이라는 사실을 기억하자. 명령줄은 blue나 4에 따옴표를 사용하지 않아도 문자열로 인식된다. 명령줄에서는 기본적으로 모든 것이 문자열이므로 모든 인수도 문자열로 파이썬에 전달되는 것이다.

두 번째 인수가 int여야 한다고 설정하면 argparse가 문자열 '4'를 정수 4로 변환한다. 하지만 4.1을 입력하면 실패한다.

```
$ ./two_args.py blue 4.1
usage: two_args.py [-h] str int
two_args.py: error: argument int: invalid int value: '4.1'
```

위치 인수는 사용자가 입력 순서를 기억하고 있어야 한다. str과 int 인수를 실수로 바꿔서 입력하면 argparse가 잘못된 값이 입력된 것을 잡아낸다.

```
$ ./two_args.py 4 blue
usage: two_args.py [-h] COLOR SIZE
two_args.py: error: argument SIZE: invalid int
value: 'blue'
```

하지만 두 개의 위치 인수가 두 개의 문자열이나 두 개의 숫자를 요구하는 경우라면 어떻게 될까? 예를 들면, 자동차 회사 이름과 모델명 또는 사람의 몸무게와 키를 입력해야 하는 경우다. 이때 두 입력값이 바뀐 것을 알아낼 수 있을까?

프로그램을 만들 때는 하나의 위치 인수만 받거나, 하나 이상의 동일한 것(예를 들면, 파일 리스트)만 받도록 만드는 것이 일반적이다.

A.4.3 choices 옵션을 사용해서 값 제어하기

앞의 예제에서 두 개의 정수만 입력하는 경우도 있음을 보았다.

```
$ ./two_args.py 1 2
color = 1
size = 2
```

1은 문자열이다. 숫자처럼 보일 수도 있지만, '1'이라는 유효한 문자열이므로 프로그램이 문제 없이 처리한다.

프로그램이 -4를 size로 받지만 해당 크기는 사이즈로 적합하지 않다.

```
$ ./two_args.py blue -4
color = blue
size = -4
```

사용자가 유효한 color와 size 값을 입력하게 하려면 어떻게 해야 할까? 예를 들어, 셔츠는 원색만 있다고 하면 choices 옵션에 원색 리스트를 지정해서 제어할 수 있다.

다음 예에서는 color를 'red', 'yellow', 'blue'만 사용하도록 제한하고 있다. 또한, 셔츠의 사이 즈를 유효한 값으로 제한하기 위해 range(1, 11)을 사용할 수 있다. 이 range는 1부터 10까지의 숫자 리스트를 생성한다(11은 포함되지 않는다).

```python
#!/usr/bin/env python3
"""Choices"""

import argparse


# --------------------------------------------------
def get_args():
    """get args"""

    parser = argparse.ArgumentParser(
        description='Choices',
        formatter_class=argparse.ArgumentDefaultsHelpFormatter)

    parser.add_argument('color',
                        metavar='color',
                        help='Color',
                        choices=['red', 'yellow', 'blue'])    ◄─── choices 옵션은 리스트를
                                                                   값으로 사용한다. 사용자가
                                                                   이 리스트에 없는 값을 입력
                                                                   하면 프로그램을 멈춘다.
    parser.add_argument('size',
                        metavar='size',
                        type=int,
                        choices=range(1, 11),    ◄───   사용자는 1부터 10까지의 값만
                        help='The size of the garment')    입력해야 한다. 아니면 argparse가
                                                           오류와 함께 프로그램을 멈춘다.
    return parser.parse_args()


# --------------------------------------------------
def main():
    """main"""                    여기까지 오면 args.color가 지정한 값의 범위에 있다는 뜻이며,
                                   args.size는 1부터 10 사이에 있는 정숫값임을 보장한다.
                                   두 인수가 틀린 값이면 프로그램이 여기까지 진행될 수 없다.
    args = get_args()    ◄───
```

```
    print('color =', args.color)
    print('size =', args.size)


# --------------------------------------------------
if __name__ == '__main__':
    main()
```

리스트에 없는 값은 허용하지 않으며 메시지로 유효한 값을 표시한다. 반복된 얘기이지만, 값을 지정하지 않는 경우도 거절당한다.

```
$ ./choices.py
usage: choices.py [-h] color size
choices.py: error: the following arguments are required: color, size
```

'purple'을 입력하면 choices 리스트에 없으므로 거절당한다. 이때 사용자가 틀린 선택invalid choice을 했다는 메시지와 함께 입력할 수 있는 값 리스트를 함께 보여준다.

```
$ ./choices.py purple 1
usage: choices.py [-h] color size
choices.py: error: argument color: \
invalid choice: 'purple' (choose from 'red', 'yellow', 'blue')
```

마이너스값의 사이즈도 마찬가지다.

```
$ ./choices.py red -1
usage: choices.py [-h] color size
choices.py: error: argument size: \
invalid choice: -1 (choose from 1, 2, 3, 4, 5, 6, 7, 8, 9, 10)
```

두 개의 인수가 모두 유효할 때만 프로그램이 실행된다.

```
$ ./choices.py red 4
color = red
size = 4
```

꽤 많은 양의 오류 확인 및 메시지이지만 여러분이 작성할 것은 아무것도 없다. 최고의 코드
는 작성하지 않아도 되는 코드다.

A.4.4 두 개의 동일 위치 인수

두 개의 숫자를 더하는 프로그램을 작성한다고 해보자. 두 개의 위치 인수(number1과
number2)를 정의할 수 있겠지만, 같은 종류의 인수(덧셈에 사용되는 두 개의 숫자)이므로 nargs
옵션을 사용해서 두 개의 인수만 사용하는 것이 더 적합하다.

```
#!/usr/bin/env python3
"""nargs=2"""

import argparse


# --------------------------------------------------
def get_args():
    """get args"""

    parser = argparse.ArgumentParser(
        description='nargs=2',
        formatter_class=argparse.ArgumentDefaultsHelpFormatter)

    parser.add_argument('numbers',
                        metavar='int',
                        nargs=2,     ◀──── nargs=2는 정확히 두 값을 요구한다.
                        type=int,  ◀────┐ 각 값은 정수로 변환될 수 있어야 하며,
                        help='Numbers')  └ 그렇지 않으면 오류 처리를 한다.

    return parser.parse_args()


# --------------------------------------------------
def main():
    """main"""

    args = get_args()     ┌ 두 숫잣값을 정의했으므로 두 개의
    n1, n2 = args.numbers ◀┘ 변수에 복사할 수 있다.
    print(f'{n1} + {n2} = {n1 + n2}')  ◀──┐ 실제 정숫값이므로 +의 결과는 문자열
                                          └ 결합이 아닌 숫자 계산이 된다.
```

```
# --------------------------------------------------
if __name__ == '__main__':
    main()
```

도움말은 다음과 같이 두 개의 숫자를 필요로 한다고 표시한다.

```
$ ./nargs2.py
usage: nargs2.py [-h] int int
nargs2.py: error: the following arguments are required: int
```

두 개의 유효한 정수를 제공하면 제대로 된 덧셈 결과를 얻을 수 있다.

```
$ ./nargs2.py 3 5
3 + 5 = 8
```

argparse는 n1과 n2 값을 실제 정숫값으로 변환한다는 사실을 기억하자. type=int를 type=str로 변경하면 프로그램이 8 대신 35를 출력한다. + 연산자가 파이썬에서는 숫자를 더하거나 문자열을 연결하기 때문이다.

```
>>> 3 + 5
8
>>> '3' + '5'
'35'
```

A.4.5 하나 이상의 동일한 위치 인수

두 숫자 더하기 프로그램을 확장해서 가능한 한 많은 숫자를 입력해서 더하도록 만들 수도 있다. 하나 이상의 인수를 원할 때는 nargs='+'를 사용하면 된다.

```
#!/usr/bin/env python3
"""nargs=+"""

import argparse


# --------------------------------------------------
def get_args():
    """get args"""
```

```
    parser = argparse.ArgumentParser(
        description='nargs=+',
        formatter_class=argparse.ArgumentDefaultsHelpFormatter)

    parser.add_argument('numbers',
                        metavar='int',
                        nargs='+',    ◄───── +를 지정하면 nargs가 하나 이상의 값을 받는다.
                        type=int,    ◄───── int는 모든 값이 정수여야 함을 의미한다.
                        help='Numbers')

    return parser.parse_args()


# --------------------------------------------------
def main():
    """main"""

    args = get_args()
    numbers = args.numbers    ◄───── numbers는 하나 이상의 요소를 가진 리스트다.

┌─► print('{} = {}'.format(' + '.join(map(str, numbers)), sum(numbers)))
│
    이 코드를 이해하지 못해도 괜찮다.
    이 책을 끝낼 때쯤이면 알게 될 것이다.
# --------------------------------------------------
if __name__ == '__main__':
    main()
```

args.numbers는 항상 리스트임을 유의하자. 사용자가 한 개의 인수만 제공한다고 해도 args.numbers는 한 개의 요소를 가진 리스트가 된다.

```
$ ./nargs+.py 5
5 = 5
$ ./nargs+.py 1 2 3 4
1 + 2 + 3 + 4 = 10
```

참고로 nargs='*'는 '0개 이상'의 인수를 의미하고, nargs='?'는 '0개 또는 한 개'의 인수를 의미한다.

A.4.6 파일 인수

지금까지 str(기본 타입)이나 int, float 등의 타입을 인수로 지정하는 방법을 보았다. 이 외에도 파일을 입력값으로 사용하는 많은 예제가 이 책에 있다. argparse.FileType('r')을 타입으로 지정하면 읽기 가능한 파일을 인수로 사용할 수 있다(r은 'readable'을 의미한다).

또한, 텍스트 파일(바이너리 파일의 반대)을 인수로 사용하려면 't'를 추가하면 된다. 5장을 읽고 나면 이 옵션을 의미를 더 잘 이해하게 될 것이다.

다음은 cat -n이라는 기본 리눅스 명령을 파이썬으로 구현한 것이다. cat은 'concatenate'를 의미하고, -n은 출력할 **줄 수**number를 의미한다.

```python
#!/usr/bin/env python3
"""Python version of `cat -n`"""

import argparse


# --------------------------------------------------
def get_args():
    """Get command-line arguments"""

    parser = argparse.ArgumentParser(
        description='Python version of `cat -n`',
        formatter_class=argparse.ArgumentDefaultsHelpFormatter)

    parser.add_argument('file',
                        metavar='FILE',
                        type=argparse.FileType('rt'),   ◄──  파일명이 없거나 읽기 가능한
                        help='Input file')                    텍스트 파일이 아니면 거부한다.

    return parser.parse_args()


# --------------------------------------------------
def main():
    """Make a jazz noise here"""

    args = get_args()

    for i, line in enumerate(args.file, start=1):   ◄──  args.file은 파일 열기 핸들로 바로 읽을 수
        print(f'{i:6}  {line}', end='')                   있다. 이 코드를 이해하지 못해도 괜찮다.
                                                          여러 장에 걸쳐서 파일 핸들을 다룰 것이다.

# --------------------------------------------------
if __name__ == '__main__':
    main()
```

인수를 type=int로 정의하면 실제 정숫값을 받게 된다. 여기서 file 인수를 FileType으로 정의했으므로 **파일 열기 핸들**open file handle을 받는다. file 인수를 문자열로 정의하면 수동으로 파일인지를 확인하고 open()을 사용해서 파일 핸들을 얻어야 한다.

```
#!/usr/bin/env python3
"""Python version of `cat -n`, manually checking file argument"""

import argparse
import os


# --------------------------------------------------
def get_args():
    """Get command-line arguments"""

    parser = argparse.ArgumentParser(
        description='Python version of `cat -n`',
        formatter_class=argparse.ArgumentDefaultsHelpFormatter)

    parser.add_argument('file', metavar='str', type=str, help='Input file')

    args = parser.parse_args()          ◀──── 인수를 읽어온다.

    if not os.path.isfile(args.file):    ◀──── 인수가 파일인지 확인하다.
        parser.error(f'"{args.file}" is not a file')  ◀──── 오류 메시지를 표시하고 오류 코드(0이
                                                              아닌)와 함께 프로그램을 종료한다.
    args.file = open(args.file)   ◀──── 파일을 파일 열기 핸들로
                                         대체한다.
    return args


# --------------------------------------------------
def main():
    """Make a jazz noise here"""

    args = get_args()

    for i, line in enumerate(args.file, start=1):
        print(f'{i:6}  {line}', end='')


# --------------------------------------------------
if __name__ == '__main__':
    main()
```

FileType을 정의하면 이 코드를 작성하지 않아도 된다.

argparse.FileType('w')도 사용할 수 있다. 파일을 열어서 쓸(w는 'writing'을 의미한다) 수 있다는 뜻이다. 파일을 여는 방식(인코딩 타입 등)도 추가 인수로 지정할 수 있다. 자세한 내용은 문서나 도움말을 확인하자.

A.4.7 수동으로 인수 확인하기

get_args()에서 인수를 반환하기 전에 수동으로 인수를 검증할 수도 있다. 예를 들어, --int를 int 타입으로 정의할 수 있지만, 허용할 값의 범위를 1과 10 사이로 제한하고 싶다면 어떻게 해야 할까?

비교적 쉬운 방법은 값을 수동으로 확인하는 것이다. 확인해서 문제가 있으면 parser. error()를 사용해서 오류 메시지와 함께 프로그램을 종료할 수 있다. 또한, 짧은 도움말과 오류 코드도 함께 표시할 수 있다.

```python
#!/usr/bin/env python3
"""Manually check an argument"""

import argparse


# --------------------------------------------------
def get_args():
    """Get command-line arguments"""

    parser = argparse.ArgumentParser(
        description='Manually check an argument',
        formatter_class=argparse.ArgumentDefaultsHelpFormatter)

    parser.add_argument('-v',
                        '--val',
                        help='Integer value between 1 and 10',
                        metavar='int',
                        type=int,
                        default=5)

    args = parser.parse_args()      ◀── 인수를 전달한다.
    if not 1 <= args.val <= 10:     ◀── args.int 값이 1과 10 사이인지 확인한다.
        parser.error(f'--val "{args.val}" must be between 1 and 10')
                                                                    ◀──
                        parser.error()를 오류 메시지와 함께 호출한다.
                        오류 메시지와 짧은 도움말이 표시되며, 프로그램이
                        바로 종료된다. 이때 오류 코드(0 이외의 값)도
    ▶ return args       반환해서 오류가 발생했다는 사실을 알린다.
    여기까지 오면 모든 것이 정상이라는 뜻이다.
    나머지 프로그램이 계속해서 실행된다.
# --------------------------------------------------
def main():
    """Make a jazz noise here"""

    args = get_args()
    print(f'val = "{args.val}"')
```

```
# -------------------------------------------------
if __name__ == '__main__':
    main()
```

옳은 --val 값을 제공하면 결과도 제대로 출력된다.

```
$ ./manual.py -v 7
val = "7"
```

하지만 20 같은 범위 밖의 값을 사용하면 오류 메시지가 표시된다.

```
$ ./manual.py -v 20
usage: manual.py [-h] [-v int]
manual.py: error: --val "20" must be between 1 and 10
```

여기서는 볼 수 없지만, parser.error()가 오류 코드와 함께 프로그램을 종료시킨다. 명령줄 세계에서는 종룟값(오류 코드) 0은 '제로 오류'를 의미하며, 0 이외에는 오류로 간주한다. 프로그램 종료 시에 오룻값을 반환한다는 것이 얼마나 훌륭한 기능인지 아직 이해하지 못할 수도 있다.

A.4.8 자동 도움말

프로그램의 인수를 argparse를 사용해서 정의하면 -h와 --help 플래그가 자동으로 도움말을 생성해 준다. 이 플래그를 추가할 필요는 없으며, 그렇다고 다른 목적으로 사용할 수도 없다.

이 도움말은 프로그램으로 들어가기 위한 문과 같다. 문은 빌딩이나 차로 들어가기 위한 수단이다. 여는 방법을 모르는 문과 대면한 적이 있는가? 또는 당겨서 열어야 하는 문에 '미세요'라고 적혀 있는 경우를 본 적이 있는가? 돈 노먼Don Norman이 쓴 책 《The Design of Everyday Things》(Basic Books, 2013)에서는 **편의성**affordance이라는 단어를 사용해서 어떤 사물의 사용법을 제공하느냐에 따라 사물의 편의성이 달라진다는 사실을 설명하고 있다.

프로그램의 도움말은 문을 다루는 것과 같다. 사용자가 어떻게 프로그램을 사용해야 하는지 정확하게 설명해야 한다. 전혀 사용해 본 적이 없는 프로그램을 접하면, 인수 없이 실행하거나 -h 또는 --help를 지정해서 실행해 본다. 그러면 도움말을 볼 수 있을 거라 기대하기 때문이다. 만약 프로그램을 실행하는 방법이나 설정을 변경하는 방법을 알 수 있는 유일한 방법이 코드를 직접 열어서 봐야 하는 것이라면, 이 프로그램은 철저하게 잘못 작성된 것이며 잘못 배포된 것이다.

new.py foo.py를 사용해서 프로그램을 만들면 다음과 같은 도움말이 생성된다.

```
$ ./foo.py -h
usage: foo.py [-h] [-a str] [-i int] [-f FILE] [-o] str

Rock the Casbah

positional arguments:
  str                   A positional argument

optional arguments:
  -h, --help            show this help message and exit
  -a str, --arg str     A named string argument (default: )
  -i int, --int int     A named integer argument (default: 0)
  -f FILE, --file FILE  A readable file (default: None)
  -o, --on              A boolean flag (default: False)
```

단 한 줄의 코드도 작성하지 않고 다음을 만든 것이다.

- 실행 가능한 파이썬 프로그램
- 다양한 명령줄 인수
- 표준적이면서도 도움이 되는 도움말

이 모든 것이 여러분이 작성한 프로그램의 문이 되며, 단 한 줄의 코드도 작성할 필요 없이 얻을 수 있는 것이다.

정리

- 위치 인수는 일반적으로 요구되는 (필수) 인수다. 두 개 이상의 위치 인수가 다른 개념을 가지고 있다면 이름이 있는 옵션 인수를 사용하는 것이 좋다.
- 옵션 인수는 --file fox.txt처럼 이름을 지정할 수 있다(fox.txt가 --file 인수의 값이라는 의미). 옵션 인수는 항상 기본값을 설정할 것을 권한다.
- argparse는 int나 float 같은 숫자뿐만 아니라 파일까지 정의할 수 있다.

- --help 같은 플래그는 연관된 값을 갖지 않는다. 플래그가 있으면 일반적으로 True로 간주되며, 없으면 False로 간주된다.
- -h와 --help 플래그는 argparse에 의해 예약된 인수다. argparse를 사용하면 프로그램이 이 플래그를 사용해서 자동으로 도움말을 생성한다.